REBELL (H.) FRANCE (H.)
CARRIMOTON.

Tiré à petit nombre sur
Arches
2

(exempl. Pascal Ia)
E/450
20 illustré Rei

TITRE "Etude sur la Flagellation" 600
AUTEUR [Rebell France Carrington]
DESIGNATION Paris Ch' Carrington 1901.
fort in. 8 1/2 toile à la Bradel à
coins des ors.
Tiré à petit nombre sur Arches
Rare édition illustrée (

"LA LEGENDE", 58, rue d'Aubagne - 13001 - Tél. 54.36.34

Vient de Paraître

Charles VIRMAITRE

Les Flagellants

et

Les Flagellés

de Paris

Un volume in-8° carré
IMPRIMÉ SUR PAPIER DE HOLLANDE

Prix : **30 Francs**

Paris
Charles Carrington
XIII, Faubourg Montmartre, XIII

MCMII

Les Flagellants

et

les Flagellés de Paris

❀

Montaigne aimait tout de son Paris, même « les verrues ».

Virmaître, ce Restif avec du talent, est possédé de la même tendresse, mais il connaît mieux que l'aimable sceptique, les coins sombres de la géante ville.

Tout le monde a lu cette série d'amusantes et spirituelles monographies dont chacune dévoile, avec un luxe de détails pittoresques, telle ou telle région encore inexplorée de cet univers en raccourci qu'est la capitale, ou montre sans pitié, mais sans aigreur méchante, avec une verve bon enfant, tel ou tel vice inconnu des psychologues patentés.

Quel guide meilleur, les amoureux de l'inédit pourraient-ils trouver ?

Virmaître a tout vu et fait tout voir. Nul reporter n'égale en génie fureteur ce diable d'homme auquel rien n'échappe, nul n'égale en patience ce dénicheur de documents rares.

Or, parmi les mille et un documents humains que Paris recèle et livre seulement aux yeux sagaces, il ne pouvait s'en trouver de plus curieux que ceux relatifs aux passions étranges des débauchés morbides, de ceux qui demandent à la douleur imposée ou subie le plaisir que leur refusent à l'état normal leurs nerfs exacerbés.

On s'imagine sans peine l'étonnant bouquin que Virmaître a pu écrire sur cette perversion spéciale des fanatiques de la volupté : la Flagellation.

Aiguillé par nous sur cette voie nouvelle, il est revenu, en peu de temps, les mains pleines de ces menus faits qui sont à peine, si l'on veut, la menue monnaie de l'histoire mais qui, racontés par lui, valent, en leur forme condensée, tels romans soi-disant vécus que le lecteur abandonne après la première page.

Paris a donc possédé, possède et possédera longtemps encore toute une phalange, rien moins que sacrée, vouée par goût, par caprice ou par lucre au passe-temps, rien moins que dévot, de la verge et du fouet.

C'est Virmaître qui l'affirme et les preuves s'amassent sous sa plume, forment tout son livre, dans un tohu-bohu réjouissant et voulu, un défilé cinématographique de noms, de grands noms, noms de ducs et de princes, de grandes dames et de reines du trottoir et de quelques douzaines de seigneurs de moindre importance.

Que le lecteur n'aille pas croire à la fantaisie d'un chroniqueur.

Virmaître est un chroniqueur, il est vrai, mais sa fantaisie se borne à coudre d'un fil chatoyant et scintillant les *petits papiers* que sa veine lui fait découvrir. Il n'ajoute rien, il retranche plutôt.

Il retranche, mais bien peu...

Maniés par lui, les ciseaux de la censure ne couperaient que très peu de chose. Tout au plus, puisqu'il aime le talent, en ayant à revendre, s'en servirait-il pour faire un bout de toilette aux ailes ébouriffées des amours polissons et c'est ce qu'il fait.

Sa phrase leste sait tout dire parce qu'elle sait bien le dire... *il n'est bon bec que de Paris.*

Donc, voici du nouveau, du très nouveau, un curieux livre qui manquait à la collection des « Paris-Virmaître »..., à la nôtre aussi : la très authentique histoire des **Flagellants et Flagellés de Paris.**

Les Flagellants et les Flagellés de Paris forment un beau volume in-8° carré, imprimé sur papier de Hollande, lettres initiales tirées en deux couleurs, cadre fantaisie en rouge et couverture artistique.

Prix : **30 francs**

DISSERTATION DOCUMENTÉE, BASÉE EN PARTIE SUR LES PRINCIPAUX OUVRAGES DE LA LITTÉRATURE ANGLAISE EN MATIÈRE DE FLAGELLATION, ET CONTENANT UN GRAND NOMBRE DE FAITS ABSOLUMENT INÉDITS AVEC DE NOMBREUSES ANNOTATIONS ET DES COMMENTAIRES ORIGINAUX.

Cet ouvrage, tiré à un nombre restreint d'exemplaires pour les souscripteurs : Médecins, Savants, Chercheurs ou Psychologues, n'est pas mis dans le commerce.

ÉTUDE

SUR

La Flagellation

A travers le Monde

ÉTUDE

SUR

La Flagellation

A TRAVERS LE MONDE

Aux points de vue

HISTORIQUE, MÉDICAL, RELIGIEUX,

DOMESTIQUE ET CONJUGAL

AVEC

UN EXPOSÉ DOCUMENTAIRE DE LA FLAGELLATION

DANS

LES ÉCOLES ANGLAISES ET LES PRISONS MILITAIRES

———————

DEUXIÈME ÉDITION, AUGMENTÉE

———————

PARIS

CHARLES CARRINGTON

XIII, FAUBOURG MONTMARTRE, XIII

MCMI

ÉTUDE

SUR LA

FLAGELLATION

A TRAVERS

LE MONDE

INTRODUCTION

PSYCHOLOGIE

DE LA

FLAGELLATION

En publiant cette étude nous avons voulu franchement rompre en visière avec un préjugé suranné qui veut que certains sujets d'une nature parfois — mais pas toujours — scabreuse soient systématiquement exclus de la discussion. La Flagellation, dont l'origine remonte aux époques les plus éloignées, est un de ces thèmes que l'on s'est plu à classer dans la catégorie des questions délicates que l'on ne doit aborder qu'avec la plus extrême réserve. Des auteurs se sont complus dans des dissertations quelque peu libertines où leur imagination a joué certainement le plus beau rôle, et un rôle démoralisateur. Notre but n'est pas d'imprimer aux idées de nos lecteurs une direction bien déterminée dans un sens ou dans un autre : de porter aux nues, grâce à une sur-excitation pernicieuse des sens, cette antique institution qui, de nos jours, quoi qu'on en dise, n'en subsiste pas moins sous une forme identique au fond mais modifiée dans les détails de son exécution ; nous nous bornons à soumettre au public un exposé aussi complet que possible, un recueil très consciencieux de toutes les théories émises sur ce thème, une collection de faits s'y rattachant, sans commentaires, tels qu'ils nous sont transmis par d'antiques chroniques et de plus récentes études. A nos lecteurs d'en tirer la conclusion qui leur plaira. Déviant cependant du point de vue essen-tiellement documentaire auquel nous nous plaçons en ce qui concerne strictement la publication de cet ouvrage, nous croyons tout de même pouvoir émettre un avis tout à fait personnel, qui peut se résumer en quelques mots : « La Fla-gellation n'est, en somme, qu'un moyen comme un autre de provoquer une surexcitation des sens, que l'on a employé de tous temps plutôt dans ce but réel que dans un autre et qui a constitué, comme il le constitue encore aujourd'hui, un moyen détourné de faire naître chez les émoussés des désirs et des jouissances qui doivent fatalement amener un assou-vissement d'appétits charnels. Le fanatisme religieux, les pénitences ascétiques et tous les autres prétextes qui ont servi de couverture à cette pratique n'ont dû avoir cependant qu'un résultat unique qu'il conviendrait plutôt de considérer et d'analyser au point de vue médical. »

Ce recueil, qui contient un très grand nombre de faits

*et de relations entièrement inédits, intéressera certainement
le lecteur à quelque classe qu'il appartienne : la lecture de
cette étude produira sur lui, selon son tempérament ou ses
principes, des impressions bien diverses : il pourra y puiser
de l'étonnement ; il pourra aussi s'en délecter, comme également il n'y trouvera peut-être qu'une amusante distraction,
peut-être même encore éprouvera-t-il un certain dégoût.
Mais ce dernier cas se produirait-il, que nous ne saurions
nous en plaindre, parce que nous aurions au moins réussi
à faire prendre, par ce lecteur-là, en légitime horreur cette
manie qui n'a pu éclore et n'éclôt encore qu'en des cerveaux
maladifs.*

*Un grand écrivain français, une des gloires de notre lit-
térature, Boileau, a dit quelque part qu'il appelait :* Un
chat un chat. *Entendait-il dire par cela qu'il lui répugnait
d'employer des périphrases pour traiter certains sujets ?
Évidemment oui. Il n'est pas absolument indispensable,
quand on traite des matières quelque peu délicates, de tomber dans la crudité, comme il est parfaitement possible de
ne pas donner un tour de phrase pornographique à des relations qui ne rapportent que des faits matériels, des choses
arrivées, et qui, par conséquent, ne peuvent être que naturelles, car tout ce qui se passe sur terre ne peut être d'une
autre essence. Une hypocrisie de mauvaise aloi, une tartu-
ferie affectée, sont mille fois plus méprisables et plus perni-
cieuses qu'une brusque franchise et qu'une liberté d'expression très étendue, quand elles n'ont pour but que de mettre
à nu et à combattre,* à flageller, *c'est le cas de le dire, les
vices inhérents à la race humaine.*

Et, quand on peut passer au crible et faire défiler sous la férule les vices humains, c'est que ces vices existent : logiquement, un vice ne saurait être travesti ; pour bien le combattre il faut le faire connaître, et pour le faire connaître, l'on ne peut se dispenser de le déshabiller, de le mettre à nu et d'en exhiber toutes les hideurs.

Nous n'éprouverons aucun embarras pour déclarer ici franchement que nous considérons la flagellation comme l'une des passions vicieuses inhérentes au genre humain. A ce titre, nous croyons le sujet digne d'attirer toute notre attention et nous sommes persuadés que son analyse et sa discussion s'imposent. Au grand public de s'ériger en juge de nos efforts, qui ne s'appuient certainement pas sur une pudibonderie déplacée. Nous pouvons, en effet, avec une légère variante, faire nôtre, en la circonstance, un adage latin : Castigat scribendo mores.

En présence des lois de la nature, lois que certainement l'homme n'a pas inspirées, nos préjugés surannés, nos vertus hypocrites s'évanouissent comme fumée : la réalité, la vérité nous apparaît nue, entièrement nue, et quand nous cherchons à la travestir nous commettons tout simplement un crime de lèse-nature : ce n'est plus la vérité, ce n'est plus la réalité dès qu'on l'affuble des oripeaux de nos conventions stupides qui permettent bien de penser en toute liberté de conscience, mais n'admettent pas que cette liberté se traduise franchement et sans ambages, nous mettant ainsi dans l'obligation de vivre en un perpétuel mensonge à l'égard de nous-mêmes.

Nous ne sommes que des animaux, en fin de compte, et, si

la nature nous a doués d'un raffinement particulier, nous en faisons en général un bien mauvais usage : en de certains moments, notre instinct initial reprend le dessus : nous redevenons la bête humaine et c'est là le propre de l'homme.

Quand nous rencontrons donc de nos semblables qui sont animés d'instincts lubriques et sous l'influence d'idées brusques provoquées par des troubles ou des anormalités dans le système génésique, ne nous laissons pas influencer par une excitation malsaine et apprenons à envisager les choses froidement, à aller au fond des questions, à juger avec pondération et sans emballement ces questions qui ont une bien plus grande importance qu'on ne semble y attacher.

On nous a enseigné que le mariage, c'est-à-dire l'accouplement des deux sexes en vue de perpétuer la race humaine, tel qu'il nous est imposé par les lois, est le seul et unique système de copulation logique et légitime, l'idéal de l'hyménée, et que tous les autres systèmes, c'est-à-dire les rapports sexuels basés sur des principes différents, sont illicites et criminels et comportent forcément la damnation.

Cette théorie est identique à celles qui règlent toutes les religions : elle est trop consolante, trop idéale, pour répondre à la réalité des faits, car elle implique la bonté excessive et la vertu, ainsi que l'abnégation à toute épreuve chez les deux sexes.

Malheureusement l'homme, tout comme la femme, et cette dernière peut-être à un bien plus haut degré, sont dominés, subjugués par des passions qui ne sauraient obéir aux lois humaines, parce qu'elles subissent l'impulsion de la nature, souveraine maîtresse en ces sortes de choses.

1*

Et ce sont précisément ces passions qui font naître en nous ces manies baroques, ces extravagances voluptueuses qui provoquent, de la part de notre pudibonderie de convention, les hauts cris que l'on pousse quand, par hasard, il se trouve quelqu'un qui s'attaque à la matière et entreprend de la disséquer et de l'analyser au point de vue psychologique.

De toutes les passions, la luxure est précisément celle qui s'impose le plus tyranniquement au genre humain : La flagellation, — et c'est un fait indéniablement établi, — est l'un des agents les plus actifs de cette luxure innée, à laquelle la chasteté la plus stricte n'échappe que très rarement.

L'homme a de tous temps cherché et trouvé dans la souffrance et dans l'infliction de douleurs corporelles une âpre jouissance ; il n'a pas seulement puisé d'étranges sensations dans son propre martyre, mais il a aussi joui d'étrange, de cynique, et, disons-le, de révoltante façon des tortures infligées à son semblable.

Dans les Chants de Maldoror *(Paris et Bruxelles, chez tous les libraires, 1874, in-18) nous cueillons ce passage qui le dit bien :*

« ... Tu auras fait le mal à un être humain et tu seras aimé du même être : c'est le bonheur le plus grand que l'on puisse concevoir. »

Il serait oiseux, dans cette préface, de refaire en abrégé l'historique de la Flagellation qui se développe avec toute l'ampleur que comporte le sujet dans le volume que nous présentons à nos lecteurs.

Notre rôle se borne ici à expliquer le but que nous pour-

suivons en publiant cet ouvrage. Nous voulons propager dans la mesure du possible la connaissance approfondie d'une passion humaine qui se présente sous des aspects tellement divers et revêt des formes si variées qu'elle offre un champ d'études très vaste. On pourra puiser dans notre Étude sur la Flagellation *maints enseignements, en tirer maintes moralités et se faire une idée exacte des différentes anomalies de la nature humaine dans ses vices, au point de vue des jouissances toutes charnelles, qui n'empiètent en rien sur le domaine intellectuel et moral. On ne saurait, en effet, taxer l'âme de tares qui n'affectent que la vile enveloppe humaine, le corps, et constituent, tout aussi bien que d'autres défauts constitutionnels, des aberrations physiques, c'est-à-dire un état maladif latent, dont, en somme, elles procèdent.*

LES ILLUSTRATIONS
de la PREMIÈRE ÉDITION de l'ÉTUDE
sur la FLAGELLATION

A propos du Procès
fait à l'Editeur

J'ai eu l'occasion de parler dans la préface d'un autre ouvrage[1], d'une société néfaste, la « National Vigilance Association » de Londres. Je n'en dirai ici que quelques mots que j'emprunterai au remarquable article qu'a fait mon ami Charles Grolleau à ce sujet, dans le *Rappel* du 8 juillet de l'année dernière.

« Nous avons la bonne fortune de posséder une Société qui nous sauve, paraît-il, de la pluie de feu qui détruisait les villes maudites. *Ils en ont une, en Angleterre!* et terrible! auprès de laquelle notre « Bérengère » paraît toute de mansuétude et de tolérance. De très hauts personnages composent le comité de cette *National Vigilance Association* dont Sa Grâce le duc de Westminster est le président.

« Nationale, dit le titre. C'est internationale qu'il faut lire.

« La Vigilance Association a des attributions plus étendues que la nôtre, tellement étendues que son action s'exerce surtout, vous vous en doutez un peu, contre les

---

(1) En Virginie, Episode de la guerre de Sécession.

productions littéraires du continent. *Sapho* de Daudet ; les nouvelles de Maupassant ; les romans de Zola ; *la Vie de Bohême* de Murger, etc., ont encouru ses foudres et la justice anglaise a poursuivi et condamné les traducteurs et les éditeurs de ces ouvrages.

« Faut-il ajouter à cette liste Boccace et Rabelais et la Reine de Navarre ? Ceux-là aussi furent proscrits.

« Ne rions pas ! La Vigilance Association a fait des victimes. Un éditeur estimé de l'autre côté du détroit, M. Vizetelly, dont le catalogue semblait le livre d'or de nos gloires tant il avait pris à cœur de répandre les noms des meilleurs écrivains français, cet éditeur, dis-je, un vieillard de soixante-dix-huit ans, poursuivi à la requête des *Vigilants* pour avoir traduit et publié l'*Assommoir* d'Emile Zola, fut condamné à dix-huit mois de hard-labour. Il mourut en prison.

« Je m'empresse d'ajouter que de courageux et nobles esprits n'ont, en Angleterre même, jamais cessé de lutter contre les agissements de cette pudibonde Société et j'ai sous les yeux l'admirable plaidoyer que rédigea pour Vizetelly, Robert Buchanan, l'un des maîtres de la littérature anglaise.

« Et pour qu'on sache bien à quels esprits nous avons affaire, citons ce dernier trait. Il montrera leur discernement, leur science et leur goût et leur aptitude à mettre le même plan quelques ordures, indiscutablement ordures et d'admirables œuvres.

« Richard Burton, le célèbre voyageur anglais et le merveilleux traducteur des *Mille et une Nuits*, le premier Européen qui, après Burckhardt, put pénétrer jusqu'à la Mecque, avait recueilli au cours de ses voyages incessants à travers toute l'Asie, un nombre considérable de manuscrits précieux, uniques. Ces manuscrits orientaux formaient une collection que les savants auxquels il fut donné de les parcourir déclaraient inestimable. Ils étaient destinés à jeter un nouveau jour sur une foule de questions littéraires, scientifiques et historiques et des experts consultés les avaient estimés, pour leur seule valeur artistique, à la somme de 25.000 francs. Ce dernier détail, peu important en soi, a cependant quelque intérêt.

« Or, — je n'invente pas, je cite — dans son 2e rapport (1896) la National Vigilance Association annonçait à ses membres qu'elle avait reçu des mains de la veuve de Richard Burton cette collection précieuse *et qu'elle l'avait détruite*. »

Continuant ses investigations, la *National Vigilance Association* a dénoncé aux foudres du Parquet français qu'un éditeur de Paris, M. Carrington, qui osait mettre en vente un livre intitulé : *Etude sur la flagellation*, accompagné de sept *obscènes* gravures.

Horreur !

Le Parquet français eût pu, selon l'heureuse expression d'Hector France [1], faire mettre aux Anglais dénonciateurs « le nez dans leur baquet d'eau sale ».

Il n'en fut rien et l'éditeur, poursuivi devant la 9e chambre correctionnelle a été condamné à deux cents francs d'amende.

Qu'y avait-il donc d'horrible dans sa publication ? Je l'ai vainement cherché et sur ce, je suis d'accord avec ses nombreux correspondants qui ont été unanimes à le féliciter d'avoir fait connaître en France ces pratiques qui semblent presque incroyables.

« Quand on peut passer au crible et faire défiler sous la férule les vices humains, est-il dit dans la préface du présent ouvrage, c'est que ces vices existent : logiquement un vice ne saurait être travesti, pour bien le combattre il faut le faire connaître, et pour le faire connaître, l'on ne peut se dispenser de le déshabiller, de le mettre à nu et d'en exhiber toutes les hideurs. »

Quelle meilleure preuve en avons-nous que dans des incidents récents : la flagellation existe, c'est là un

---

1. Préface aux *Dessous de la Pudibonderie anglaise.*

fait indéniable. Elle a de nombreux partisans, malades
ou détraqués, passionnés, criminels. Je regrette que
les rigueurs de la loi ne me permettent pas de publier
ici des lettres à ce sujet. Je puis pourtant en citer une,
du moins en partie, émanant d'une personne certainement dépravée, un de ces érotomanes en quête de
nouvelles sensations voluptueuses, jamais las dans
le chemin infâme qui les mène par les voies de la
dépravation, à la dégradation et à la mort :

« Je viens de lire — écrit cette personne — avec un
grand plaisir le superbe ouvrage que vous avez édité
sur la Flagellation.

« Cet ouvrage est absolument idéal !

« D'après mes recherches et mes *appréciations*
personnelles sur le sujet, j'ai constaté chez l'auteur
une connaissance parfaite de tous les ouvrages anglais, ainsi qu'une savante érudition de cette passion
anglicane.

. . . .

« Je suis jeune et très versé dans l'art de la flagellation, je me plierais à toutes les exigences du rythme...
Je suis en rapport avec une savante et expérimentée
flagellatrice [1] et je serai disposé à entrer en relations
avec une société de flagellants ou flagellantes de façon
à pratiquer... comme vous mentionnez que cela se fait
en Angleterre... »

J'ai dû supprimer quelques passages par trop lascifs, mais ce que j'en publie suffit pour montrer la vé-
racité de ce que nous avançons en prétendant que
cette passion est à l'état latent partout.

Dans un autre volume [2], je citais une lettre plus
énergique encore.

---

1. Le mot de la lettre est plus expressif.
2. Anecdotes et curiosités sur la flagellation. Paris 1900,
p. 419.

« J'adore la femme impérieuse ; je me révolte au rôle d'esclave et pourtant je ne désire rien tant que de le jouer, si l'on sait m'y contraindre.

«... Reine, maîtresse adorée et inconnue, je suis par la pensée à vos pieds où vous me tiendrez quand il vous plaira, les baisant, les léchant comme le chien fidèle et craintif qui tremble devant un regard, un froncement de sourcils ou un mot de menaces. Je vous adore d'en bas, attendant l'ordre quel qu'il soit que vous me donnerez.

«... L'idée seule de sentir un être *à vous* comme le cheval que vous achetez vous fait du bien. Le cheval, on l'a, on le monte, on le *frappe*, on le cravache, on lui tourne le mors dans les dents, on pèse sur lui de tout son poids, on lui fait sentir sa supériorité, on l'accable de sa volonté, on le martyrise ; il ne peut que gémir, s'emporter, se plaindre en son langage et puis... il faut bien qu'il obéisse. Il faut bien qu'il porte ce poids si lourd et si doux qui brise ses reins mais qui procure peut-être un moment d'ineffable jouissance à la *reine* qui le dompte.

«... O femme, reine incompréhensible que j'ai essayé de comprendre, quelle puissance vous avez prise sur moi ! combien j'aspire à vous voir, à vous contenter, et à *souffrir de vos caprices*. Ému et lâche, je vous sens sur moi, me dominant de toutes vos forces, usant de l'esclave à votre volonté, frappant, exigeant, brisant la résistance par votre voix, votre sourire et... *les coups*. »

Voilà, ce me semble de la folie flagellatrice, si j'ose m'exprimer ainsi, poussée à son extrême degré. Et le cas n'est malheureusement pas rare de ces demi-monstres, ivres de désirs, pleins d'idées lubriques. Les dévoiler, mettre à nu, flageller cette passion, cu-curieuse à plus d'un point de vue, est, je crois, faire œuvre morale. Voulez-vous d'autres exemples qui tiennent du sadisme ; ils sont tout récents. Un grand journal quotidien vient de dévoiler ces faits et son enquête, publiée [1], a donné lieu à un grand débat parlementaire.

Il s'agit en l'espèce des couvents dits du *Bon-Pasteur*, dont le rôle est d'entretenir les orphelines, et d'autre part des maisons similaires pour l'éducation des jeunes orphelins.

Je me contente de citer, me gardant bien d'ajouter le moindre commentaire. Les faits sont assez éloquents par eux-mêmes.

LE REFROIDISSOIR

Sur la maison mère du « Bon-Pasteur », à Angers, une personne de la ville m'a fait parvenir cette note :

« Aucune surveillance ne s'exerce sur le « Bon-Pasteur » d'Angers. Les décès y sont nombreux. Pour détourner l'attention de leur fréquence, on les déclare successivement à l'état civil, rue Brault, rue Brutale, rue de l'Abbaye. La communauté a des portes sur ces diverses rues, et je ne sache pas que jamais l'administration y ait pris garde.

« Sous l'Empire, on s'en occupait encore un peu et les aumôniers exerçaient un certain contrôle, assez peu efficace, il est vrai. J'en connais un qui s'en est allé parce qu'il ne voulait pas demeurer complice des horreurs qui s'y commettaient...

« Comme punition, on mettait alors les jeunes filles à passer la nuit dans le « refroidissoir », c'est-à-dire à côté des cadavres. Je connais une brave créature qui, très leste

---

1. B. Guinaudeau. *Les Crimes des Couvents.*

et très agile, se glissait, je ne sais par quel moyen, sur la toiture du « refroidissoir » afin de rassurer, par sa présence, ses amies en pénitence.

« On enfermait aussi dans des cellules étroites comme des tiroirs celles qui n'avaient pas cousu leur cinq chemises d'homme en deux jours ; toutefois, on les leur donnait bâties, c'est-à-dire les diverses pièces ajustées. Quand elles n'étaient pas bâties, on n'en exigeait que quatre, c'est-à-dire deux par jour.

« Ces punitions diverses doivent continuer. La jeune fille qui se glissait sur le toit du « refroidissoir » était la sœur d'un ancien curé, presque célèbre, et mère d'un autre curé. »

Je tiens ces détails du premier. (Page 20).

*\
* *

LA CELLULE

« Combien de jours ai-je passé en cellule ! Des semaines entières parfois. Et dans quel état d'anémie en sortais-je !

« Figurez-vous, monsieur, une chambre noire, de quelques mètres carrés, trop basse pour qu'on pût s'y tenir debout, sans air et sans lumière. Dans un coin, une couchette avec une paillasse sans draps, où l'on gelait l'hiver. Pour nourriture, du pain sec, et pour boisson, de l'eau. On ne travaillait pas, on ne lisait pas ; on restait là dans les ténèbres, n'ayant droit de sortir que quelques minutes pour aller vider ses ordures. »

*\
* *

LE « TORCHON »

« Plus que la cellule, le « torchon » nous faisait peur.

« Pour un rien souvent, pour une boutonnière mal faite, la sœur surveillante nous faisait lever au milieu de l'atelier. Elle prenait un linge, un essuie-main, une serviette, une chemise propre ou sale, n'importe quoi. Elle le trempait dans l'eau et nous emmaillottait la tête et les épaules, jusqu'à l'étouffement.

« J'ai eu le « torchon » plusieurs fois. Quand j'étais prise là-dessous, je sautais comme une folle. Un jour je me suis abattue, raide, sur le parquet. On me crut morte.

« J'ai vu une de mes camarades, qui était phtisique et à qui la sœur avait infligé cette punition. Quand on lui découvrit la tête, elle rendait le sang à pleine bouche. Trois jours après, elle était enterrée. »

*
* *

VIDANGEUSE

« Il y avait mieux encore. Quand, pour une raison ou pour une autre, nous étions notées comme « mauvaises têtes », quand on voulait nous « mater », comme disaient les bonnes sœurs, ou nous envoyer vider les latrines.

« Oh ! monsieur, je m'y vois encore ! Je l'ai fait deux fois. On puisait dans la fosse, au risque d'y suffoquer et d'y rester. Avec un seau on remplissait deux tonneaux. C'était des tonneaux qui avaient des anses. Quand ils étaient pleins, il fallait les emporter. Ils étaient beaucoup trop pesants pour moi, mes mains étaient toutes déchirées et je pliais sous le faix. Comme on avait mis une grande fille avec moi, je portais tout. La seconde fois, je tombai, la bouche ouverte, dans les vidanges renversées. On m'emporta, je fus malade, ce qui me valut la paix pour quelque temps. » (Page 22).

*
* *

LA SOUPE A L'URINE

« Voilà monsieur, continue la jeune femme, ce que j'ai enduré moi-même. Mes compagnes en ont souffert autant, quelques-unes même davantage. Tenez, voici quelque chose d'atroce.

« Il y avait dans la maison une fillette de huit ou dix ans qui, parce qu'elle était faible et malade, salissait son lit toutes les nuits. On la mettait au pain sec, on l'enfermait en cellule. Rien n'y pouvait faire, n'est-ce pas ? La pauvre petite s'affaiblissait davantage, et voilà tout.

« Alors, on décida de la laisser croupir, sans la changer de linge. On lui laissait ses draps et sa chemise souillés. L'hiver elle grelottait jour et nuit. Elle vivait dans l'ordure, et ses voisines, au dortoir, à l'atelier, en classe, partout, souffraient presque autant qu'elle-même : « Ah ! elle « ne veut pas se corriger, disaient les sœurs, eh ! bien, « qu'elle pourrisse dans son fumier ! »

« Un jour, dans un accès de frénésie, une sœur prit du pain, le détrempa dans l'urine de la fillette et, lui ouvrant la bouche de force : « Tiens, dit-elle, mange-le, ton « fumier, mange !... »

Tel est le récit que m'a fait une femme qui a passé dix ans dans un orphelinat. (Page 24).

. . . .

Les dortoirs sont installés dans un immense hall de trente-cinq mètres de long, qui a été séparé en trois travées par des cloisons de bois, percées chacune de six fenêtres de soixante centimètres de côté, qui sont demeurées sans vitres tout l'hiver. Dans les deux travées latérales, larges de quatre mètres seulement, des lits ont été dressés, et la travée centrale sert de préau couvert. Par suite de cet arrangement, ces dortoirs sont privés d'air et de lumière et il y règne constamment une humidité glaciale et une fade odeur de moisi.

Le sol est simplement pavé de briques posées sur champ à même le sol. Il n'y a pas de cave et de sous-sol, bien entendu, et le dallage est au niveau du jardin.

Dans l'un de ces deux dortoirs s'ouvre une salle où l'on relègue d'ordinaire les pensionnaires, petites ou grandes, atteintes de la gale, qui est presque à l'état endémique dans l'établissement.

Il n'existe dans ces pièces aucun appareil de chauffage...

Pendant la nuit du 7 au 8 décembre 1890, dix petites

filles furent atteintes de congélation des pieds, sept peu gravement, trois fortement, dont l'une à un degré tel que, transférée d'urgence à l'Hôtel-Dieu, elle dut subir l'amputation des deux pieds. (Page 40).

* *
*

LE FOUET

Une victime, tremblante encore au souvenir des tortures endurées, m'écrit :

Paris, 3 octobre 1899.

Monsieur,

« Comme j'ai su que vous vous occupiez dans votre journal des pauvres orphelines qui ont le malheur d'être élevées chez les sœurs, je me permets de vous écrire, parce que moi aussi, j'ai souffert chez elles.

« J'ai perdu ma mère à sept ans, et on m'a placée dans une maison où je n'ai pas eu à me plaindre, au commencement. Mais, dès que j'ai eu huit ans, il a fallu que je travaille à tout. Je cousais et je faisais aussi des gros travaux. Des fois, il ne fallait pas parler, ou on était privée de dîner. On n'avait que du pain sec, dont des poules n'auraient pas voulu. On était surtout battue.

« Je suis restée là jusqu'à vingt-deux ans. Un de mes oncles m'a délivrée alors, et j'ai pu connaître la vie comme tout le monde.

« Mais, j'ai été bien malheureuse là-bas, car à *celles que personne ne venait voir, on faisait plus de mal. Moi, ma mère n'était pas mariée, alors j'étais bien battue.*

« C'était le fouet qu'on nous donnait. Des jours, on saignait. On nous battait aussi avec des orties et, après, avec le martinet. Il fallait qu'on se déshabille, qu'on se couche sur une planche et qu'on demande au Bon Dieu de nous corriger. Et quand on avait reçu sa fessée, il fallait dire merci et venir devant la supérieure avec le martinet, pour qu'elle vous donne encore vingt coups C'était pour les grandes fautes qu'on nous battait comme ça.

« *Des fois, il y avait des curés qui donnaient les vingt coups et ça les faisait rire, on le voyait bien.*

« *L'hiver, on ne nous faisait pas mettre les culottes, parce que ça gênait pour nous fouetter.*

« Jusqu'à vingt-deux ans, ç'a été pour moi la même chose. J'ai été battue parce que je ne voulais pas être sœur. J'en ai vu qu'on fouettait aussi, parce qu'elles n'étaient pas assez méchantes.

« Excusez ma liberté, monsieur, et tâchez de sauver bien des pauvres filles ». (Page 42).

Marie Dubenat

*
* *

LA FESSÉE POUR JULES FERRY

A. Jaubert n'a pas encore vingt ans. Il est ouvrier typographe à Paris.

Tout jeune, il fut placé par sa mère à l'orphelinat de M..., en Seine-et-Oise. Il ne s'y trouva pas trop mal, dit-il ; au commencement, on ne le maltraitait pas trop. Sans doute, quand il avait parlé en temps de silence, on lui collait une feuille de papier sur la bouche, on lui mettait un bandeau sur les yeux, on lui attachait les mains derrière le dos, on le condamnait au pain sec et à l'eau, on l'enfermait au cachot. Mais c'était là des traitements ordinaires et courants, qu'il partageait avec tous ses camarades et dont il ne se plaignait pas.

Or, un jour, il vint à Paris voir sa mère. Il dénicha dans quelque placard, parmi des chiffons et des paperasses, une chanson sur Jules Ferry, l'expulseur des congrégations. Il eut, sans penser à mal, l'imprudence d'emporter cette chanson à l'orphelinat, où les bonnes sœurs la lui confisquèrent. A dater de ce moment, il fut l'objet de privilèges particuliers et d'attentions toutes spéciales. Personne ne mangea autant de pain sec que lui et ne fut aussi souvent au cachot. Les punitions pleuvaient sur le pauvre enfant comme les bénédictions célestes, à toutes les heures du jour.

Mais c'était la nuit, surtout, qu'on le soignait. On le laissait s'endormir. Quand il avait fermé les yeux et était parti pour le charmant pays des songes, *une bonne sœur s'approchait de son lit, tirait les draps, le mettait debout et, avec son soulier, le frappait pendant une heure, jusqu'au sang.* Cette scène se reproduisit pendant trois mois, d'octobre à décembre, toutes les nuits.

Alors, l'enfant en eut assez. Un dimanche, après la messe, il réussit à sortir des rangs et à se cacher. Il gagna la porte et revint à pied de M... à Paris, chez sa mère. (Page 61).

*
* *

J'en passe, et des meilleures. L'espace m'est forcément restreint. Je voudrais encore parler d'une autre catégorie de flagellants modernes, qui se donnent rendez-vous dans certains établissements de massage, mais je le ferai à la fin du présent volume et je renvoie le lecteur au chapitre réservé aux *Masseuses*.

Et maintenant, pour conclure, quoi qu'on puisse dire de la flagellation, de ses excès, de ses abus, comme des *jouissances* qu'elle peut procurer, je tiens à déclarer que j'ai toujours considéré les malheureux atteints de cette passion, comme des détraqués, des névropathes, des malades, et qu'on ne fera jamais assez pour démasquer leurs pratiques anormales. Je crois que ce sont là des sujets d'une actualité incontestable qui intéressent le chercheur et le curieux, mais ceux-là seuls, car enfin ces livres ne sont pas écrits pour

... les petites filles,

Dont on coupe le pain en tartines.....

JEAN DE VILLIOT.

Paris, Août 1900.

LA FLAGELLATION

AUX POINTS DE VUE HISTORIQUE ET MÉDICAL

COUP D'ŒIL GÉNÉRAL

SUR

La Flagellation

en Angleterre

Selon le bon principe de définir un terme avant de s'en servir, nous allons de suite dire ce que nous entendons par le mot FLAGELLATION. Ce terme par lui-même, est une révélation, indiquant l'existence d'une coutume qui a prévalu dans la Rome ancienne[1] :

---

1. Ceux qui ont étudié les auteurs classiques de l'antiquité, se souviennent de l'inscription citée par Pétrone (*Satyricon*, chap. v), qui se trouvait sur une tablette à l'entrée de la maison :

LES ESCLAVES

qui sortiront de cette maison sans la permission de leur maître

RECEVRONT

CENT COUPS DE FOUET

(Voyez *Titi Petronii Arbitri* equitis Romani Satyricon. — *Amstelodami, 1669*).

les prisonniers et les esclaves y étaient battus par des
maîtres et maîtresses irrités avec un *flagellum*, —
diminutif de *flagrum*, un fouet, un fléau — et de ce
mot est dérivé « flagellation » — une bourrade ou une
fustigation. Aujourd'hui, ce mot est généralement
employé dans le sens de battre avec un instrument
quelconque, en dehors du fouet, comme par exemple,
ces petites badines que l'on vend dans certaines bou-
tiques de Londres, et qui servent au châtiment des
enfants. Ces badines, minces et flexibles, causent une
douleur aiguë, comme nous en avons conservé le
souvenir depuis le temps où elles nous furent appli
quées à la maison paternelle.

En famille on emploie fréquemment une courroie ;
c'est l'instrument de castigation préféré des charbon-
niers, des savetiers, des mécaniciens et autres ouvriers
qui ont l'habitude de maintenir leur pantalon à l'aide
d'une ceinture de cuir, comme s'ils le faisaient inten-
tionnellement pour avoir toujours à leur portée
immédiate un moyen de corriger et leurs épouses
récalcitrantes et leurs rejetons mal élevés. Une canne
ordinaire remplit fréquemment le même usage, mais
elle n'est certainement pas aussi populaire que cet
épouvantail de notre jeunesse, ce terriblement souple,
ce terriblement tendre instrument de torture, ce
croquemitaine de nos jeunes ans, — la verge de
bouleau, puisqu'il faut l'appeler par son nom[1].

Quel est l'homme, quelle est la femme qui, arrivés à
l'âge mûr, ne se rappellent les corrections infligées au
moyen de ce terrible coadjuteur de l'éducation, par
papa et maman ?

Le nom seul de la verge de bouleau évoque en nous

---

1. Il ne faut pas oublier que c'est un auteur anglais qui parle,
et qu'en Angleterre, la verge de bouleau joue un rôle capital.

de très lointains souvenirs de nature différente, tantôt heureux, tantôt pénibles... Heureux, nous l'étions à cette époque ; sans soucis, ignorants des déboires de ce monde. Malheureux, nous croyions l'être alors, mais les larmes de notre enfance ne sont que peu de chose auprès des angoisses éprouvées depuis, angoisses qu'auraient peut-être soulagées et que soulageront peut-être encore des larmes qui, malheureusement, ne coulent plus aussi facilement qu'autrefois. On reviendrait parfois de gaîté de cœur à ces beaux jours où le *faisceau de verges* était notre unique préoccupation, où nos consolations prenaient la forme de jouets ou de bonbons quand nous promettions d'être plus « sages » à l'avenir, promesse bien vite oubliée.

*
* *

L'histoire de la Flagellation remonte à l'origine de l'humanité. Il n'est pas besoin de bien longues recherches pour s'en convaincre ; une simple réflexion nous en fournit une preuve évidente : La flagellation est basée sur la brutalité plus ou moins excessive, et la brutalité est *peut-être* une habitude, *sinon une nécessité* de la nature humaine. Nous le voyons dans l'enfant né de vertueux *générateurs* et bons chrétiens, dans l'enfant, disons-nous, qui emploie son intelligence enfantine à attraper et torturer des mouches, chasser des chats inoffensifs, ou attacher une casserole à la queue d'un chien, à tel point que ses parents se trouvent contraints d'appliquer à son corps frétillant une torture équivalente. Ceci est triste à constater, nous le savons, mais précisément à cet âge, chaque fait commande l'attention et doit être scrupuleusement observé.

Les personnes qui peuvent trouver par trop trivial
le sujet qui nous occupe, n'ont qu'une bien faible idée
de sa véritable importance. Nos pages ne s'adressent
qu'à ceux dont la peau, à une époque quelconque de
leur vie, a subi la morsure d'une bonne fustigation et
ce n'est guère que ceux-là que notre livre intéressera.
Notre intention n'est pas de tracer l'histoire du *faisceau de verges* chez les différents peuples. Quoique
suffisamment documentés pour entreprendre un semblable travail, nous voulons simplement offrir un
aperçu de l'influence comparée de la correction des
enfants et des femmes dans le cercle de la famille, au
beau pays de France ou dans les confins trop méconnus
de la « Vieille Angleterre ». Nous avons fait de notre
mieux pour baser nos observations sur des documents
historiques et médicaux, n'osant rien avancer qui ne
s'appuyât sur des autorités dont le temps a consacré
la valeur indiscutable.

Parmi nos lecteurs français, beaucoup ne voudront
pas prendre notre thèse absolument au sérieux. Mais
une telle prévention ne serait due qu'à leur ignorance
des mœurs anglaises. La flagellation, est, en effet,
basée sur l'immuable doctrine de la Bible, et, par
conséquent, fait partie de la foi de tout bon protestant
anglo-saxon. Malheureusement, sous l'inspiration
parfois d'une doctrine biblique prise à la lettre, les
plus abominables crimes ont pu se commettre au nom
d'une religion imparfaitement comprise.

*
* *

De temps à autre, dans des journaux de médecine ou
dans des revues, surgit une discussion concernant la

Flagellation. Nous en citons un échantillon récemment pris dans un ouvrage intitulé :

QUESTIONS SANITAIRES ET SOCIALES D'AUJOURD'HUI[1].

Cet ouvrage renferme une série d'articles puisés dans différents journaux : *Medical Press and Circular*, le *Provincial Medical Journal* et le *Sanitary Record.*

Parmi les sujets, nous voyons une étude sur l'effet physiologique et mental de l'éducation des enfants, l'usage du *Birch*[2], les meilleures situations des bâtiments au point de vue sanitaire et d'autres sujets analogues, la plupart du temps sans le moindre intérêt.

Laissons la parole à l'auteur :

«... Envisageons maintenant la forme préférable de punition corporelle. Il est décidément mauvais de frapper avec une badine sur les mains et sur le dos, cela nuit aux nerfs, en détruit même quelques-uns, et blesse les os. On pourrait même en casser ! *Gifler* ne me semble pas meilleur. Les oreilles, voire même le cerveau, peuvent en être endommagés[3]. Un bâton est dangereux. Un faisceau de verges ne peut faire de mal sérieux, si ce n'est dans les mains de quelque ruffian bon pour un asile d'aliénés ou pour l'échafaud. D'ailleurs, l'art de flageller demande quelques préparatifs qui ne sont pas sans importance, tant pour le maître que pour l'enfant. C'est pendant la préparation que l'enfant passe le plus « mauvais quart d'heure », tandis que ce délai, si court soit-il, donnera au maître le prétexte de calmer sa colère. Une fustigation bien

---

1. *Sanitary and Social Questions of the Day,* By an Observer (Cotton Press, 1897).

2. Verges.

3. Traduit littéralement.

administrée est une sensation essentiellement désagréable : elle est brève et vive, et inspire pendant toute sa durée une terreur bien légitime, ne laissant après soi qu'une petite douleur et un cuisant souvenir quand le gamin s'asseoit.

« La Nature a pourvu l'individu d'un *coussin* sur lequel on peut agir sans qu'il en résulte de bien graves conséquences, si ce n'est par la suite une très vive sensation. »

*
* *

Le *faisceau de verges* n'a jamais respecté personne. Sur le dos des riches et des pauvres, des grands et des humbles, il est descendu avec la même sévérité, ne se lassant jamais, toujours prêt à châtier les fautes commises.

Une bibliographe anglais, d'une infatigable activité, a consacré sa fortune et son loisir à décrire, avec un aperçu de leur contenu, tous les ouvrages sur l'Amour et le libertinage produits dans les principales langues d'Europe. Les Bibliophiles ont sans doute reconnu le fameux biblio-érotomane PISANUS FRAXI. Dans ses érudits et importants travaux, heureusement cachés aux yeux des profanes, sous un effrayant titre latin[1], il parle d'une façon courante de la Flagellation, et nous ne pouvons que le citer souvent, car il nous donne les récits de personnes nous ayant laissé des souvenirs de leurs misères d'école, décrivant les fustigations infligées par leurs tuteurs[2] et, dans quelques

---

1. Centuria Librorum Absconditorum. (Londres, 1879.)

2. BUCHANAN, précepteur du roi James Ier, avait l'habitude de fouetter délibérément Sa Majesté. Quand on lui demandait s'il ne craignait pas de frapper l'oint du Seigneur, il répondait avec un fort accent écossais : « Non, je ne touche jamais son côté sacré. »

cas, par leurs parents. « Nous pouvons en conclure
que ces *fouette-culs*[1] prenaient un plaisir extrême à
cet exercice. Il nous suffit de mentionner ici : Erasme[2],
Desforges[3], S. S. Colerigde[4], Charles Lamb[5],
Alexandre Somerville[6], Capel Loft[7], le Colonel Whi-
tethory[8], Leigh Hunt.

On en arrive à une conclusion similaire après lecture
des fustigations décrites par bien des auteurs de fan-
taisie dont les narrations sont en général basées sur
des expériences ou des observations personnelles[9].
Effectivement, des professeurs tels que : le Docteur
Gill[10] et le Docteur Colet de l'Ecole Saint-Paul ; les
Docteurs Drury et Vaughan de Harrow ; les Docteurs
Busby, Kate et le Major Edgewort d'Éroy, enfin le

---

1. Voyez Delvau : *Dictionnaire de la langue verte.*

2. *Le Poéte*. Paris, 1819, vol. 1.

3. De Pueris.

4. Specimens of Table Talk, may 27, 1830.

5. *Essays of Elia* et *Recollections of Christ's Hôpital.*

6. *Autobiography of a Working Man*. London, 1848.

7. CELL FORMATION, *or*, *The History of an Individual Mind.*
London, 1837.

8. *Mémoirs of a Cape Rifleman.*

9. RICHARD HEAD's English Rogue ; FIELDING's Tom Jones ;
SMOLLET's Roderick Randum ; CAPT. MARRYAT's Rattlin the
Reefer ; DICKEN's Nicholas Nickleby ; KINGSLEY's Wesward Ho !
TIECK's Reinsende ; l'abbé Bordelon : *Gomgam* ou *l'Homme
prodigieux.* — Quelques descriptions très réalistes de flagellation
se trouvent aussi dans SETTLERS AND CONVICTS. London, 1847
Twelve Years a Slave. London, 1853.

10. Voyez Gill upon Gill, or Gill's Ass uncased, unstript,
unbound, MDCVIII ; et aussi quelques lignes : *On Doctor
Gill, Master of Paul's School.*

Révérend James Bowyer [1] ont acquis, en Angleterre, une popularité proverbiale en la matière. Ils nous paraissent avoir été d'avis, avec Edgard Allen Poë, que les enfants ne sont jamais trop délicats pour être fouettés, et qu'ils sont un peu comme les beefsteaks qui ne deviennent que plus tendres à force d'être battus. »

> Oh ye ! who teach the ingenuous youth of nations,
> Holland, France, England, Germany, or Spain,
> I pray ye flog them upon all occasions,
> It mends their morals, never mind the pain :[2] ...

(Byron, Don Juan, Canto II, Stanza I.)

1. On raconte de COLERIDGE que, quand il apprit la mort de son vieux maître (Bowyer), il fit la remarque « qu'il était malheureux que les *chérubins* qui l'avaient emporté au ciel ne se composaient que de têtes et d'ailes, sans cela il les eût infailliblement fouettés en route. » La même histoire a été racontée, je crois, du docteur Busby.

2. O vous qui élevez la jeunesse des nations ; pédagogues de la Hollande, de la France, de l'Angleterre, de l'Allemagne ou de l'Espagne, je vous recommande de donner, en toute occasion, les étrivières à vos écoliers ! cela corrige les mœurs ; ne vous inquiétez pas de leurs cris de douleur..., etc.

Des divers genres

de flagellation

La Flagellation comprend divers genres et peut, par conséquent, être divisée en catégories, suivant la cause dominante de l'opération.

Pour les besoins du présent ouvrage, notre classification sera aussi simple que possible :

La Flagellation dans l'Histoire.

La Flagellation religieuse.

La Flagellation dans la littérature.

La Flagellation au point de vue médical.

La Discipline a l'École, chez les enfant des deux Sexes.

Les Corrections conjugales et domestiques.

Les Corrections dans l'armée anglaise.

Nous prévenons le lecteur que nous n'avons nullement l'intention d'approfondir toutes ces divisions, car chacun de ces sujets, traité consciencieusement, suffirait à former, à lui seul, un ouvrage important. Notre seul but est d'envisager et de commenter chacun de ces genres, laissant à une autre plume le soin de reprendre ou de continuer ce sujet attrayant et de le suivre jusque dans ses dernières ramifications.

La Flagellation

dans l'Histoire

———

Nous devons avouer n'avoir trouvé, dans l'histoire de la nation française, que peu de cas où la Flagellation a joué un rôle supérieur. Et, cependant, nous avons découvert quelques flagellations historiques qui ne manqueront pas d'intéresser le lecteur et qui peuvent être réparties à leur tour dans les catégories suivantes :

1º Flagellation Sadique ;
2º — Idiosyncrasique ;
3º — Disciplinaire ;
4º — Vindicative.

LA FLAGELLATION SADIQUE. — Nous devons d'abord dire, avec le Docteur Krafft-Ebing, que les médecins ont souvent fait l'observation que la volupté et la cruauté se montrent fréquemment associées l'une à l'autre. Même à l'état physiologique, il n'est pas rare de voir des individus, sexuellement fort excitables, mordre ou égratigner leurs consorts pendant le coït. Des écrivains de toutes les époques ont signalé ce

phénomène. Nos lecteurs se rappellent ces vers célèbres de Musset :

> Qu'elle est superbe en son désordre
> Quand elle tombe, les seins nus,
> Qu'on la voit béante se tordre
> Dans un baiser de rage et mordre
> En hurlant des mots inconnus.

La flagellation et la cruauté instinctive se trouvent
étroitement liées. Laissons la parole au Docteur Krafft-
Ebing :

« Les anciens auteurs avaient déjà appelé l'attention
sur la connexité qui existe entre la volupté et la
cruauté.

« Blumroder *(Ueber Irrsin*, Leipzig, 1836, p. 51)
*hominem vidit qui compluria vulnera in musculo
pectorali habuiti quæ femina valde libidinosa in
summa voluptate mordendo effecit.*

« Dans un essai *(Ueber Lust und Schmerz (Fried-
reichs Magazin für Seleenkunde,* 1838, II, 5) il
appelle l'attention particulièrement sur la corrélation
psychologique qui existe entre la volupté et la soif du
sang. Il rappelle à ce sujet la légende indienne de
Siwa et Durga (Mort et Volupté), les sacrifices
d'hommes avec pratiques ésotériques, les désirs sexuels
de l'âge de puberté associés à un penchant voluptueux
pour le suicide, à la flagellation, aux pincements, aux
blessures faites aux parties génitales dans le vague et
obscur désir de satisfaire le besoin sexuel.

« Lombroso (*Verzeni e Agnoletti*, Roma, 1884) cite
de nombreux exemples de tendance à l'assassinat pendant la surexcitation produite par la volupté.

« Par contre, bien souvent, quand le désir de l'assassinat est allumé, il entraîne après lui la sensation de
volupté. Lombroso rappelle le fait cité par Mantegazza

que dans les horreurs d'un pillage, les soldats éprouvent une volupté bestiale[1].

« Ces exemples établissent des transitions entre les cas manifestement pathologiques.

« Très instructifs aussi les exemples des Césars dégénérés (Néron, Tibère), qui se réjouissaient en faisant égorger devant eux des jeunes gens et des vierges, ainsi que le cas de ce monstre, le maréchal Gilles de Rays[2], exécuté en 1440 pour viols et assassinats commis pendant huit ans sur plus de huit cents enfants[3]. Il avoua que c'était à la suite de la lecture de Suétone et des descriptions des orgies de Tibère, de Caracalla, que l'idée lui était venu d'attirer des enfants dans son château, de les souiller en les torturant et de les assassiner ensuite. Ce monstre assura

---

1. Au milieu de l'exaltation du combat l'image de l'exaltation de la volupté vient à l'esprit. Comparez, chez Grillparzer, la description d'une bataille faite par un guerrier.

« Et lorsque sonne le signal, — que les deux armées se rencontrent, — poitrine contre poitrine, — quels délices des dieux ! — Par-ci, par-là — des ennemis, des frères sont abattus par l'acier mortel. — Recevoir et donner la mort et la vie, dans l'échange alternant et chancelant, — dans une griserie sauvage ! » (*Traum ein Leben*, acte I.

2. Voyez P.-L. Jacob, *Curiosités de l'histoire de France*. Paris, 1858. Seconde série : Le maréchal de Rays, pages 1 à 119.

3. A ce propos l'on peut citer un cas anologue qui a produit tout récemment et maintient encore, au moment où cet ouvrage paraît[4], une vive émotion en France : Vacher, le tueur de bergers, a acquis une triste célébrité par ses meurtres érotiques. De même, chez nos bons amis les Anglais, un monstre de la même envergure s'est forgé une triste célébrité en commettant sur de pauvres prostituées, des meurtres dont la lubricité défie toute description. Nous voulons parler de cet être, aussi fameux que mystérieux, qu'au delà de la Manche on a appelé avec beaucoup d'à-propos : *Jack the Ripper*, Jacques « l'Eventreur. » (*Note de l'Editeur.*)

4. La première édition, parue à fin 1898.

avoir éprouvé un bonheur indicible à commettre ces actes. Il avait deux complices. Les cadavres des malheureuses victimes furent brûlés et seules quelques têtes d'enfants exceptionnellement belles furent gardées comme souvenir.

« Quand on veut expliquer la connexité existant entre la volupté et la cruauté, il faut remonter à ces cas qui sont encore presque physiologiques, ou au moment de la volupté suprême, des individus normalement constitués, mais très surexcitables, commettent des actes, tels que de mordre ou d'égratigner et qui, habituellement ne sont inspirés que par la colère. Il faut, en outre, rappeler que l'amour et la colère sont non seulement les deux plus fortes passions, mais encore les deux uniques formes possibles de la passion forte (sthénique). Ces deux passions cherchent également leur objet, veulent s'en emparer, et se manifestent par une action physique ; toutes les deux mettent la sphère psychomotrice dans la plus grande agitation et arrivent par cette agitation même à leur manifestation normale.

« Partant de ce point de vue, on comprend que la volupté pousse à des actes qui, dans d'autres cas, ressemblent à ceux inspirés par la colère [1].

« L'une comme l'autre est un état d'exaltation, constitue une puissante excitation de toute la sphère psychomotrice. Il en résulte un désir de réagir par tous les moyens possibles et avec la plus grande intensité contre l'objet qui provoque l'excitation. De même que l'exaltation maniaque passe facilement à l'état de

---

1. Schultz (*Wiener med. Wochenschrift*, 1869, n° 49), rapporte le cas curieux d'un homme de vingt-huit ans ans qui ne pouvait faire avec sa femme le coït qu'après s'être mis artificiellement en colère.

manie destructive furieuse, de même l'exaltation de la passion sexuelle produit quelquefois le violent désir de détendre l'excitation générale par des actes insensés qui ont une apparence d'hostilité. Ces actes représentent, pour ainsi dire, des mouvements psychiques et accessoires ; il ne s'agit point d'une simple excitation inconsciente de l'innervation musculaire (ce qui se manifeste aussi quelquefois sous forme de convulsions aveugles), mais d'une vraie hyperbolie de la volonté à produire un puissant effet sur l'individu qui a causé notre excitation.

« Le moyen le plus efficace pour cela, c'est de causer à cet individu une sensation de douleur. En partant de ce cas où, dans le maximum de la passion voluptueuse, l'individu cherche à causer une douleur à l'objet aimé, on arrive à des cas où il y a sérieusement mauvais traitements, blessures et même assassinat de la victime [1].

« Dans ce cas, le penchant à la cruauté qui peut s'associer à la passion voluptueuse, s'est accru démesurément chez un individu psychopathe, tandis que, d'autre part, la défectuosité des sentiments moraux fait qu'il n'y a pas normalement d'entraves ou qu'elles sont trop faibles pour réagir.

« Ces actes sadiques monstrueux, plus fréquents chez l'homme que chez la femme, ont encore une autre cause puissante due aux conditions physiologiques.

« Dans les rapports des sexes, c'est à l'homme qu'échoit le rôle actif et même agressif, tandis que la femme se borne au rôle passif et défensif.

« Il en est de même chez les animaux ; là, c'est ordinairement le mâle qui poursuit la femelle de ses

---

2. Voir Lombroso (*Uomo delinquente*), qui cite des faits analogues chez les animaux en rut.

propositions d'amour. On peut aussi souvent remarquer que la femelle prend la fuite ou feint de la prendre Alors il s'engage une scène semblable à celle qui a lieu entre l'oiseau de proie et le volatile auquel il fait la chasse [1]. »

*
* *

Non seulement l'homme peut être saisi du désir de cruauté, mais, s'il faut en juger par les trop vifs tableaux peints par les écrivains anglais sur la Flagellation, nous pouvons croire que le beau sexe de la race anglo-saxonne est atteint de cette maladie beaucoup plus que l'homme. Sauf quelques rares exceptions, dans la majorité des ouvrages anglais traitant de cette passion, nous avons constaté que le rôle agressif est, en général, rempli par des femmes. Nous remarquons qu'une aussi grande autorité que le docteur Krafft-Ebing a été frappé de la fréquence avec laquelle dans l'histoire se présentent des femmes dominées par la soif de la cruauté.

Nous citons ses propres paroles :

« On rencontre dans l'histoire, des exemples de femmes, quelques-unes illustres, dont le désir de régner, la cruauté et la volupté, font supposer une perversion sadique innée. Il faut compter dans la catégorie de ces femmes, Messaline, Valérie elle-même, Catherine de Médicis, l'instigatrice de la Saint-Barthélemy et dont le plus grand plaisir était de faire fouetter en sa présence les dames de sa cour.

« Heinrich von Kleist, poète de génie, mais évidem-

---

1. Dr. R. Von Krafft-Ebing, *Psychopatia Sexualis.* Etude médico-légale, avec recherche spéciale sur l'Inversion sexuelle. Traduit de l'allemand.

ment d'un esprit déséquilibré, nous donne dans sa *Penthésilée* le portrait horrible d'une sadiste imaginée par lui.

« Dans la 22° scène de cette piéce, Kleist nous présente son héroïne : elle est prise d'une rage de volupté et d'assassinat, déchire en morceaux Achille, qu'elle avait poursuivi dans son rut et dont elle s'est emparée par la ruse.

« En arrachant son armure, elle enfonce ses dents dans la poitrine blanche du héros, en même temps que ses chiens veulent surpasser leur maîtresse. Les dents d'Oxus et de Sphinx pénètrent à droite et à gauche. Quand je suis arrivé, elle avait la bouche et les mains ruisselantes de sang. » Plus loin, quand Penthélisée est dégrisée, elle s'écrie : « Est-ce que je l'ai baisé mort ? — Non, je ne l'ai pas baisé ? L'ai-je mis en morceaux ? Alors c'est un leurre. Baisers et morsures sont la même chose, et celui qui aime de tout son cœur peut les confondre. »

Dans la littérature moderne, on trouve des descriptions de scène de sadisme féminin, dans les romans de Sacher-Masoch, dans la *Brunhilde* de Ernest von Wildenbruch, dans la *Marquise de Sade* de Rachilde, etc.

*
* *

Mais revenons à l'Angleterre. Pour donner une idée du sang-froid avec lequel les blondes misses aux yeux bleus et les blanches mains des grandes dames, nos voisines, procèdent aux « corrections » de leurs rejetons, citons un compte-rendu, paru dans le *Paris* du mardi 24 décembre 1889. On pourrait nous taxer de parti pris, mais cet article, écrit par le correspondant d'un grand journal de Saint-Pétersbourg, ne peut

donner lieu à aucune suspicion de ce genre, de la part
du lecteur. Nous ferons d'ailleurs remarquer que les
Français, suivant notre observation, ne penchent pas,
dans le cercle domestique, aux corrections, comme les
entendent nos voisins. Une gifle ou un coup de badine,
et tout est dit, alors que l'Anglais, ne trouvant pas la
justice satisfaite, procèderait sans émotion à une
correction en régle.

Que voulez-vous ? le méthodique fils d'Albion pense
que des coups ou des gifles appliquées au grand hasard
ont une tendance démoralisatrice.

Nous reproduisons l'article :

COMMENT JOHN BULL FAIT FOUETTER SES FILLES.—
On s'est beaucoup préoccupé dernièrement de trouver
de nouveaux emplois pour les femmes qui ont reçu une
bonne éducation et qui doivent pourtant gagner leur
vie.

Nos ingénieuses voisines d'Outre-Manche viennent
d'en trouver une qui ne manque certes pas d'originalité, mais qui ouvre une carrière où je crois que peu de
Parisiennes seront tentées de s'engager. Elles en juge-
ront par les annonces suivantes, qu'elles peuvent lire
dans le DAILY NEWS, le DAILY TELEGRAPH et le
TIMES :

« MAUVAIS CARACTÈRE, HYSTÉRIE ET PARESSE
PEUVENT ÊTRE GUÉRIS PAR UNE SÉVÈRE DISCIPLINE
ET UNE ÉDUCATION SOIGNÉE. »

Ou bien encore :

« JE ME CHARGE DE L'ÉDUCATION DES JEUNES FILLES
VOLONTAIRES. LES MEILLEURS RÉFÉRENCES QUE JE
PUISSE DONNER SONT MES DEUX BROCHURES :

« *Conseils pour élever les enfants* et *La Verge*,
1 shilling. Conseils par écrit, 5 shillings. Adresse :
Mrs Walter à Clifton. »

Le correspondant de la *Nediella*, de Saint-Pétersbourg, a eu la curiosité de faire interwier Mrs Walter par une dame de ses amies.

On introduisit la visiteuse dans un petit salon anglais modeste et confortable, qu'égayait un beau feu de charbon. Autour de l'âtre plusieurs dames étaient assises et se regardaient avec un certain malaise, sans se parler, comme si toutes tenaient à conserver leur incognito.

Peu après, la porte du cabinet de l'autre côté du salon s'ouvrit et livra passage à une femme de taille élevée, carrée, de coupe masculine, le buste sans inflexion; son bonnet et toute sa toilette avait un air demi-monacal qui s'accordait avec l'expression de son regard calme et froid. Un médaillon ornait sa poitrine plate et portait cette inscription: « Le bon pasteur ».

Elle reconduisit sa visiteuse silencieusement, puis, se tournant vers une des dames assises près de la cheminée, l'emmena dans son cabinet. Cette fois la conversation ne fut pas longue, la dame russe était la dixième, et pendant un quart d'heure d'attente, elle eut le loisir de compter au moins six nouvelles venues.

Enfin ce fut son tour. Naturellement, une grosse Bible reposait sur le bureau de Mrs Walter; à côté, était un livre encore plus volumineux.

— J'ai une nièce dont je ne peux faire façon et je serais disposée à la confier à vos soins, dit l'étrangère; mais auparavant je serais désireuse d'avoir quelques détails sur votre système d'éducation. Toutes ces dames que j'ai vues dans votre salon viennent, je pense, comme moi solliciter vos conseils?

— Ces dames sont mes clientes, plusieurs viennent de Londres, répondit Mrs Walter d'une voix ferme, lente, nettement articulée.

Elle ouvrit son grand-livre qui était couvert d'adresses.

— Les dames ayant des enfants rebelles ou vicieux, me prient de passer chez elles pour appliquer la discipline aux récalcitrants. C'est une demi-guinée la visite. Je reçois chez moi des pensionnaires à 100 livres sterling par an, nourriture, instruction et discipline comprises.

— Je voudrais précisément savoir en quoi consiste votre discipline.

— Je ne cherche que l'occasion de propager un système d'éducation dont j'ai fait l'expérience, qui repose sur les préceptes divins et qui est la vérité même.

Quand on confie une jeune fille à mes soins, je l'amène ici, je la fais asseoir là...

Elle montra un tabouret placé en pleine lumière.

— Je lui dis que je sais quels sont ses défauts et je lui fais comprendre que dans son propre intérêt, elle doit dorénavant obéir sans raisonner. Je commence toujours par des suggestions morales, répéta Mrs Walter.

— Suffisent-elles quelquefois ? demanda la visiteuse.

— Rarement, répondit Mrs Walter ; en général, on a recours à moi quand tous les moyens de persuasion ont déjà échoué. Au premier acte d'insubordination, je préviens mon élève que si elle persiste dans cette voie, j'aurai recours à des voies plus énergiques pour la contraindre à l'obéissance. Après cet avertissement, je patiente encore, mais à la première faute, mensonge ou désobéissance, je déclare à la délinquante qu'elle sera fouettée. J'ai pour règle de ne jamais battre une enfant quand je suis en colère.

Le jour désigné pour le châtiment, je prépare une table longue, étroite et solide, je pose des coussins

sur la table et je me munis de courroies et d'une bonne
longue verge de bouleau, bien souple. Alors je dis à
la jeune fille de venir et de se préparer pour recevoir
sa punition. Je lui ordonne d'enlever sa robe, ses jupes,
son pantalon et de revêtir un peignoir boutonné par
derrière. Lorsqu'elle est prête, je lui explique sa faute
et la néssité du châtiment que je considère comme un
remède.

Je lui promets que si elle ne crie pas, personne ne
saura qu'elle a été punie, mais je la préviens que si
elle crie et se débat, je serai obligée d'appeler à mon
aide. Ordinairement, les jeunes filles aiment mieux
subir leur peine et que personne n'en sache rien.

Lorsqu'elle est résignée au châtiment, je la place
debout près de la table et j'incline le haut du buste
sur les coussins jusqu'à la ceinture. Je lie les pieds et
les mains et je les attache à la table.

Tout cela prend beaucoup moins de temps à faire
qu'à dire, ajouta Mrs Walter.

Ces préparatifs terminés, continua-t-elle, je déboutonne le peignoir, je prends la verge et je me place à
une certaine distance, de côté. Alors je commence à
fouetter lentement, mais avec force, me rapprochant
à chaque coup de la patiente, de façon à ce que chaque
coup tombe sur une place fraîche. Quand on fouette
bien avec énergie, il suffit de six coups pour enlever
au sujet toute idée de recommencer. Si la faute est
très grave, je me place ensuite de l'autre côté et je
fouette en sens contraire.

Si la jeune fille crie, je donne quelques coups de plus,
Si elle est sage et accepte le châtiment avec humilité,
je lui fais grâce de deux coups sur douze, par exemple.
Enfin, quand tout est fini, je reboutonne le peignoir,
je détache la jeune fille. En général, je la trouve dans
de bons sentiments et je l'aide à venir à un vrai repentir

Si la fustigation a été faite dans de bonnes conditions, selon les règles et en bonne conscience, il est rare que la jeune fille se révolte contre sa punition ; au contraire, elle est, en général, humiliée et toute prête à se réconcilier avec moi. Il est rare qu'après une bonne correction une jeune fille me repousse quand je lui dis : « Faisons la paix et embrassons-nous » (*Kiss and be friends*).

Après je lui donne le temps de se remettre de ses émotions et je lui conseille de rentrer dans sa chambre sans rien dire à personne. Il est rare que mes élèves retombent dans leurs fautes après une bonne fouettée, reprit fièrement Mrs Walter ; en tous cas, je n'ai jamais eu à y revenir plus de deux fois.

Mrs Walter se tut un instant, puis reprit

— Si vous êtes disposée à me confier votre nièce?...

— Elle est trop grande, répondit la visiteuse ; elle a quinze ans.

— Trop grande ! s'exclama Mrs Walter, mais j'ai des élèves de vingt ans ; je les ai toutes fouettées, et elles ne s'en portent que mieux.

MICHEL READER.

*
* *

LA FLAGELLATION IDIOSYNCRATIQUE. — Parmi les cas curieux de ce genre de flagellation, qu'à défaut d'un terme plus approprié, nous appellons idiosyncratique, nous en citons un — absolument extraordinaire — qui nous rappelle le vieillard dans le conte du célèbre romancier anglais Charles Dickens ; *Roman de Deux Villes*. Ce cas est raconté par Constantin de Renneville, auquel nous laissons la parole[1] :

---

1. *L'Inquisition française ou l'Histoire de la Bastille*, par M. Constantin de Renneville, tome III, Amsterdam, chez Étienne Roger, marchand-libraire, 1719, pages 257-8-9. — Le cas que nous citons est illustré d'une curieuse gravure.

«... En parcourant des yeux toute la chambre, j'aperçus sur la cheminée une poignée de verges : ce qui me fit dire que c'étoit le violon du Marquis, petit chien qui, pour lors, étoit en pension dans la chambre, que j'avois vu autrefois dans la mienne, qui dançoit parfaitement bien, beau par excellence, et qui, sans doute, avoit plus d'esprit que son Maître Ru, notre porte-clefs. Non, me dit notre féroce Philosophe, c'est le violon de ce vieux foû, en me montrant l'antique Docteur de la Faculté. Et soudain, ce barbare correcteur, empoignant le redoutable faisseau : Allons, dit-il au puérile vieillard, dans l'instant, sans réplique, chausses bas. Ce bon-homme tout tremblant, se jeta à genoux, devant l'impitoïable satyre, et son bonnet à ses genoux, en se grattant la tête des deux mains il lui dit en pleurant : Pourquoi me voulez-vous fouetter ? je n'ai encore pas fait de mal aujourd'hui. — Faut-il me supplier en vous grattant la tête ? lui répondit l'arrogant Pédant ; et, lui donnant des verges rudement sur les doigts : Allons encore une fois chausses bas ; vous n'amendez pas votre marché, en vous faisant tirer l'oreille. Je crus d'abord que ce n'étoit qu'un jeu ; ce qui ne m'émut pas beaucoup. Mais quand je vis le pauvre imbécille, redoublant ses pleurs, détacher sa culotte, et, troussant sa chemise sanglante, découvrir des fesses toutes flétries et décharnées, et tout en galle par la violence des flagellations, je me mis au devant pour empêcher cet extravagant Bourreau d'outrager un vieillard qui aurait bien été son Grand-Père. — Monsieur, me dit ce fou furieux, élevant sa voix de Stentor, Ariaga dit : *Correctionem esse necessariam : sic opinor : ergo plectetur Petulans iste.* — Ariaga, lui répondis-je, diroit s'il vous voïoit faire, que non seulement il y a de la folie, mais encore une cruauté outrée, de fouëter un viellard, plus que

septuagénaire, sans le moindre sujet: vous ne le mal-
traiterez pas en ma présence.— Retirez-vous, continua
la Bête philosophique, en me regardant de travers
comme un taureau qui veut jouer de la corne, si vous
ne voulez pas que je vous traite comme ce fou. — Mr
l'Emsirationalis, lui répondis-je, je souffriroi chrétien ement toutes vos folies, comme incurables, mais
si vous vous avisez de me donner seulement une
chiquenaude, je vous mettroi en état de ne plus
fouëtter votre aïeul: pensez-y plus d'une fois avant de
vous jouër à moi. En achevant ces paroles, je lui
arrachoi le Docteur décrépit d'entre les mains, qui après
s'être essüié les yeux commençoit à rattacher ses
chausses; lorsque du Wal, vint à moi son chapelet à
la main, me dire du plus grand sérieux du monde, que
j'allois apporter dans la chambre un désordre épouvantable, si j'empêchois que ce viellard ne fût corrigé
qui étoit d'une malice insuportable. J'allois lui
répondre et lui faire connaître l'injustice qu'il y
avoit dans un procédé si extravagant lorsque le médecin radoteur me dit : Mêlez-vous de vos affaires ; je veux
être fouëtté, moi. C'est cette correction paternelle qui
me tient en vigueur ; et courant vers Gringalet, ses
chausses détachées, il lui abandonna son derrière qui
fut fustigé par le Pédant, à double reprise car mon
opposition avoit redoublé sa fureur. Après quoi le
Docteur flagellé, demanda du pain et du beure au
Philosophe bouru, qui lui en donna aux charges d'être
plus sage à l'avenir[1]....» (etc.)

---

1. Il faut avouer que ce malheureux avait un goût assez... singulier. Nous ne voudrions pas en souhaiter un semblable à qui
que ce soit. On nous a assuré qu'aujourd'hui encore il existe
certaines personnes portées à de semblables penchants, mais
alors dans un but aphrodisiaque. Nous aurons l'occasion de

*
**

LA FLAGELLATION DISCIPLINAIRE. — S'il faut se rapporter à Tallemant des Réaux, il y a tout lieu de croire que les *rotondités postérieures* des rois n'ont pas été exemptes de ce genre de punition quand l'occasion s'en présentait[1] :

« Henri IV écrivoit à madame de Monglat, gouver-
« nante des enfants de France : Je me plains de ce que
« vous ne m'avez pas mandé que vous aviez fouetté
« mon fils, car je veux et vous commande de le fouetter
« toutes les fois qu'il fera l'opiniâtre, ou quelque chose
« de mal, sachant bien par moi-même qu'il n'y a rien
« au monde qui lui fasse plus de profit que cela ;
« ce que je reconnois par expérience m'avoir profité ;
« car étant de son âge j'ai été fort fouetté ; c'est pour-
« quoi je veux que vous le fassiez et que vous lui
« fassiez entendre[2] ».

La Reine revint de son éloignement pour l'humiliante punition des verges ; nous citerons le témoignage de Malherbe :

« Vendredi dernier, M. le Dauphin, jouant aux échecs
« avec La Luzerne, qui est un de ses enfants d'hon-
« neur, La Luzerne lui donna échec et mat ; M. le
« Dauphin en fut si fort piqué, qu'il lui jeta les échecs
« à la tête. La Reine le sut, qui le fit fouetter par
« M. de Souvray, et lui commanda de le nourrir à être

parler de ce genre de mœurs dans la partie médicale de cette étude.

1. Les Historiettes de Tallemand des Réaux. — Mémoires pour servir à l'histoire du XVII° sciècle. Paris, 1840, vol. I, p. 84.

2. *Lettres* à la suite du *Journal militaire de Henri IV*, publiées par le comte de Valori, 1821, p. 400.

plus gracieux». (*Lettre de Malherbe à Peiresc, du 11 Janvier 1610.* Paris, 1822, 111). On en trouve d'autres exemples dans les *Mémoires de l'Estoile.*

*
* *

La correction paternelle, au foyer, est commune à tous les pays, mais elle règne à divers degrés selon les mœurs et l'époque. Nous allons jusqu'à croire que la recommandation de Salomon de ne pas épargner la badine à l'enfant était inutile, car peu de parents hésitent à fouetter leurs enfants, filles ou garçons, si cette fustigation peut les sauver de la dépravation morale.

Le cas que nous allons citer montre le côté habituel de la correction en famille[1].

Miss Clara L..., âgée de 18 ans, rentrait dans sa famille, après avoir passé quelques années dans un pensionnat de demoiselles sis à quelques milles de la ville. Elle avait dû prendre sur ses compagnes des leçons qui n'étaient pas sur le programme de l'institution ; toutes les observations de sa mère la laissaient froide, et elle se contentait de rire à la menace d'une correction.

Mais la patience n'est pas éternelle. Un soir que Miss Clara était rentrée tard du « *Music hall* »[2], malgré la défense absolue qui lui en avait été faite, sa

---

1. On trouvera plus loin dans cet ouvrage la reproduction d'une lettre écrite par cette même jeune fille à une personne de sa connaissance et dans laquelle elle fait elle-même un récit très détaillé de son aventure.

2. Concert à Londres. — Les jeunes filles anglaises sont excessivement libres, nullement surveillées, et en profitent souvent pour visiter des concerts ou autres lieux publics.

mère prévint le major William H..., oncle de Clara,
et quelle ne fut pas la surprise de la jeune fille, le
lendemain, de trouver son oncle et sa mère, debout
près de son lit, épiant son réveil. En quelques mots
celle-ci mit le major au courant de la mauvaise conduite de Miss Clara, et tous deux, après réflexion
convinrent de la fouetter. A ces mots cris d'indignation
et de rage de la jeune fille: «Vous n'oserez jamais
fouetter une fille de mon âge!... J'irai me plaindre au
magistrat... Je le ferai mettre sur les journaux...» etc...

Ses pleurs n'en pouvant mais, elle se vit contrainte
de se laisser attacher avec une courroie, et même, après
quelques coups de badine, de crier grâce en promettant de changer de conduite[1].

Citons un exemple pris en Prusse:

Le père de Frédéric le Grand était renommé pour
la sévérité avec laquelle il dirigeait son intérieur.

Le jeune Frédéric était tenu d'une façon étroite. Un
jour, pour sa table il se procura une fourchette en
argent, en remplacement d'une fourchette en fer dont
il avait l'habitude de se servir. Son père s'en apercevant, le fit fouetter pour lui enlever le goût des
dépenses. Le roi, jusqu'à l'année 1726, allouait à son
fils 3,000 francs par an, en lui recommandant de marquer
la moindre dépense. Cette rente était insuffisante pour
Frédéric qui fit des dettes. Ce motif le fit fouetter plus
d'une fois.

Il était interdit au Prince d'apprendre le latin. Un
jour le roi entra par surprise dans la salle d'études et
trouva son fils gravement occupé avec son tuteur avec
un exemplaire en latin de la *Bulle d'Or*. La scène

---

1. Nous assurons la parfaite authenticité du fait. Il n'est
nullement exagéré, et nous avons tout lieu de croire qu'il se
répète chaque jour dans toute la Grande-Bretagne.

qui s'ensuivit est racontée en ces termes par l'historien anglais Thomas Carlyle :

« Que faites-vous donc là ! s'exclame le roi, d'une voix courroucée.

— Votre Majesté, j'explique l'*Aurea Bulla* au Prince.

— Canaille ! je vous *aureabullerai!* s'écria sa Majesté, en faisant force moulinets avec son bâton qui, envoyant le malheureux professeur, terrifié, prendre au plus vite la clef des champs, mit fin au latin pour ce jour-là ».

En 1729, le Prince écrit à sa mère :

« Je suis dans un profond désespoir. Ce que j'appréhendais depuis longtemps m'est arrivé. Le Roi a oublié complétement que je suis son fils : ce matin, il est entré dans ma chambre selon son habitude ; dès qu'il m'eut aperçu, il se précipita sur moi, m'empoigna par le cou et m'administra avec sa canne une succession de coups cruels. C'est en vain que j'essayai de me préserver. Il était dans une rage terrible et ne me lâcha que quand il fut las de frapper. Je suis poussé à bout, je me refuse à suivre un pareil traitement et suis résolu à la dernière extrémité pour m'y soustraire... »

Mlle Dorris Ritter, fille d'un professeur de Postdam, avait attiré les regards du Prince, qui, d'ailleurs, n'alla pas plus loin. Mais le Roi ne voulut pas l'entendre ainsi et ordonna que la pauvre fille fût fouettée par le bedeau, et condamnée à battre du chanvre pendant trois ans.

Frédéric le Grand devenu d'un âge mûr, fut porté à croire que cette sévérité avait été salutaire pour lui. On dit qu'il fit observer à Sir Andrew Mitchell qu'il ne regrettait nullement de ne pas avoir été élevé en Prince, ajoutant que la grande harmonie qui régnait entre sa mère et les membres de sa famille, était due à la façon dont les avait élevés son père.

La Flagellation

d'un

disciple d'Esculape

Il en a bien souvent coûté très cher, à nombre de personnages haut placés, d'avoir eu la langue trop longue ou d'avoir par leurs écrits, leurs quatrains, pamphlets, etc., déplu aux plus puissants qu'eux.

Tel fut le cas d'un certain chirurgien qui avait, au mépris de l'usage de ne jamais divulguer des secrets de femme, complaisamment lâché les rênes à son indiscrétion, et répandu dans le public certaines choses concernant une grande dame qui avait eu besoin de son assistance. La dame en question était la Reine de Navarre, femme du Prince qui devint plus tard roi de France sous le nom de Henri IV ; elle était elle-même bien plus rapprochée du trône que son auguste époux et aurait certainement porté la couronne, sans la loi salique. La princesse en question était une femme instruite, spirituelle, jolie par dessus le marché et possédant en particulier, un bras si parfaitement modelé, que l'on disait couramment que le marquis de

Canillac, sous la garde duquel elle avait vécu pendant
quelque temps en qualité de prisonnière d'Etat, était
tombé amoureux d'elle rien qu'à la vue de son bras.
A ces avantages elle joignait un caractère gai, enjoué
et coquet, qui la fit même passer, à un moment donné,
pour s'être amourachée du grand duc de Guise, qui
plus tard faillit s'emparer de la couronne. A côté de
cela, elle avait un grand penchant pour les intrigues
politiques.

Pendant les guerres de la Ligue, se trouvant à
Amiens, elle tenta de se rendre maîtresse de la place ;
mais le parti de l'opposition, ayant réussi à provoquer
un soulèvement contre elle, la reine fut obligée de fuir,
accompagnée de 80 gentilshommes et de 40 soldats
environ. Sa fuite fut même tellement précipitée, qu'elle
dut partir à dos de cheval, sans avoir même le temps
de se procurer une selle de dame. Et, dans cette position, elle parcourut un grand nombre de lieues,
derrière un gentilhomme, exposée continuellement
au plus grand danger, étant donné qu'elle eut à traver-
ser un corps d'arquebusiers, qui tuèrent plusieurs
hommes de son escorte. Après avoir enfin atteint un
lieu sûr, elle emprunta une chemise à une de ses
servantes, puis continua son voyage, jusqu'à la
prochaine ville, qui était Usson en Auvergne. Elle put
s'y remettre de ses transes. Les grandes fatigues qu'elle
avait endurées lui donnèrent la fièvre pendant quelques jours et, en outre de cela, par suite du manque de
confortable dans sa fuite précipitée à cause de l'absence
de selle ou même de coussinet, la partie charnue de son
corps sur laquelle elle s'était assise avait été passablement endommagée. En conséquence, on appela un
chirurgien pour qu'il lui procura quelque soulagement.
Il fit si bien qu'en peu de jours la noble Reine fut
guérie. Jusque-là, le chirurgien méritait certainement

la reconnaissance de sa royale patiente. Mais, comme par la suite il ne put retenir sa langue et qu'il se mit à plaisanter agréablement sur les charmes infinis de la reine, celle-ci se mit fort en colère contre lui, et, en fin de compte, lui fit infliger cette magistrale correction que l'on sait, — *elle lui fit donner les étrivières.*

*
* *

LA FLAGELLATION VINDICATIVE. — Il eût été étonnant de ne rencontrer dans la Gaule moderne aucun cas de ce genre de flagellation. Dans l'histoire d'aucun autre pays, nous n'avons rencontré de cas aussi malicieux que celui que nous allons citer[1] :

Nous l'avons trouvé dans les « Causes célèbres » recueillies par Gayot de Pitaval, en 1750[2], sous le titre énigmatique de :

« OUTRAGE SANGLANT FAIT A UNE DAME PAR UNE AUTRE DAME ; OU HISTOIRE DE LA DAME DE LIANCOUR ET DU DIFFÉREND QU'ELLE EUT AVEC LA MARQUISE DE TRESNEL, ET DE L'INSULTE QU'ELLE EN ESSUYA. »

Nous rappelons ce procès avec d'autant plus de plaisir que, sauf quelques rares historiens qui l'ont mentionné en passant, il n'en est parlé aujourd'hui

---

1. Dans l'histoire d'Angleterre, le lecteur se rappelle que Boadicca, la reine des anciens Bretons, fut fustigée par les soldats romains, à cause de son insubordination.

2. CAUSES CÉLÈBRES ET INTÉRESSANTES, *avec les jugements qui les ont décidées*, recueillies par M. GAYOT DE PITAVAL, *avocat au Parlement de Paris*. Amsterdam et Liége, 1755. Continuées par De la Ville, 26 vol. in-12 Editions de Paris, 1738-1743, en 20 vol., et d'Amsterdam, en 22 vol. Curieuse publication. *Le cas que nous citons est donné a la page 348 du 4ᵉ volume et occupe 40 pages.*

dans aucun ouvrage. Voilà cependant un procès curieux
et passionné qui a agité jusque dans ses fondements
la France d'avant la révolution. C'était, en effet, une
singulière punition qu'une dame s'est imaginée
d'infliger à une rivale. En Angleterre, nous n'en
connaissons pas de semblable et nous ne pourrions dire
si ce cas a été prévu par la loi. Nous nous permettons
d'en douter.

Le cas de la Dame

de Liancour[1]

Il est des crimes qui n'ont pas été prévus par la loi ; cependant, ils troublent l'ordre de la société, intéressent l'honneur des particuliers, leur impriment des tâches infamantes. Dans ce cas, les juges peuvent punir les coupables, eu égard aux circonstances du délit commis.

Telle est la vengeance exercée sur la dame de Liancour par la marquise de Tresnel ; quoique les domestiques, instruments directs de cette vengeance, ne se fussent pas portés aux derniers outrages, le public resta persuadé du contraire, mais il est de coutume, dans ces sortes de scandales, de donner libre cours à son imagination.

La dame de Liancour s'appelait de Lannoy. C'était la fille d'un financier qui mourut, lorsqu'elle n'était âgée que de 9 ou 10 ans ; le frère de son père la recueillit, et se chargea de son éducation.

---

1. Nous nous sommes attachés à donner autant que possible le texte original, nous contentant de semer quelques commentaires et de supprimer certains passages peu intéressants.

« Dès qu'elle fut en âge, — dit Gayot de Pitaval — son principal objet fut le mariage ; elle étoit faite pour avoir des amans, par *l'élégance* de sa taille et la délicatesse de ses traits : mais son bien qui n'étoit pas clair et liquide, étoit cause que les amans ne se transformoient point en époux ; ainsi sa beauté attiroit les amans, et sa fortune rebutoit ceux qui aspiroient au mariage. »

Elle finit cependant par trouver un Auvergnat, *sous-écuyer de Monsieur,* mais un sous-écuyer honoraire, qui à défaut d'un appointement ou d'une fortune, apportait à sa femme de nombreux talents ; ceux qu'il avait en matière de procès furent d'un grand secours à cette dame. Il conduisit avec beaucoup de succès ceux qu'elle avait, dégagea son bien et la mit en possession de cent mille livres. Après cela, n'ayant probablement plus rien à faire en ce bas monde, il mourut.

Laissons la parole à Gayot de Pitaval, car il est intéressant de constater que si, depuis bientôt deux siècles, les mœurs ont pu changer, le fond reste toujours le même :

« Quand la fortune de cette dame eut embelli sa beauté, jusqu'à la rendre l'objet des désirs de ceux qui visoient au sacrement, ils se présentèrent en foule, mais, comme elle alloit au solide, elle préféra le sieur Romet veuf de la sœur du Père Bonhours[1], maître des eaux et forêts, à tous ses concurrents ; son âge avancé détermina la jeune veuve, qui ne consulta pas les sens sur son mariage. »

Cette prévoyante dame pensait sans doute, qu'un vieillard étant plus près de la fin se sa carrière, elle entrerait plus tôt en possession des nombreux avan-

---

1. Célèbre Jésuite dont nous aurons l'occasion de parler.

tages qu'il lui laisserait. En effet, peu de temps après
le sieur Romet mourait, la laissant de nouveau
veuve.

Sa fortune avait augmenté, sans que sa beauté eût
diminué. Cette raison la fit rechercher par une foule
de soupirants, dont le plus grand nombre était plus
épris de sa fortune que de ses charmes. Elle jeta les
yeux sur Séguier de Liancour qu'elle épousa.

Malgré la grande fortune de ce dernier, il eut une
inconduite à ce point notoire que la dame de Liancour
craignit pour sa dot. Elle demanda et obtint une
sentence en séparation de biens. Cette précaution
rendit les époux on ne peut plus divisés.

La demeure de la dame de Liancour n'était pas
très éloignée de celle où demeurait le sieur des Ursins,
marquis de Tresnel. Elle y allait souvent étant toujours bien reçue. Dans sa défense, la marquise de
Tresnel dit que la dame de Liancour y dominait. Mais
à cette époque le marquis n'était pas encore marié, et
dès qu'il le fut à M\ue de Gaumont, il est fort naturel
que les dames ne sympathisèrent point.

A cette époque la dame de Liancour fit contre la
marquise une satire en vers, sous la forme d'une requête
adressée à M. l'Intendant de Paris. Les conclusions
tendaient à faire envoyer la Marquise aux *Petites-
Maisons*. Celle-ci porta plainte, mais ne put prouver
en aucune façon que la dame de Liancour fût l'auteur
de la satire. Elle en demeura pourtant persuadée et
chercha l'occasion d'une vengeance. Les poètes ont
fait de cette passion le plaisir des dieux : nous croyons
plutôt que c'est le plaisir du beau sexe et que les
femmes ne le cèdent en rien en la matière aux hommes
les plus vindicatifs ; mieux qu'eux, elles connaissent
les raffinements de la vengeance, elles savent s'élever
au-dessus de la crainte quand elles veulent se venger

à fond ; il semble que leur cœur soit pétri du levain de cette passion.

La marquise, allant entendre un sermon à l'église, trouva la fille de la dame de Liancour, qui salua la marquise sans lui offrir sa place. Celle-ci en éprouva un violent ressentiment qui ne devait que s'accroître avec le temps.

Le marquise, escortée de ses laquais, s'étant rendue le 9 août 1691 à l'église de Gomerfontaine pour y en-entendre le *Panégyrique* de saint Bernard, trouva la dame de Liancour déjà assise. Elle affecta d'aller droit à elle, et, comme elle s'était levée pour la sa-luer, elle la poussa hors de sa place et s'y assit. La dame de Liancour, ne pouvant l'emporter par la force, se soulagea par des injures, ce qui permit à la mar-quise de la traiter de petite bourgeoise, de la menacer de la faire corriger par le marquis, son époux ; la dame de Liancour répondit par une épithète qui désigne « une femme complaisante et officieuse pour les amoureux ». C'est au cours de semblables accès de colère que les dames du meilleur monde enrichis-sent la langue de nouveaux termes d'argot.

Un Maure, au service de la marquise, s'était fait l'instrument docile de sa vengeance. La dame de Liancour, qui n'ignorait pas ce détail, fit à ce propos un jeu de mots piquant. Ce sont là des injures que les femmes ne pardonnent guère.

La marquise se vengea d'une façon peu banale. Nous laissons la parole à Gayot de Pitaval :

« La dame de Liancour voulut rendre visite quelque tems après aux sieur et dame de Monbrun à Dauval, éloigné de cinq quarts de lieue de sa terre. La mar-quise, qui avoit des espions, fut bientôt avertie de ce dessein ; elle partit de sa terre dans un carosse à six chevaux, accompagnée de la demoiselle Villemartin,

*Deux laquais..... se saisirent d'elle et de
sa femme de chambre et les firent descendre
malgré elles.*

(Page 39).

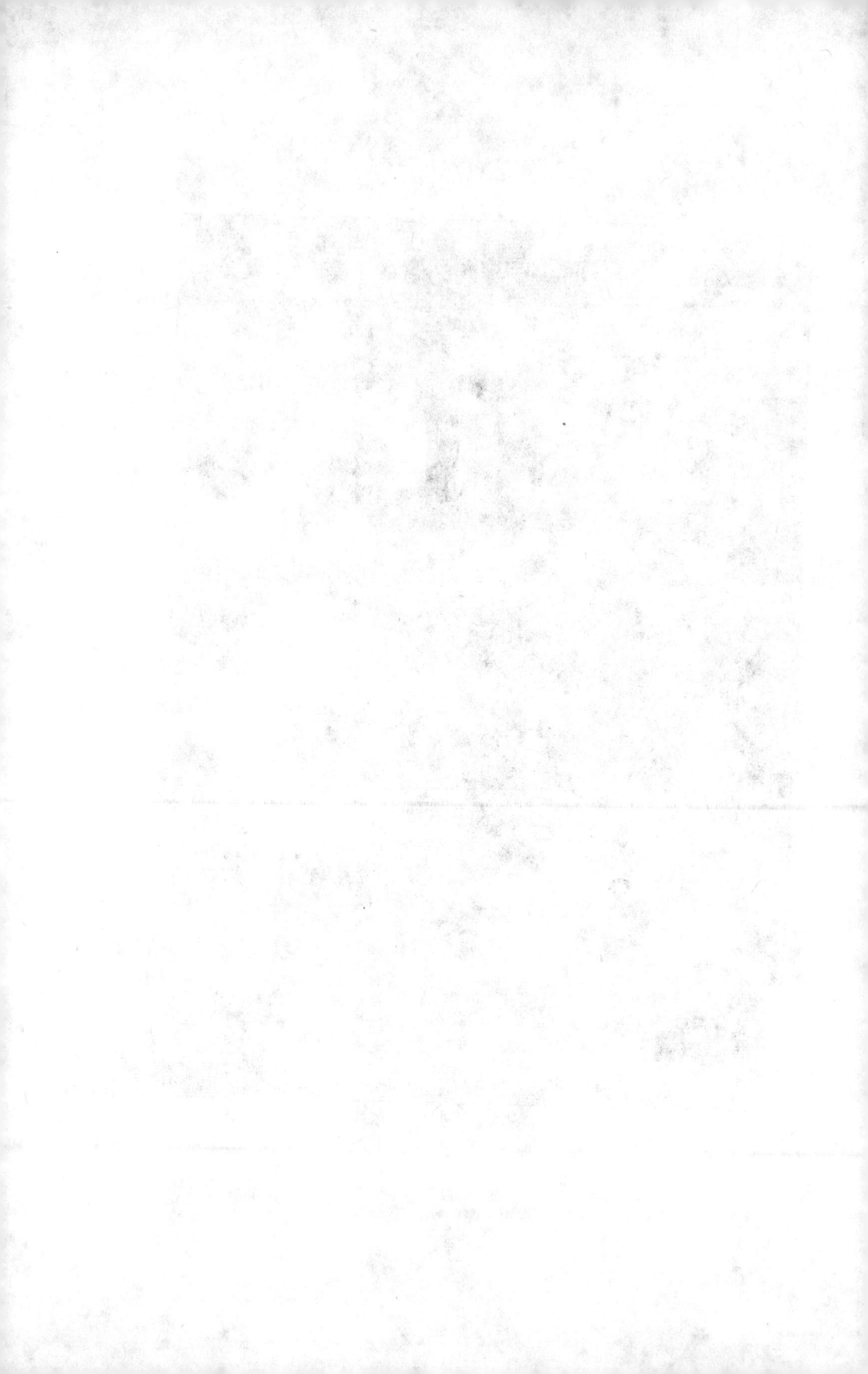

suivie de quatre hommes à cheval, armés d'épées et
de pistolets, dont l'un étoit le valet de chambre du
marquis ; et trois laquais avec ses livrées, et trois autres sans livrées derrière le carosse. Quelque diligence
qu'elle eût faite, elle ne put joindre la dame de Liancour qui alloit à Dauval ; mais elle résolut de prendre
mieux ses mesures au retour. Elle entra chez le curé
de Daucour, qui n'étoit pas loin du chemin de Dauval,
et elle posa en sentinelle un de ses cavaliers sur ce
chemin, pour l'avertir dès qu'il apercevroit le carosse
de la dame de Lancour. Au premier avis, la marquise
partit avec précipitation.

Dès que la dame de Liancour vit de loin une si
grande escorte, elle ne douta point que son implacable ennemie ne vînt l'insulter : elle donna ordre à
son cocher d'aller au grand trot à son château ; mais
les quatre cavaliers qui arrivèrent, lui barrèrent le
chemin, et donnèrent le tems à la marquise de la
joindre. Lorsque les deux carosses furent de front,
elle donna ordre à son cocher de tourner à droite pour
renverser le carosse de la dame de Liancour ; le postillon obéit ; mais le cocher plus sage détourna à
gauche les premiers chevaux qu'il gouvernoit. Le
cocher et le laquais de la dame de Liancour qui crai-
gnirent d'essuyer la fureur des cavaliers, prirent la
fuite. Deux laquais, qui étoient derrière le carosse de
la marquise, descendirent comme des furieux, ouvri-
rent les portières du carosse de la dame de Liancour,
se saisirent d'elle et de sa femme de chambre, et les
firent descendre malgré elles. »

Alors se passa une scène qui n'était pas à l'avantage de la dame de Liancour: « Je tirerai le rideau,
dit Gayot de Pitaval, sur toutes les indignités qu'ils
firent ». Nous ne croyons pas que ces lourdauds et
valets se soient portés à aucun attentat sur la dame et

sa bonne. Ils durent se contenter de les flageller, mais
de façon à laisser une impression vivace dans l'esprit
de la malheureuse. Si, seules, des personnes de son
sexe eussent été présentes, la dame de Liancour eut
peût-être été moins blessée dans son amour-propre ;
mais, sauf la marquise qui se repaissait de ce spectacle, et sa bonne qui partageait le même sort qu'elle,
il n'y avait que des hommes de présents, et des
hommes de condition roturière.

La marquise, après que sa vengeance fut satisfaite,
fit remettre la dame de Liancour dans son carosse,
dont les laquais avaient coupé les traits, et lui dit, avec
raillerie: « Je ne laisserai point une dame de qualité
à pied au milieu d'un grand chemin », puis se retira
triomphante.

La dame de Liancour, secourue par des passants,
retourna dans sa terre, accablée de confusion.

Le Roi, informé de la chose, défendit les voies de
fait aux maris. Le sieur et la dame de Liancour portèrent plainte devant les maréchaux de France. Ils
consentirent de s'en rapporter à l'archevêque de Rouen
sur la satisfaction qui était due à la dame de Liancour.
Le public, qui tend toujours à grandir les scandales,
se persuada vivement que la dame de Liancour avait
été livrée à la lubricité des laquais de la marquise.

De Pitaval dit: « Pourquoi n'a-t-on pas, parmi les
hommes, érigé un tribunal où préside la saine partie
du monde, qui rende justice à une personne du sexe
qui a eu cette infortune, en réformant les jugements
du public l'oblige à la mettre dans la classe des personnes qui ont tout leur honneur, puisqu'on ne le peut
perdre qu'avec une volonté criminelle ?

« Une personne avilie dans l'opinion des hommes,
parce qu'on croit qu'elle a été la victime de la licence,
comment doit-elle s'exprimer dans sa plainte ? Doit-

elle par son témoignage confirmer ce jugement? Elle
n'aura plus de ressource dans l'esprit de ceux qui ré-
sistent au torrent de l'opinion publique; ils seront
obligés après cela d'y céder. Si elle se retranche sur
la négative, et qu'elle pallie elle-même son affront, le
public, qui la croit deshonorée, la méprise encore davantage, à cause de l'insensibilité qu'il lui suppose.
Quel parti prendre ? »

Il semble qu'il n'y en avait pas d'autre pour la dame
de Liancour que de confirmer le public dans son opinion, puisqu'elle était inébranlable, et de se présenter
à la justice pour demander vengeance du dernier affront.

Cependant la dame de Liancour, déposant sa
plainte, ne s'exprima pas bien clairement sur ce grave
sujet. Mais elle fut prévenue par le Procureur général, qui, voyant la négligence des juges des lieux
à poursuivre la punition du crime, obtint un arrêt du
16 novembre 1691, *qui ordonnoit que les informations et procédures, si aucunes avoient été faites
pour raison de la rixe arrivée entre les dames de
Fresnel et de Liancour, seront apportées au
Greffe criminel de la Cour, et qu'à sa requête il
seroit informé.*

L'information fut faite par M. le Nain, ce célèbre
rapporteur de plusieurs grandes affaires criminelles.
Il se transporta sur les lieux et apprit qu'on n'avait
fait aucune procédure. Le Procureur général obtint
un arrêt, ordonnant au lieutenant criminel de ce bailliage et au Procureur du roi de comparaître à la Cour.
Ils le firent, et après les avoir entendus on ordonna
« *qu'ils seront avertis qu'ils étoient en faute, qu'il
y avoit de leur négligence de n'avoir pas informé
de ce qui s'étoit passé, quoique les parties n'en
eussent rendu aucune plainte ; parce que le fait
étoit arrivé sur le grand chemin.* »

On leur enjoignit d'être plus vigilants dans les fonctions de leurs charges, puis on leur permit de se retirer. La dame de Liancour déposa alors sa requête.

Elle dit, dans sa requête, qu'assez, et même trop longtemps, la douleur, dont elle était accablée, lui avoit fermé la bouche ; qu'elle se rendroit indigne de la protection de la Cour, si elle ne paroissoit pas aussi occupée de sa vengeance particulière que M. le Procureur-Général l'étoit de la vengeance du public.

Elle ne peut, dit-elle, se plaindre sans se donner de nouveau en spectacle aux dépens de sa pudeur ; mais l'injure est trop cruelle pour la pouvoir dissimuler, quelque cher que la plainte lui coûte. On jugera de l'excès de cette injure, puisque, pour en demander la réparation, il faut qu'elle fasse un récit qui la déshonore de nouveau.

Elle a l'avantage qu'elle ne s'est attiré la haine implacable de la marquise de Tresnel, que par des qualités qui lui ont mérité l'estime des honnêtes gens. Elle n'a pas besoin de la dépeindre, pour la faire connoître : on jugera facilement qu'une femme, qui, pour venger des injures imaginaires, est capable de la noirceur de l'action dont elle s'est souillée, et qui, dans le tems qu'elle l'a commise, se repaissoit de sa vengeance avec tant de satisfaction, enchérit sur la malignité même. On ne peut pas s'en faire une autre idée. La dame de Liancour raconte ensuite le fait ; et, quand elle vient à l'insulte, elle dit *qu'elle sentit des mains cruelles et hardies, qui exécutaient avec fureur les ordres cruels et infâmes de la marquise* : c'est tout ce qu'elle dit de plus fort ; ce qui prouve qu'on ne commit pas le dernier attentat contre son honneur, mais qu'elle essuya de mauvais traitements, comme si on eût voulu la châtier. Elle désigne deux laquais

du marquis de Tresnel, qui l'outragèrent de la sorte :
Marolle, d'un visage long et maigre, les cheveux
noirs ; l'autre, nommé Picard, d'un visage rouge, les
cheveux châtains; tous deux d'une taille médiocre. Elle
dit que la marquise, par des paroles enflammées de colère, excitoit les ministres de sa vengeance : elle laisse
penser que sa pudeur lui fait passer par-dessus le
récit des outrages qu'on a faits à son honneur ; et, pour
les exprimer, elle n'ose pas mettre en œuvre des expressions qui la feroient rougir. Elle dit que la marquise de Tresnel, dans sa vengeance, a enchéri sur la
cruauté des tyrans.

Elle dit, en finissant, qu'elle espère « que la Cour
lui accordera une réparation si complète, qu'elle étouf-
fera dans sa naissance une haine propre à se perpétuer et se transmettre dans une famille, lorsque l'honneur offensé a été mal réparé ».

Dans le mémoire consacré à la défense de là marquise, il est d'abord déclaré qu'on ne se propose nullement de la faire paraître innocente. Mais on tient à
prouver qu'elle est moins coupable que le public le
suppose.

Le défenseur s'appuie sur les attaques écrites par la
dame de Liancour, contre l'accusée, parlant de la fameuse satire en vers, sans prouver cependant que la
dame de Liancour en fût l'auteur. « Une semblable
satire, dit-il, est une injure plus grande, et fait plus
de tort à l'honneur d'une dame, que la violence la plus
qualifiée, parce que la première attaque sa conduite
et ses mœurs, et porte une atteinte mortelle à son honneur, au lieu que l'autre n'attaque que le corps, sans
blesser la réputation. Elle ne marque que la faiblesse
de la personne qui souffre l'insulte ; mais elle ne donne
point de mauvaise impression de sa conduite ».

Il prétend ensuite prouver, par l'information, qu'on

n'a point commis la dernière insulte envers l'honneur
de la plaignante. En effet, les dépositions qu'il rapporte prouvent qu'elle a essuyé de mauvais traitements, que sa pudeur a reçu plusieurs outrages, mais
n'établissent nullement la dernière licence.

Puis il entre dans une série de considérations tendant à prouver son dire : La dame de Liancour n'apporte aucune preuve de l'injure sanglante. Elle avance
un fait, qu'on ne trouve point dans l'information, en
faisant tenir à la marquise un langage qui invite ses
laquais à n'avoir aucun égard, et à *passer toutes
limites*.

« Disons donc, ajoute-t-il, qu'il y a beaucoup d'art
et peu de bonne foi, dans la plainte de la dame de
Liancour, et que la marquise de Tresnel est beaucoup
moins criminelle qu'on ne le suppose. »

Nous ne voulons pas nous attarder sur toute cette
défense, dans laquelle le point capital était celui-ci:
La marquise n'a point porté atteinte à l'honneur de
la dame de Liancour, et celle-ci n'a pas été outragée
ainsi qu'elle semble le laisser deviner.

Voici l'arrêt qui fut rendu :

« Vu par la Cour le procès criminel fait de
l'ordonnance d'icelle, à la requête du Procureur-
Général du Roi, demandeur et accusateur, et dame
Françoise de Lannoy, épouse, séparée quant aux biens
de messire Claude Séguier, chevalier seigneur de
Liancour, reçue partie intervenante le 29 janvier
dernier, pour raison des insultes et voies de fait
commises en sa personne par les domestiques de dame
Gaumont, marquise de Tresnel, par son ordre en sa
présence; contre Messire Esprit Juvenal de Harville
des Ursins, marquis de Tresnel, Enseigne des gens
d'armes de la garde du Roi; ladite dame de Gaumont,
son épouse; demoiselle Anne de Fleury, écuyer, sieur

de Ville-Martin ; Antoine Bourcier, cocher de la dite
dame de Tresnel ; Pierre Jourdrain, dit la Rivière,
palfrenier du dit sieur de Tresnel ;Jean Baptiste, natif
de St-Domingue, Maure, laquais, de la dite dame,
Jean Betouard, dit Picard, laquais du sieur de Tresnel :
un quidam, vêtu de rouge, nommé Lartige, valet de
chambre du dit sieur de Tresnel ; les nommés Marolle,
laquais, Rubbi, Jassemin et la Fatigue, vêtus des
livrées du dit sieur de Tresnel ; défenseurs et accusés,
les dits Boursier, Jourdrain dit la Rivière, Jean-
Baptiste Maure, Betouard dit Picard, & Croquet dit
Magni prisonniers en la Conciergerie du Palais ; & la
dite dame de Tresnel, lesdits Lartige, Marolle, Rubbi,
Jassemin, la Fatigue, défaillans et contumax, etc.

« Tout considéré : dit a été, que la Cour, sans s'arrêter aux requètes des dits de Harville, et Pierre
Cordouan dit la Rivière, des 1er et 3 février dernier,
ni à celle du 4 du présent mois de mars à fin de jonc-
tion des informations, a déclaré et déclare la contumace
bien instruite contre la dite de Gaumont, femme du dit
de Harville de Fresnel, les dits Marolle, Lartige,
Jassemin, Rubi et la Fatigue ; et adjugeant le profit, a
condamé et condamne la dite de Gaumont, à comparoir
en la grand'chambre, l'audience tenant ; là, étant à
genoux, dire et déclarer en présence de la dite
Liancour, que, méchamment, malicieusement, comme
mal-avisée, elle a de dessein prémédité fait commettre les insultes et voyes de fait mentionnées au procès,
en la personne de la dite de Liancour par ses domestiques, en sa présence et par son ordre, dont elle se
repent, et lui en demande pardon ; ce fait, l'a bannie
à perpétuité du ressort du Parlement ; lui enjoint de
garder son ban, à peine de la vie ; la condamne en
1.500 livres d'amende envers le Roi : et lesdits Lartige
et Marolle d'êtres menés et conduits ès galères du

Roi, pour y servir comme forçats à perpétuité, déclare tous les biens desdits Lartige et Marolle situés en pays de confiscation, acquis et confisqués à qui il appartiendra. Et à l'égard des dits-Jassemin, Rubi et Fatigue, les a bannis de cette ville, prévôté et vicomté, du baillage de Chaumont en Vexin, pour trois ans ; leur enjoint de garder leur ban, aux peines portées par la déclaration du Roi ; les condamne chacun en dix livres d'amende envers le dit Seigneur Roi ; & le dit Betouard dit Picard, d'être mené et conduit ès galères du Roi, pour y servir comme forçat l'espace de neuf ans ; condamne, en outre, la dite de Gaumont, & les dits Lartige, Marolle, Betouard dit Picard, Jasmin, Rubbi & la Fatigue, solidairement en 30.000 livres de réparation vers ladite de Liancour. Et après que ladite Fleury de Villemartin, pour ce mandée en la Chambre de la Tournelle, a été admonêtée, l'a condamnée à aumôner au pain des prisonniers de la conciergerie du Palais, la somme de 20 livres, et aux dépens à son égard. Et sur l'accusation intentée contre lesdits de Harville, Boursier, Cordouan dit la Rivière, Jean-Baptiste, Maure de nation, & Croquet dit Magni, a mis les parties hors de cour & de procès : ordonne que les prisonniers seront mis hors des prisons, & les écrous de l'emprisonnement du dit Croquet seront rayés et hissés ; le billet étant au Greffe de la Cour à lui rendu, les dépens compensés à cet égard envers les dits de Harville, Bourcier, Cordouan dit la Rivière, Jean-Baptiste Maure & Croquet, condamne, en outre, la dite de Gaumont, lesdits Lartige, Marolle, Rubbi, Jassemin, la Fatigue, Betouard dit Picard, solidairement en tous les dépens, même en ceux faits contre lesdits de Harville, Fleury, Bourcier, Cordouan, Jean-Baptiste & Croquet : desquelles trente mille

livres de réparations et de dépens, la dite Gaumont
sera tenue de les en acquitter. Et néanmoins, ordonne
la dite Cour que la somme de trente mille livres de
réparations et de dépens adjugés seront pris
sur ses biens, & sans que le dit de Harville, son mari,
puisse empêcher l'exécution du présent arrêt. Et sera
la présente condamnation, à l'égard de la dite dame
de Gaumont, lesdits Lartige & Marolle, écrite dans un
tableau, qui sera attaché à un poteau planté en la
place publique de Chaumont et en la place de Grève
de cette Ville; & les autres condamnations par
contumace signifiées, & baillé copie au domicile ou
résidence des dits Jassemin. Rubbi & la Fatigue, si
aucune ils ont, sinon affichées à la porte du Palais,
suivant l'ordonnance. Fait en Parlement, le 13 mars
1693. Et prononcé auxdits Bourcier, Cordouan dit la
Rivière & Jean-Baptiste-Maure, le 18 desdits mois &
an. »

*
* *

OBSERVATIONS SUR L'ARRÊT. — Il faut d'abord
observer sur cet arrêt que la Marquise de Tresnel, qui
a conçu, médité, ordonné et fait exécuter le crime est
pourtant jugée moins coupable que ses domestiques
qui l'ont commis par ses ordres, et cela pour la grande
distances des conditions entre eux et la dame de
Liancour insultée; joint à cela, que les hommes, dans
ces sortes d'insultes, sont plus coupables que les
femmes; parce que la sauvegarde de la pudeur des
femmes est particulièrement établie contre eux par la
loi. La marquise de Tresnel est, par contumace, bannie,
à perpétuité hors du ressort du Parlement. Les domestiques sont condamnés aux galères.

La justice sévère d'une insulte légère faite à l'honneur

d'une dame, nous fait envisager l'affront fait à la dame de Liancour, comme un crime public.

*
* *

Sous le pontificat de Sixte V, un avocat de Pérouse vint s'établir à Rome. Son fils devint éperdûment amoureux d'une fille d'une honnête famille, qui était d'une beauté rare ; la mère de cette jeune fille était veuve. L'avocat demanda la main de sa maîtresse, mais il fut éconduit par la mère, qui aspirait à une brillante situation pour sa fille.

Le jeune homme, ne consultant que la violence de sa passion, imagina d'obtenir sa maîtresse, d'une façon assez singulière. Il l'épia, et l'ayant rencontrée dans une rue de Rome, l'arrêta, leva son voile et l'embrassa malgrè elle et la mère qui l'accompagnait. Il crut que cette faveur arrachée en public à sa maîtresse la déshonorerait et obligerait la mère de lui accorder sa demande. Cette dernière demanda justice au pape, qui ordonna un procès contre le jeune homme. Mais la mère se laissa gagner et le mariage, décidé. et fêté... fut troublé par l'arrestation de l'avocat, sur l'ordre du Pape. Les parties confrontées se déclarèrent satisfaites, mais le Gouverneur de la Ville, de connivence avec le Pape, déclara que la justice, elle, n'était pas satisfaite ; le procès suivit son cours et le jeune homme fut condamné aux galères.

Pas commodes, les papes, à cette époque, pour les amoureux...

A la suite du cas cité plus haut par Gayot de Pitaval, nous en trouvons un, qui ne manque pas d'intérêt, sous le titre : *Insulte, faite à la pudeur d'une femme, punie.*

La dame Maréchal

et le sieur Busserolle

La dame Maréchal, épouse du sieur Jean de la Brosse-Morlais, femme de condition, était mécontente de la conduite de son époux, qu'elle soupçonnait d'infidélité; elle accusait le sieur de La Busserolle de l'entretenir dans son désordre. Après lui en avoir fait des reproches la querelle fut poussée si loin, que la Busserolle autorisé par le mari présent, s'oublia jusqu'à la porter sur un lit, et la traiter comme un enfant qu'on châtie honteusement.

La dame Maréchal porta plainte et La Busserolle fut condamné par contumace le 31 mai 1728.

Il fut déclaré duement atteint et convaincu d'avoir proféré à la dame La Brosse les injures mentionnées au procès, et d'avoir exercé sur elle les outrages et mauvais traitements aussi mentionnés au procès: pour réparation, il fut condamné aux galères pour neuf ans, préalablement flétri des lettres G. A. L.

Sur l'appel, qui fut interjeté, voici l'arrêt qui fut rendu:

« Notre cour ayant aucunement égard aux demandes de Magdeleine Maréchal, portées par ses requêtes des 21 février, 23 et 24 mars 1729, et sans s'arrêter à

l'opposition formée par le dit Aujay de la Busserolle
aux arrêts des 13 décembre 1726, et 10 avril 1728, ni
à ses requêtes dont il est débouté, met l'appellation et
sentence dont a été appel au néant: émendant pour
réparation des cas mentionnés au procès, condamne
ledit Aujay à comparoir en la Chambre du Conseil du
Présidial de Moulins, en la présence de la dite
Magdeleine Maréchal : et de douze personnes qu'elle
voudra choisir : et là, nue tête et à genoux, dire et
déclarer, que témérairement, et comme mal avisé, il
a proféré les injures, et commis les excès et voies de
fait mentionnés au procès, dont il se repend, en
demande pardon à la dite Magdeleine Maréchal, lui
fait défense de se trouver jamais ès lieux où sera ladite
Magdeleine Maréchal, lequel sera tenu de se retirer
des lieux où il pourroit la trouver et de sortir de
ceux où elle pourra aller, aussitôt qu'il la verra,
sous peine de punition corporelle, le condamne en deux
milles livres de réparations civiles, et en tous les
dépens, tant de causes principales, que d'appel et
demandes envers la dite Magdeleine Maréchal.
Ordonne que l'original et la copie du mémoire du dit
Auger de la Busserolle, signés de la Busserolle,
seront tirés des productions des parties 'pour être et
demeurer supprimés dont il sera dressé procès-verbal
par le greffier de la Cour, et que les autres exemplaires du dit mémoire imprimé seront et demeureront
supprimés. Permis à la dite Magdeleine Maréchal de
faire publier et afficher partout où besoin sera, aux frais
et dépens du dit Aujay le présent arrêt ; et pour le
faire mettre à exécution, renvoie le dit Aujay prisonnier par devant le lieutenant-criminel de Moulins.
Mandons mettre le présent arrêt à exécution. Fait en
Parlement le 31 mars 1729 ».

La Cour ne condamnant pas l'accusé à une peine

afflictive, ni même infamante, semble n'avoir re-
gardé son crime que comme un crime privé, quoique
la voie de fait dont il avait usé soit déshonorante, et
que ce crime intéresse l'honneur des dames, le corps
de la noblesse. Mais deux circonstances en ont sans
doute été cause. La Busserolle était l'ami du mari, et
en mesure de venir à la maison : il n'y était pas venu
dans le dessein de faire une semblable insulte à la
dame. La querelle s'est élevée; il s'est oublié dans
l'ardeur de la colère : le lieu n'était pas public. La
seconde circonstance est l'autorisation du mari. Aussi
cette autorisation fut le motif de la séparation de
corps que la dame obtint. Nul motif de séparation de
corps plus légitime que le procédé indigne de ce
mari.

Les insultes que l'on fait aux dames, en Angleterre,
dans les lieux publics, sont punies de peines infamantes. Ce sexe, qui fait les délices des honnêtes gens,
qui a le pouvoir de régner sur les cœurs, perdra-t-il
son empire sur ceux qui, n'ayant point de sentiment,
sont par là relégués au-dessous des autres? Puisque
la saine partie du monde se fait gloire de suivre les
aimables lois du Sexe, comment l'autre voudrait-elle
s'y soustraire? Si cette raison paraît trop galante,
quoiqu'elle soit fondée sur le bel usage, disons que
la faiblesse du sexe a engagé le législateur à venir à
son secours, et à la protéger contre la force de l'injustice et de l'insolence.

La Marquise de Rosen

et Madame du Barry

Si la scène de flagellation que nous venons de retracer en dernier lieu eut pour théâtre la voie publique, celle que nous allons maintenant décrire se passa dans le boudoir d'une haute et puissante dame, la maîtresse d'un roi.

M. Robert Douglas, l'auteur de *Life and Times of Madame du Barry*[1] tâche de discréditer cette légende, et, avec la finesse qui distingue son origine écossaise, en démontre la fausseté absolue — à sa propre satisfaction.

Nous sommes portés à être un tant soit peu plus sceptique à ce sujet. La farce était parfaitement digne

---

1. *The Life and Times of Mᵐᵉ du Bary*, by Robert B. Douglas London, L. Smithers, 1866, 1 vol. in-8° (L ²⁷, 44,944.)

Le lecteur curieux trouvera l'ingénieuse interprétation de cette affaire à la page 240 *et seq*. de l'ouvrage ci-dessus, qui est d'ailleurs intéressant et écrit avec beaucoup d'esprit.

Vers 1850, on vendait ouvertement à Londres des gravures coloriées en *Mezzo-tinto*, représentant la fessée administrée à la marquise de Rozen, d'après l'anecdote rapportée à ce sujet par Voltaire.

de la hautaine du Barry, et, somme toute, nous
croyons que la victime avait grandement mérité sa
correction. Aucun homme n'était présent : donc,
aucun sujet de honte; la fessée avait été administrée
dans la privauté de l'appartement d'une dame : donc,
pas de scandale public. Si la marquise avait su
retenir sa langue, il est probable que l'histoire de sa
correction n'eut jamais été connue du public. Rap-
portés sommairement voici les faits :

La marquise de Rozen, une des dames au service
de la comtesse de Provence, avait depuis quelque
temps fait une cour assidue à Mme du Barry. Cette
dernière l'aimait beaucoup, et elles devinrent bientôt
des amies intimes. La marquise était jeune et belle,
avec son minois d'enfant. Ce détail a son importance.
La comtesse de Provence n'oublia pas de l'inviter
à une fête splendide. Mme de Rozen ne manqua pas
de s'y rendre, mais peu après elle cessa toute relation
avec son amie, ou, du moins, lui témoigna une grande
froideur. C'était sans doute du fait de la princesse
(Mme de Provence) au service de laquelle elle avait
l'honneur d'être attachée, et qui lui avait sévèrement
reproché ses intimités avec une femme aussi exposée à
la censure publique; d'autant plus qu'elle avait été
beaucoup remarquée à la Cour pour avoir assisté à
plusieurs des fêtes données par cette dernière.

Quelle qu'en ait pu être la cause, la comtesse ne
fut pas insensible à ce changement. Elle s'en plaignit
au Roi, qui prit la chose en plaisanterie, disant que
la marquise au bout du compte, n'était encore qu'une
enfant, pour laquelle une bonne fessée suffirait comme
punition. Mme du Barry prit au mot les paroles du roi
dans leur sens le plus littéral et le plus rigoureux.

Un matin, la marquise vint lui rendre visite, et,
après avoir déjeuné amicalement ensemble, la favorite

l'invita à passer dans une autre pièce où elle avait quelque chose de particulier à lui communiquer. A ce moment, quatre robustes chambrières se saisirent de la malheureuse criminelle, et, retroussant ses jupes, la fouettèrent d'importance sur cette partie charnue, but ordinaire des corrections chez les enfants récalcitrants. La victime souffrant vivement sous le coup de cette indignité et écumant de rage, alla se plaindre au souverain qui n'eut rien à répondre lorsque sa maîtresse lui rappela qu'elle n'avait fait qu'exécuter la sentence de Sa Majesté.

Il finit par rire de l'aventure, et Mme de Rozen, sur les conseils du duc d'Aiguillon, revit la comtesse.

Après quelques railleries sur les postérieurs flagellés, qui confirmèrent l'anecdote, les deux amies s'embrassèrent et décidèrent de passer l'éponge sur tout ce qui avait eu lieu. Nos lecteurs ne peuvent qu'être d'accord avec nous que la fustigation et la réconciliation après étaient tout ce qu'il y avait de plus raisonnable qui pût arriver.

*
* *

Cette affaire Du Barry nous rappelle une aventure semblable qui arriva au chevalier de Boufflers et que nous rapportons ici sur la foi de *La Chronique scandaleuse*[1]. La seule différence, c'est que notre chevalier, avec l'esprit pratique et le courage d'un

---

1. La Chronique scandaleuse, ou Mémoires pour servir à l'Histoire de la Génération présente, Paris, 1789, tome III, p. 11-13.

Nous nous souvenons avoir vu deux très belles aquarelles, d'Amédée Vignola, représentant ce curieux épisode, et dans lesquelles les personnages portent les costumes de l'époque.

honnête homme, tint à procéder sur place et sans perdre de temps au renversement des rôles et rendit la pareille à celle qui avait voulu lui faire subir une cruelle correction et un affront sensible, en les lui faisant infliger à son tour par les mains de ses propres valets.

Le chevalier avait mis en circulation une sanglante épigramme contre une certaine marquise — nous voyons que les marquises jouaient un rôle important en affaires de flagellations, en dehors des autres femmes de condition trop humble pour qu'on ait daigné s'occuper d'elles, — et cette importance avait acquis une certaine notoriété. Quelque temps après, la grande dame en question qui avait laissé passer l'affaire en affectant une discrétion et un silence calculés, demanda une réconciliation et, à cet effet, invita le chevalier à venir sceller la paix personnellement en un petit souper intime avec elle. Il s'y rendit, mais, en homme avisé qui connaissait le caractère de la dame, il eut soin de mettre ses pistolets dans ses poches. En effet, à peine fut-il entré, que quatre solides gaillards s'emparèrent de lui, et sous les yeux de la séduisante marquise, le fouettèrent d'importance sur cette portion de son corps qui se trouve directement au bas des reins, en lui appliquant avec énergie cinquante coups de verge. Il supporta stoïquement sa correction jusqu'au dernier coup. Jusqu'alors, la noble dame tenait tous les atouts en ce jeu. Mais, à un moment donné, cette comédie d'un goût douteux, prit une toute autre tournure et le dénouement était certes bien différent de celui auquel la marquise s'était attendue.

Le chevalier de Boufflers se leva, rajusta tranquillement sa toilette en désordre, et, sortant ses pistolets de sa poche, les braqua froidement sur les laquais maintenant tremblants, leur enjoignant, sous peine de

mort, de rendre incontinent à leur maîtresse ce qu'ils
venaient justement de lui appliquer par ses ordres. La
scène ne manquait pas de piquant ; d'un côté, les cris
et les imprécations de la dame; de l'autre, l'impas-
sabilité glacée du chevalier et les gueules menaçantes
de ses pistolets inaccessibles à la pitié ou au sentiment...
Laissons tomber le rideau sur la scène et épargnons
aux lecteurs des détails inutiles. Il peut très bien se
les imaginer. Le chevalier compta scrupuleusement les
coups... Et quand la fustigation de la marquise fut
terminée, et qu'elle eut été confiée aux soins de ses
femmes, ce fut le tour des laquais. Pour résumer,
nous pouvons dire que chacun d'eux eut son derrière
bien cinglé par les verges, administrées par l'un ou
l'autre à tour de rôle. Lorsque le dernier coup eut été
donné, le chevalier salua avec grâce et s'en alla
tranquillement.

Cette histoire a été célébrée par un Anglais de
beaucoup d'esprit dans un assez long poème intitulé :
« Les Représailles », dont nous publions une traduction
faite spécialement pour nos lecteurs :

LES REPRÉSAILLES

Onze heures avaient sonné au plus voisin beffroi...
La pluie tombait à verse et le temps était froid.
Mais, bravant les frimas, le chevalier de Guise,
Toussant, éternuant comme un homme qui prise,
S'avançait prestement, disant d'un air morose :
«Sangbleu !.. Je suis trempé... J'en ai, ma foi, ma dose!»
Et, de fait, il était mouillé jusqu'à la peau ;
La pluie avait percé son pourpoint, son manteau...
...Déjà il ressentait un rhume de cerveau !
Mais bah ! que lui en chaut! D'un rhume il n'a cure.
Il court d'un pas léger, songeant à l'aventure

Qu'en un coquet logis la divine marquise
De lui promettre a eu la gentillesse exquise...
Il se rit de la pluie ; il se moque du vent ;
Il est tout guilleret, s'avance bravement,
Bref se comporte en tout comme un homme impatient.
Après avoir passé par une sombre ruelle,
Il arrive à la fin à l'hôtel de sa belle...
Il va droit au portail et cherche la serrure....
Mais la porte est fermée ; et, grâce à sa rouillure,
Le marteau n'obéit aux efforts de sa main...
Il tire la sonnette : Drelain ! Din, din, din, dain !
   L'huis s'ouvre en un clin d'œil
   Guise en franchit le seuil,
Gravit un escalier aussi roide et aride
Qu'une échelle de soie suspendue dans le vide.
Un page maigrelet, au sourire sournois,
L'éclaire faiblement et, de sa grêle voix,
Lui dit : « Mon chevalier, ne perdez pas courage ;
Mais de grimper ici, n'est pas un mince ouvrage ! »
De Guise ne dit mot ; il trébuche dans l'ombre
Et reçoit en tombant des horions sans nombre...
D'autres auraient pesté... lui garde le silence,
Car ses pensées allaient vers la marquise Hortense...
Soulevant doucement une lourde portière,
Il se trouve soudain, inondé de lumière,
Ebloui, aveuglé et clignant la paupière...
   Il se frotte les yeux
   Et voit avec plaisir
   L'objet délicieux
   De son ardent désir...
A ses pieds aussitôt, Guise se laisse choir
Enivré des senteurs emplissant le boudoir...
Et, plus heureux qu'un roi, en cette folle ivresse
Il dévore des yeux sa divine maîtresse...
...Elle est là sur un lit aux ors resplendissants ;

...Ses yeux brillent ce soir d'un éclat tout puissant
Sous son front blanc neigeux. Ses beaux seins sont d'albâtre.
Ses soyeux cheveux noirs ont un reflet bleuâtre
Sur le satin gris clair et la soie rouge vif
Qui drapent son beau corps d'un manteau suggestif,
Sous les replis duquel, de façon indiscrète,
Se montre impudemment une jambe bien faite.
   Des bijoux à foison scintillent
   Partout, et des diamants brillent
   Mêlés aux perles de Golconde...
   Mais sa peau satinée et blonde
Est plus tendre et plus blanche, a des reflets plus beaux
Que le plus préféré parmi tous ces joyaux...
«... Levez-vous, cher ami; allons, je le désire ! »
Dit la Belle soudain avec un fin sourire.
Mais à peine eût-il fait le premier mouvement
Pour lisser ses cheveux, quitter son vêtement,
Après avoir tourné quelque fin compliment,
Que quatres grands laquais à la poigne solide
Se saisissent de lui d'une façon perfide
En mettant le holà à ses galants propos,
Et sans plus de façon l'étendent sur son dos.
Il a ses pistolets, mais il ne peut les prendre ;
Il ne peut plus bouger, encor moins se défendre...

En un vif tour de main l'un des valets lui ôte
Son manteau, son pourpoint, ses brayes et sa cotte.
« Ha ! ha ! beau chevalier ! ricana la marquise,
Le regard triomphant, vous êtes de bonne prise !...
   Décochant votre dard
   Pensiez-vous que plus tard
   Vous payeriez cette folie!
   Ah ! votre mordante ironie
   A bien su me blesser...
   Devais-je vous laisser

Impuni ? Certes non !
Sans rime ni raison
Vous avez essayé, par un vil persiflage,
A me faire passer pour un être volage,
Tout en vantant d'ailleurs mes charmes, ma beauté...
Et vous aviez alors, par votre cruauté,
Mit les rieurs de vos côtés...
Vous triomphiez alors...Mais le ciel en ce jour
Me donne ma revanche... Chevalier !... à mon tour ! »
Et sur le lit
Tout déconfit,
De Guise est maintenu en solides étreintes
Tandis qu'un des laquais le flagelle et l'éreinte
D'inhumaine façon : il hurle, geint, se tord,
Que ses cris serviraient à réveiller un mort !
Et la marquise Hortense de rire jusqu'aux larmes
En voyant ses laquais si bien user leurs armes.
Mais elle en a assez de la petite fête
Et fait signe au laquais dans le but qu'il s'arrête.
Le chevalier du coup saute du lit à terre
Et dans son haut-de-chausse recache son derrière ;
S'habille promptement et renoue avec soin
Sa cravate et les nœuds qui ornent son pourpoint.
Puis, sans manifester ni honte, ni humeur
Il s'adresse à la dame, et dit avec candeur :
« Riez, Belle, riez, le jeu en vaut la peine,
C'était désopilant, oh soyez-en certaine !... »
Et la marquise rit, et rit de très bon cœur.
« Mais tout n'est pas fini ! dit soudain le seigneur,
Il nous reste, ma foi, quelque chose en réserve,
De nature, marquise, à corser votre verve ! »
« Et maintenant, seigneurs, deux mots, je vous en prie :
Vous avez déployé une ardeur que j'envie...
Je m'efforcerai donc, pour payer votre peine,
De vous tenir encore un moment en haleine...

Je ne doute un instant qu'en notre conscience
Nous ne soyons d'accord, qu'aucune différence
Ne saurait subsister entres gens de mérite :
Quand on est endetté, il faut que l'on s'acquitte !
Je me vois l'obligé de mon aimable hôtesse,
Et l'équité fait loi !... il faut donc qu'on la fesse,
Avec le même entrain qui dirigea vos bras
Lorsqu'il y a un moment vous liquidiez mon cas ! »
                    Mais la marquise
                    Devient cerise
                    Et tombe en crise,
                    Les yeux hagards :
                    Elle supplie
                    Tempête et crie :
                    « Quoi ! sans égards
                    Pour ma faiblesse
                    Et ma jeunesse
Vous voudriez ainsi outrager ma pudeur,
Sans avoir pitié de mes cris, de mes pleurs !
                    ...Il prend ses armes
                    Malgré ces larmes,
                    Et, ajustant la valetaille
                    Avec ses pistolets de taille
                    A canarder cette canaille,
Il dit en souriant à la belle en terreur :
« Je suis navré, vraiment, car c'est un grand malheur
Pour moi d'être forcé d'en agir de la sorte
Avant de refranchir le seuil de votre porte...
Soyez assez gentille pour gagner votre couche
Sans vous déshabiller , et souffrez que vous touche
Ce « monsieur » que voilà, qui aura grand plaisir
A vous trousser vos jupes, ou à vous dévêtir...
A l'œuvre donc, messieurs, et portez-moi la Belle
Sur ce lit, ou je vous fais sauter la cervelle !... »
Et la scène qui suit est vraiment fantastique...

Malgré son désespoir, cette belle éplorée...
L'un la prend sous les bras, un autre par les
seins, un troisième la prend par son derrière
en plein.

(Page 61).

La marquise en fureur, pour fuir les coups de trique,
Égratigne les gens, arrache leurs cheveux,
Se débat et se tord entre leurs bras nerveux,
Quand ils vont pour saisir dans sa chaise dorée,
Malgré son désespoir, cette belle éplorée...
L'un la prend sous les bras, un autre par les seins,
Un troisième la prend par son derrière en plein,
Tandis que le dernier, l'empoignant par la cuisse,
La maintient fermement de façon qu'elle ne puisse
Se soustraire au péril... la voilà sur le lit :
La soie et le satin du somptueux habit
Sont vite rejetés par-dessus son visage...
Aux yeux profanateurs des manants, un mirage
Surgit, volupteux, parfait, exquis, divin,
Et leurs regards lascifs, en suivant leur chemin,
Découvrent des trésors qu'en vain la Belle tente
De cacher, en plaçant ses deux mains sur la fente...
  Entre ses fesses dont la tendresse
  Et la douceur fait l'allégresse
Des valets excités qui, pour encor mieux voir,
Ecartent ses deux mains, laissant apercevoir
Son beau corps velouté, nu jusqu'à la ceinture...
... Quel noble ou quel manant, qui n'aurait d'aventure,
Risqué sa vie dix fois pour jouir un instant
D'un si joli tableau d'un aspect si troublant ?..
La honte soulevait ses seins fermes et roses ;
Ses hanches potelées cachaient, entre autre choses,
Comme un baiser posé voluptueusement
Par Vénus Aphrodite dans l'entre-bâillement
De jambes que Thètis eût montrées avec gloire,
Du plaisir le plus pur la source méritoire !
Et tout autour, bouclés, frissonnants et folâtres,
De soyeux cheveux noirs aux beaux reflets bleuâtres !

. . . .

. . . .

Aux regards impudents de rustres en délire
La Belle a dû montrer ses charmes capiteux...
Alors, en moins de temps qu'il ne faut pour le dire,
Elle se voit retournée d'un coup de main nerveux...
Ses jupes retroussées, deux beaux globes d'ivoire
Font leur apparition, opulents, radieux,
Légèrement ombrés de tendre laine noire...,
Et les manants, la pelotant à qui mieux mieux,
Sur un signe donné par le seigneur de Guise,
Frappent à tour de bras sur ces rotondités
Sans pitié, sans merci, et chacun à sa guise
Fouillant avec ardeur dans les profondités...

. . . .

La belle pécheresse emplit l'air de ses plaintes
A chaque coup nouveau retombant sur son c...;
Chaque coup vient encore ajouter à ses craintes
De voir ensanglanter son beau torse tout nu...
      Qui n'ayant pas l'habitude
      D'un traitement aussi rude,
      Ressent doublement le mal
      De ce supplice infernal.
        Et sans pudeur
        La pauvre sœur
S'efforce de reprendre une position sûre,
Trouvant la correction trop longue et bien trop dure.
Ses cuisses et ses fesses se meuvent par saccade ;
Se dressant, retombant, se tordant vivement,
Comme pour assouvir quelque inepte toquade,
Avec un rythme fol dans tous les mouvements.
Là où, bien satinée, blanche, éclatante et lisse
La peau auparavant plein d'orgueil s'étalait
Sur ses fesses, ses jambes, là où la verge glisse
On voit de longs traits bleus, rouges, verts, violets...
Des mois vont s'écouler avant que notre Belle

Aura perdu les traces de son petit malheur.
Mais comme le sang coule et qu'elle crie de plus belle
Et que de Guise a pu assouvir sa rancœur,
           La voyant se tordre,
           Il donne l'ordre
D'interrompre le jeu et de la relâcher ;
Ce qui, certainement, n'est pas pour la fâcher...
           Agitant la sonnette,
           Il dit à la soubrette
       Que sa maîtresse avait besoins
       De son aide et de ses bons soins...
Elle revient bientôt avec autre compagne
Portant... des onguents, de la toile, du champagne...
Cependant, de sang-froid, et sans aucune hâte,
Le chevalier s'en va... pendant qu'une donzelle
Examine, essuie, rafistole et tâte
Le postérieur meurtri de notre chère Belle !...

Dans ce poème, les noms sont, bien entendu, changés, et on s'est permis également quelques petites licences poétiques que la *Chronique scandaleuse* ne peut guère autoriser. On pardonnera ces fautes pour la vigueur et la beauté des vers.

L'incident que nous avons à noter ensuite nous fournit un singulier aperçu du centre le plus démocratique de Paris, c'est-à-dire des Halles centrales. Les femmes qui y exercent leur métier sont originaires de tous les coins de la France. Leur moindre réponse à une insulte est un coup bien appliqué. Malheur à la femme ou à l'homme qui tombe sous la coupe de leurs mordantes invectives.

Théroigne de Méricourt, par exemple, était une femme qui prodiguait son éloquence pour la cause du peuple et ne parvenait qu'à être — incomprise. A présent, les erreurs populaires peuvent toujours être rectifiées par les journaux, et l'orateur qui n'a pas réussi à se faire comprendre des électeurs en séance publique, peut, quelques heures plus tard, rendre compte de lui même et de ses intentions dans la presse. Ces temps-là étaient plus orageux et plus violents. Un suspect était arrêté à une heure de l'après-midi, jugé à deux heures et exécuté une heure plus tard. Mais nous n'avons nullement l'intention de refaire l'histoire de cette époque. La tâche a été remplie par de nombreux écrivains avec habileté et — *ad nauseam*.

Nous préférons laissé parler M. Pellet[1] qui a écrit une admirable petite monographie de cette femme remarquable. Voici comme il nous raconte ce qui s'y est passé :

« Quand Théroigne arriva à dix heures pour assister à la séance, elle fut invectivée par ces mégères. Mais la Belle Liégoise n'était pas de celles qu'on intimide aisément.

« Elle essaya d'abord de reprendre son ascendant sur des femmes qui, sans aucun doute, avaient fait avec elle, trois ans et demi auparavant, l'expédition de Versailles. Mais, se voyant entourée d'un cercle de furies, elle les menaça de leur faire tôt ou tard mordre la poussière.

« Les *tricoteuses* alors, l'appelant « Brissotine[2] » la saisirent à bras-le-corps, et, tandis qu'une d'elles lui relevait ses jupons par dessus la tête, les autres la fouettèrent à nu. »

Cette fustigation sommaire et indécente, était dans les mœurs de l'époque. Les commères de la rue avaient

---

1. Pellet. *Étude historique et biographique sur Théroigne de Méricourt*. Paris, 1886, in-12.
2. Rapport inédit des Archives. *Révolutions de Paris*, n° 201.

souvent appliqué cette rude méthode de prompte
correction sur des femmes à l'allure aristocratique, ou
à des religieuses qui étaient restées fidèles à leur
habit professionnel. Pour s'en assurer on n'a qu'à se
reporter aux nombreuses gravures de l'époque,
particulièrement à celles qui illustrent les n°ˢ 74 et 99
des *Révolutions de France et de Brabant.* En ce
qui concerne Théroigne, Restif da la Bretonne, dans
son *Année des Dames Nationales*, 1794, tome VI
p. 3807, racontant la scène de la Terrasse des Feuil-
lants, dit que la belle Liégoise fut « fessée à Saint-
Eustache par les femmes de la Halle, à qui elle voulait
imposer la cocarde tricolore ». Il est difficile d'entasser
plus d'inexactitudes en ces trois lignes.

Théroigne subit ce supplice en hurlant de colère, au
milieu des éclats de rire d'une foule sans pitié. Son
orgueil, si masculin malgré ses dehors de femme
élégante, reçut une cruelle atteinte de ce traitement
barbare. L'héroïne sans peur, qui n'avait jamais pâli
au sifflement des balles du 14 juillet et du 10 août,
fouettée comme une enfant, en plein soleil, en présence
de ce peuple, auquel elle avait consacré sa vie, reçut
un choc dont son cerveau ne se releva jamais.

6

Une Fête à Saint-Cloud

Sous la Régence, les mœurs avaient atteint un tel degré de dissolution, que les blasés, les « *vannés* » de l'époque s'ingéniaient à découvrir tous les jours de nouveaux stimulants. Il en résulta des orgies dignes de Sardanapale qui réunissaient la fine fleur de l'aristocratie dans les lieux de plaisir où la mise en scène ne le cédait en rien, en temps que pittoresque et charme, aux participants, et surtout aux participantes. Le duc d'Orléans tenait la tête dans cette course aux sensations nouvelles et étranges. Secondé par son fidèle ami et confident Dubois — un cardinal, s'il vous plaît ! — il fit revivre la fête des flagellants, comme on en jugera, d'ailleurs, par le passage suivant, tiré des chroniques de l'*Œil de Bœuf*, tome III, p. 23 (Paris, Gustave Barba, 1845) :

« Mme de Tencin, cette religieuse sécularisée dont j'ai souvent parlé, a pris beaucoup d'empire sur le cardinal Dubois ; elle est le canal de ses grâces, s'en attribue souvent le prix et fait les honneurs de sa maison. Son plus grand soin, toutefois, est d'imaginer des divertissements nouveaux pour le régent, qui, à

quarante-huit ans, n'est guère plus amusable que
Louis XIV ne l'était à soixante et dix, tant
les sensations sont usées en ce prince. M. le duc
d'Orléans, comme feu la princesse de Longueville,
« n'aime pas les plaisirs innocents », et dès longtemps
a épuisé ceux qui ne le sont pas. Mais Mme de Tencin a
de l'érudition, on l'a vue feuilleter des livres grecs et
latins pour demander des inspirations à Laïs, Alcibiade,
Cléopâtre, Messaline, Néron. Les annales, les médailles
les pierres gravées ont offert en ce genre des exemples
précieux à la savante antiquaire. Elle emprunta aux
anciens, pour en orner la fête de St-Cloud, des danses
où, déployant toutes les pompes du monde, les danseurs
figuraient dans ce costume primitif dont la nature fait
tous les frais. Ces ballets, que le Régent faisait exécuter
par des jeunes gens des deux sexes tirés de l'Opéra,
cessèrent bientôt d'attirer le pacha du Palais-Royal;
il prescrivit au cardinal Dubois de lui rechercher des
relations plus piquantes, et Mme de Tencin se remit à
compulser les fastes des vieux siècles.

Elle n'avait consulté jusqu'alors que l'antiquité
païenne ; cette fois, ce fut à l'histoire ecclésiastique
qu'elle s'adressa sans être pour cela forcée à une trop
brusque transition. Les fêtes des flagellants frappèrent
notre érudite; les roués et les beautés complaisantes
de la société secrète du régent étaient capables de se
prêter au renouvellement de ces étranges divertissements, et les sens émoussés de son altesse royale
ne pourraient manquer d'être excités par un plaisir si
vif. La découverte, d'abord communiquée au cardinal,
lui parut plaisante ; il courut au Palais-Royal. Philippe,
très occupé quand Dubois demanda à l'entretenir, lui
envoya dire de remettre l'affaire à un autre moment ;
mais le favori insista en faisant répliquer à son altesse
royale que l'objet dont il voulait lui parler était trop

important pour être retardé. Le régent était seul ; mais
Dubois vit en entrant disparaître un coin de robe
bleue dans une porte dérobée qui se refermait.

« — C'est donc une grande nouvelle que tu as à me
communiquer ? dit le duc.

« — Très grande, très curieuse, surtout.

« — Venant de Londres, de Madrid, peut-être ?

« — Vous aurais-je dérangé si ce n'était que cela !

« — Diable, tu piques ma curiosité ; parle vite, que
viens-tu m'annoncer ?

« — Un plaisir nouveau.

« — Ah ! tu as raison, c'est bien plus important
qu'une affaire... Et ce plaisir, c'est... ?

« — La fête des flagellants renouvelée avec des
variantes de ma façon.

« — Bon ! ces fanatiques qui se fouettaient jusqu'au
sang en manière de récréation ?

« — Et qui n'étaient jamais plus puissants que
lorsqu'ils s'étaient mis de la sorte aux abois.

« — L'idée n'est pas mauvaise.

« — Tenez, Monseigneur, dit le cardinal en tirant un
martinet de dessous sa simarre, voilà le modèle de
l'instrument.

« — Ah ! morbleu ! que ne m'apportais-tu cela un
instant plutôt ?

« — Oui, mais votre altesse aurait moins goûté la
fête que Broglie, Mme de Tencin et moi préparons
pour ce soir.

« — Ah ! Mme de Tencin ? Je parie que c'est elle qui
a renouvelé l'idée des flagellations. ?

« — Précisément cette femme est pleine d'imagination.

« — Et de science. Je veux la faire recevoir à
l'Académie des Belles-Lettres.

« — Votre Altesse plaisante, mais elle en serait

bien digne. Personne n'a porté plus loin qu'elle la connaissance des mœurs...

« — Qui ne sont pas morales...C'est dommage que ce bel esprit soit une femme ; on n'a pas encore vu d'académiciennes.

« — Ma foi, Monseigneur. je suis bien informé des habitudes de Mme de Tencin, on pourrait en faire un académicien.

« — *Gaudeant bene nati*, mon cher Dubois. Revenons à la fête des flagellants.

« — Votre Altesse y viendra.

« — J'y consens, à condition que tu seras de la partie et que nous t'écorcherons.

« — Pourquoi ne m'amuserais-je pas comme un autre ?

« — Et les acteurs seront ?...

« — Tous vos roués.

« — Et parmi les femmes ?

« — Mmes de Gesvres, d'Averne, de Sabran, quelques autres dames de la Cour, et quatre ou cinq personnes de bonne volonté, que la Fillon doit envoyer, les yeux bandés, à Saint-Cloud.

« — J'aime assez cette confusion des rangs... c'est dans le vice que se retrouve l'égalité. Et tu crois que Mmes de Gesvres, d'Averne, de Sabran...

« — Elles ont reçu ce matin, comme toutes nos convives des petits soupers, les martinets que j'ai envoyés à chacun pour s'exercer à l'avance, et ces dames n'ont pas réclamé contre l'envoi.

« — A ce soir donc. »

« Avant onze heures, tous les invités hommes et femmes étaient rendus à Saint-Cloud. Personne ne manquait... Je tire le rideau sur une scène dont les détails ne peuvent découler d'une plume réservée... Le régent, retiré dans un coin avec une de ses favorites, qu'il avait appelée du geste du milieu des flagellants, riait, applaudissait, et caressait tour à tour... Le lendemain, Philippe dit à Dubois : « Vraiment, nous avons passé une nuit délicieuse ; il faudra me donner une seconde représentation de cet heureux divertissement. — Je le veux bien, Monseigneur, répondit le cardinal ; nous recommencerons aussitôt que la peau de mes reins sera revenue ».

« Quelques jours après le balai des flagellants, la Fillon vint au Palais-Royal. Le régent lui demanda comment ses pensionnaires s'étaient trouvées de la fête, et si, malgré la précaution qu'on avait prise de bander les yeux à ces prostituées, elles n'avaient pas reconnu le lieu de la scène. « Non, Monseigneur, répondit la courtisane ; elles n'ont pu deviner où elles se trouvaient, mais toutes ont pensé qu'il n'y avait que votre Altesse royale et le cardinal Dubois capables d'imaginer de pareils divertissements. »

On voit que la flagellation licencieuse a occupé une certaine place dans les plaisirs ordinaires de ce prince dissolu, que les folles orgies du temps avaient blasé au point de lui faire rechercher de nouvelles jouissances plus excitantes, toujours et toujours : la flagellation lui fut une agréable diversion et réussit à faire revivre en lui la flamme somnolente de ses passions érotiques.

*
* *

Gayot de Pitaval, dans ses *Causes célèbres*, nous donne encore un exemple de flagellation. Certes, ce fait se produirait de nos jours, qu'il est fort probable qu'on en rirait, et ce serait tout, mais, vers le milieu du XVIIIe siècle, il produisit une certaine sensation et fut mis au rang des gros scandales.

Voilà, d'ailleurs, comment s'exprime Gayot de Pitaval à ce sujet :

« Un des objets de l'attention de la justice les plus importans est la défense du sexe, la foiblesse ; la guerre continuelle que fait l'autre sexe, sous le voile de l'amour, à sa pudeur, la gardienne de sa vertu ; la nécessité de conserver son honneur pour pouvoir unir deux personnes qui se conviennent, de remplir les vœux de la nature, et de faire durer cette union qui ne s'entretient que par le moyen de l'estime, sont de puissantes raisons qui déterminent la justice à protéger le sexe, à réprimer sévèrement les insultes qu'on lui fait, afin qu'il puisse être dans un abri sûr et inviolable. Son honneur est son bien le plus précieux. Les agrémens, dans celles qui en sont pourvues, sont les plus dangereuses amorces qui conspirent pour lui donner des atteintes ; conspirations qu'on pare d'autant plus difficilement qu'elles sont fondées sur le penchant des deux sexes, et sur les intelligences secrettes qu'ils ont dans le cœur l'un pour l'autre... On ne sçauroit punir trop rigoureusement celui qui, malgré elle, brave les loix qu'on lui a imposées. L'exemple que la justice doit faire d'un homme effréné qui s'oublie, doit contenir ceux qui voudroient l'imiter. C'est l'esprit qui a animé l'arrêt qui vient d'être rendu au Parlement, et qui en annonçoit un plus effrayant, si la partie offensée n'eût pas accepté la voie d'accomodement ».

Et maintenant, passons au fait. Il est intitulé dans l'original : FILLE DONT L'HONNEUR EST OUTRAGÉ CRUELLEMENT PAR DES VOIES DE FAIT, QUI SE POURVOIT EN JUSTICE.

« A cette époque, les lundi et mardi de la Pentecôte, un village voisin de Saumur était en liesse. Une fête s'y donnait sous le patronage du seigneur du lieu.

Rien n'y était négligé pour la satisfaction des visiteurs.

« En l'an de grâce 1740, le très libéral seigneur invita à cette fête tout le voisinage, et pria les demoiselles, filles du sieur de la R. V***, d'y venir, en compagnie de la demoiselle Catherine F***, *distinguée par ses agréments* (?) »

On devine ce qui se passa. L'éternelle jalousie entre femmes, la coquetterie s'en mêlant devait faire de ces jeunes filles amies à l'arrivée de mortelles ennemies au retour. C'est ainsi que les demoiselles de la R. V*** s'imaginèrent être éclipsées par Catherine F***, qui attirait tous les regards. Elles revinrent de cette fête avec le dessein bien arrêté de se venger (de quoi ? du dépit qu'elles avaient éprouvé, sans doute).

Les parents consultés, loin d'éloigner cette idée enfantine des cerveaux qui l'avaient enracinée, applaudirent et fournirent même le sujet de vengeance :

« Une d'elles écrivit à Catherine F*** de venir à une partie de promenade dans un bois voisin, appelé la Chaboissière, un jour qu'elle lui indiqua. Celle-ci craignit de les désobliger si elle manquoit à cette invitation. Le jour fixé, les enfants s'arment tous de houssines de chêne, et de *cizeaux d'écurie*, que leur mère les avoit engagés de prendre, pour répondre à une idée de vengeance qu'elle avoit conçue. Vainement un des fils se refusa-t-il à ces excès qu'on méditoit ; plus il témoignait de répugnance, plus son père employa son autorité, et même les menaces, pour l'obliger à seconder ses sœurs et son frère. On verra bientôt de quoi sont capables des filles qui veulent venger la querelle de leurs appas. Les enfants se rendent les premiers dans le bois et ont grand soin d'en écarter les témoins qui pouvoient les éclairer et déconcerter leur entreprise ; étant maîtres de la place,

ils attendent leur victime. Cependant Catherine F***
se met en chemin. Le cadet vint au-devant d'elle, dès
qu'il la vît; il lui témoigna que son frère et ses sœurs
l'attendoient avec empressement. Elle fut à peine
arrivée que les deux frères s'emparèrent d'elle, et
pendant qu'elle ne pouvoit leur résister, les deux sœurs
oubliant la pudeur et l'humanité, la dépouillèrent; et
quand elle fut dans cet état, tous quatre à l'envi
signalèrent leur fureur et leur rage, à exercer jusques
au sang les houssines dont ils étoient armés. Ils lui
coupèrent ensuite les cheveux avec leurs cizeaux : je
tire le rideau sur toutes les autres indignités qu'ils lui
firent essuyer. On n'imagine point les excès que la
licence et la vengeance inspirent à une jeunesse
déréglée ».

Catherine F***, retirée près de sa mère, se refusait à
porter plainte, et ce pour deux raisons. D'abord, que ne
coûte-t-il pas à une jeune fille de faire le détail des
outrages faits à la pudeur ? En faire le récit, c'est, lui
semble-t-il, les essuyer une seconde fois.

La seconde raison était également importante. La
justice ne condamne pas sans preuves, et aucun témoin n'avait assisté à l'outrage.

Mais, heureusement, l'impudence de ses adversaires
vint à son aide. Au lieu de faire le plus grand silence
autour de leur crime, ils le publièrent et s'en firent
gloire.

En peu de temps il fut connu de tous, et Catherine
F***, après hésitation, déposa sa plainte.

Nous ne rendrons pas compte de ce procès dans
tous ses détails. Un seul point eût une certaine importance, Le père et la mère des accusés, pour éluder
l'accusation, présentèrent à la cour une requête de
plainte de rapt de séduction, prétendu commis par
Catherine F*** envers les deux fils ; et sur cette requête

ils obtinrent un arrêt. L'enquête n'aboutit pas et les accusés furent déboutés de leur plainte.

Voici l'arrêt qui fut rendu le 12 août 1741 :

La Cour reçoit Catherine F*** opposante à l'arrêt du 15 mars dernier faisant droit sur son opposition, ensemble, sur son appel, a mis et met l'appellation, et ce dont a été appelé, au néant : émendant, déclare la procédure nulle, renvoye Catherine F*** de l'accusation inventée contre elle, condamne les sieurs et la dame de la R. V*** père et mère solidairement en deux milles livres de dommages et intérêts, et aux dépens, aussi solidairement. Faisant droit sur l'appel interjetté par les sieurs de la R. V***, père, mère et enfans, a mis, et met l'appellation au néant, avec amendes. Reçoit le Procureur général appelant des decrets d'assignés pour être ouïs décernés contre le pére et la mère et d'ajournemens personnels décernés contre les enfans. Faisant droit sur son appel a mis et met l'appellation, et ce dont a été appelé, au néant : émendant, renvoye la mère en état d'ajournement personnel, le père et les enfans en état de prise de corps, pour leur procès leur être fait et parfait par le Lieutenant-criminel d'Angers, jusqu'à sentence définitive, sauf l'exécution, s'il en est appelé, permet audit juge de se transporter partout où besoin sera, même hors l'étendue de son ressort. Condamne le pére, la mère et les enfants solidairement aux dépens.

Les Nuits Vénitiennes

Comme nous avons eu l'occasion de le dire ailleurs, la flagellation n'a pas seulement servi d'échappatoire au fanatisme religieux, aux époques même les plus reculées : des passions inavouables et inavouées ont trouvé dans cette pratique un moyen d'assouvir ce besoin inné chez l'homme de jouir, malgré et contre tout, de sensations extraordinaires, barbares mêmes. Napoléon a dit autrefois, qu'en grattant le Russe on retrouverait toujours le Cosaque et Zola n'a pas eu de peine à démontrer qu'au fond de l'âme humaine sommeillait toujours cet instinct bestial qui nous met au premier rang des animaux, seulement parce que nous savons exploiter avec plus d'intelligence nos tendances au libertinage et employer des moyens plus raffinés pour nous procurer ces jouissances charnelles que les bêtes se contentent de goûter simplement et sans artifice dans la mesure des moyens dont la nature les a dotés.

Nous n'en voulons pour preuve que le récit suivant qui nous est adressé par un de nos correspondants, en les affirmations duquel on peut avoir pleine et entière foi. Les faits relatés ci-dessous remontent à quelques années seulement et ont eu pour théâtre l'une des villes les plus célèbres d'Italie; nous avons nommé Venise.

« Je venais de rentrer chez moi, après une promenade en gondole sur le canal Grande et une courte visite à mes petits amis les pigeons de la place San Marco, lorsque le concierge de l'hôtel m'avertit qu'un monsieur demandait à me voir. Et, tout en parlant, il me présentait un bristol sur lequel je lus à ma grande surprise le nom d'un dessinateur de talent que j'avais connu à Paris, puis revu un peu plus tard à Marseille, un charmant garçon d'ailleurs, qui, en sa qualité de Vénitien, pouvait m'être d'une appréciable utilité dans mes relations à travers la ville des Doges.

« Je m'empressai de me rendre au salon où m'attendait le visiteur.

« Point n'était besoin, évidemment, de renouer connaissance. Une cordiale poignée de main, quelques mots de bienvenue et un bon fauteuil au coin du feu flambant dans la cheminée — car nous étions en hiver — nous mirent tout de suite à l'aise. Après quelques instants d'entretien banal, mon ami me demanda comment je trouvais Venise, et comme je lui exprimais toute la satisfaction que j'avais jusqu'alors éprouvée de mon séjour dans les murs — il est un peu risqué de parler de murs dans une ville que seule l'eau entoure d'une enceinte, — dans les murs, dis-je, de Venise, il me posa à brûle-pourpoint cette question : — « Et vos soirées, comment les passez-vous? — Ma foi, répondis-je mes soirées sont bien ternes, on ne peut guère s'amuser quand on est seul et que l'on ne sait où diriger ses pas... Les théâtres ne me disent rien. Les cafés chantants non plus. Les affiches sont d'une banalité désespérante et quand ce n'est pas la *Cavaleria Rusticana* que l'on joue, ce sont les *Huguenots*, quand ce ne sont

pas les *Huguenots*, c'est la *Traviata* ou *la Juive*
parfois même la *Gran Via* : en somme, de vieilles
rengaines qui me sont archi-connues. Je voudrais bien
voir quelque chose de nouveau, mais à part les prome-
nades nocturnes sur le grand canal, à grand renfort de
lanternes vénitiennes, même par ce temps d'hiver,
— il est vrai que les amoureux ne craignent pas les
intempéries, — je ne vois rien qui puisse me sourire.
Qu'à cela ne tienne, répliqua mon ami. Si vous voulez
bien, je vous conduirai ce soir dans un théâtre où très
probablement, vous n'avez pas mis les pieds, dans un
théâtre où l'on joue des pièces improvisées. Mais pour
y aller, il faut pouvoir montrer patte blanche et se
soumettre à certaines conditions nullement difficiles à
remplir ou vexatoires, mais qui sont une condition
sine qua non d'admission. Il s'agit de savoir si vous
voulez de moi comme *cicerone* ?

« — Je veux bien, à la condition qu'il y ait quelque
chose d'intéressant à voir, car je commence à en avoir
assez de la banalité obsédante des souvenirs historiques et de la décrépitude des antiquités.

« — Soyez sans crainte, je vous montrerai quelque
chose qui en vaut la peine, un spectacle que vous
n'oublierez pas de sitôt. Je viendrai vous prendre vers
huit heures et demie. Soyez prêt ! — C'est entendu, à
huit heures et demie donc !...

« Sur ce, mon ami me quitta et, à l'heure dite, il vint
me chercher.

« Notre première halte fut devant un magasin assez
luxueusement tenu, bien achalandé et sur la deventure
duquel s'étalait en grosses lettres jaunes sur fond noir:
Parrucchierre, et au-dessous, en lettres plus petites
et d'un bleu criard: « Coiffeur de Paris » Le nom de
l'honorable exerçant, Giovanni Tagliatesta, m'en
disait suffisamment long sur le parisianisme de ce ra-

seur qui devait l'être à double titre s'il ressemblait à ses confrères, et par la langue, et par son instrument de travail. J'en étais à me demander ce que pouvait bien vouloir chez le coiffeur mon ami, lorsqu'il me pria de l'attendre un instant, tandis que lui-même entrait délibérément chez le disciple de Figaro. Mon attente fut de courte durée. Mon cicerone ressortit bientôt, muni d'un petit paquet dont le contenu était soustrait à mes regards par une enveloppe de papier de soie rose. « Que diable apportez-vous là ? demandai-je intrigué. — Ça, me répondit-il, ce sont des *loups*, des masques si vous préférez. Ils nous sont indispensables, car, d'après les réglements, nous ne saurions être admis dans la salle de spectacle où je vous mène que masqués. Et certainement vous ferez comme tout le monde et vous ne vous en plaindrez pas ! »

« Ma curiosité, je l'avoue, était à ce moment-là excitée à un haut degré. J'accablai mon ami de questions, mais en vain. Il jouait de mystère et ses réponses ne me satisfirent nullement. A la fin, nous arrivâmes devant une maison de modeste apparence, que rien ne distinguait de celles qui l'entouraient. « Nous voici arrivés, dit mon ami. — Comment ! m'écriai-je, c'est là le théâtre dont vous me parliez ? Mais il ne peut y avoir de théâtre ici ! — Chut, dit-il, en mettant un doigt sur ses lèvres, il est absolument inutile de vous faire remarquer. Suivez-moi. » L'aventure devenait intéressante. Je suivis donc mon aimable conducteur dans un sombre couloir au bout duquel se trouvait une porte massive sur laquelle il se mit à tambouriner avec un rythme particulier. Quelques secondes s'écoulèrent, après lesquelles la porte s'ouvrit doucement, nous livrant passage dans une vaste antichambre-salon où se mouvaient en un désordre bizarre une trentaine de personnes toutes en grande toilette. Il y avait là des femmes en satin et en soie, outrageusement décolletées, avec, sur leurs poitrines nues, des rivières de diamants et de perles; des hommes, en habit et cravate blanche, avec des souliers vernis, et d'autres d'allure plus modeste. Mais il m'aurait été difficile de distinguer un seul visage : tout le monde était masqué, comme nous, d'ailleurs, qui avions ajusté nos loups avant d'entrer. Mon ami s'avança vers un bureau-comptoir pour prendre des billets. Les places — à mon avis — étaient un peu chères : 20 francs ! Quel spectacle nous attendait donc, quels mystères allaient se dérouler sur cette scène dont je m'efforçais en vain de deviner l'emplacement ? Je me laissai aller à mille conjectures, mais je ne pressai plus de questions le jeune Vénitien, mon ami, parce que j'avais compris qu'il voulait me réserver une surprise. D'autre part, je le connaissais trop bien pour supposer un seul instant qu'il m'eût conduit dans un lupanar quelconque. La société qui nous entourait, les dames surtout me tranquilisaient de ce côté...

« Nous sommes en avance, me dit mon compagnon. Le spectacle ne commence qu'à neuf heures et demie ce soir; patientons-donc ! »

« Il pouvait être neuf heures et demie lorsqu'une porte dissimulée jusqu'alors par d'épaisses tentures, s'ouvrit à deux battants, nous livrant accès dans une salle brillamment éclairée et très luxueusement aménagée : C'était une salle de spectacle parfaite, avec loges, balcons, parterre et fauteuils. Rien, absolument, ne la distinguait d'un théâtre quelconque, si ce n'était l'absence totale de sièges inconfortables et de places vulgaires : l'endroit était éminemment *select*.

« Une petite cloche, comme celle d'un hameau de village, se mit à tinter et, comme par enchantement, la salle fut plongée dans l'obscurité. Alors s'éleva une

musique douce et mélancolique d'abord très lente, puis
peu à peu augmentant d'intensité, et, finalement,
atteignant un diapason extraordinaire. C'était entraî-
nant : la musique remuait, devenait voluptueuse et,
dans cette mystérieuse pénombre, nous faisait l'effet
d'un concert infernal, aux séduisantes harmonies. Il
n'y a rien de tel que d'entendre un orchestre invisible
jouant, dans l'obscurité, des mélodies... lascives, si
ce mot peut s'appliquer à un égrènement de notes
voluptueuses dans un ambiant bien fait pour tendre à
l'extrême les nerfs et surexciter les attentes.

« Nous avions pris place dans les premiers rangs
desfauteuils, placés néanmoins à une certaine distance
de la scène qui se détachait au fond de la salle dans
un encadrement de plantes exotiques et de guirlandes
de fleurs aux chatoyants contours.

« L'assistance était relativement peu nombreuse.
Malgré les masques, beaucoup de spectateurs semblaient se connaître entre eux et il était facile de se
rendre compte qu'ils devaient être des habitués ou, si
l'on peut dire ainsi, des abonnés.

« Je n'avais pu tirer de mon complaisant ami le
moindre renseignement sur le genre de spectacle
auquel nous allions assister. Je savais bien que la
représentation devait sortir de la banalité et, quoique
les suppositions les plus diverses m'eussent traversé
l'esprit, il ne m'était pas venu à l'idée de m'imaginer
ce qui advint.

« Une obscurité profonde régnait dans la salle où
se trouvaient les spectateurs et les masques devenaient pour ainsi dire inutiles. La scène elle-même
était éclairée d'une lueur très douce et harmonieuse
qui se mariait admirablement bien au vert du
feuillage.

« Comme dans un théâtre ordinaire, les trois coups

du régisseur retentirent et l'orchestre entonna une
marche à cadence rythmique très entraînante, quoique
de mélodie plutôt langoureuse.

« Un groupe d'une dizaine de jeunes filles, aux
magnifiques chevelures blondes, aux minois adora-
bles, magnifiquement travesties en bayadères, firent
leur entrée sur la scène, avec un balancement de
hanches et de gracieuses inclinaisons de leurs corps
que l'on devinait souples et voluptueux, sous les
amples plis des soies et des satins.

« Les pantalons très larges, serrés tout bas aux fines
chevilles, bouffaient comme emplis de vent. Les
corsages, modestement et très discrètement entr'ouverts pour laisser tout juste apercevoir la naissance
d'un cou très blanc, très laiteux, avaient des manches
d'une ampleur extraordinaire qui permettaient à
chaque mouvement des jeunes filles, quand elles
levaient leurs tambourins et les secouaient au-dessus de
leurs têtes ornées de diadèmes de perles et de sequins,
d'admirer des bras potelés et d'un galbe exquis.

« Elles s'avancèrent ainsi jusqu'aux feux de la
rampe, puis, avec une savante évolution, toujours
dansant, elles se rangèrent sur la gauche de la scène,
chacune comme si elle avait voulu se cacher derrière
l'un des palmiers à éventail qui formaient le centre
des petits massifs d'arbustes. Alors un nouveau
groupe de jeunes filles, tout aussi nombreux, apparut.
Elles avaient toutes d'aussi beaux cheveux que les
premières, mais noirs comme du jais. Leur visage
était hâlé, comme celui des Andalouses, et, sur leurs
joues, un rouge sombre et vif, qui dénotait chez elles
un sang ardent et passionné, donnait encore plus
d'éclat à la fulgurance de leurs yeux, dont les prunelles brillaient comme des charbons ardents dans la
nuit.

7

« Elles revêtaient un costume rouge assez bizarre, mais à coup sûr de haute fantaisie : on aurait pu les prendre aussi bien pour des Walkyries de Wotan que pour des amazones assyriennes. Il y avait dans ce costume un peu de tout, de la reine de Saba et de la Messaline, de la Cléopâtre et de la Pallas-Athèné armée de pied en cap.

« Elles exécutèrent la même manœuvre que les premières venues et allèrent se poster dans les massifs du côté opposé de la scène.

« Alors, une troisième fois dix jeunes filles s'amenèrent, produisant, sous les réflecteurs électriques, l'effet de dix rayons de soleil. Elles étaient rousses comme les blés mûrs, de ce roux doré et chatoyant qui, encadrant un visage, accentue la pâleur d'une peau déjà diaphane, marbrée par-ci par-là de petits points jaunes comme d'infiniment petites étoiles brillant dans la voie lactée.

« Je ne pus réprimer une petite exclamation que m'arrachait l'admiration provoquée chez moi par l'apparition de ces jeunes filles dont la plus âgée pouvait bien avoir tout au plus atteint sa vingtième année. Elles étaient évidemment choisies entre beaucoup, car il ne m'avait encore été donné de voir dans aucun corps de ballet un assemblage aussi parfait de statues vivantes, et de statues qui réellement auraient, pour leur impeccable plastique, fait la gloire du sculpteur qui les avait créées.

« Elles étaient travesties en Dianes chasseresses, armées de l'arc et portant sur leur chevelure d'or un magnifique croissant d'argent, incrusté de pierreries.

« Leur costume faisait ressortir l'élégance de leurs formes, la parfaite harmonie dans l'ondulation des hanches et des reins et les délicieuses rotondités d'un corps fait dans son entier au moule.

« Maintenant commença une danse bizarre, à
laquelle prenaient alternativement part les jeunes
filles de chaque groupe. La musique d'abord lente
s'anima peu à peu, devint plus chaleureuse, augmenta
d'intensité, tourna au galop, jusqu'à ce que les dan-
senses, entraînées dans un tourbillon échevelé, s'effon-
drèrent dans les massifs de verdure, harassées, exté-
nuées.

« A ce moment, un groupe nombreux fit irruption
sur la scène. Ce pouvaient être de vingt-cinq à trente
jeunes gens, très richement vêtus de costumes vénitiens de l'époque des Doges, et portant tous au côté
une élégante épée et sur le visage un masque de
velours noir, garni de dentelles blanches.

« Ils s'arrêtèrent comme en extase devant les jeunes
filles lascivement étendues à terre, puis, rompant le
silence qui avait été observé jusqu'alors, ils engagèrent avec les jolies coryphées des dialogues dont la
lasciveté empêche la reproduction. Les propositions
les plus saugrenues, les plus indécentes furent faites
aux jeunes femmes avec accompagnement de force
compliments sur leurs beaux cheveux, leurs yeux de
flamme, etc. Mais les jeunes filles firent mine de ne
rien vouloir entendre et se prirent à s'enfoncer de plus
en plus dans les buissons.

« Un des membres de la compagnie figurant les
seigneurs vénitiens, — j'ai appris plus tard que quelques jeunes gens de la haute noblesse se trouvaient
parmi eux, — s'avança alors et à haute voix s'écria :

« — Messeigneurs ! nous sommes venus pour nous
baigner dans le lac enchanté du bois ! Tudieu, puisque
le ciel nous envoie des nymphes, nous ne nous baigne-
rons pas seuls ! Apprêtons-nous pour le bain, et si les
déesses se rebiffent, nous les forcerons bien à nous
rejoindre. Dixi ! »

« Il ne fallut que quelques minutes aux acteurs de cette scène, pour se dépouiller de tous leurs vêtements et pour se trouver en costume d'Adam en face du public, où commençait à se manifester, surtout parmi les dames, une certaine émotion mal contenue. A mes côtés une mystérieuse masquée haletait et donnait des signes évidents d'excitation nerveuse.

« J'allais oublier de dire que ces beaux seigneurs avaient ceci de différent avec le père Adam, qu'ils avaient gardé leurs masques noirs, ce qui ajoutait encore à l'étrangeté de leur apparition.

« Une fois prêts à *aller au bain*, comme s'était exprimé leur chef de file, chacun des acteurs se mit à poursuivre, à travers la vaste scène et les massifs de verdure, celle d'entre les jeunes filles sur laquelle il avait jeté son dévolu. Aux sons cadencés de la musique de plus en plus entraînante, une folle sarabande, une course au clocher échevelée s'engagea entre les jeunes filles qui avaient l'air de fuir éperdument et leurs poursuivants qui les harcelaient maintenant de très près.

« A un moment donné, chaque jeune fille sortit d'un arbuste une longue verge de noisetier et se mit à se défendre avec, la faisant claquer sur la peau nue de son persécuteur qui s'éloignait de quelques sauts pour la rejoindre de nouveau puis s'éloigner encore. Ce chassé-croisé dura quelque temps, puis, tout à coup, changeant de tactique, à chaque coup reçu, les jeunes baigneurs arrachèrent à celle qu'ils poursuivaient une partie de son vêtement : une manche, un revers de la jaquette, un lé du pantalon — je sus plus tard que les coutures, préparées d'avance à cet effet, ne tenaient qu'à un fil — et l'on vit apparaître tour à tour des bras, des jambes, des seins, des torses, des derrières, des dos, blancs, grassouillets, appétissants

et excitants au possible, jusqu'à ce que, finalement
les jeunes filles, qui, elles, n'étaient pas masquées, se
trouvèrent dans le même état que Vénus naissant des
flots. Entre temps la flagellation se continuait, l'ardeur
des jeunes femmes croissait, tandis que chez les
hommes les désirs semblaient avoir atteint leur
paroxysme.

« Soudain la toile du fond se sépara en deux et la
scène se trouva transformée en parc, tapissé, comme
avec de là mousse, d'une moelleuse couche de peluche
verte. Au fond, sortant d'une grotte, se déversait dans
un large réservoir rocailleux une claire cascade aux
notes argentines.

« Alors, avec une voluptueuse ivresse, les jeunes
gens s'entrelaçant, se laissèrent tomber qui sur la
mousse fictive, qui dans l'eau, et tandis que la salle
haletante, surexcitée au dernier degré par un spectacle bien fait pour tendre à l'extrême tous les nerfs
du corps humain, se levait, une orgie indescriptible
se déroulait sur la scène... avec tous les détails de la
plus lascive dépravation...

« Cinq minutes après le rideau tombait... Il n'était
que temps car l'émotion sensuelle produite par ce
spectacle d'un naturalisme inouï aurait pu avoir de
bien funestes conséquences.

« Plus tard, j'appris que Venise n'avait pas le
monopole de ce genre de spectacle et que Verona et
Bologne étaient aussi bien partagées sous ce rapport
— sinon mieux... »

Les Flagellations

dans la Religion

Ce sujet est tellement étendu et a été manié par des plumes si habiles que nous sommes tout excusés de n'en parler que d'une façon superficielle. Peu de gens soupçonneraient que la grande encyclopédie de la langue anglaise par Ogilvie, « *The Imperial English Dictionary* » est une autorité sur ce point, et cependant, en nous référant au mot « flagellation » dans la dernière édition de cet ouvrage si utile, nous y trouvons la mention « d'une secte fanatique fondée en Italie en 1260 qui maintenait que la flagellation avait autant de vertu que le baptême et le saint-sacrement : « Ils se promenaient en procession les épaules nues, et se fouettaient réciproquement jusqu'à ce que le sang ruisselât le long de leurs corps, pour obtenir la miséricorde de Dieu et pour apaiser sa colère contre les vices de l'époque. »

Nous n'avons pas ici de place pour des discussions théologiques. Il y a dans la chrétienté trente mille temples ouverts tous les dimanches pour s'en occuper uniquement. Toute erreur qui persiste s'élève contre

quelque chose de vrai au fond. Les abus des flagellations religieuses devinrent d'autant plus sérieux que
les enseignements qui les accompagnaient étaient,
pour ainsi dire, entremêlés dans les lanières des
fouets et des disciplines dont on se servait pour
cingler les dos et les reins des belles pénitentes.
Appliqués dans le but de réprimer et de diminuer les
inclinations lascives, les coups, au point de vue de la
nécessité physiologique, produisent un résultat contraire, c'est-à-dire qu'ils augmentent encore la chaleur animale, et c'est de cela que sont nées tant de
causes de scandale, de honte, et de séduction, dont le
retour si fréquent étonnait et affligeait la société.

Le danger de permettre à des prêtres, qui sont
célibataires, de fouetter des jeunes filles et des jeunes
femmes non mariées, vouées à une vie de chasteté, est
fondé sur les principes connus de la nature humaine.
Le péril pour ceux qui étaient actifs comme pour celles
qui étaient passives était tellement flagrant qu'on est
étonné que cela ne sauta pas immédiatement aux
yeux. Partout où le christianisme avait de l'autorité
les prêtres étaient autorisés à se flageller eux-mêmes,
et à appliquer la même fustigation sur la peau de
leurs ouailles, et il n'est pas besoin d'une intelligence
bien subtile pour deviner que c'était sur les dos de
ces derniers que les verges tombaient le plus souvent.
Rien de plus naturel, d'ailleurs, qu'il en fût ainsi :
nous croyons, en effet, qu'on doit trouver plus de
plaisir à battre les autres qu'à être battu soi-même.
La vue d'un être aimé se tordant, s'agitant, gémissant
et implorant la pitié ne peut qu'être un spectacle
agréable et édifiant lorsqu'on se rappelle que les
punitions n'ont d'autre but que de garantir le salut de
l'âme. Épargner la pénitente serait lui faire du tort, lui
faire grâce d'une parcelle seulement de la fustigation,

aussi honteuse et dégradante puisse-t-elle être ici-bas,
ne serait que lui assurer des peines infiniment plus
terribles dans l'autre monde. La logique chrétienne
prévalait alors, comme elle prévalut toujours lorsqu'elle eut la force et la majorité de son côté ; — des
hommes hurlaient en priant, et des jeunes filles gentilles et des femmes belles, sous l'influence de fausses
notions de piété, continuaient à se soumettre à la douleur, suppliant, criant, demandant grâce, acceptant la
honte et la dégradation pour la plus grande gloire de
Dieu et le salut de leurs âmes. Ces pratiques n'ont
pas entièrement disparu. Dans maint cloître et dans
maint couvent écarté, les mêmes pratiques se répètent
encore de nos jours et des femmes se laissent toujours égarer par cette terrible imposture : des créatures
nobles et d'un esprit élevé pour la plupart ! Combien
ne devons-nous pas les plaindre, car ce sont autant de
sœurs et de filles arrachées de nos foyers, et de charmantes et douces amantes qui auraient fait, dans les
conditions normales, d'excellentes mères de famille
pour perpétuer notre race.

Delolme dit :

« Le pouvoir des confesseurs d'administrer la discipline à leurs pénitentes devint à la fin si universellement accepté, qu'il finit par être étendu même à toute
personne faisant profession de la vie ecclésiastique, et
remplaçait les lois qui avaient été édictées contre ceux
qui lèveraient la main sur un ecclésiastique. On
essaya cependant de réprimer ces pratiques des prêtres
et des confesseurs ; et déjà sous le pape Adrien Ier, qui
fut élevé au pontificat en l'année 772 (ce qui, entre
parenthèses, démontre que le pouvoir assumé par les
confesseurs, était de date assez reculée), un règlement
fut fait qui défendait aux confesseurs de battre leurs
pénitents : *Episcopus, Presbyter aut Diaconus,*

peccantes fideles diverberare non debeant. Mais ce règlement resta lettre morte : toute la tribu des prêtres, et avec eux tous les grands dignitaires de l'Église, ne continuèrent pas moins à préconiser les prérogatives du clergé et le mérite des flagellations, etc. ».

* * *

Les Pères Adriaensen et Girard étaient tous les deux des amateurs distingués des verges, appliquant cet estimable moyen de correction sur le dos de leurs ouailles d'une main rien moins que légère. Il ne fait pas partie de notre programme d'entrer dans les détails des scandales soulevés par leur conduite, ni de parler de la séduction et de la ruine de Marie C. de la Cadière, par ce dernier, et du procès retentissant qui s'ensuivit [1]. Nous mentionnons leurs noms ici seulement pour rappeler que c'étaient d'ardents partisans de la doctrine conformément à laquelle la discipline devait être appliquée sur le dos nu de leurs pénitents [2]. On pourrait sans doute facilement dresser une

---

1. Des détails complets sont donnés dans ce livre extraordinaire : Centuria Librorum Absconditorum, par Pisanus Fraxi ; une des plus remarquables bibliographies jamais imprimées. (Londres, 1879).

2. Dr Millingen dans ses « Curiosités of Medical Experience, » dit : « Dans la vie monastique des deux sexes, la flagellation devint un véritable art.

« La flagellation était de deux sortes : celle d'en haut et celle d'en bas ; la première était appliquée sur les épaules, et la deuxième était plutôt réservée pour la fustigation des femelles, parce que, d'après leur dire, on évitait ainsi les dangers qui auraient pu survenir, dans la flagellation supérieure, de blesser les seins, si sensibles, avec les lanières. On insistait de plus sur la nudité. » (Londres, 1839, p. 313).

très longue liste des prêtres qui ont défendu la doctrine inculquée par le cardinal Paulus que la nudité du pénitent (ou de la pénitente) était un mérite de plus aux yeux de Dieu : *Est ergo satisfacio quœdam, aspera tamen, sed Deo tanto gratior quanto humilior, cum quilibet sacerdotis prostratus ad pedes se cœdendum virgis exibet nudum.* Laissant de côté, comme en dehors de notre but immédiat, des saints hommes tels que saint Edmond, évêque de Canterbury, le capucin Frère Mathieu d'Avignon, et Bernardin de Sienne, qui ont châtié *in femoribus, clunibus ac scapulis*, les différentes femmes qui avaient voulu les inciter à commettre le péché charnel, nous pouvons avec quelque à propos citer les suivants ; Abélard se délecta du souvenir des corrections qu'il avait administrées à son Héloïse ; le jésuite Joseph Ackerbaum fut surpris en train de fouetter une jeune fille qui était venue se confesser à lui — *flagellabat virginem ut nudam conspicerat;* son compagnon, Petrus Wills, suivit gaiement son exemple — *frater, ejus socius, ludendi, flagellanti, potitanti aderat* ; Peter Gresen prenait même moins de précautions — *virgines suas nudas caedebat flagris in agris. O quale speculum ac spectaculum, videre virgunculas pucherimasimas.* A ceux-ci on pourrait ajouter les Pères Nunnez et Malagrida, qui exerçaient une grande influence sur les dames des différentes Cours dont ils étaient les confesseurs et ne manquaient pas d'user assidûment de la discipline. Nous avons un exemple moderne encore plus remarquable dans la personne du capucin Achazius de Düren, qui était un émule très rapproché du frère Cornelis, ayant formé une sorte de société de femmes assez naïves pour se soumettre à ses caprices ; mais il ne se bornait pas, comme Adriaensen, à les flageller en état de nudité, il assouvissait aussi sa luxure sur elles jusqu'à satiété. Lorsqu'on découvrit ses pratiques, Napoléon ordonna que ce scandale fût autant que possible étouffé ; et quoique, ultérieurement, l'affaire fût portée devant la cour de Liège, elle fut supprimée, par respect pour les familles qui s'y trouvaient compromises.

*
* *

Achazius n'avait pas l'avantage d'un physique agréable : « Ses manières resssemblaient autant à celles d'un satyre que son visage était déplaisant, et que la renommée de son éloquence et de sa piété exemplaire était convaincante ».

On a ainsi décrit sa façon de procéder avec une de ses pénitentes : « Comme la jeune fille avait assez de charmes et d'élégance pour éveiller les désirs du Père, il lui proposa un exercice spirituel qui fut volontiers accepté par elle. Après une confession plénière elle fut forcée de se mettre à genoux devant Achazius et de lui demander humblement pardon, et ensuite de se découvrir jusqu'à la taille. Alors le Père prit une grosse canne avec laquelle il la battit ; finalement il satisfit sa luxure bestiale sur elle. En le quittant elle eut à lui promettre de lui amener d'autres femmes de sa connaissance. C'est ce qu'elle fit, commençant avec quelques-unes de ses amies plus âgées qu'elle, des jeunes femmes mariées, pour la plupart. A la fin un grand nombre d'autres prêtres furent impliqués dans cette affaire. Peu à peu il se forma un vrai club Adamite de flagellants, dans lequel se passaient les choses les plus horribles, et que nous rougirions de transcrire ».

*
* *

Une de ces femmes, l'épouse d'un fabricant de
papier, qui vint témoigner contre lui, quand on lui
demanda comment il était possible qu'elle ait pu se
livrer à un être aussi laid, aussi immonde que
Achazius, répondit : « Qu'il l'avait entièrement ensor-
celée, qu'elle s'était sentie liée à lui par un profond
attachement, et comme une enfant sans volonté propre,
elle s'était soumise à tout ce qu'il lui plaisait de
commander ; il l'avait si cruellement battue avec des
verges très souples — il les gardait trempées dans du
vinaigre et du sel — qu'elle avait quelquefois été
obligée, sous un prétexte ou un autre, de garder le lit
pendant plus de trois semaines ».

Les autres détails divulgués par cette dame ne
peuvent pas être publiés, mais ils auraient fait
honneur à l'imagination même de l'auteur de
« Justine » [1].

---

1. Nous donnons l'original de ce document pour la satisfaction
de ceux de nos lecteurs qui sont familiers avec la langue alle-
mande :

« So faunisch seine Manieren, so hässlich seine Gesichtszüge
waren, so überzeugend war der Ruf von seiner Beredsamkeit
und exemplarischen Frömmigheit.

« Da die Jungfrau noch sattliche Reize genug besass um den
Appetit des Paters zu wecken, so schlug er ihr eine Andacht
vor, in die sie alsbad einging. Nach vollbrachter Beicht musste
sie vor Achazius niederknien und demüthig Verzeihung für
ihre Sünden erflehen, darauf sich bis an die Nieren enblössen.
Der Pater nahm nun eine grosse Ruthe und hieb sie damit ;
endlich befriedigte er seine thierische Lust an ihr. Sie musste
beim Fortgehen versprechen, auch andere Frauenzimmer ihrer
Bekanntschaft zu gewinnen. Dies geschach in der That ; mit
einigen Freündinen von vorgerücktem Alter ward der Anfang
gemacht und dadurch auch der Weg zu jüngern meist verheiratheten, gebahnt. Ebenso wusste man eine Anzahl anderer

La seule punition infligée à Achazius fut la réclusion dans un monastère jusqu'à la fin de ses jours.

*
* *

Le Diable lui-même était également un amateur de flagellations, et y mettait beaucoup d'ardeur, s'il faut en croire les récits des *Vies des Saints*. « Parmi les différents motifs qui ont porté le malin esprit à rendre ses sinistres visites à notre pauvre humanité, celui de leur infliger une salutaire, mais désagréable fustigation, est souvent mis en avant par les pères de l'Église et par d'autres écrivains. C'était plus spécialement sur le dos des saints que ces castigations se faisaient. Saint Athanase nous apprend que saint Antoine a été souvent flagellé par le diable. Saint Jérôme rapporte également que saint Hilaire fut fouetté de semblable manière ; et il appelle le diable « un *gladiateur libertin* », et décrit comme suit ses modes de punition : « *Insidet dorso ejus festivus gladiator ; et latera calcibus, cervicem flagello verberans* » [1]. Grimalcaius, un savant théologien, confirme ce fait dans le passage suivant : « *Nun-*

Geistlichen in die Sache zu zeihen. Allmählig bildete sich ein förmlicher Adamistischer Flagellantentclub, worin alles gräuliche getrieben ward, was niederzuschreiben wir erröthen würden.

« Derselbe hatte sie ganz bezaubert, so dass sie mit unendlicher Neigung ihm zugethan worden und willenlos, wie ein Kind, zu allem sich hergegeben habe ; mit den geweihten Ruthen, er habe sie so geschlagen, das sie bisweilen gezwungen gewesen sei, unter irgend einem andern Vorwande über drei Wochen lang das Bette zu hüten. Die übrigen Dinge, welche die Dame angab, sind nicht mittheilbar, doch machen sie selbst der Phantasie der (sic) Autors der Justine Ehre. »

1. « Alors le joyeux bandit s'assit sur son dos, frappant ses côtes et sa nuque avec un gourdin. »

*quam autem et aperta impugnatione grassantes,
dœmones humana corpora verberant, sicut
B. Antonio fecerant*[1] ». Saint François d'Assise eut
à subir une terrible flagellation de la part du diable
la première nuit qu'il passa à Rome, ce qui lui fit
quitter la ville sur-le-champ ». Les observations de
l'abbé Boileau au sujet de cet incident sentent tant
soit peu l'impiété et la libre pensée, car il dit : « Il
n'est pas improbable, qu'ayant rencontré un accueil
plus froid que celui qu'il croyait être dû à sa sainteté,
il jugea bon de décamper de suite, et quand il retourna
à son couvent il raconta cette histoire aux moines ses
frères ». Mais, en tous cas, l'abbé Boileau n'est pas
une autorité, et il est à présumer que, partageant
l'humeur satirique de son frère, il n'ait sacrifié la
piété à l'esprit ; car il est, bien entendu, absolument
impossible, et au-dessus de tout doute sceptique, pour
les vrais croyants, d'attaquer les affirmations de ce
grand saint. Son pouvoir sur les éléments ignés était
établi : ce qui lui donnait la faculté de guérir l'érysi-
pèle, honorée du nom de *Feu de saint Antoine*. De
même, saint Hubert pouvait guérir de la rage, et
saint Jean de l'épilepsie.

Il est cependant consolant d'apprendre que ce
n'étaient pas toujours les béatifiés qui succombaient à
ces niches sataniques. La volonté d'une femme peut
quelquefois remporter la victoire sur le « *Vieux
Malin* » dans ces assauts de verges. On rapporte pas
mal d'exemples où le diable a eu le dessous dans ces
joutes sacrilèges, comme il ressort pleinement de
l'histoire de la bienheureuse Cornelia Juliana, dont

---

1. « De plus, parfois les démons attaquent les hommes de
plein assaut et les battent corporellement, témoin ce qu'ils ont
fait à saint Antoine. »

on raconte ceci : « Un jour, les autres nonnes entendirent un vacarme épouvantable dans sa cellule ; cela provenait d'une lutte qu'elle soutenait contre le diable, qu'elle venait de saisir, et qu'elle fustigeait d'une façon impitoyable ; puis, après l'avoir terrassé, elle le piétina en l'accablant des injures et des sarcasmes les plus mordants (*lacerabat sarcasmis*) ». Il n'est pas permis de mettre en doute l'exactitude de ce fait, puisqu'il est affirmé par ce savant et pieux Jésuite, Bartholomé Fisen.

Cette prédilection des diables pour la flagellation doit très probablement être attribuée à l'horrible jalousie de leur disposition ; car il est bien avéré que les saints se délectaient infiniment à fustiger, non seulement ceux qui les avaient offensés, mais aussi leurs disciples les plus fidèles. Donc, la flagellation était la punition la plus agréable qu'on pouvait infliger pour rendre les saints propices ; et nous possédons plusieurs faits qui démontrent que la sainte Vierge a été souvent rendue favorable par cette pratique. Sous le pontificat de Sixte VI, un professeur hétérodoxe de théologie, qui avait écrit contre le Saint-Sacrement et nié l'Immaculée Conception, fut fessé en public par un robuste et pieux frère cordelier, à la grande édification des spectateurs, et plus particulièrement des dames.

La description de cette opération perd considérablement par la traduction, c'est pourquoi nous reproduisons le texte original en latin en le faisant suivre d'une traduction aussi littérale que possible.

« *Apprehendens ipsum revolvit super ejus genua ; erat enim valdè fortis. Elevatis itaque pannis, quia ille minister contra sanctum Dei tabernaculum locutus fuerat, cœpit cum palmis percutere super quadrata tabernacula quœrant nuda, non enim habebat femoralia vel antipho-*

nam : et quia ipse infamare voluerat beatam Vir-
ginem, allegando forsitan Aristotelem in libro
priorum, iste prædicator illum confutavit legendo
in libro ejus posteriorum : de hoc autem omnes
qui aderant gaudebant. Tunc exclamavit quædam
devota mulier, discens : « Domine Prædicator,
detis ei alios quator palmatus pro me, et alia
postmodum dixit », Detis ei etiam quatuor sicque
multæ aliæ rogabant, ita quod si allarum peti-
tionibus satisfacere voluisset, per totum diem
aliud facere non potuisset ».

« Se saisissant de lui, il le renversa sur ses genoux.
Et alors relevant ses vêtements, parce que, quoique
ministre de Dieu il avait parlé contre le Saint-Taber-
nacle de Dieu, il commença à le battre vigoureusement de ses mains ouvertes sur ses grasses fesses
(tabernacula), qui étaient à nu, car il ne portait ni
caleçon ni braies (antiphona), et de plus, puisqu'il
avait trouvé bon de diffamer la Sainte Vierge en
citant Aristote, comme il paraît, dans son livre des
« Analyses Antérieures », dont il lui fit la réfutation
en lui lisant un passage d'un livre du même auteur
sur les « Analyses Postérieures ». Et à ceci tous les
assistants étaient comblés de joie. Alors une certaine
pieuse dame cria, en disant : « Sire Prédicateur !
donnez-lui encore quatre claques pour moi ! » et présentement une autre de crier : « Donnez-lui en quatre
encore ! » et alors bien d'autres dames réitérèrent la
demande de rechef et encore, — de fait, si souvent
que, s'il avait consenti à accéder à leurs prières, il
n'aurait pas eu de loisir pour faire autre chose de
toute la journée [1]. »

---

1. Il est fort difficile de rendre en français exactement la
saveur des jeux de mots existant dans le texte latin.

Nous n'avons guère besoin de rechercher des exemples de la grande efficacité d'une bonne fustigation dans d'autres pays. Les annales du Pays de Galles nous rapportent un singulier cas de ce genre qui se produisit en l'an 1188, comme il est raconté par Sylvestre Gerald, d'une façon tellement circonstanciée que seul le plus endurci des incrédules oserait douter de l'authenticité du fait :

« De l'autre côté de la rivière Humber, dit-il, dans la paroisse de Hoëden, vivait le curé de cette église avec sa concubine. Celle-ci s'assit un jour, assez imprudemment, sur le tombeau de Sainte Osanne, la sœur du roi Osred, lequel tombeau était en bois, élevé au-dessus du sol en la forme de siège : quand elle voulut se lever, elle resta collée au bois de telle sorte qu'il fut impossible de l'en détacher, jusqu'à ce qu'en présence du peuple qui s'amassait autour d'elle pour la voir, elle eut permis qu'on lui arrachât les vêtements de dessus son corps, et qu'elle eût reçu une sévère castigation corporelle à nu, et cela jusqu'à grande effusion de sang, avec beaucoup de larmes et de pieuses supplications de sa part : et quand cela fut fait, et qu'elle se fut engagée à se soumettre à d'autres pénitences, elle fut miraculeusement libérée. »

Si on traitait toutes les concubines et femmes entretenues de pareille façon, les femmes légitimes recouvreraient vite leurs droits.

Dans ce cas, comme dans beaucoup d'autres, *l'absence de vulgaires vêtements* paraît avoir été considérée comme particulièrement agréable au Ciel ; à tel point même, que le plus ou moins de nudité était mesuré au degré du délit.

Les philosophes cyniques de la Grèce, parmi lesquels Diogène était un des plus marquants, avaient l'habitude de se présenter en public sans un seul lambeau de vêtements sur le corps. Les sages de l'Inde, appelés gymnosophistes, ou sages nus, se permettaient les mêmes fantaisies.

Dans des temps plus rapprochés de nous, les Adamites se montraient dans le simple appareil de notre premier père.

Au XIIIe siécle, les membres d'une secte qu'on appelait les Turlupins, parcouraient la France à pied, *débarrassés de vains accoutrements* ; et, en 1535, quelques anabaptistes se rendirent à Amsterdam *dans l'état où ils étaient en sortant du bain*, et pour cette infraction aux règles du décorum les bourgmestres impies leur firent administrer la bastonnade.

Nous lisons aussi d'un certain Frère Juniperus, un digne Franciscain, qui, d'après l'histoire, « entra dans la ville de Viterbod, et tandis qu'il s'arrêta sous la porte, il mit ses chausses sur sa tête, et ayant roulé son froc autour de son cou, il se promena en cet état par les rues de la ville, où il eut à subir beaucoup d'injures et de mauvais traitements de la part des méchants habitants ; *et enfin, toujours dans le même état*, il se rendit au couvent des Frères, qui tous s'élevèrent contre lui, mais il n'y prit garde, *tellement saint était ce bon petit frère* (*tam sanctus fuit ille fraticellus*).

Les farces du frère Juniperus ont été renouvelées à différentes époques par plusieurs saints personnages. Ne pouvons-nous pas nous croire en droit de prendre ces individus pour des démonomaniaques ? Car assurément c'est le diable seul qui pouvait leur inspirer de pareilles fantaisies, quoique le cardinal Damian défend cette pratique dans les termes suivants, en parlant du jour du jugement : « Alors le soleil perdra son éclat, la lune sera enveloppée de ténèbres ; les étoiles tomberont de leurs places, et tous les éléments seront confondus ensemble ; *quel service pourront vous rendre alors ces vêtements et habillements dont vous êtes maintenant revêtus, et que vous refusez de mettre de côté pour vous soumettre à l'exercice de pénitence ?*

On doit remarquer, pour atténuer l'étrangeté de ces exhibitions, qu'elles étaient accompagnées de flagellations qui souvent avaient une grande analogie avec celles des Saturnales et des Lupercales, et la discipline des flagellants souvent ne différait guère de celle des Luperci [1].

Les abus de la vie monastique ont été souvent exposés. Les protestants, avec une vraie charité chrétienne, sont ravis par-dessus tout lorsqu'ils peuvent exhiber les imperfections de leurs frères et sœurs de l'Église catholique. Dans un petit livre, dont le contenu a toutes les apparences de la vérité, puisque les noms et les dates y figurent au complet, il est affirmé que :

« Le plus grand mal dans les couvents, notamment parmi les « Nonnes Anglaises », est la flagellation avec des verges sur le corps nu, qui, comme les médecins l'ont remarqué, contribue puissamment à exciter le désir sexuel, lequel, ne trouvant point de satisfaction de la façon naturelle, tend le plus souvent dans les cloîtres à pousser à l'onanisme et au vice homosexuel, des jeunes filles entre elles, et même souvent entre institutrices et élèves. Ceci n'est pas une calomnie sur les couvents : beaucoup de dames qui y ont été élevées par les sœurs, plus tard, lors-

---

1. Dr Millingen, *loc. cit.*, p. 160-162.

qu'elles eurent quitté le couvent et se furent mariées,
dévoilèrent ce qui s'y passait [1].»

Le dernier exemple d'une flagellation religieuse
est celui qui se rapporte à la secte des Fareinistes qui
a été fameuse pour l'acharnement dont ils faisaient
preuve.

Deux prêtres, les frères Bonjour, étaient la tête et
l'âme de ce mouvement. Cette secte florissait vers la
fin du XVIIIᵉ siècle, et causa une grande sensation à
cette époque. Il est difficile de deviner par quelle
sorte de raisonnement ces messieurs furent portés à
donner tant d'importance à la flagellation des femmes.
Ce qui est avéré, c'est que les femmes de leur paroisse
comptaient parmi leurs plus ardentes sectaires.

Ils avaient l'habitude de se réunir dans une grange
près de l'église et là, à peine ou pas éclairés du tout,
ils se fouettaient mutuellement d'une façon assez
anodine.

L'influence qu'ils étaient parvenus à gagner sur

---

1. Nous donnons l'original de ce passage pour ceux qui
n'auraient pas l'occasion de pouvoir consulter cet ouvrage.

« Der grœsste Uebelstand in den Klöstern, namentlich auch
bei den englischen Fraüleins, ist das Peitschen mit der Ruthe
auf den nackten Leib was, wie dies ärztlich constatirt ist, sehr
viel zur Aufstachelung des geschlechtlichen Triebes beiträgt,
da aber dieser auf eine natürliche Weise nicht befriedigt werden
kann, reisst in den Klöstern am oftersten Selbstbefleckung und
homosexuelle Unzucht der Mädchen untereinander, manchmal
sogar zwischen Lehrerinen und Schülerinen, ein. Dies ist keine
Verleumdung der Nonnenklöster, sehr viele Damen, die bei
den Nonnen erzogen worden, haben später, als sie heraus
kamen und sich verheiratheten, das, was in den Nonnenklöstern
geschieht, verrathen. »

Extrait de *Pfaffenunwesen, Mönchsscandale und Nonnens-
puck*. Beitrag zur Naturgeschichte des Katholicismus und der
Klöster von Lucifer Illuminator. Leipzig, 1872. Gustav
Schulze.

leurs adeptes féminins était immense, et souleva les légitimes protestations de leurs maris qui ne pouvaient comprendre pourquoi leurs foyers seraient abandonnés pour permettre à leurs femmes de se faire fouetter par des prêtres. Les femmes poussèrent les choses jusqu'à arrêter leurs pasteurs spirituels dans les champs pour les implorer de leur infliger une fustigation tenante.

« Bon père Bonjour, disaient-elles, nous vous en prions, fouettez-nous de suite ! Oh ! donnez-nous une petite correction ».

Et alors on voyait le spectacle ridicule d'un prêtre pourchassant autour d'un champ ouvert une femme ayant les jupes relevées et la fouettant comme on fouette une enfant !

L'imbécilité humaine ou le zèle mal dirigé peuvent-ils inventer quelque chose de plus stupide ! Mais comme il est dit dans le vieux proverbe, « tout passe, tout lasse, tout casse », et il en fut de même pour ces prêtres, fouetteurs de derrières de femmes. Nous n'avons aucun désir de suivre les fortunes diverses de cette secte insignifiante. Nous croyons bien que fort peu de nos lecteurs nous en seraient reconnaissants.. Qu'il suffise de dire qu'un très notable et estimé habitant de ce petit village, qui s'était montré particulièrement acharné contre la mission des dignes pères, fut trouvé mort dans son lit, avec une aiguille plantée dans le cœur. Etait-ce un accident, ou s'il y avait eu crime ? L'histoire ne nous renseigne pas là-dessus. Mais la rumeur publique prétendit qu'il s'agissait d'un crime, et des plaintes étant parvenues à l'évêque de Trévoux, il en résulta qu'un des frères fut exilé, et le deuxième fut emprisonné dans le couvent de Toulay, d'où il parvint à s'évader, après quoi il vint à Paris. Après quelques autres aventures et pérégrinations d'aucun

intérêt pour notre sujet, les bons pères moururent
à Lausanne, en Suisse, à un âge très avancé et en
état d'indigence, et avec eux expira la secte des
flagellants que leurs cerveaux hétérodoxes avaient
enfantée.

Il n'entre pas dans notre cadre de formuler des
conclusions quelconques au sujet de ces pratiques, et
nous ne prétendons pas non plus avoir un seul instant
fait plus qu'effleurer le sujet. Notre opinion, il nous
semble, doit être assez nettement indiquée dans le
texte. De plus, tout ce que nous pourrions en dire
paraîtrait terne à côté de la magnifique sortie suivante
de Michelet, qui servira de conclusion à nos observations sur la flagellation prise en tant que grâce divine.

*
* *

« Quoi ! lorsque dans les bagnes même, sur des voleurs,
des meurtriers, sur les plus féroces des hommes, la loi
défend de frappper, — vous, les hommes de la grâce,
qui ne parlez que de charité, *de la bonne sainte
Vierge et du doux Jésus*, vous frappez des femmes...
que dis-je ? des filles, des enfants à qui l'on ne reproche
après tout que quelques faiblesses.

« Comment ces châtiments sont administrés ? C'est
une question encore plus grave peut-être... Quel
genre de composition la peur y fait-elle faire ? A quel
prix l'autorité y veut-elle de l'indulgence ?...

« Qui règle le nombre des coups ?... Est-ce vous,
Madame l'Abbesse ? ou bien le Père supérieur ?... Que
doit être l'arbitraire passionné, capricieux, d'une
femme sur une femme, si celle-ci lui déplaît, d'une
laide sur une belle, d'une vieille sur une jeune ! On
n'ose y penser.

« On a vu des supérieures demander et obtenir plusieurs fois des évêques le changement de confesseur, sans en trouver d'assez durs, à leur fantaisie. Il y a encore une grande distance de la dureté d'un homme à la cruauté d'une femme. La plus fidèle incarnation du diable en ce monde, quelle est-elle à votre avis!... Tel inquisiteur, tel jésuite? Non, c'est une jésuitesse, une grande dame convertie, qui se croit née pour le gouvernement, qui, parmi ce troupeau de femmes tremblantes, tranchant du Bonaparte, use à tourmenter des infortunées sans défense la rage des passions mal guéries ! »

La Secte des Flagellants

Nous avons vu les pratiques de la flagellation attachée à la religion prenant leur origine chez les nations
païennes et adoptées ensuite par l'Église chrétienne,
pour faire partie de son système de pénitence. Pratiquée d'abord çà et là par des ermites, qui menaient
une vie de solitude et de mortification, la flagellation
s'étendit dans l'Église, et eut une prise profonde sur
l'esprit du peuple, jusqu'à atteindre son point culminant vers le milieu du XIII siècle, amenant la
constitution de confraternités pour la pratique régulière
et publique de la fustigation. Cette secte fit sa première
apparition en Italie en 1210, et voici ce que le moine
Saint-Justin de Padoue nous en dit dans son *Chroni-
con Ursitius Basiliensis* : « A cette époque, l'Italie
entière étant souillée de crimes de toutes sortes, les
habitants de Pérouse furent saisis d'une superstition
subite, jusqu'alors inconnue du monde, et après eux
les Romains, et ensuite presque toutes les nations de
l'Italie ; ils étaient affectés de la crainte de Dieu, à tel
point, que des nobles aussi bien que des roturiers, jeunes
et vieux, des enfants de cinq ans même, se prome-

naient tout nus par les rues, sans aucun sentiment de honte, cheminant en public, par deux comme dans une procession solennelle. Chacun d'eux tenait à la main une discipline, faite de lanières de cuir, et avec pleurs et gémissements ils se flagellaient mutuellement le dos, jusqu'à faire couler le sang. Pleurant tout le temps et affichant l'affliction la plus profonde, comme s'ils avaient été réellement eux-mêmes spectateurs de la passion de notre Sauveur, ils imploraient le pardon de Dieu et de sa Mère, en le suppliant, Lui, qui avait été apaisé par le repentir de tant de pécheurs, de ne pas leur refuser cette grâce. Non seulement pendant le jour, mais pendant des nuits entières même, des centaines, des milliers et des dix milliers de ces pénitents couraient, malgré la rigueur de l'hiver, à travers les rues, et se rendaient dans les églises, des cierges allumés à la main, précédés de prêtres qui portaient des croix et des bannières et se prosternaient humblement devant les autels: les mêmes scènes se répétaient dans les villes et dans les villages, de sorte que les montagnes et les plaines semblaient partout résonner de la voix des hommes qui imploraient Dieu!... Les instruments de musique avaient cessé de se faire entendre et avec eux les chants d'amour... La seule musique qui retentissait dans les villes comme dans les campagnes, c'était la voix lugubre du pénitent, dont les tristes accents auraient pu émouvoir des pierres: et même les pécheurs endurcis ne pouvaient refouler leurs larmes. Et cet esprit général de dévotion n'épargnait pas les femmes: car non seulement chez le bas peuple, mais aussi chez les matrones et les jeunes patriciennes les mêmes mortifications s'accomplissaient en famille. Ceux qui en ce temps étaient désunis se réconcilièrent. Les usuriers et les voleurs se hâtèrent de restituer à leurs légitimes propriétaires leurs biens mal acquis;

d'autres, qui étaient souillés de différents crimes, les,
confessèrent humblement et renoncèrent à leurs vanités
On ouvrit les geôles et les prisonniers furent mis en
liberté, et on permit aux gens exilés de rentrer chez
eux. Tant et de si grandes œuvres de sainteté et de
charité chétienne étaient accomplies par les hommes
comme par les femmes, qu'il semblait que l'humanité
entière avait été saisie subitement d'une peur universelle: on paraissait redouter un cataclysme final; on
aurait dit que l'on s'attendait à la vindicte divine et
que les crimes des hommes allaient recevoir le juste
châtiment que leur réservait Dieu dans son courroux.

« Un tel repentir général et subit qui s'était étendu
sur toute l'Italie, et avait même gagné d'autres pays,
ne provoquait pas seulement l'admiration des illettrés,
mais aussi celle des savants. Ces derniers se demandaient d'où pouvait provenir une aussi ardente ferveur,
une aussi profonde piété, d'autant plus que les pénitences publiques et les cérémonies de ce genre étaient
presque inconnues dans les temps anciens, et que,
par la suite même, elles n'avaient pas été approuvées
par aucun souverain pontife, ni recommandées par
aucun prédicateur, ni personnage éminent, mais
avaient pris inopinément leur origine chez des gens
simples, dont l'exemple avait été suivi plus tard par
les savants et les lettrés. »

On prétend que l'initiateur des processions solennelles des flagellants avait été saint Antoine. Il est
établi que la secte fut réorganisée en Italie en 1260
par Rainer, un ermite de Pérouse qui trouva rapidement des adhérents un peu partout en Italie. En effet,
leur nombre atteignit rapidement dix mille, qui se
promenèrent partout, conduits par des prêtres portant
des bannières et des croix. En 1621, ils traversèrent
les Alpes pour se répandre en Allemagne; ils se

montrèrent en Alsace, en Bavière, en Bohême et en Pologne et y trouvèrent beaucoup d'imitateurs.

Malgré l'opposition des différents gouvernements, les doctrines des flagellants se propagèrent à travers l'Europe, et, en 1349, alors que la peste faisait rage en Allemagne, ils apparurent dans ce pays. D'après la chronique d'Albert de Strasbourg, deux cents flagellants se rendirent de la Souàbe à Spire, sous la conduite d'un chef principal et de deux subordonnés, aux ordres desquels ils obéissaient implicitement. Les populations vinrent en foule à leur rencontre. Leur façon de procéder était la suivante : Se plaçant à l'intérieur d'un grand cercle tracé sur le sol, ils se mettaient à nu, ne laissant qu'un linge autour de leurs reins. Alors, les bras étendus en croix, ils se promenaient pendant un certain temps autour du cercle, se prosternant finalement par terre au bout d'un certain espace de temps, ils se relevaient et commençaient à se frapper mutuellement avec une discipline dont les lanières étaient garnies de nœuds et de quatre pointes en fer. Ils réglaient les coups au rythme des psaumes. A un signal donné, la flagellation était arrêtée. Ils se jettaient alors à genoux, et ensuite à terre, en gémissant et en pleurant.. Après s'être relevés, leur chef leur adressait une courte allocution, les exhortant d'implorer la miséricorde divine pour leur bénéfacteurs ainsi que pour les âmes au purgatoire. Alors avait lieu une autre prosternation et, après cela, une nouvelle flagellation. Puis venait le tour de ceux qui avaient eu la garde des vêtements qui se soumettaient en tous points aux mêmes opérations.

Un autre auteur décrit graphiquement leur façon d'opérer : — « La pénitence se faisait deux fois par jour : le matin et le soir, les Flagellants s'en allaient par couples, entonnant des psaumes au son des cloches

et, en arrivant sur le lieu de la flagellation, ils se
mettaient à nu jusqu'à la ceinture et ôtaient leurs souliers, ne portant plus qu'une espèce de jupe en toile
qui les enveloppait de la ceinture jusqu'aux pieds. Ils
se couchaient ensuite par terre en un large cercle en
différentes positions, selon la nature du crime qu'ils
avaient commis : l'adultère, la face contre le sol ; le
parjure, sur le côté, élevant trois doigts en l'air, etc.
Ils étaient alors fustigés, chacun plus ou moins, par le
chef, qui leur donnait ensuite l'ordre de se relever en
employant pour cela des formules spécialement
prescrites :

> Stant uf durch der reinen martel ere ;
> Und hüt dich vor der Sünden mere[1].

Là-dessus, ils se flagellaient réciproquement en
chantant des psaumes, et donnant cours à de bruyantes
supplications pour éloigner la peste, à grand renfort
de génuflexions et d'autres simagrées dont les écrivains de l'époque font des descriptions diverses. Il y
avait dans leurs rangs des paysans aussi bien que des
prêtres, des gens instruits et des ignorants. Ils affir-
maient tenir leur autorité d'une lettre apportée par un
ange à l'Eglise de Saint-Pierre à Jérusalem : cette
lettre déclarait que Jésus-Christ était offensé des péchés
qui prévalaient à cette époque — en particulier, de la
non observation du sabbat, du blasphème, de l'usure,
de l'adultère et de la négligence à observer les jeûnes
prescrits. Ayant imploré le pardon de Jésus-Christ par
l'entremise de la Sainte Vierge et des anges, il leur
aurait été enjoint de vivre exilés de leur pays pendant

---

[1] Lève-toi assaini par le pur martyre,
Et garde-toi du péché à l'avenir.

*Là-dessus, ils se flagellaient réciproque-
ment en chantant des psaumes et donnant
cours à de bruyantes supplications.*

(Page 108).

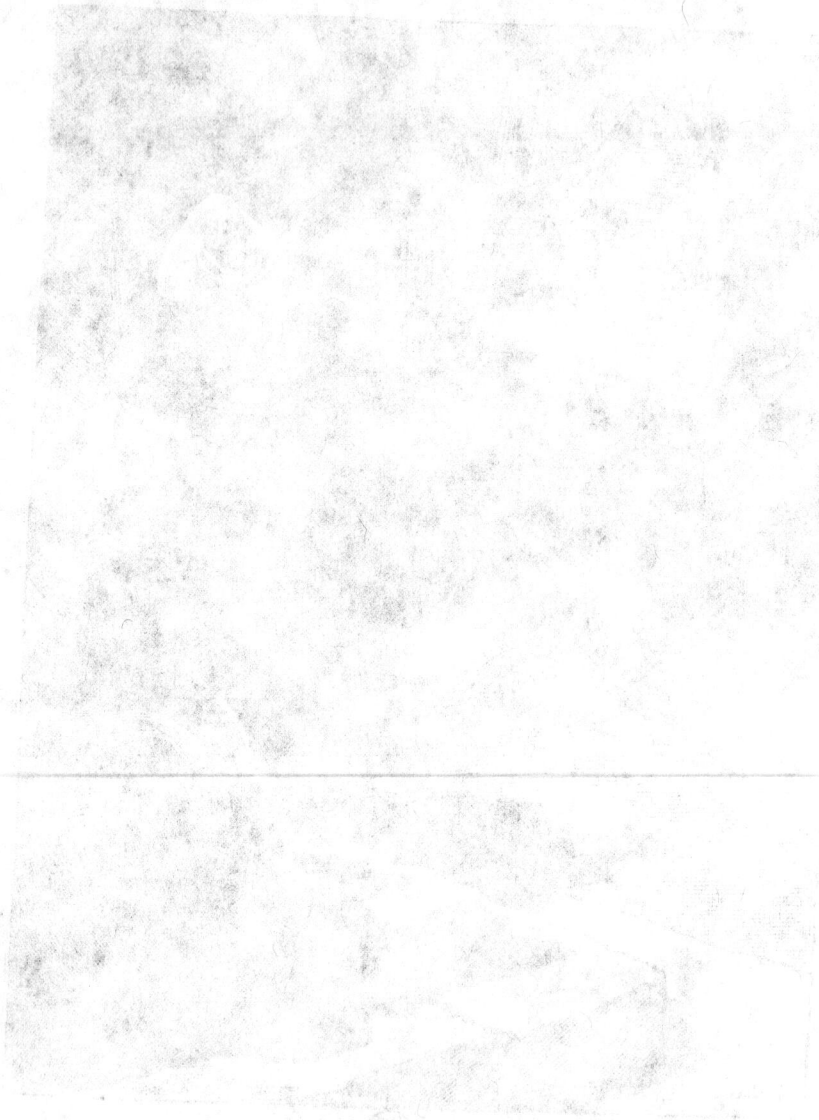

rente-quatre jours et de se fouetter pendant ce temps afin de rentrer en grâce. Les habitants de Spire firent preuve à l'égard de la secte d'une grande hospitalité ; mais ne voulurent accepter de cadeaux que pour se munir de cierges et de bannières. Ces dernières étaient en soie de couleur pourpre et on les portait pendant les processions. Ils firent environ cent recrues à Spire, et, à Strasbourg, près de mille nouveaux adhérents vinrent renforcer leurs rangs après avoir accepté les réglements aux termes desquels il fallait que chacun pût dépenser aux moins quatre deniers par jour, qu'il déclarât qu'il avait confessé ses péchés, qu'il pardonnât à ses ennemis et qu'il avait obtenu le consentement de sa femme. Les Frères de la Croix, comme on les appelait, ne devaient pas chercher à se loger gratis, ni même à entrer dans une maison sans y avoir été invités ; il leur était interdit de causer avec des femmes ; et, s'ils violaient ces réglements ou agissaient sans discrétion, ils étaient obligés de se confesser au Supérieur qui les condamnait à recevoir plusieurs coups de fouet.

Hecker, qui ne semble pas avoir eu connaissance de l'existence de cette secte à une époque plus reculée, donne l'explication suivante de leur seconde apparition dans son *Epidémie du mariage*. Il dit : « Tandis que tous les pays retentissaient des lamentations, des cris de douleur, il se forma en Hongrie et ensuite en Allemagne la confraternité des flagellants appelés aussi *Frères de la Croix* ou *Porteurs de Croix*, qui prirent sur eux-mêmes de faire pénitence pour le peuple et pour la rémission des péchés qu'ils avaient commis et offraient des prières et des supplications pour éloigner la peste. Cet ordre se composait principalement de gens de la plus basse classe qui étaient ou poussés par une contrition sincère, ou qui

saisissaient avec joie ce prétexte pour ne rien faire et qui,
saisis par la contagion, s'étaient à leur tour lancés à
corps perdu dans ce tourbillon de folle frénésie.

Mais, à mesure que cette confraternité, dont la réputation grandissait, était accueillie par le peuple avec
vénération et enthousiasme, beaucoup de nobles et
d'ecclésiastiques se rangèrent sous sa bannière et leurs
rangs s'augmentaient souvent d'enfants, de femmes
honorables et de nonnes, tellement les tempéraments
les plus hétéroclites se trouvaient sous l'influence de
de cette infatuation. Ils marchaient à travers les cités
dans les processions bien organisées, précédés de leurs
chefs et des chanteurs ; leur tête était couverte jusqu'aux yeux, leurs regards étaient fixés à terre ; ils
donnaient tous les signes de la plus profonde contrition et de deuil. Ils étaient revêtus de sombres
vêtements avec des croix rouges sur la poitrine, sur le
dos et sur leur coiffure, et portaient des fouets à trois
lanières avec trois ou quatre nœuds dans lesquels
étaient fixées des pointes en fer. Devant eux on portait
des cierges et de magnifiques bannières en velours et
en drap d'or ; partout où ils faisaient leur apparition, on
les accueillait au son des cloches et les foules venaient
de très loin pour écouter leurs hymnes et assister avec
dévotion et tout en pleurs à leurs pénitences. En 1349.
deux cents flagellants entrèrent à Strasbourg où ils
furent accueillis avec une grande joie ; on leur fit la
plus large hospitalité et ils furent logés aux frais des
citoyens. Plus de mille personnes vinrent se joindre
à la confraternité qui prit dès lors l'apparence d'une
tribu nomade qui se sépara en deux corps, l'un se
dirigeant vers le nord l'autre vers le sud.

Tel était l'enthousiasme qu'ils provoquaient, que
l'Église se trouva menacée, car les deux partis étaient
si nettement en contradiction qu'ils s'excommuniaient

mutuellement. Les flagellants prirent possession des
églises, et leurs nouveaux chants, qui furent bientôt
connus, influaient fortement sur l'esprit du peuple.
Leur principal psaume, qui était chanté à cette époque
en différents dialectes partout en Allemagne, était
rempli de sentiments pieux, et bien fait pour favoriser
le fanatisme qui règnait alors. Ils essayèrent à quelques reprises de faire des miracles, comme à
Strasbourg, où ils tentèrent, dans leur propre milieu,
de ressusciter un enfant mort. Mais ils ne réussirent
pas et leur échec leur causa un grand préjudice.
Malgré cela, ils réussirent par-ci, par-là à maintenir
quelque confiance en la sainteté de leur mission
en prétendant pouvoir chasser les mauvais esprits.
Les membres les plus éclairés du clergé étaient
opposés à ces flagellations publiques. Le pape Clé-
ment VI (élu en 1232, mort en 1252) lança une
Bulle contre eux; et les évêques en Allemagne confirmèrent le bref apostolique, en défendant aux
flagellants de former des associations dans leurs
diocèses. Vers cette époque, la prédication d'un frère
dominicain de Bergame, nommé Venturinus, amena
environ dix mille personnes à entreprendre un nouveau pélerinage. Ils se fouettèrent dans les églises,
et on les traita sur les places du marché aux frais des
villes. A Rome, le moine Venturinus fut bafoué, banni
par le pape, et condamné à se retirer dans les montagnes de Ricondona. Ainsi combattue, la secte s'éteignit
momentanément; mais elle fut rétablie en 1414, sous
la conduite d'un nomme Conrad qui ainsi que ses
prédécesseurs, prétendit avoir reçu une révélation
divine avec mission de faire pratiquer les flagellations
publiques.

Conrad prétendait que le prophète Énoch et lui-
même n'étaient qu'une seule et même personne; que

les Flagellants étant établis, il plaisait à Dieu d'abolir
la papauté ; et qu'il n'y avait point de salut que par le
moyen du nouveau baptême de sang, c'est-à-dire par
l'action de la flagellation. Cette fois, l'Inquisition
prit parti contre la secte, et, après une grande enquête
sur les accusations portées contre eux quatre-vingt-onze
des leurs furent brûlés à Sangernrhusen, et en un
grand nombre d'autres endroits. On voit quelles
profondes racines cette folie avait jetées dans le peuple,
par la déposition d'un citoyen de Nordhausen (1646),
dont la femme, croyant accomplir un acte chrétien,
voulait fouetter ses enfants dès qu'ils avaient été
baptisés.

Les persécutions affaiblirent mais ne réussirent pas
à détruire la secte des flagellants, et, quoique dispa-
raissant en Allemagne, nous la retrouverons pratiquant
ses rites, mais ne prétendant plus avoir une mission
spéciale, en France, en Espagne et au Portugal.

Au XVIᵉ siècle, on vit se créer en France un grand
nombre de compagnies de Flagellants et de Pénitents
qui se divisaient en pénitents blancs, noirs et rouges.

Ils étaient plus nombreux dans le sud du royaume ;
mais la capitale même n'avait pas échappé à la
contagion. En 1754, il arriva ce fait inouï que la Reine
mère se mit à la tête des pénitents noirs : elle prit une
part active aux cérémonies habituelles de la confrérie,
qui avait, tant à Avignon qu'à Lyon et à Toulouse, de
solides ramifications. Paris non plus n'était pas resté
en arriére et payait tribu à la flagellation. Le Roi de
France, Henri III, alla même jusqu'à prendre les
nouvelles sectes sous son haut et puissant patronage.
Il s'était non seulement fait admettre comme membre
honoraire, mais avait pris également, par la suite,
une part active aux processions.

La première assemblée générale eut lieu lors du

Grand Jubilé de 1585 : toute la cour y fut conviée ;
mais on ne permettait à aucune femme d'y paraître
— le Roi ne les aimait pas. — Catherine de Médicis
fut, par conséquent, obligée de fouetter les dames de
sa cour avec les portes fermées. Les Parisiens trouvèrent
toute l'affaire bien amusante et en firent pas mal de
gorges chaudes ; le roi lui-même n'échappa pas à leurs
satires. On l'affubla du sobriquet de *Père conscrit
des blancs battus*. Au commencement de l'année
1585, le jour de l'Annonciation, il fonda une nouvelle
confrérie de pénitents blancs, qui compta dans ses
rangs bon nombre de courtisans distingués et de nota-
bles citoyens.

Une procession fastueuse préluda à la constitution
de la néo-confrérie. Elle eut lieu le 25 mars, fête du
saint patron que les pénitents s'étaient choisi. Les
régles de l'Ordre étaient identiques à celle des autres
confréries de flagellants, et avaient été ratifiées par le
Pape. La procession, partie du couvent des Augustines,
se dirigea vers l'Eglise Notre-Dame. Le Roi ne portait
aucun insigne de sa dignité, le garde du Grand Sceau
et d'autres personnages illustres étaient présents. Le
cardinal de Guise portait la croix ; le duc de Mayenne
remplissait les fonctions de maître des cérémonies, et
Auger et Du Peynat l'assistaient en qualité de lieu-
tenants.

Le temps, en cette occasion, était loin d'être propice
car la pluie ne cessa de tomber pendant toute la durée
de la cérémonie La procession fut répétée à plusieurs
reprises, et, en une certaine occasion, ses membres
s'étant rendus à l'Eglise à la lueur des torches, les
favoris du roi, comme le racontent les chroniques du
temps, se flagellèrent avec tant d'acharnement que
l'un d'eux en mourut. Mais on ne sut pas si c'était par
l'effet de la fustigation ou pour s'être exposé au froid,

probablement que les deux causes y étaient en égale
mesure pour quelque chose.

Les Parisiens continuèrent à plaisanter, tandis que
les membres les plus austères du clergé prêchèrent du
haut de la chaire contre cette profanation éhontée de
ce qui était noble et saint, et insinuèrent que les Pénitents blancs méritaient d'être fouettés tout autrement.

Cependant, les jésuites les encourageaient, et
s'employaient activement à instituer des règles pour
ces confréries; conformément à leurs principes, ils
poussaient les femmes à en faire également partie, de
sorte qu'à un moment donné il y avait de nombreuses
compagnies de flagellants dans toutes les provinces de
la France. Pour épargner aux femmes des accès de
honte et sauvegarder leur pudeur, on leur permettait
de porter des masques pendant les processions. Après
un service religieux solennel le soir, et après souper, le
beau sexe se fouettait mutuellement et avec enthousiasme. Les femmes participaient pieds nus à la
procession, qui durait quelquefois six heures. Les
dames qu'on ne pouvait pas décider à paraître en
public étaient encouragées par les jésuites à se
flageller mutuellement dans l'obscurité : à les entendre,
il était déjà fort méritoire de porter simplement une
discipline à la main.

Plus tard, Henri III reprit cette pratique avec
plus de vigueur, mais ses ennemis tirèrent de cette
manie un grand parti au point de vue politique, et,
par la suite, le roi perdit beaucoup de la confiance
qu'il avait placée dans la vertu de cette institution.

Crillon, qui commandait la garde du roi, fit fouetter
de la façon la plus violente, dans une procession,
Joyeuse, le favori du roi; le monarque fut obligé de
calmer l'indignation de son mignon le mieux qu'il
pût, sans oser, cependant, punir le pseudo-flagellant.

Après la mort des Guise, cette manie fanatique reprit de plus belle. Les processions de pénitents furent renouvelées et, cette fois, des femmes et des jeunes filles nues jusqu'à la chemise, y participèrent en tenant des fouets à la main. Des dames de la noblesse se montrèrent à la populace à demi-nues, s'administrant le fouet, pour encourager les autres par leur exemple.

A un moment donné, le mal devint si effrayant, et la cause de la religion et de la morale sembla tellement compromise, que beaucoup d'ecclésiastiques s'élevèrent du haut de la chaire contre ces désordres. Gerson, un célèbre théologien de cette époque, et chancelier de l'Université de Paris, écrivit un réquisitoire très sévère contre les Flagellants. Il dénonça leurs pratiques comme étant contraires aux saintes écritures, et contraires, également, à la décence et à la morale. Parlant de la cruauté de ces pratiques, Gerson dit: « Il est aussi illégal pour un homme de tirer autant de sang de son propre corps, à moins que ce ne soit pour des raisons médicales, qu'il serait pour lui de se châtrer ou de se mutiler autrement. Sans cela, on pourrait, d'après le même principe, admettre qu'un homme puisse se brûler avec des fers rouges, une chose que personne n'a jamais osé prétendre ni admettre, à moins que ce ne fussent de faux chrétiens ou des idolâtres, comme on en trouve dans les Indes, qui croient qu'il est de leur devoir de recevoir le baptême du feu. »

Enfin, en 1601, le Parlement de Paris promulgua une loi pour abolir la confrérie des Flagellants, appelée les Pénitents bleus, dans la ville de Bourges. De plus, le Parlement procéda bientôt contre toutes les confréries de flagellants sans distinction, déclarant que leurs prêtres n'étaient pas seulement hérétiques,

traîtres et régicides, mais encore impudiques. A
partir de ce moment, la secte commença à décliner, et
finalement s'éteignit complétement en France. On
rapporte qu'au dix-septième siècle, il y avait, de temps
en temps, des processions à certains jours de fête en
Italie, en Espagne et au Portugal. Le père Mabillon
rapporte qu'en 1689, il vit une procession de gens qui
se flagellaient en public, le Vendredi-Saint; et en 1710
on pouvait encore voir des processions de ce genre en
Italie. Colmenard, dans ses *Annales d'Espagne et
de Portugal*, fait mention d'une procession semblable
qu'il avait vue à Madrid; et, d'après son récit, nous
trouvons que de nouveaux éléments avaient été
introduits dans la cérémonie, qui en faisaient en même
temps un acte de galanterie et de dévotion. Colemard
dit : « Dans cette procession, on pouvait voir tous les
pénitents ou flagellants de la ville qui affluaient de
chaque quartier. Il portaient un bonnet, couvert de
toile blanche, de trois pieds de haut, en forme de pain
de sucre, duquel pendait un morceau de toile qui leur
couvrait le visage. Il y en avait qui se soumettaient
à cette flagellation publique guidés par des sentiments de réelle pitié; mais d'autres la pratiquaient
seulement pour complaire à leurs maîtresses, genre
de galanterie tout à fait nouveau et inconnu des
autres nations. Ces bons flagellants portaient des gants
et des souliers blancs, une chemise dont les manches
étaient ornées de rubans, ils avaient attaché à leur coiffure et à leur discipline, un ruban de la couleur favorite
de leur maîtresse. Ils se fouettaient, d'après des règles
bien établies, et d'après un plan déterminé, avec une
discipline formée de cordes, aux bouts desquelles
étaient fixés des morceaux de verre. Celui qui se
fouettait avec le plus de vigueur et d'adresse, était
considéré comme le plus courageux et le plus méritant. »

Des processions de flagellants avaient lieu à Lis-
bonne, et continuèrent même jusqu'en 1820.

En dépit de l'affirmation de quelques auteurs qui
ont prétendu que l'origine des flagellations publiques
datait de la grande peste en Allemagne, nous croyons
plutôt qu'elles ont pris naissance lors des mouvements
qui se sont créés, sous l'impulsion de divers personnages, en différentes contrées et à des époques dis-
tinctes, dans le but d'apporter des modifications aux
canons de l'Eglise et aux règles présidant à l'exercice
du culte. De tous temps il a semblé que l'humanité s'est
sentie guider par des instincts de cruauté dans la
manifestation de ses croyances religieuses. Ainsi les
hommes, qui, en général, semblent, en matière
morale, se contenter de maximes absolument sobres
et naturelles, en religion, au contraire, paraissent
rechercher avec affectation, tout ce qu'il y a de plus
pénible. Ainsi, chez toutes les nations de l'antiquité,
païennes ou non, les peines corporelles, infligées par
conviction religieuse, ont été d'usage courant et cette
constatation s'applique particulièrement à la flagellation, qui existait sous une forme ou une autre depuis
les temps les plus reculés. Cette pratique se recommandait de plus aux chrétiens comme étant allusoire aux
souffrances que le Christ avait endurées ; et les aspi-
rations des gens pieux se tournaient tout naturellement vers un genre de mortification de la chair dont
on fait si fréquemment allusion dans les livres religieux, dans les hymnes, les sermons, et au cours des
conversations édifiantes. Mais dans la pratique, la
flagellation était toute différente chez les chrétiens
d'Orient et chez ceux d'Occident. En Orient, où les
chrétiens étaient toujours en minorité tant au point
de vue numérique qu'au point de vue de l'influence,
ils ne se livrèrent jamais à autant d'extravagance, en

théorie ou en pratique, que leurs coreligionnaires en
Occident. Par exemple, ils considéraient que l'expia-
tion la plus efficace du péché était de faire, sans
aucune retenue, acte de contrition, et que les larmes
en étaient la plus évidente manifestation. C'était,
par conséquent, les larmes qu'ils cherchaient à produire dans leurs actes de dévotion : et comme ils pen-
saient que de se procurer une vive douleur corporelle
était un excellent moyen pour provoquer les larmes,
ils s'en servaient souvent pour arriver à cet état salutaire. Les chrétiens d'Occident, au contraire, poussèrent les choses bien plus loin. Pour eux, la flagellation
personnelle expiait les péchés passés, et ils y avaient
recours comme à un moyen direct et immédiat de
rémission.

Nous trouvons beaucoup de témoignages nous
prouvant que les chrétiens d'Orient envisageaient la
flagellation de la façon que nous venons de dire : et
nous reproduisons ici quelques exemples qu'on
trouve dans leurs écrits. Gabriel, archevêque de
Philadelphie, raconte l'histoire suivante dans son
ouvrage intitulé *Collection des actes des Pères et
des Saints* : « Un certain saint avait résolu de
renoncer au monde, et avait fixé sa demeure sur la
célèbre montagne de Nitria, dans la Thébaïde ; et à
côté de lui se trouvait un autre saint qui, comme
lui, s'était retiré du monde, et qu'il entendait
souvent pleurer amèrement sur ses péchés. Trouvant que pour lui-même il lui était impossible de
pleurer de la même manière, et enviant de tout son
cœur le bonheur de l'autre saint, il s'adressa à lui un
jour pour lui demander comment il parvenait à si bien
pleurer ; l'autre lui répondit : « — Tu ne pleures pas,
misérable : tu ne pleures pas pour tes péchés. Je vais
te faire pleurer ; je te ferai pleurer de force, puisque

tu ne peux le faire de ton propre gré : je te ferai déplorer tes péchés comme tu dois le faire. » Et ce disant, dans sa colère, il se saisit d'une large discipline qui se trouvait à côté de lui et la lui appliqua si vigoureusement sur le dos qu'il fut bientôt aussi heureux que l'autre. » Un autre auteur, Saint-Jean Climax, dans un passage qui a donné lieu à pas mal de controverses, parlant de la façon dont les premiers chrétiens faisaient leurs dévotions, dit : « Quelques-uns des moines arrosaient les pavés de leurs larmes, tandis que d'autres qui n'en pouvaient pas verser se battaient eux-mêmes. » Ce qui veut dire évidemment qu'ils s'infligeaient la discipline pour faire jaillir des larmes. Mais les chrétiens d'Occident, qui avaient un champ plus vaste et de plus grandes facilités d'invention, allèrent beaucoup plus loin dans l'application de leurs idées sur l'utilité de la flagellation. C'était d'abord, comme chez les premiers chrétiens, dans le but de se sanctifier par la pénitence, et pour y contribuer. Mais ils étaient aussi mûs par le désir de s'associer aux souffrances de leur Sauveur. Le motif se trouve exposé dans les statuts de différents ordres religieux, qui recommandent, lors de la flagellation, de se souvenir de Jésus-Christ attaché à la colonne et fouetté par les soldats. »

Mais l'idée principale des Flagellants était d'expier leurs péchés passés ; et il n'est pas étonnant qu'une pratique aussi commode, qui permettait à chacun — grâce à une opération dont lui seul pouvait, selon son gré, atténuer ou accroître l'intensité et la durée — de racheter chaque faute qu'il aurait commise, et imposer silence à sa conscience troublée, ait rapidement gagné du terrain, et se soit concilié la faveur, non seulement du vulgaire, mais aussi des gens plus éclairés de la société. Ces idées de la flagellation de soi-même

étaient cultivées outre mesure par la secte des Flagellants. Ils considéraient que les corrections cruelles
auxquelles ils soumettaient leurs individus avaient
infiniment plus de mérite que la pratique de n'importe
quelle vertu chrétienne. Non seulement ils préten-
daient que leurs flagellations avaient été spécialement
recommandées par le ciel, que l'un de leurs chefs
était le prophéte Élie, et un autre le prophète Énoch,
mais ils soutenaient encore les doctrines hérétiques
suivantes : « Que le sang qu'ils versaient eux-mêmes
pendant leurs flagellations se mêlait à celui de
Jésus-Christ ; que la flagellation de soi-même rendait
la confession inutile : que ces pratiques étaient plus
méritoires que le martyre, parce qu'elles étaient
volontaires et que le martyre ne l'était pas ; que le
baptême par l'eau était inutile, parce que tout bon
chrétien doit être baptisé avec son propre sang ; que
la flagellation pouvait expier tous les péchés passés et
futurs, et suppléait à toutes autres bonnes œuvres ».
Contre des doctrines aussi hérétiques, l'Église lança
ses anathèmes, et, à plusieurs reprises, les flagellants
eurent à expier leurs théories sur le bûcher.

La plupart des confréries de flagellants dont nous
avons précédemment parlé ne professaient pas des
idées aussi extrêmes : au contraire, ils accueillaient
docilement tous les enseignements de l'Église, leur
principal souci étant cependant de se fouetter en
public dans les grandes solennités religieuses, telles
que les dimanches de l'Avent, les dimanches qui précèdent la semaine Sainte et certains jours pendant le
carnaval. Ils avaient des articles d'association, comme
une loge maçonnique, possédaient des accessoires
tels que bannières, croix, ornements, etc., et chacun
payait une légère cotisation. Les confréries encore
existantes organisent des processions dans les villes

aux grands jours fériés, revêtus d'un habillement spécial, et portant des masques ; et, dans cet accoutrement, ils visitent plusieurs églises. Dans l'église qui leur sert de point de départ, ils entendent un court sermon sur la Passion et, dès que le prêtre a prononcé les mots : « Tâchons de nous amender », les disciples se lèvent, entonnent le *Miserere*, quittent l'église en rangs, et commencent leurs processions à travers les rues. La Confrérie est sous la juridiction de l'évêque, qui examine et donne sa sanction épiscopale aux règles de l'ordre.

Lorsque l'opinion publique ne put plus tolérer l'apparition des Flagellants dans les rues et dans les églises, cette manie prit la forme d'associations particulières, dont les membres se labouraient la chair consciencieusement à huis clos. C'est surtout en Bavière que l'on put le constater ; ce pays peut, d'ailleurs, être cité comme le champ classique de la discipline. Les scènes les plus outrées et les plus scandaleuses s'y déroulèrent. Nous ne parlerons que d'un seul cas, dont nous ne pouvons d'ailleurs donner ici que quelques détails superficiels ; il eut un retentissement énorme, et se termina par un procès.

Un moine capucin, du nom d'Achazius, du couvent du Duren, dont nous avons déjà eu l'occasion de parler, par ses prédications et le confessionnal, était arrivé à conquérir une grande influence sur l'esprit du peuple. D'un extérieur repoussant, il était cependant doué d'une éloquence extrêmement persuasive, et son pouvoir sur les femmes était illimité : les veuves et les femmes d'un âge mûr lui étaient particulièrement dévouées. Commençant par celles-ci, il parvint bientôt à en pervertir d'autres d'un âge plus tendre, car dans ses instructions à ses pénitentes, il insistait surtout sur la nécessité pour elles de s'efforcer

à décider leurs amies plus jeunes à le choisir comme
directeur spirituel. Sa doctrine était : « L'homme,
pris tel qu'il est, est absolument incapable de dompter
les plaisirs du cœur ; mais l'esprit peut rester vertueux tandis que le corps, par ses désirs naturels, peut
succomber. L'esprit est de Dieu, le corps est du
monde, et cependant, dans son ensemble il représente
les deux : par le corps, Dieu s'adresse à la partie supérieure de l'être, le monde à la partie inférieure : Ce
qui appartient à chaque partie doit y retourner ;
donc, gardez l'âme pure, tout en laissant pécher le
corps ».

On voit bien où pouvait conduire une telle doctrine. Le digne Père avait organisé un vrai club
adamite de flagellation, où ont dû se passer, dit-on,
des choses bien étranges. Après quelques années,
toute l'affaire vint à être dévoilée par les confessions
d'une jeune nonne — qui avait été enlevée de son
couvent par un officier français — et qui s'était cru
obligée de faire ces révélations à la veille de son
mariage. Une enquête fut ordonnée, qui dura très
longtemps, et qui démontra que beaucoup de familles
respectables étaient compromises. Il y avait tant de
détails, et de tellement scabreux, qu'il fut ordonné au
procureur général d'étouffer l'affaire. On a vu précédemment quelle a été la punition infligée au Père
Achazius. Mais les actes constituant cette affaire ont
été détruits ou ont disparu, grâce à l'influence des
familles compromises.

En Espagne, comme nous l'avons dit, ces processions de flagellants se distinguaient aussi bien par
la galanterie à laquelle elles donnaient naissance, que
par la dévotion qu'on y mettait à jour. Un ancien
écrivain nous en fournit une description : « Des
amants se mettent souvent à la tête d'une procession

d'amis, et se fouettent sous les fenêtres de leurs
adorées ; ou bien, en passant sous leurs fenêtres avec
une procession dont ils font partie, ils redoublent de
vigueur dans l'application de leur discipline. Tous les
flagellants de ce genre manifestent leur admiration
pour les dames qu'ils peuvent rencontrer, surtout si
celles-ci sont jolies, de la même façon, en s'efforçant,
si possible, de les asperger de quelques gouttes de
leur sang en passant. Dans ce cas, on s'attend à ce
que la dame, pour reconnaître la galanterie de son
admirateur, relève son voile. Il est difficile, pour
nous, de comprendre comment un fait de ce genre
peut plaire aux dames espagnoles, à moins que ce soit
que, dans un pays où subsistent encore quelques coutumes barbares telles que les courses de taureaux où
l'on voit journellement couler le sang, les sensibilités
sont tellement émoussées que la vue du sang, coulant
sur le dos nu de leurs admirateurs, ne leur apparaisse
que comme un hommage rendu à leur beauté.
D'ailleurs, cela se faisait avec une élégance suprême,
et il existait même dans les villes des professeurs
émérites pour enseigner à se flageller selon les règles
de l'art, comme chez nous nous avons des professeurs
de maintien et d'escrime.

La Flagellation
dans 'les Monastères
et les. Couvents

Nous n'avons que peu ou pas de preuves que la Flagellation par elle-même existait dans les premières institutions monastiques. Le Code des règlements préparés par leur fondateur ne fait pas mention de l'usage volontaire de sangles ou de fouets. De fait, le principal genre de flagellation mentionné par ces anciens écrivains est celui que le démon appliquait lui-même sur le dos des saints, étant évidemment mis en fureur par l'excessive abnégation de ces hommes si pieux. Saint Antoine, le fondateur de la vie monastique, était particulièrement favorisé sous ce rapport. Le Diable l'honorait de nombreuses visites personnelles, soumettait sa vertu à diverses épreuves et tentations, et souvent lui tombait dessus et le fouettait d'importance. On peut également mentionner d'autres saints qui furent traités de pareille façon. Quoique la Flagellation n'était pas prescrite par les anciens règlements monastiques, cependant leurs statuts indiquaient la fustigation comme moyen de correction, et conféraient le pouvoir de l'infliger aux mains des supérieurs de ces établissements. On nous dit aussi que même avant la fondation des monastères, les évêques des premiers chrétiens s'étaient arrogé ce pouvoir, et l'exerçaient non seulement sur leurs ouailles, mais aussi sur d'autres n'appartenant pas à leurs églises.

Par rapport à la Flagellation dans les monastères, non seulement l'abbé avait le droit de corrections, mais encore carte blanche pour l'appliquer. Par exemple, il était ordonné que, pour un moine convaincu d'être un menteur, voleur, ou d'en avoir frappé d'autres, « que si, après avoir été prévenu par les moines plus âgés, il néglige de s'amender, à la troisième fois il sera exhorté, en présence de tous les frères, d'abandonner ses mauvaises pratiques. Mais s'il néglige encore de se corriger, il sera flagellé avec la dernière sévérité ». Dans la même collection nous trouvons le règlement suivant concernant le vol. « Pour ce qui est du moine convaincu de vol, si l'on peut encore l'appeler moine, il sera fouetté comme s'il avait récidivé en adultère, et avec une grande sévérité : parce que ce ne peut être que la luxure qui l'ait amené à commettre un vol. » Parmi d'autres délits punis de la même façon, étaient les actes d'indécence de toutes sortes, tels que ceux commis avec des gamins ou d'autres moines, et dans ce cas la correction était infligée en public ; étaient très rudement fouettés ceux qui, par orgueil, niaient ou cherchaient à atténuer leur faute et refusaient d'offrir satisfaction devant leurs supérieurs. Ceux qui cherchaient à s'évader du monastère subissaient la correction du fouet, et cette punition était infligée en public pour délits de conversation licencieuse, ou pour avoir encouragé un frère à mal tourner. Bien entendu, leurs relations avec l'autre sexe étaient très simples et entourées de pénalités aussi strictes que possible. Ainsi nous trouvons parmi ces règlements, le suivant : « Que celui qui a été seul et a conversé familièrement avec une femme soit mis au pain sec et à l'eau pour deux jours, ou bien il recevra deux cents coups de fouet. » Cet article, par lequel le fondateur d'un ordre religieux taxe le malheur de vivre au pain sec et à l'eau pendant une journée, égal à cent coups de fouet, est une preuve convaincante de l'amour de la bonne chère qu'on dit avoir prévalu à cette époque parmi les bons moines.

L'histoire suivante est tirée d'un vieux livre écrit par des moines et qui donne une idée de leurs penchants pour les plaisirs de la table : Un certain frère bénédictin s'était procuré une quantité de bons vins et de plats bien assaisonnés ; afin de pouvoir savourer ses victuailles en toute tranquillité, lui et ses camarades s'étaient rendus dans une cave, et là s'étaient blottis tous dans une tonne vide. Le père abbé, voyant ces moines manquer à l'appel, commença par les chercher et surprit les coupables en montrant sa tête par dessus la tonne. Les moines, bien entendu, étaient fort alarmés, mais furent bientôt rassurés lorsque le père abbé leur demanda de partager leur bonne chère, et immédiatement prit sa place parmi eux. Après une heure ou deux passées d'une façon agréable et joyeuse, le père abbé se retira. Bientôt, les autres se séparèrent, les uns admirant la condescendance de l'abbé, quoique d'autres n'étaient pas sans quelque appréhension au sujet du résultat final. Et en effet, leurs craintes ne furent pas infondées, car le lendemain le père abbé demanda au prieur de prendre sa place, tandis que lui, allant au milieu de l'assemblée, confessa publiquement le péché qu'il avait commis la veille, en demandant que la discipline lui fût infligée. Les moines furent obligés de suivre son exemple, et l'abbé, par les mains d'une personne spécialement choisie à cet effet, administra une bonne raclée à chacun de ses convives de la veille.

L'expédition et la ponctualité qu'ont les moines pour se mettre à table a donné lieu au dicton connu : *On l'attend comme les moines font pour l'abbé —* c'est-à-dire qu'on ne l'attend pas, car les moines se mettent à table dès que la cloche a sonné, sans se soucier le moins du monde si l'abbé est là ou non.

Le crime de rechercher la société des femmes devait être puni par des fustigations répétées ; et il était ordonné que ceux qui jetaient des regards de désir sur les femmes et manquaient de s'amender après avoir subi la discipline du fouet, pouvaient être expulsés de la communauté, de crainte que leur mauvais exemple ne pût corrompre leurs frères. De fait, les fondateurs des monastères avaient tellement foi dans la flagellation que ces punitions étaient ordonnées pour tous les crimes imaginables, et pour quelques délits, les statuts conféraient même au supérieur le droit de continuer la flagellation *ad libitum*. Il n'est guère étonnant que ce pouvoir arbitraire ait été quelquefois outrepassé, à tel point qu'il devenait nécessaire à l'évêque du lieu de leur rappeler de temps en temps qu'il pouvait être coupable d'homicide quand la mort survenait après une punition infligée. Les statuts n'oubliaient pas les novices, ni les candidats aux ordres ecclésiastiques, mais au contraire leur ordonnait d'être fouettés de temps en temps pour améliorer leur condition morale.

Dans les couvents, le droit de flagellation était également conféré à la supérieure, et prescrit pour des manquements à la morale et pour négligence ou

paresse dans l'accomplissement des devoirs religieux.
Il était ordonné que cette discipline fût infligée en la
présence de toutes les sœurs, conformément au précepte de l'apôtre : « Confondez les pécheurs en présence de tous ».

A cette époque, les opinions se partageaient au
point de vue de la façon d'appliquer la flagellation.
En 817, dans une assemblée ecclésiastique tenue à
Aix-la-Chapelle, il avait été résolu de fouetter les
moines nus, en présence de leurs frères. Cette
ordonnance fut observée dans quelques monastères ;
mais, dans beaucoup d'autres, les Supérieurs préféraient infliger la correction sur le corps nu du pénitent, émettant d'ailleurs l'opinion que, de cette façon,
la pénitence était beaucoup plus méritoire.

Pour ce qui est de la doctrine du nu, il y en a qui
ont porté leurs vues très loin — assez loin même, —
pour affirmer que le manque de vêtement en lui-même
avait quelque chose de sain et de méritoire. Les Philosophes Cyniques de la Grèce se présentaient souvent en public sans un chiffon pour couvrir leur
nudité ; et les philosophes de l'Inde, les Gymnosophistes (ce qui signifie littéralement *sages nus*) en
faisaient souvent de même. Chez nous, il y avait les
Adamites, dont parle saint Augustin : ces Adamites,
croyant pouvoir s'assimiler plus effectivement à nos
premiers parents avant la chute, eurent l'idée d'apparaître en public dans le même costume, se mettant
ainsi en un état de nudité complète pendant certaines
solennités de leur secte, et, dans cet état, s'affichaient
dans les rues et se présentaient dans des réunions.

Vers l'année 1300, apparut en France une secte
semblable, qu'on appelait *les Turlupins*, qui proclamaient hautement la doctrine de la nudité. Environ
cent ans après, une secte semblable prit naissance en

Allemagne et, on ne sait pourquoi, fut appelée *les Picards*. Ceux-ci manifestèrent leur doctrine pleinement, se présentant toujours nus en public. Une section des *Anabaptistes*, en février 1535, voulut faire une procession, étant à l'état nu, dans les rues d'Amsterdam ; malheureusement pour eux, les autorités municipales n'en voulurent rien entendre et traitèrent les processionnistes assez sévèrement. Dans le « *De Conformitatibus* » des moines franciscains se trouve un rapport sur le bon frère Juniperus qui s'amusait à faire des processions tout seul dans ce même état dépourvu de luxe inutile et sans souci du mépris et du mauvais traitement que lui octroyaient le public et même ses propres frères en religion.

Ces processions et manifestations de gens tout nus, ou Cyniques ou Gymnosophistes, Adamites, Turlupins ou Picards, ne semblent pas avoir joui ni maintenu beaucoup de faveur auprès du public, et, comme les flagellations sans nudité — simple bastonnade — n'ont été considérées généralement que comme piètres actes de pénitence. De même la nudité sans flagellation était estimée de différentes façons. La combinaison des deux a été envisagée de différentes manières : alors, des pénitents conscients de leur mérite continuaient à pratiquer leurs exercices avec persévérance, et ce à tel point que le monde considéra que l'affaire valait bien les cérémonies et les solennités publiques.

Le cardinal Damian, une grande autorité en matière de flagellation, exprime bien clairement son opinion en faveur de la nudité comme étant la condition la plus propre pour recevoir la correction, et appuyait son argument sur ce que le pénitent ne devait pas avoir honte de suivre l'exemple de notre Sauveur — ce qui était, certes, un très fort argument. Le fondateur de l'abbaye de Cluny a dû être un homme du

même cliché que ledit cardinal, car, dans les statuts
de cet établissement, il est ordonné que les délinquants
doivent « être mis à nu au milieu de la rue ou la place
publique la plus proche, de façon que tout le monde
puisse les voir et qu'ils soient là attachés et fustigés. »

Bien longtemps avant que la flagellation fût
adoptée d'une façon symptomatique par l'Église, nous
en trouvons des exemples chez les Saints. Pierre
l'Ermite s'en est servi au moins une fois en une occasion mémorable. Ayant sauvé une jeune femme
d'entre les mains d'un officier de l'armée qui avait
voulu la séduire, ses propres désirs devinrent si obsé-
dants et si forts qu'il avait été obligé de s'enfermer et
de subjuguer ses passions au moyen d'une sévère castigation. — La mère de la jeune femme assistait à
cette punition. — Saint Parduphe, qui vivait vers
l'an 737, avait l'habitude de se mettre à nu pendant
le carême, et de prier un de ses disciples de le
fouetter. Son exemple fut suivi par saint Guillaume,
duc d'Aquitaine. Saint Rodolphe semble avoir exercé
la discipline avec une grande sévérité. On rapporte
de lui qu'il s'imposait souvent une pénitence de cent
ans et qu'il l'acquittait en vingt jours par la vigoureuse application d'un manche à balai ; armé d'un
balai dans chaque main, il s'enfermait dans sa cellule
et se fustigeait ferme pendant qu'il récitait les
Psaumes. Trois mille coups, et réciter les trente
psaumes de pénitence, suffisaient à effacer les péchés
de toute une année et ainsi la pénitence de cent
années pouvait être faite par une flagellation qui
durait tout le temps qu'il fallait pour chanter vingt
fois le Psautier !

C'était là une pénitence préférée de saint Dominique Loricat. On nous apprend que sa pratique cons-

tante pendant le carême, était, après s'être mis complètement à nu, de prendre des verges des deux mains, et de se les appliquer vigoureusement sur les flancs, dans ses moments de loisir ; aussi lui arrivait-il souvent, en temps de carême, de s'infliger cent ans. de pénitence. La durée des flagellations était réglée à l'avance par l'entonnement ou récitation des psaumes ; mais nous devons sûrement avoir bien dégénéré dans ces derniers temps, puisque les *disciplines* modernes ne durent guère que le temps nécessaire pour chanter en courte mesure le *Miserere*, le *De Profundis* et le *Salve Regina*, le *Miserere* étant le cinquante et unième et le *De Profundis* le cent trentième psaume. De ce même saint Dominique Loricat, on rapporte qu'il portait toujours sa discipline sur lui, et qu'il se fouettait régulièrement avant de se coucher, n'importe où il devait passer la nuit.

Le cardinal Damian, évêque d'Austia, qui vivait vers l'an 1056, a l'honneur d'avoir beaucoup contribué à mettre en vogue la pratique de la flagellation dans l'Eglise. Il l'inculquait par préceptes et par exemples, et de son temps cette pratique prit pied dans l'estime publique : Des hommes pieux de tous rangs et conditions se trouvaient armés de fouets, de verges, de lanières, etc., dont ils se faisaient un devoir de lacérer leur propre corps pour mieux mériter une part dans la grâce divine. Les rois même ne croyaient pas leur dignité sublunaire exempte de telles pénitences, et des nobles s'y soumettaient allègrement. A première vue il doit paraître surprenant que les prêtres aient pu introduire et faire accepter une pratique aussi pénible à subir que la flagellation parmi ceux qui les regardaient comme leurs moniteurs spirituels. Mais notre étonnement cesse lorsque nous nous rappelons qu'à cette époque le pouvoir du confesseur était, en

pratique, sans limite en ce qui concerne la pénitence.

La pénitence étant un sacrement de l'Eglise, et la
satisfaction en faisant une partie nécessaire, le
confesseur pouvait remettre l'absolution jusqu'à ce
que le pénitent eût accompli les prières, mortifications
ou discipline ordonnées. L'histoire nous montre qu'à
l'appel des prêtres, des rois ont entrepris les guerres
et les croisades en terre Sainte, et que des reines ont
faits des longs et périlleux pélerinages vers des
sanctuaires éloignés ; il n'est donc pas si étonnant, alors
que l'Eglise ait pu, avec succès, inculquer l'usage de
la discipline.

Depuis son introduction, beaucoup d'auteurs capables parmi les Pères Jésuites, ont recommandé la
flagellation comme moyen de mortifier la chair, et ce
sont surtout les peintures dans les Eglises qui ont
contribué à perpétuer cette pratique. Horace, dans
son « *Ars poetica* », dit :

> Pictoribus atque Poetis
> Quid libet audendi semper fuit æqua potestas ;

en bon français : « Les peintres et les poètes ont joui
également du droit de tout oser, » et c'est surtout dans
les peintures religieuses que les artistes se sont préva-
lus de cette licence. Nous trouvons qu'ils n'ont jamais
représenté aucun des anciens anachorètes ou saints
sans ménager un petit coin de leur canevas pour y
placer des fouets et des verges, comme suggestion que
ces hommes pieux devaient souvent avoir recours à de
tels instruments ; et si, comme le dit le pape Grégoire
le Grand, ces peintures sont les « bibliothéques des
chrétiens ignorants », la verge doit nécessairement être
associée dans leur esprit à une vie pieuse.

Partant du principe de se flageller eux-mêmes, les prêtres et les confesseurs vinrent bientôt à ordonner cette même punition à leurs pénitents, et, au bout d'un certain temps, s'arrogèrent même le pouvoir de l'infliger de leurs propres mains. Une prérogative aussi exorbitante, comme on peut bien le croire, engendrait pas mal d'abus, surtout quand elle s'exerçait sur des pénitentes, et, sous ce couvert, bien des confesseurs ne manquaient pas de trouver une occasion de satisfaire leurs propres passions.

Les confesseurs étant exposés à beaucoup de dangers de nature particulière, on ne doit pas être surpris si quelquefois ils ont des sentiments tout autres que platoniques envers leurs pénitentes. En vertu de leur office, ils sont obligés d'écouter de longues confessions de femmes de différents âges, des péchés qu'elles ont commis ou médité de commettre et dans ces circonstances, les prêtres doivent être souvent agités par des pensées peu en rapport avec les vœux qu'ils ont dû prononcer. De plus, il arrive quelquefois que des pénitentes, sous le semblant de la naïveté innocente de leurs confessions, dissimulent le dessein de faire naître des sentiments d'amour chez un confesseur. La déclaration de Mlle Cadière démontre, il nous semble, qu'elle-même avait résolu de faire la conquête du père Girard — quoiqu'il eût déjà atteint cinquante ans — attirée qu'elle était par sa renommée de prédicateur et d'homme distingué.

Dans les ouvrages destinés à diriger et instruire les confesseurs ceux-ci sont prémunis contre les dangers qui peuvent surgir d'une fréquentation trop suivie avec leurs pénitentes qui donnent beaucoup plus de détails exacts que les hommes. Dans un de ces ouvrages il leur est enjoint d'avoir toutes les portes ouvertes, quand ils reçoivent la confession d'une femme, et on

leur cite une série de passages tirés des psaumes qui
devaient être collés en quelque endroit évident pour
servir de moyen de répression pour les mauvaises
pensées qui pourraient les agiter ; une sorte de *Retro
Satanas*, en un mot, de façon à pouvoir leur servir à
l'occasion.

Cependant, on rapporte beaucoup de cas, qui prouvent que ces règles si sages étaient oubliées, ou
qu'elles étaient inefficaces pour empêcher de jeunes
confesseurs de nourrir des desseins périlleux contre la
chasteté de leurs pénitentes ; et ils employaient toute
espéce de moyens détournés pour cacher leurs intrigues aux yeux du public. Un moine espagnol, nommé
Menus, avait persuadé à de jeunes femmes de vivre
avec lui en une sorte d'union conjugale sainte, comme
il leur représentait, mais qui ne se terminait pas du
tout de la façon intellectuelle qu'il promettait. D'autres
ont persuadé à des femmes que les œuvres du mariage
étaient tout aussi bien assujetties à la dime que les
fruits de la terre.

C'est sur cette idée que La Fontaine a créé un de
ses contes : *Les Cordeliers de Catalogne*. D'autres
confesseurs ont eu recours à la flagellation afin de
détourner les soupçons et pour mener à bonne fin
leurs intrigues amoureuses. Pour combattre des
scrupules de délicatesse, ils déclaraient que nos premiers parents étaient nus dans le paradis terrestre, que
les gens doivent être nus au moment du baptême et
que tous seront ainsi au jour de résurrection. Et
d'autres soutenaient l'état de nudité chez le pénitent
en citant le texte : « Va et montre-toi au prêtre. » Il
existe de nombreuses anecdotes et pratiques étranges
des moines à l'époque dont il est fait mention, mais
dont la plupart sont impossibles à publier.

Nous ne saurions nous priver de donner ici une

histoire assez risible de flagellation, rapportée par *Scott* dans *Mensa Philosophica:*

« Une femme ayant été confessée, le prêtre la conduisit derrière l'autel, et la prépara pour recevoir une discipline inférieure. Son mari qui l'avait secrètement suivie par jalousie, fut ému de pitié de la douleur qu'elle aurait à supporter et s'offrit à sa place. La femme, comprenant que son mari était plus apte à recevoir la correction, y consentit et cria à son confesseur au moment ou il opérait : « C'est bien, saint Père, tapez fort, car je suis grande pécheresse[1]. »

La flagellation était regardée comme un acte de soumission nécessaire envers l'Eglise, en même temps qu'une part de *satisfaction* due pour le péché, et une sentence d'excommunication ne pouvait donc ne pas être apportée, si le pénitent ne se soumettait pas à la discipline en public. L'histoire nous rapporte deux cas bien authentiques de ceci dans le cas de Henri II d'Angleterre et celui de Henri IV de France. Par quelques mots trop vifs : « Quels vils fainéants, quels

---

1. Cette anecdote inspira sans doute *Bernard de la Monnoie* quand il écrivit son conte : LA DISCIPLINE :

> Une femme se confessa ;
> Le confesseur, à la sourdine,
> Derrière l'autel la troussa
> Pour lui donner la discipline.
> L'époux, non loin de là caché,
> De miséricorde touché,
> Offrit pour elle dos et fesses.
> La femme y consentit d'abord :
> — Je sens, dit-elle, ma faiblesse,
> Mon mari sans doute est plus fort,
> Sus donc, mon père, touchez fort,
> Car je suis grande pécheresse.

poltrons ai-je élevés à ma cour, qui se soucient si peu
de fidélité : que pas un ne me délivrera de ce prêtre
de bas étage ! » qui furent prononcées par le roi Henri
II, plusieurs gens avaient été amenés à croire qu'il
désirait la mort de Thomas Becket, archevêque de
Canterbury. Peu de temps après, l'archevêque était
assassiné, et quoique le roi exprimât une grande
douleur à ce sujet, l'Eglise ne voulut pas lui accorder
l'absolution jusqu'à ce qu'il eût soumis son dos à la
discipline. La pénitence fut accomplie à la cathédrale
de Canterbury, Le roi, s'étant agenouillé devant le
tombeau de Thomas Becket, se dévêtit de la lourde
cape jetée sur ses épaules, mais, tenant la chemise de
laine pour cacher la chair, pourtant visible sur sa
peau, mit sa tête et ses épaules au-dessus du tombeau,
et en cette position, reçut cinq coups de chaque
évêque et abbé présents — commençant avec Jaliot
qui se tenait là avec le « balai », ou verge monastique,
à la main — et trois coups de chacun des 80 moines.
Henri IV de France eut à recevoir une correction de
l'Église avant de recevoir l'absolution d'une sentence
d'excommunication et d'hérésie qui avait été prononcée contre lui. Mais ce prince eut soin de recevoir
cette discipline par procuration ; ce furent MM. d'Assat
et du Perron qui le remplacèrent et furent, nous
supposons, comme compensation, élevés plus tard à la
dignité de cardinaux. La correction fut administrée
par les mains de Sa Sainteté le Pape, pendant que le
chœur entonnait le *Miserere,* et, s'il faut en croire
plusieurs rapports, elle paraît avoir été d'un caractère
très bénin, ne ressemblant en rien aux castigations
infligées à des personnages d'un rang moins élevé.

On n'excluait pas les hérétiques des bienfaits
supposés conférés par la flagellation, car on l'appliquait fréquemment dans le but de les réformer et de

les convertir aux doctrines de la sainte Eglise ; et les saints, qui ont de tous temps prodigué leurs conseils à la masse ignorante de l'humanité ne manquaient pas de renforcer et d'appuyer leurs arguments en faveur d'une sainte conduite par une vigoureuse application des verges, de façon à chasser de chez eux le « vieux pécheur Adam ».

A différentes époques, le beau sexe eut aussi sa part de ces admonestations péremptoires, si nous devons en croire les biographes des saints. D'après la Vie des Saints, ces bienheureux étaient souvent assaillis par les artifices de la femme, et chaque fois, le saint était victorieux, et rarement ne renvoyait la belle pécheresse sans lui administrer une bonne flagellation. C'est ainsi que saint Edmond, plus tard évêque de Canterbury, agit en une certaine occasion. Tandis qu'il étudiait à Paris, il fut tourmenté par une très belle jeune femme : l'appelant alors dans son cabinet, il la déshabilla et la fouetta avec tant de violence qu'elle eut le corps couvert de meurtrissures. Le père Mathieu d'Avignon, un frère capucin, fit une réponse identique à une jeune dame qui pénétra dans sa chambre à coucher pendant qu'il dormait.

Ceux qui soutiennent la flagellation ne se limitent pas strictement aux préceptes et à l'exemple dans leurs recommandations ; non contents de flageller eux-mêmes et d'autres en toutes les occasions possibles, et d'écrire de longues et savantes dissertations en faveur de cette pratique, ils inventaient encore les histoires les plus extraordinaires s'y rapportant. Il se peut que, dans leur enthousiasme, ils aient pu ajouter foi à ces histoires, ou bien peut-être ont-ils cru que plus elles étaient extravagantes, plus elles demandaient de crédulité, et plus le peuple vulgaire serait enclin à les croire. Quelques saints hommes maintenaient que la flagellation avait le pouvoir de sauver des âmes de l'enfer, un exploit qu'on ne supposait pas les masses d'effectuer.

Un nommé Vincent, qui vivait vers 1256, rapporte que dans le monastère de Saint-Silvestre, dans le duché d'Urbino, en Italie, un certain moine vint à mourir. Les frères, comme d'habitude, entonnèrent des psaumes, et, lorsqu'ils arrivèrent à l'*Agnus Dei*, l'homme mort ressuscita. Les frères, bien entendu, l'entourèrent pour écouter ce qu'il pourrait dire, et alors, il commença à blasphémer et à invectiver Dieu, la croix et la Vierge Marie, disant qu'il avait été tourmenté en enfer, et que c'était inutile d'entonner des psaumes pour lui. Ils l'exhortèrent à se repentir mais il ne répondit que par des malédictions. Alors les moines se mirent à prier pour lui, et, comme dernière ressource, ôtèrent leurs vêtements et se mirent à se flageller entre eux ; et alors ! l'homme désespéré recouvra la raison, renonça à ses erreurs et pria Dieu pour être pardonné. Il continua à vivre, louant et bénissant le Seigneur, jusqu'au jour suivant où de nouveau il rendit l'âme.

Nous avons non seulement des histoires pour montrer le mérite et l'efficacité de la flagellation comme ci-dessus, mais d'autres pour terrifier ceux qui refusaient de l'adopter ou raisonnaient contre cette pratique. On rapporte communément que le cardinal Etienne, de bonne heure ennemi déclaré de la flagellation, est mort subitement, parce qu'il méprisait cet exercice. Thomas de Chantpré raconte dans son livre comment un certain chanoine de Saint-Victor eut à souffrir après sa mort pour avoir négligé pendant sa vie de pratiquer la discipline usuelle. Ce savant chanoine faisait partie du monastère de Saint-Victor à Paris. Pendant sa vie, il avait toujours refusé de se flageller en particulier ou devant le chapitre. Aux approches de sa mort, il promit à un frère qu'il viendrait le voir d'outre-tombe si cela était possible. Peu après, il mourait. Bientôt, il put rendre la visite promise à son ami. Ce dernier lui demanda : « Comment vous trouvez-vous, là-bas ? — Assez bien, répondit le chanoine décédé, mais parce que j'ai refusé pendant ma vie de recevoir la discipline, il n'y a presque pas un seul esprit dans tout l'empire infernal qui ne m'ait cinglé d'un bon coup pendant mon chemin au purgatoire ». On nous dit que le diable, à certaines occasions, a prescrit la flagellation pour des péchés. Ainsi, on rapporte dans la vie de saint Virgile qu'un homme possédé par le diable fut, par ordre de sa majesté satanique, battu avec quatre verges, pour avoir volé quatre bougies de l'hôtel du saint.

Les révérends pères n'ont pas manqué de nous apprendre que le diable lui-même a attrapé sa part de flagellation, et cela d'une sainte. C'est Cornélia Juliana qui a l'honneur distingué d'avoir accompli cet acte méritoire, comme le père Tisen le rapporte dans son « *Ancienne origine de la fête du Corps du Christ* ». Il raconte « que les sœurs entendaient quelquefois un vacarme prodigieux dans la cellule de sœur Cornélia, ce qui provenait de la lutte qu'elle soutenait contre le démon, et que, l'ayant saisi, elle le fouettait de tout son pouvoir ; alors, après avoir réussi à le renverser, elle le piétinait en lui adressant les reproches les plus amers ».

Les saints qui habitent le Paradis sont supposés redescendre sur la terre à la demande de ceux qui les en supplient pour fouetter leur persécuteurs. Ce malheur échut à un serviteur de l'empereur Nicéphore. Ce serviteur, après avoir opprimé les citoyens en prélevant de lourds impôts, voulut faire payer un tribut

au monastère de Saint-Nicon. Ce fut en vain que les
moines   protestèrent, en   plaidant l'indigence. —
Quelques-uns, parmi eux, furent mis en prison — les
autres, alors, implorèrent l'aide de leur saint Patron.
La nuit même, le saint apparut au serviteur du roi et
lui infligea une bonne correction, ce qui eut pour effet
qu'après cela les moines furent laissés tranquilles. En
dernier lieu, on nous raconte que la Vierge Marie
appliqua la correction suivante pour venger ceux qui
étaient sous sa protection ; par exemple, elle fit
flageller en sa présence un certain évêque, parce qu'il
avait déposé un chanoine, qui, quoique illettré et ne
possédant guère de dons spirituels, était très assidu
dans ses dévotions à l'autel de la sainte Mère. La
Vierge Marie apparut à l'évêque pendant la nuit,
accompagnée d'un homme portant une discipline, et,
après avoir ordonné que l'évêque fût châtié, elle lui
commanda de rendre sa prébende au chanoine.

Bernardin de Bustis, dans un sermon écrit par lui
en l'honneur de la Vierge, donne un autre exemple
pour appuyer l'opinion que la flagellation du pécheur
lui était particulièrement agréable, en racontant qu'un
moine franciscain, sous le pontificat de Sixte IV, en
pleine place du marché, administra une discipline sur
le derrière à un professeur de divinités, en présence
d'une foule de spectateurs charmés, parce qu'il avait
prêché contre l'Immaculée Conception de la Sainte
Vierge. Le conteur décrit ainsi graphiquement l'opération : « Se saisissant de lui, il le renverse sur ses
genoux, car il était très fort ; alors, relevant son froc,
il commença par le frapper de la paume de la main
sur le bas de sa personne, qui était nu, car au grand
amusement des spectateurs, le professeur de théologie
ne portait ni culotte, ni caleçon. — « Donnez-lui
encore quatre tapes pour mon compte », cria une

dévote femelle, qui était présente ; une autre cria :
« Donnez-lui-en encore quatre pour moi ». Ainsi
firent grand nombre d'autres. De sorte que s'il avait
consenti de faire tout ce qu'on lui demandait, il
aurait eu de quoi s'occuper pendant la journée
entière ».

Bernardin ajoute que dans ce cas, le moine agissait
sous l'inspiration directe de la Vierge, tellement cette
correction paraissait convenable.

*
* *

C'est par la fustigation que les prêtres entretenaient
leur foi. Nous ne pouvons affirmer si l'aventure qui
arriva dans le cas suivant fut absolument du goût du
fustigé, quoique étant certainement religieuse :

LE CURÉ FESSÉ

Un jour j'étais aux noces vis-à-vis d'un curé, qui
était près de la mariée, laquelle avait eu de l'usance
qu'elle avait usée. Je lui donnai un croupion qu'elle
voulut saucer ; et, ne trouvant rien en sa saucière,
dit :

— Monsieur le curé, tremperai-je mon c.. en votre
sauce ?

— Trempez, ma mie, trempez.

Mais ce curé fut très bien trompé. Ce curé était
amoureux de cette fille, de laquelle il avait pratiqué
le mariage pourvu qu'après il fût reçu à faire avec elle
choses et autres, selon l'intelligence délectable ; à
quoi la fille s'accorda, et en avertit son mari, afin
qu'il ne le trouvât point étrange, s'il n'y remédiait.

Sur cette promesse, le mariage fut fait ; et le

mignon de curé s'attendait de faire goûter à la jeune femme de son fruit de cas-pendu.

Cas-pendu est le cas qui pend ; les pommes qui ont des pendants sont pommes de cas-pendu ; et telles sont les pendiloches naturelles des hommes.

Monsieur l'amoureux poursuivit son instance. La jeune mariée, qui, comme toutes nouvelles jeunes femmes sont, aimait son mari encore pour le bien et aise qu'elle avait eu d'avoir été accomplie, ne faisait guère d'état de messire Jean, principalement ayant eu l'argent qu'elle prétendait.

C'était autant de vinette cueillie.

Un jour qu'il la trouva, il lui dit :

— Sais-tu pas bien ce que tu m'as promis ?

— Et quoi ?

— De mettre un de mes membres dans un des tiens.

— Je le veux, monsieur le curé ; mettez donc votre nez en mon c.. ; ainsi, vous boucherez trois pertuis d'une cheville.

Les petits menus propos lui donnaient l'espérance que bientôt il l'émouverait toute vive : par ainsi, il se rendait plus privé et importun : dont la jeune femme se voulut défaire, moyennant le complot pris avec son mari, qui fit semblant d'aller aux champs.

Par ainsi, monsieur le curé, qui allait et venait pour rencontrer la belle, eut assignation de venir au soir. Sur la brune venant, voici mon curé qui vint. Comme elle le vit :

— Hélas ! dit-elle, personne ne vous a-t-il vu ? et en suis toute tremblante.

— Ma mie, tout ira bien ; assurez-vous.

— Eh bien, monsieur, soyez le bienvenu. Tâtons au vin.

— Non, pas encore, Françoise, ma mie ; tâtons à autre chose, avant.

— Vraiment, vous avez grand'hâte ; si votre fausset est fait, la pièce n'est pas percée. Attendez que nous soyons couchés ; vous aurez assez de quoi vous embesogner ; je vous baillerai un petit endroit, où il y a plus à travailler, qu'il n'y a à moudre en quatre setiers du blé. Soupons vitement ; puis, nous nous coucherons.

Cependant, il déroba quelques baisers, qu'il fureta tandis qu'elle apprêta tout. Ils se hâtèrent de souper ; puis elle dit :

— Là, couchons-nous ; c'est assez friponné sur la viande morte ; c'est trop languir.

Jamais le mignon ne se trouva pas si aise. Il se jeta bientôt au lit ; et elle, presque toute nue, faisait mine d'aller éteindre la chandelle, et musait un peu ; et il lui disait :

— Françoise, venez tôt : venez qu'on vous serve.

Elle approche, comme pour se jeter au lit, n'ayant plus que sa chemise.

— Ho ! dit-elle, je m'en vais ôter ma chemise ; mais aussi vous ôterez la vôtre ; je ne la pourrais souffrir.

Il l'ôte ; puis, elle lui dit :

— Je vais éteindre la chandelle ; tendez-moi la main pour vous trouver ?

Elle faisait de l'interdite, semblant d'ôter sa chemise, une manche, puis l'autre.

— Foin des puces ! bran, elles me mangeront.

Le drôle prenait plaisir, à la lueur de la chandelle, de voir ces mystères, qui avaient bonne grâce ; mais voici bien du changement. Ainsi que déjà cette chemise passait par-dessus la tête, qu'il voyait un beau tableau, on heurta à la porte assez épouvantablement.

Lors, elle, comme surprise :

— Hélas ! monsieur, où vous mettez-vous ? je suis perdue.

De l'autre côté, on frappait disant :

— Ouvre-moi, Françoise ; ouvre vivement ; je suis mort ; je te prie, ouvre vite !

Elle criait :

— Mon mari, je me lève en si grand'hâte, que je ne sais ce que je fais.

Cependant, elle aidait au curé à monter sur un appentis, où les poules nichaient. Cela fait, comme toute hors de soi, elle vint ouvrir la porte à son mari, et lui dit :

— Et où allez-vous si tard ? Il est belle heure de venir !

— Ha ! ma mie, excuse-moi ; je suis mort. Ne te fâche point ; tu ne me verras plus guère, je me meurs ; envoie enquérir monsieur le curé, que je me confesse !

Il se tenait le ventre auprès du feu, comme s'il eût eu la colique, et faisait semblant parfois de s'évanouir. Il fait appeler des voisins à l'aide, qui s'assemblent à le réconforter, et le mettent sur un lit à terre. Mais il ne faisait plus que soupirer, et dire :

— Jamais, jamais.

— Hé, compère, prenez courage.

— Jamais.

— Ce ne sera rien : or sus, mon ami ; là, aidez-vous.

— Jamais.

— Il faut voir monsieur le curé.

— Jamais.

— Il vous dira quelque bonne parole.

— Jamais.

— Encore ne faut-il pas se laisser ainsi aller ?

— Jamais.

« *Et où allez-vous si tard? Il est belle heure de venir!* »

(Page 144).

— Il semble que vous ne nous connaissiez point.

— Jamais.

— Voilà mon compère cetti-ci, mon cousin cetti-là, qui vous sont venus voir.

— Jamais.

Quand presque toute la paroisse fut assemblée, et qu'on le lui va dire :

— Or çà, compère, debout ; allons au lit ; vous y serez mieux. Eh bien, que vous faut-il ?

Adonc, jetant les yeux, et dressant la main vers le curé, il va dire :

— Jamais je ne vis un tel Jean avec mes poules.

Adonc, monsieur le curé de se trémousser : et lors, les destinés à faire fouetterie lui aidèrent à descendre, et le cinglèrent à droite et à gauche, sans faire semblant de le connaître.

Quelle loi Canis !

— Là, là, disaient les femmes, fessez, fessez ; c'est le foulon. Tels sont les esprits familiers, incubes, succubes et fées, qui, en fantômes domestiques, trompent hommes et femmes. Flanquez-lui ces nerfs de bœuf autour des échines, tant que la peau lui parle !

BÉROALDE DE VERVILLE.

Les Saints Flagellateurs
ou « le but sanctifie
les moyens »

Saint Antoine, et avec lui quelques serviteurs de Dieu, célèbres pour leur austérité et la pureté de leurs mœurs, ont été soumis à des tentations qui valaient bien celles que messire Satan tenta en vain de mettre en œuvre vis-à-vis du fils de Marie, car le chef des Démons s'était contenté de soumettre à l'épreuve l'orgueil et la vanité du fils de Dieu, tandis que les saints en question s'étaient vus pris par le côté le plus faible de l'humanité, l'appel aux instincts sensuels et l'excitation des appétits charnels... Et, en dévots et pudiques cénobites qu'ils étaient, ils avaient réussi à éviter le naufrage de leur innocence, l'effondrement de leur chasteté, en fermant les yeux et en se plongeant avec plus de ferveur et d'acharnement que jamais dans les prières et les méditations.

Il n'y avait à notre avis pas grand mérite à cela, en ce sens, qu'en supprimant la vue de ce qui pouvait exciter les sens, ils neutralisaient l'effet de la tentation, au moins en grande partie, en n'en laissant subsister que la vague apparition et finalement que le souvenir visionnaire...

Il y eut d'autres saints, cependant, qui, bon gré ou mal gré, firent bravement face à l'orage et se débarrassèrent du démon tentateur — lisez : *la femme* — au moyen d'arguments tout à fait frappants.

Reste à savoir si, pendant qu'ils repoussaient ainsi l'assaut des assiégeantes de leur vertu, ils n'ont pas commis le péché que justement ils s'efforçaient d'éloigner d'eux de si énergique et expéditive façon.

Trois exemples nous suffiront à établir les faits. Dans les gravures qui nous représentent les saints, nous les avons presque toujours trouvés sous forme de vieillards vénérables qui, sans être précisément laids, n'en étaient pas moins d'un physique qui différait un tant soit peu de ce que l'on a de tous temps suggéré sur Adonis. En bon français, on pourrait dire que, d'après ces images, les saints, en grande majorité, ne sont pas *jolis*, jolis !

Mais il paraît qu'il y en eut quand même dont les charmes physiques exercèrent sur l'élément féminin que le hasard mettait en leur présence une influence attractive extraordinaire, et l'histoire nous enseigne que, s'ils savaient provoquer les désirs, ils s'entendaient également à merveille à se faire... désirer.

Saint Edmond, qui fut plus tard archevêque de Canterbury en Angleterre et qui eut l'avantage de faire une partie de ses études à Paris, nous en fournit un frappant exemple.

Une jeune dame, travaillée par ce que l'on appelle en langage vulgaire *la Soif d'amour* et subjuguée par les avantages physiques dont dame Nature avait doté le futur canonisé, s'était acharnée après lui et, sans vergogne, lui avait fait des propositions qui

n'étaient nullement en harmonie avec ses principes
vertueux.

Il fit à la belle la réception que lui inspirait sa
conscience. — Mais toutes les rebuffades ne servaient
de rien — si ce n'est qu'à aiguiser encore davantage
les appétits sensuels de la pécheresse. Pour en finir,
saint Edmond accorda à la soupirante le rendez-vous
qu'elle sollicitait avec tant d'acharnement et lui permit
de venir en son logement qu'aucun pied mignon de
fille d'Ève n'avait encore, jusqu'à ce jour, profané.

L'amoureuse Manon fut exacte au rendez-vous, on
le devine. Mais ce que l'on ne devine pas, c'est la
réception qui lui fut faite par le jeune théologien.

Celui-ci, après l'avoir fait dévêtir, — ce que la
belle enfant s'empressa de réaliser, — se mit à la
fouetter avec un tel acharnement, que le beau corps
tout blanc de la tentatrice en fut tout couvert de traces
d'un rouge vif, qui la fit ressembler à une écrevisse
retirée de l'eau bouillante.

La chronique ne nous dit pas si, après ces témoignages d'amour, la jeune femme fut pénétrée de
reconnaissance à l'égard de son bien-aimé.

Le frère Mathieu d'Avignon, de l'ordre des Capucins, qui mourut en 1564 en Corse en odeur de sainteté, donna en une circonstance particulière une
preuve de sa résistance, identique à celle rapportée
sur saint Edmond.

Se trouvant un jour dans un château du Piémont,
où on lui avait accordé une hospitalité des plus larges,
au cours d'une de ses tournées pour quêter dans le
pays, une jeune dame extrêmement belle et de noble
essence, s'introduisit le soir dans sa chambre. Elle
était nue comme Ève avant le péché.

Ainsi accoutrée, elle s'approcha du lit du dormeur,—
il dormait du sommeil du juste — et fit tout ce qui fut

en son pouvoir pour inciter le brave homme à commettre le péché de la fornication.

Mais le saint frère, pour toute réponse, se saisit de sa discipline, qu'il portait par hasard par devers lui dans sa pérégrination et qui était composée de cordes espagnoles, garnies de nœuds solides et résistants, et commença à la cingler de si furieuse manière sur le dos, les fesses et partout ailleurs où, dans sa rage flagellatrice, il faisait tomber ses lanières vengeresses de sa pudeur offusquée, que la jeune femme fut non seulement couverte de honte mais d'une profusion de cicatrices, témoignages ineffaçables de la leçon qu'il lui avait donnée...

La vertu des saints a certainement été mise à une plus rude épreuve que le commun des mortels ne se l'imagine. Bernardin de Sienne sut, lui aussi, se tirer d'affaire avec toute la présence d'esprit et l'énergie qui convient à un saint homme de sa trempe.

Surius — d'illustre mémoire — nous rapporte ainsi l'aventure :

« Un jour que Bernadin s'était mis en route pour acheter du pain, une femme, l'épouse d'un bourgeois de Sienne, l'appela dans sa maison. Mais aussitôt qu'il en eut franchi le seuil, elle verrouilla la porte et dit : « Maintenant, à moins que vous ne satisfassiez à mon désir, je vous couvrirai de honte en affirmant que vous avez tenté de me violer. »

Bernardin, se voyant dans une situation aussi critique, pria Dieu en son for intérieur, le suppliant de ne point l'abandonner, car il détestait grandement le crime de fornication. Dieu ne resta pas sourd à sa prière. Il lui suggéra de dire à la femme que, puisqu'elle tenait absolument à l'avoir, elle devait pour cela se dépouiller de ses vêtements. La femme ne fit aucune objection à cela.

Elle eut à peine enlevé le dernier voile que Bernardin sortit son fouet qu'il portait incidemment sur lui, et, la saisissant d'une poigne solide, se mit à l'exercer vigoureusement ; il ne s'arrêta d'ailleurs pas dans son opération jusqu'à ce qu'en elle toute ardeur fut éteinte. Elle n'en aima pour cela que mieux le saint homme par la suite ; et son mari fit de même quand il eut appris comment les choses s'étaient passées ».

Et voilà comment les saints d'autrefois se prêtaient à la fornication. En est-il de même des saints de nos jours, en sera-t-il ainsi de ceux que l'avenir nous tient en réserve ?

Flagellation des Derviches

Il n'y a pas que les Mahométans et la Turquie possédant leurs derviches tourneurs, des mono-flagellateurs par excellence, qui de nos jours encore se meurtrissent le corps, le réduisent à un état lamentable; dans la Russie méridionale et principalement dans la région du Caucase, il existe encore de nombreuses sectes de flagellateurs, qui sont inspirés par le fanatisme religieux seul, et par rien autre chose[1].

Comme les derviches tourneurs de Constantinople, ces flagellateurs se labourent tout le corps de coups de lanières de cuir, dans lesquelles ont été figés des clous pointus. Après avoir, par une danse échevelée, mis le sang en ébullition et atteint un degré de surexitation extraordinaire, ils commencent l'opération sur leurs torses nus. D'ordinaire, les derviches turcs se contentent de s'infliger à eux-mêmes et de leurs

---

1. A ce propos il nous revient que des sectes de flagellateurs religieux existent aujourd'hui et pratiquent ouvertement au Mexique. Nous n'avons pu malheureusement nous documenter à ce sujet, mais nous tenons le renseignement de la meilleure source.

propres mains les coups. Mais en Russie, la pratique
est poussée plus loin, et, quand les pauvres diables
ne peuvent plus, de lassitude, mouvoir les bras, ils
trouvent de charitables personnes qui suppléent à leurs
forces épuisées et les flagellent jusqu'à leur faire
perdre les sens, ce à quoi contribue dans une large
mesure la perte de sang.

Le gouvernement russe a cherché, par des mesures
très sévères à mettre fin à ces pratiques moyennâ-
geuses — quoique le knout soit encore, en l'an de
grâce présent, un instrument courant de correction
officielle dans les provinces du Caucase. Mais, malgré
tous les efforts des autorités, cette pratique ne peut
être déracinée et les sectes de derviches flagellateurs
n'en continuent pas moins de florir et de faire de
nombreux adeptes. Contrairement à ce qui arrive en
Turquie, les sectes russes comprennent des femmes,
et ce sont elles qui se montrent les plus ardentes dans
les principes flagellatoires. Les réunions se tiennent
généralement dans des endroits écartés, en pleine
forêt, ou encore même, si les lieux ne présentent pas
de suffisantes garanties de sécurité, dans des endroits
clos, où personne ne peut venir troubler les flagellants
ni les empêcher de chercher à gagner, par le plus droit
chemin, le Paradis, en soumettant leurs corps à des
mortifications parfois tellement sévères que mort
s'ensuit.

La Pudeur

des Dames Allemandes

Dans les sociétés qui affectent le plus le respect pour la pureté absolue des mœurs, chez les peuples qui prétendent au monopole de la décence et de la chasteté, se rencontre parfois la plus grande dépravation, la plus cynique dissolution et cela surtout dans cette classe de personnes, que la naissance, la fortune et l'éducation placent au rang le plus élevé de la société.

Nous n'en voulons pour preuve que le récit des faits suivants qui nous sont relatés par un ancien juge correctionnel de l'empire d'Allemagne et qui sont rigoureusement exacts. Ils remontent à 1886 et ont eu pour théâtre Charlottembourg et Postdam, près Berlin.

A cette époque, comme d'ailleurs très probablement aujourd'hui encore, existait à Berlin une société mondaine qui avait pris pour titre : « *Gesellschafts Club Gemüthlichkeit* »[1]. Les membres de cette association se recrutaient dans les hautes sphères de la société

---

1. Club de Société *La Bonhomie*.

berlinoise ; il y avait des médecins, des avocats, de grands négociants,des juges, et, comme on le sut plus tard, un procureur impérial qui en faisaient partie.

Le but officiel du club était d'entretenir parmi ses membres des relations amicales, des attaches sociales, récréatives et agréables, au moyen de bals, banquets, excursions, etc. Un très grand nombre de dames, pour la plupart mariées — des épouses des membres masculins du club — avaient été admises au même titre que les hommes à faire partie de la société.

Or, un jour on apprit avec stupéfaction qu'une perquisition nocturne avait été opérée dans la maison où se réunissait le club à Charlottembourg et que l'on avait découvert un scandale qui dépassait toutes les bornes et défiait toute description. Il y eut toutes sortes de bruits mis en mouvement, on parla de hauts personnages compromis dans une affaire de mœurs.

Mais le bruit soulevé par cette affaire ne tarda pas à s'éteindre ; l'oubli se fit peu à peu et l'on n'entendit, en fin de compte, plus parler de ce scandale. On avait évidemment étouffé l'affaire à cause des personnages compromis et parmi lesquels se trouvait précisément un procureur impérial.

Voici, cependant, très exactement ce qui se passait dans ce club de la *Gemüethlichkleit*. Il y régnait une bonhomie d'un ordre tout à fait spécial et qui n'avait absolument rien de la vieille et si réputée pudeur teutonique. Au contraire, les festins sardanapalesques, les orgies dignes des meilleurs jours de Babylone y étaient consommés avec un raffinement sans bornes. Les Gretchens de l'Allemagne rendaient des points aux courtisanes de Paris.

Les dames et les jeunes filles faisant partie du club s'habillaient avec recherche et s'efforçaient de mettre dans leur toilette toute la suggestivité nécessaire pour enflammer chez les hommes d'ardents désirs. Très souvent, pour mieux réussir dans le but qu'elles se proposaient, elles adoptaient alors des travestis qui leur permettaient de paraître en costumes de bébés, les manches courtes, les corsages discrètement échancrés, les blouses flottantes, les jupes court trous- sées, avec des chaussettes de tendre couleur qui leur permettaient de découvrir leurs mollets et une partie de leur chair voluptueusement frissonnante, pour donner à leurs partenaires un avant-goût de ces plaisirs sensuels qui, régulièrement, devaient clore les séances.

On commençait avec un grand cérémonial. Mais les représentations variaient souvent. Il arrivait fréquem- ment que les membres du club improvisaient un menuet qui devenait peu à peu un quadrille échevelé puis un chahut en règle.

Peu à peu, dans cette danse, les pudiques sociétaires se dépouillaient, pièce par pièce, de leurs vêtements et finissaient par se trouver les uns vis-à-vis des autres dans le costume primitif et peu compliqué dont Dieu gratifia notre bon père Adam.

Une fois réduits en cet état, voilà comment ils procédaient :

On représentait absolument une scène de castigation domestique. Quelques dames ou messieurs, habillés en écoliers ou écolières, avec les jupes court trous- sées, recevaient la punition qu'ils avaient méritée. Mais on ne s'y prenait pas avec violence, au contraire. D'autres fois on jouait à la main chaude. On tirait au sort le nom de celui ou de celle qui devait commencer et la petite distraction était mise en pratique comme d'ordinaire. La personne qui se trouvait sur la sellette se mettait à genoux, la tête cachée entre les jambes de l'une de ces dames, dont les jupons l'empêchaient de voir. Mais, au lieu de lui faire placer la main sur le dos, pour frapper dessus, on mettait à nu le derrière, soit en retroussant les jupes quand c'était une femme, soit en descendant les pantalons quand c'était un homme que le sort avait désigné. Une fois en position, tout le monde se mettait de la partie et c'était à qui frapperait le plus fort sur le pauvre postérieur qui, bien souvent, endurait un réel supplice, quoique les coups ne fussent portés que du plat de la main. C'était d'ailleurs là une circonstance qui permettait de pousser loin ce singulier sport, car beaucoup de membres en profitaient pour explorer des régions prohibées. Ces attouchements audacieux étaient, d'autre part, une chance de salut pour le receveur ou la receveuse des coups, car, à la longue, avec un peu d'observation, on avait remarqué les particularités de chacun des membres et la manière dont ils frappaient, de sorte que le nom libérateur était assez fréquemment deviné.

Une des cérémonies qui étaient en très grand honneur dans ce club adamique était une sarabande infernale, dansée par tous les membres jusqu'à complet essoufflement et au cours de laquelle les danseurs se défaisaient de leurs vêtements ainsi que nous l'avons dit plus haut. Des contacts qui se produisaient inévitablement, il résultait un excitement, qui dépassait toutes les bornes. Il s'ensuivait des orgies, auxquelles bien souvent prenaient part aussi bien les époux et les épouses que très souvent le père, la mère et la fille, et quoique cela pût paraître étrange et invraisemblable, il s'est vu qu'un époux se laissait aller aux plus frénétiques transports érotiques avec l'épouse d'un ami qui, en retour, se payait largement en la même monnaie sur la femme de son complaisant ami. De même on a pu voir dans ces orgies des pères sacrifier à l'érotisme aux côtés de leurs filles à peine échappées du pensionnat.

On conçoit aisément que la police ait étouffé un pareil scandale. Mais faut-il croire que ces mœurs dépravées n'existent plus en Allemagne et que la peur du scandale ait pu étouffer du coup les instincts de libertinage dont la haute société teutonne est dominée? On serait bien plus fondé de croire qu'aujourd'hui comme auparavant ces clubs érotiques existent encore et qu'après avoir laissé passer l'orage, le *Verein Gemüethlichkeit* se sera reconstitué sur d'autres bases[1].

On voit que s'il y a eu en France des clubs des dames fouetteuses où le beau sexe se livrait exclusivement à des ébats d'un goût très discutable, on ne s'est pas gêné en Allemagne d'y faire prendre part indistinctement hommes et femmes, jeunes et vieux, et cela, dans les cercles les plus élégants de la société. Nous avons été obligé de passer sous silence certains détails qui auraient, par leur crudité même, fait naître des doutes sur leur parfaite exactitude.

---

1. Que l'on nous permette de citer à ce propos un grand scandale, à peu près du même genre, qui éclata à la cour de Berlin vers 1879 ou 1880 et auquel fut mêlée la famille du baron de Schleinitz, maréchal de la cour.

Variantes en Flagellation

A titre purement documentaire et pour prouver à
nos lecteurs que la flagellation en matière religieuse
et médicale, — dans ce dernier cas au point de vue de
l'influence qu'elle exerce sur le réveil des sens assou-
pis, — a été traitée par des auteurs, en prose et même
en vers à différentes époques et dans les formes les
plus variées, nous publions une série de morceaux
recueillis au fur et à mesure dans des ouvrages anciens
et récents.

Le style de ces morceaux est parfois un peu risqué:
les images sont quelquefois un peu audacieuses dans
leurs tendances réalistes, mais au fond, roulent tous
sur le même sujet : « la fustigation. »

La Flagellation
en Littérature

On aurait tort de s'imaginer que l'usage des verges était de tout temps un apanage de sectes religieuses. Bon nombre de littérateurs de talent ont largement usé de la flagellation — dans leurs ouvrages...

Sous le titre général que nous plaçons en tête de notre article, nous nous proposons de réunir les nombreux exemples de ce genre qui sont à notre connaissance et qui nous paraissent mériter quelque attention. En France comme en Angleterre un grand nombre d'auteurs ont fait de la flagellation le thème favori de leurs dissertations [1].

---

1. A ce propos, nous pouvons mentionner les ouvrages suivants : *Jupes troussées, Les Callipyges* (2 vol.), *La Danseuse russe* (3 vol.) *Mémoires de Miss Ophelia Cox, Défilé des Fesses nues, Histoire d'un pantalon, Correspondance d'Eulalie* (Londres 1785), *Aphrodisiaque externe ou Traité du fouet, et de ses effets sur le physique*, par le Dr Doppet (1788). Parmi ces ouvrages, nous signalons la « Danseuse russe » comme contenant une théorie très curieuse, au point de vue pathologique, sur la production de la rondeur des fesses et nous ne pouvons que regretter que l'auteur anonyme, qui a signé E. D., n'ait pu choisir un style plus châtié. Mais l'avant-propos est surtout digne d'attention, et nous l'avons reproduit en *post-scriptum* pour que le lecteur puisse en juger par lui-même, d'autant plus qu'il ne contient absolument rien qui puisse offenser, au milieu de la broderie romantique dont il est orné.

Il nous a semblé qu'il revêtait une certaine couleur locale, non dénuée d'une forte dose de vérité.

Brantôme, ce fin courtisan et spirituel auteur de
contes salés, avait depuis longtemps attiré l'attention
sur ce fait que la flagellation n'était pas exclusivement
pratiquée par les membres d'une secte mystique quelconque. De grandes dames n'avaient pas dédaigné de
se rallier à la doctrine démodée de Salomon dont elles
étaient devenues de ferventes adeptes. En notre fin de
siècle, ces coutumes ont disparu, laissant le champ
libre à l'esprit libertin d'une génération naissante qui
affecte, vis-à-vis de l'autorité sacro-sainte d'antan, le
plus cavalier mépris par cette seule raison qu'elle est
devenue trop intelligente pour se plier à des usages
surannés et dignes d'autres temps. Notre progrès
démocratique nous a débarrassés des anciennes
superstition, non sans laisser subsister cependant les
plus anodines. Nous vivons à une époque que l'on
pourrait sans grande exagération, taxer quelque peu de
détraquée. Max Nordau [1], dans ses ouvrages, nous en
fournit des preuves qu'il ne nous appartient pas de dis-
cuter, mais que nos lecteurs pourront tout à leur aise et
consulter et disséquer en en tirant les conclusions qui
leur plairont et qui leur paraîtront les plus justes.

« Charité bien ordonnée commence chez soi-même »,
dit le proverbe. Il y a cependant des pères dont le *cœur
tendre* pousse le scrupule jusqu'à l'excès en ne se
chargeant pas de la correction de leurs rejetons, mais en
en confiant le soin — longtemps après — quand il est

---

1. Max Nordau est l'auteur d'un ouvrage intitulé : « La Dé-
générescence » (Paris, 1896), et de deux autres forts ouvrages :
« Les Mensonges conventionnels de la Civilisation » et « Les Pa-
radoxes. » Ces trois ouvrages analysent les manifestations morbides et ont créé une grande sensation dans le monde littéraire
et philosophique.

trop tard — aux magistrats [1] qui ont pour mission de
réprimer des offenses qu'une application judicieuse
des verges en temps opportun aurait certainement
empêchées de se produire, comme Shakespeare, d'immortelle mémoire, le disait fort bien, il y a deux siècles, dans *Mesure pour Mesure*, I, scène III :

> . . . . . Des pères indulgents
> Qui n'ont cru bien agir en menaçant de triques
> Leurs fils récalcitrants que dans le but unique
> De jeter dans leur âme une sainte terreur...
> Font plutôt rire d'eux sans inspirer la peur...

Pour revenir à Brantôme, il nous donne la relation
aussi curieuse que singulière de la façon dont une
grande dame s'y prenait pour punir des femmes,
Mlle de Limeuil, une des dames d'honneur de la Reine.
fut flagellée pour avoir écrit uue pasquinade et de plus,
toutes les autres jeunes dames qui avaient eu connaissance du contenu de la chose partagèrent son sort. Il
nous serait difficile de donner le texte exact du document et nous ne pouvons que renvoyer nos lecteurs à
l'ouvrage même [2].

Dans un autre endroit Brantôme nous dit :

« J'ay ouy parler d'une grande dame de par le
monde, mais grandissime, qui ne se contentoit de lasci-

---

1. Peu de personnes en France savent qu'en Angleterre
le magistrat a le pouvoir de faire donner douze, et plus,
coups de verges à des gamins, de moins de quatorze ans, amenés devant lui pour des menus vols ou dont les parents déclarent ne pouvoir s'en faire obéir. Aussi, plus d'un gamin têtu a
été amené à comprendre l'erreur de sa conduite par une vigoureuse application de tiges de bouleau sur son derrière.

2. « Les Sept Discours touchant les Dames galantes » (3 vol.),
du sieur Brantôme, publié d'après les manuscrits de la Bibliothèque nationale, par Henri Bouchot, Paris, 1882.

vité naturelle, car elle estoit grande putain et estant mariée et veuve, aussi estoit-elle très belle ; pour se provoquer et s'exciter davantage elle faisoit despouiller ses dames et filles, je dis les plus belles, et se délectoit fort à les voir, et puis elle les battoit du plat de la main sur les fesses, avec de grandes claquades et blamuses assez rudes, et les filles, qui avoient délinqué en quelque chose, avec de bonnes verges, et alors son contentement estoit de les voir remuer et faire les mouvements et torsions de leurs corps et fesses, lesquelles, selon les coups qu'elles recevoient, en montroient de bien estranges et plaisantes. Aucunes fois, sans les despouiller, les faisait trousser en robbe, car pour lors elles ne portoient point de caleçons, et les claquetoit et fouettoit sur les fesses, selon le sujet qu'elles lui donnoient ou pour les faire rire ou pleurer, et sur ces visions et contemplations s'y aiguisoient si bien ses appétits qu'après elle les alloit passer bien souvent à bon escient avec quelque galant homme bien fort et robuste. »

REMARQUE. — Nous croyons être utile d'attirer ici l'attention sur la coutume ignoble existant dans l'armée anglaise de faire fouetter les soldats avec le *chat à neuf queues* [1], pour des actes d'insubordination. Nous sommes d'avis que les soldats ne doivent pas être punis de cette façon indigne. La punition corporelle ne peut qu'humilier et démoraliser les soldats qui ne devraient connaître d'autre défaite que celle d'une bataille perdue, mais perdue loyalement en combattant bravement un ennemi digne d'euxmêmes. De même la punition corporelle existe encore dans la marine anglaise, mais seulement pour des faits excessivement graves. En Autriche, la fustiga-

---

1. Fouet à neuf lanières.

tion a été abolie en 1866, elle n'existe pas en France ;
en Allemagne, on ne l'applique que dans les prisons,
mais elle n'a pas de place dans le Code pénal. En
Italie ce genre de punition fut aboli en 1868. Il en fut
de même en Belgique et en Hollande. Mais nous sommes parfaitement d'avis de maintenir cette correction
pour ceux qui battent les femmes, pour les étrangleurs
qui ne s'attaquent généralement qu'à des femmes
sans défense ou à des ivrognes. Mais en France, elle
aurait l'avantage de nous débarrasser de ces deux
fléaux de Paris, l'infect *souteneur* et son ignoble
confrère *le rôdeur de barrières*. Ces êtres, qui au
fond sont de misérables lâches, comme les loups, ne
chassent que par bandes et ne redoutent rien autant
qu'une bonne râclée. C'est de la même façon que nous
voudrions voir traiter les coquins qui violent les jeunes
filles mineures.

*
* *

Jean-Jacques Rousseau nous fournit une preuve à
l'appui de la thèse d'après laquelle de jeunes garçons
peuvent parfaitement éprouver bien du plaisir à être
fouettés. Il nous raconte dans le tome Ier de ses *Confessions* comment 11 fut fouetté par Mlle Lemercier.

« Comme Mlle Lemercier avoit pour nous l'affection
d'une mère, elle avoit aussi l'autorité et elle la por-
toit quelquefois jusqu'à nous infliger la punition des
enfants quand nous l'avions méritée. Assez longtemps elle s'en tint à la menace et cette menace d'un
châtiment tout nouveau pour moi me sembloit très
effrayante ; mais après l'exécution, je la trouvai moins
terrible à l'épreuve qu'elle ne l'avoit été : et ce qu'il y
a de plus bizarre est que ce châtiment m'affectionna
davantage encore à celle qui me l'avoit imposé. Il fal-
loit même toute la vérité de cette affection et toute

ma douceur naturelle pour m'empêcher de chercher le retour du même traitement en le méritant, car j'avois trouvé dans la douleur, dans la honte même, un mélange de sensualité qui m'avait laissé plus de désirs que de crainte de l'éprouver de rechef par la même main, il est vrai que, comme il se mêlait sans doute à cela quelque instinct précoce du sexe, le même châtiment reçu de son frère ne m'eût point du tout paru plaisant [1]. »

*
* *

Du philosophe au poète il n'y a qu'un pas. Le bon La Fontaine dans un de ses contes rimés, nous fait assister à une scène de flagellation assez piquante. On la trouvera dans le premier volume de ses œuvres sous le titre de : *Les Lunettes*.

Il s'agit d'un jeune homme libertin qui avait réussi à s'introduire clandestinement dans un couvent où il vécut au milieu des bonnes sœurs qui s'en trouvèrent fort bien, trop bien même, puisque le dicton biblique *Croissez et multipliez* se trouva suivi à la lettre. Mais comme le jouvenceau avait réservé ses faveurs pour les jeunes et guillerettes nonnains, à l'exclusion des vieilles ratatinées, mal lui en prit.

Les vieilles découvrirent le pot aux roses et, le jeune galant démasqué fut, par la vieille garde du couvent attaché tout nu à un arbre du bois voisin pour être fouetté. Tandis que les bonnes sœurs étaient retournées au couvent pour s'armer de verges et de fouets, vint à passer un meunier fièrement campé sur sa mule. Il s'informa du motif pour lequel le jeune homme se trouvait en pareille posture.

Né malin, la victime des religieuses raconta que

---

1. *Les Confessions*, partie I, livre II.

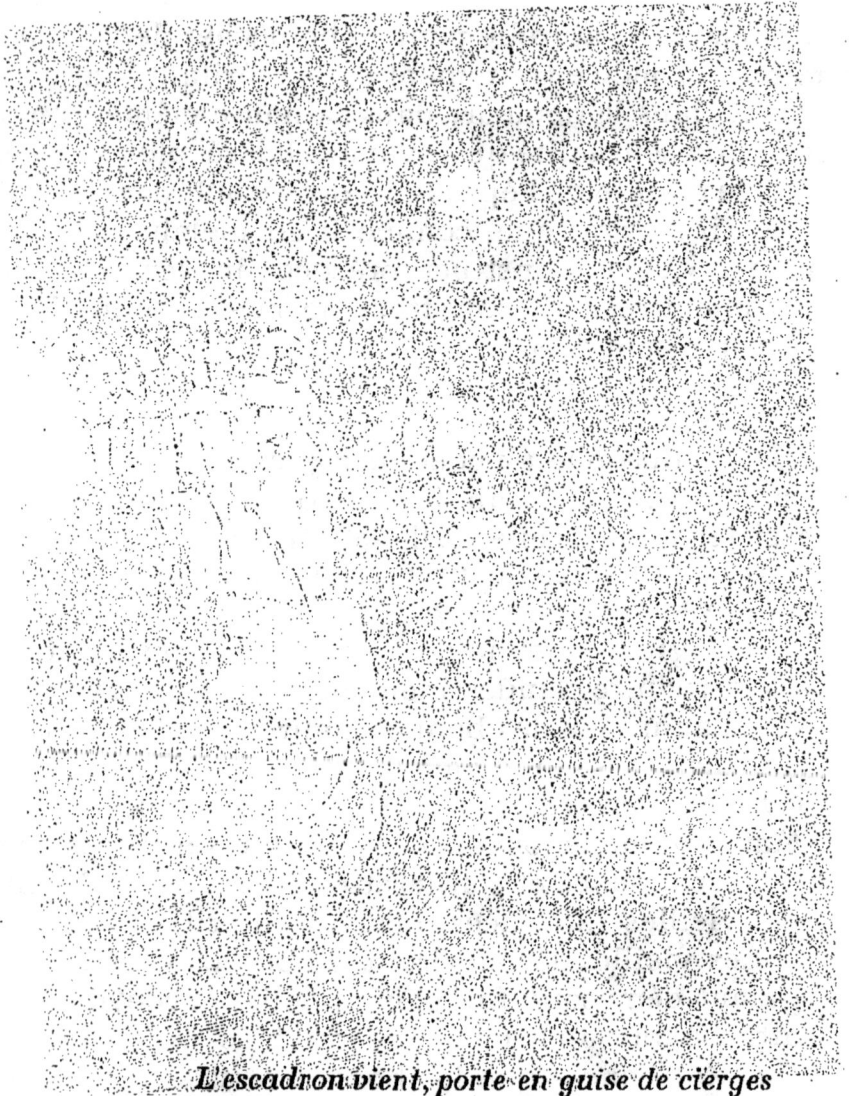

L'escadron vient, porte en guise de cierges
gaules et fouets, procession de verges.

(Page 165).

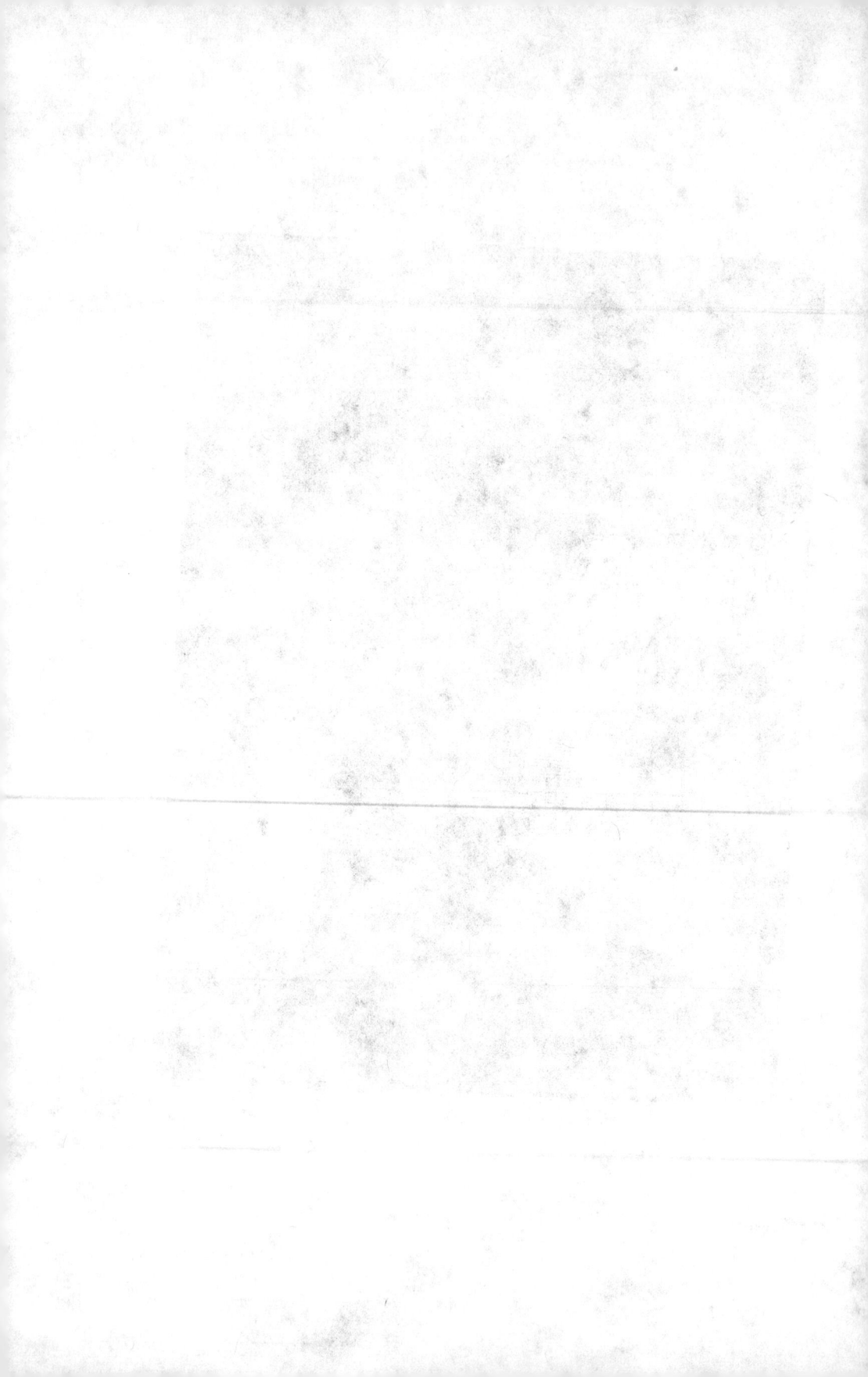

les bonnes sœurs l'avaient attaché ainsi et qu'elles allaient revenir dare dare pour le fouetter parce qu'il n'avait pas voulu les embrasser et leur faire autres douceurs qu'elles convoitaient. Le meunier supplie le jeune homme de bien vouloir lui céder la place, ce à quoi il consent volontiers. Délivré de ses liens par le meunier, il l'attache à son lieu et place et s'éloigne.

Mais voilà que les sœurs arrivent. Laissons parler La Fontaine :

> Large d'épaule, on aurait vu le sire
> Attendre nu les nonnains en ce lieu.
> L'escadron vient, porte en guise de cierges
> Gaules et fouets, procession de verges,
> Qui fit la ronde à l'entour du meunier,
> Sans lui donner le temps de se montrer,
> Sans l'avertir. — Tout beau ! dit-il, mesdames,
> Vous vous trompez ; considérez-moi bien ;
> Je ne suis pas cet ennemi des femmes,
> Ce scrupuleux qui ne vaut rien à rien.
> Employez-moi ; vous verrez des merveilles ;
> Si je dis faux, coupez-moi les oreilles ;
> D'un certain jeu je viendrai bien à bout :
> Mais quant au fouet, je n'y vaux rien du tout.

Mais, plus il parle, plus les vieilles nonnes s'acharnent sur lui, qu'on en juge :

> Qu'entend ce rustre, et que nous veut-il dire ?
> S'écrie alors une de nos sans dents :
> Quoi ! tu n'es pas notre faiseur d'enfants ?
> Tant pis pour toi, tu paieras pour le sire ;
> Nous n'avons pas telles armes en main
> Pour demeurer en un si beau chemin.
> Tiens, tiens, voilà l'ébat que l'on désire.

A ce discours fouets de rentrer en jeu,
Verges d'aller et non pas pour un peu ;
Meunier de dire, en langue intelligible,
Crainte de n'être assez bien entendu :
— Mesdames, je... ferai tout mon possible
Pour m'acquitter de ce qui vous est dû.
Plus il leur tient de discours de la sorte,
Plus la fureur de l'antique cohorte
Se fait sentir. Longtemps, il s'en souvint.
Pendant qu'on donne au maître l'auguillade,
Le mulet fait sur l'herbette gambade.
Ce qu'à la fin l'un et l'autre devint,
Je ne le sais, ni ne m'en mets en peine :
Suffit d'avoir sauvé le jouvenceau.

*
* *

Voici l'opinion de Paul-Louis Courier sur la Flagellation ;

« Tous ces célibataires fouettant les petits garçons et confessant les filles me sont un peu suspects. Je voudrais que les confesseurs fussent au moins mariés, mais les frères fouetteurs, il faudrait, sauf meilleur avis, les mettre aux galères, il me semble. Ils cassent les bras aux enfants qui ne se laissent point fouetter. Quelle rage ? *Flagellandi tam dira Cupido !* »

*
* *

Paul Bonnetain, dans *Charlot s'amuse*, nous donne une scène de flagellation dans une école congréganiste :

« Un jeudi, après le dîner, pendant que, sous couleur de prières, les maîtres faisaient la sieste au dortoir, en attendant l'heure de la promenade, frère Eusèbe appela Charlot.

« — Bébé ! viens répéter ton catéchisme.

« L'enfant tout rouge d'avoir joué au soleil, à travers la cour, fit la moue, alla chercher son livre et s'assit à l'ombre à côté du frère, sur les marches du perron.

« Couramment, il récita les premières pages, puis ralentit son débit, chantant, s'endormant grisé de chaleur. De fines gouttelettes de sueur brillaient sur son front à la naissance des cheveux. L'homme cependant l'avait pris à la taille, l'approchant peu à peu à lui, et l'écoutait, les yeux à demi fermés, un halètement oppressé soulevant sous sa soutane débraillée sa forte poitrine campagnarde.

« Charlot, envahi d'une torpeur molle, psalmodiait à présent sa récitation, ne songeant pas, dans sa lassitude somnolente, à rire, comme à l'ordinaire, des cheveux plats, du front étroit, des yeux vairons, des boucles d'oreilles en or, et des oreilles velues du frère. Au-dessus des géraniums, de grosses mouches tournoyaient, ronflant dans le soleil.

« Eusèbe, pâle, les dents serrées, attirait le gamin plus fort contre lui. Brusquement, l'homme lui faisant mal, l'enfant eut un cri révolte. Alors, le frère le lâcha pour le ressaisir aux poignets. L'ignorantin était livide, ses prunelles luisaient et un tremblement plus violent secouait, sur sa poitrine, les bords déboutonnés de sa soutane :

« — Tu ne sais pas ton catéchisme !

« — Mais, si, cher frère...

« — Tu mens ! tu oses mentir, quand tu te prépares à ta première communion ! A genoux !

« Charlot, surpris de cette explosion de colère inattendue, obéit, mais en se roidissant sous la main de son maître, avec cette révolte inconsciente que toute injustice inspire à l'enfant. Jamais, il n'avait vu frère Eusèbe dans un pareil état. L'homme bégayait, les yeux hors de la tête, comme pris soudainement d'une sorte de folie.

« — Maintenant comme pénitence, tu vas faire une croix avec ta langue sur le pavé !

« Le pauvre petit regarda la marche de grès sur laquelle son maître le courbait et, en la voyant couverte de tous les détritus poussièreux ramassés par la cour et le jardin, qui s'étaient accumulés là, chacun frottant ses semelles sur cette pierre, avant d'entrer dans le vestibule, il eut un hoquet de dégoût, un instinctif mouvement en arrière. Le frère se mit alors en devoir de le faire obéir. L'enfant ferma les yeux, s'attendant à une correction épouvantable, et, résolument, pris à son tour de rage, s'écria, indigné :

« — Non ! non ! non ! jamais ! je ne veux pas !

« — Ah ! tu ne veux pas, mauvais chrétien ! Nous allons voir !

« Et frère Eusèbe empoigna Charlot sous son bras et l'emporta comme un paquet. Arrivé au premier étage, il ouvrit la porte du parloir, et jeta son fardeau sur le sol.

« Le gamin frissonnait, ne reconnaissant pas cette pièce où il n'était jamais venu et où le demi-jour filtrant à travers les volets clos permettait à peine de distinguer la couleur des meubles. Dans l'effroi d'un châtiment inconnu, ses cheveux se hérissaient, et il claquait des dents, n'osant bouger. L'homme ferma la porte à clef, donna un peu de lumière et s'assit sur un fauteuil.

« — Ote ton pantalon.

« Charlot obéit, tout pâle, et sentant ses jambes flageoler sous lui. Alors, le frère Eusèbe le reprit. Les joues du misérable tremblaient, sa respiration sifflait et son regard brillait d'une flamme étrange. Lentement, il promena ses mains sur les nudités de cette chair d'enfant ; mais, comme Bébé frissonnait plus fort, la chair de poule bleuissant sa peau de gros grains, l'homme sentit, comme dans un désappointement, sa colère renaître. Brusquement, il saisit sa victime par le cou, et la courba à genoux devant lui, lui maintenant violemment la tête entre ses jambes ; puis, sortant un martinet de sa poche, il se prit à fesser avec rage cette blancheur qui l'affolait, frappant toujours plus fort, scandant l'envolée de ses bras d'un han entrecoupé et ne cessant de se repaître de la vue de son horrible besogne que pour en contempler l'image réfléchie par la grande glace du parloir.

« Aux premiers coups, Charlot avait hurlé de douleur, mais ses cris s'étaient vite éteints ; le frère le serrait plus fort entre ses jambes, l'étranglant d'une étouffante et brutale pression des genoux. Et pantelant, violet, les yeux hors des orbites, écumant, tirant la langue, le petit martyr, sous le cinglement de l'atroce souffrance, roidissait tout son être et vibrait chaque fois que le martinet s'abattait, lui meurtrissant la chair. »

*
* *

Nous trouvons dans le Journal des Goncourt (2ᵉ vol. — 1862-1865. — 1887) un épisode d'un grand intérêt ; c'est pourquoi nous le reproduisons ci-après :

« Lundi 7 avril. — Aujourd'hui, j'ai visité un fou, un monstre, un de ces hommes qui confinent à l'abîme. Par lui, comme par un voile déchiré, j'ai entrevu un fond abominable, un côté effrayant d'une aristocratie d'argent blasée, de l'aristocratie anglaise, apportant la férocité dans l'amour, et dont le libertinage ne jouit que par la souffrance de la femme.

« Au bal de l'Opéra, il avait été présenté à Saint-Victor un jeune Anglais, qui lui avait dit simplement, en manière d'entrée de conversation : « Qu'on ne trouvait guère à s'amuser à Paris, que Londres était infiniment supérieur, qu'à Londres il y avait une maison très bien, la maison de mistress Jenkins, où étaient des jeunes filles d'environ treize ans, auxquelles d'abord on faisait la classe, puis qu'on fouettait, les petites, oh ! pas très fort, mais les grandes tout à fait fort. On pouvait aussi leur enfoncer des épingles, des épingles non pas très longues, longues seulement comme ça, (et il nous montrait le bout de son doigt). Oui, on voyait le sang !... » Le jeune Anglais ajoutait placidement et posément : « Moi, j'ai les goûts cruels, mais je m'arrête aux hommes et aux animaux... Dans le temps, j'ai loué, avec un ami, une fenêtre, pour une grosse somme, afin de voir une assassine qui devait être pendue, et nous avions avec nous des femmes pour leur *faire des choses* — il a l'expression toujours extrêmement décente — au moment où elle serait pendue. Même, nous avions fait demander au bourreau de lui relever un peu sa jupe, à l'assassine, en la pendant... Mais c'est désagréable : la Reine, au dernier moment, a fait grâce. »

« Donc aujourd'hui, Saint-Victor m'introduit chez ce terrible original. C'est un jeune homme d'une trentaine d'années, chauve, les tempes renflées comme une orange, les yeux d'un bleu clair et aigu, la peau extrêmement fine et laissant voir le réseau sous-cutané des veines, la tête — c'est bizarre — la tête d'un de ces jeunes prêtres émaciés et extatiques, entourant les évêques dans les vieux tableaux. Un élégant jeune homme ayant un peu de raideur dans

les bras, et les mouvements de corps, à la fois mécaniques et fiévreux, d'une personne attaquée d'un commencement de maladie de la moelle épinière, et avec
cela d'excellentes façons, une politesse exquise, une
douceur de manières toute particulière.

« Il a ouvert un grand meuble à hauteur d'appui,
où se trouve une curieuse collection de livres érotiques,
admirablement reliés, et tout en me tendant un
MEIBOMIUS : *Utilité de la flagellation dans les
plaisirs de l'amour et du mariage*, relié par un
des premiers relieurs de Paris avec des fers intérieurs
représentant des phallus, des têtes de mort, des instruments de torture, dont il a donné les dessins, il nous
dit : « Ah ! ces fers... non, d'abord il ne voulait pas
les exécuter, le relieur... Alors, je lui ai prêté de mes
livres... Maintenant, il rend sa femme très malheureuse... il court les petites filles... mais j'ai eu mes
fers. » Et, nous montrant un livre tout préparé pour
la reliure : « Oui, pour ce volume, j'attends une
peau, une peau de jeune fille... Qu'un de mes amis
m'a eue... On la tanne... C'est six mois pour la
tanner... Si vous voulez la voir, ma peau ?... Mais c'est
sans intérêt... il aurait fallu qu'elle fût enlevée sur une
jeune fille vivante... Heureusement, j'ai mon ami le
docteur Bartsh... vous savez, celui qui voyage dans
l'intérieur de l'Afrique... eh bien, dans les massacres...
il m'a promis de me faire prendre une peau comme
ça... sur une négresse vivante.

« Et tout en contemplant, d'un regard de maniaque,
les ongles de ses mains tendues devant lui, il parle,
il parle continuellement, et sa voix un peu chantante
et s'arrêtant et repartant aussitôt qu'elle s'arrête, vous
entre, comme une vrille, dans les oreilles ses canniba-
lesques paroles... »

EXERCICES DE DÉVOTION
DE M. HENRI ROCH

AVEC MADAME LA DUCHESSE DE CONDOR

Sous ce titre, l'abbé de Voisenon, auteur de quelques contes de fées charmants mais quelque peu décolletés, écrivit un petit ouvrage très intéressant qui fut retrouvé parmi les papiers du poète après sa mort. Voisenon était un ami intime de Voltaire.

Dans la préface de ce livre, M. Querlon nous apprend que l'abbé de Voisenon avait composé cet ouvrage quelque temps avant sa fin, dans le but d'amuser et de distraire « Mademoiselle Huchon », sa nouvelle amie, qu'il avait prise comme David prit Abishag, pour réchauffer les derniers jours de son automne... »

Le biographe ajoute que « elle était d'une grande beauté ; elle dormit toujours à ses côtés et ne cessa pas de rester... une vierge ![1] »

Au demeurant, quelle que soit l'origine de l'ouvrage, nous y trouvons un tableau des plus spirituels pour nous dépeindre une piété bien cultivée telle qu'elle existe dans les classes élevées de la société.

Les exercices pieux de la Duchesse, — dont le mari, un mondain de haut rang, fait preuve à son égard d'une coupable négligence, — sont dirigés par un

---

1. Comme ces choses sont dites *d'un abbé*, nous ne voyons aucune raison pour mettre en doute cette dernière affirmation, étant donné que les *Abbés* ne sont *pas*, paraît-il, pareils aux autres hommes.

ami de la famille, un ami qui a des principes sévères.

Pour faire fléchir les réveils et les frivolités de la chair, qui, selon saint Paul, est en lutte constante avec l'esprit, on a recours au châtiment corporel.

La dame, que son ami et conseiller spirituel a réussi à persuader que cela était nécessaire pour le salut de son âme, ne fait pas de grandes difficultés pour se soumettre à son *raisonnement.*

M. Henri Roch était membre d'une *Assemblée de Saints* « où se réunissaient les béats et béates du quartier, pour s'entretenir du prédicateur, du confesseur et du saint du jour, du purgatoire, du jugement, de la mort, de l'enfer et de beaucoup d'autres choses, toutes de cette espèce et toutes fort amusantes. » Mme la duchesse de Condor, qui l'avait vu dans cette assemblée, le fit prier de la venir voir.

A son arrivée, la noble Dame lui dit : « Je compte sur vous pour m'aider à faire mes exercices de dévotion. »

Nous citons Voisenon :

« A ces mots d'exercices de dévotion, M. Henri Roch fut au moment de dire qu'il n'y entendait rien ; mais, pendant que la duchesse parlait, il la regardait, il voyait une femme jeune et belle ; il la plaignait d'être dévote, mais il admirait en elle deux grands yeux noir-bleu, qu'elle baissait modestement, un front très découvert et sur lequel régnaient en arc deux grands sourcils, que Lagrenée n'aurait pu mieux dessiner. Ses dents étaient deux rangées de perles. Son teint était aussi frais que celui d'une rose à demi éclose. Sous son mouchoir il soupçonnait deux de ces trésors tels qu'on en trouve rarement et tels que n'en ont jamais vu ni M. de Rhuillières ni M. Greuze lui-même, qui en a beaucoup vu. « Ce serait là, pen-

sait M. Henri Roch, une belle conversion à faire. Avec
une dévote soyons dévots : il n'y a pas grand mal à
cela ; c'est une petite comédie à jouer ; voyons quel en
sera le dénouement. »

« La duchesse fait entrer M. Roch dans son petit
cabinet, où il trouve « chemise, robe de chambre,
caleçon, pantoufles et bas du matin. » Il prend un
bain, puis les dévotions commencent. Mais les contemplations du paradis et de ses délices exercent sur la
belle duchesse une étrange influence et elle s'écrie :

« Ah ! monsieur Roch, arrêtez, je n'en puis plus !
Ces délices du Paradis me donnent des vapeurs. Que
vais-je devenir ? je m'en sens suffoquée ! Ne m'aban-
donnez pas, il me faudrait de l'air ! De grâce et au
nom de Dieu, ôtez mon mouchoir du cou ; surtout
ne vous scandalisez pas des horreurs que vous
verrez ! »

En ce faisant, il paraît que le couple entre en contact trop excitant et que M. Roch y met un peu trop
d'ardeur. C'est pour cela qu'il veut se punir.

Nous laissons la parole à Voisenon.

« M. Henri Roch prend la discipline, et Mme la
duchesse commence par entonner le *Te Deum* ; mais,
ayant achevé le premier verset, elle s'écrie : —
Arrêtez ! monsieur, vos scrupules allument les miens.
Si vous avez péché, c'est moi qui en suis la cause ;
c'est à moi de m'en punir, et si le plaisir damne, je
dois craindre de l'être, car j'en ai goûté un bien délicieux. Je crains, comme vous, de ne pas l'avoir entièrement rapporté à Dieu. C'est par vous que le plaisir
et la guérison me sont venus ; c'est aussi par vous
qu'il faut que le châtiment m'en arrive : prenez cette
discipline, frappez-moi ! » En parlant ainsi, Mme la
duchesse s'abouche sur une ottomane, en criant : —
Punissez, monsieur, punissez une pécheresse !

« A la vue de tant de beautés, M. Henri Roch tombe à genoux : — Je me recueille un moment, dit-il, pour offrir à Dieu et pour le prier d'avoir pour agréable la sainte action que je vais faire. »

Inutile d'ajouter que l'opération entraine des excès, qui démontrent amplement, à notre idée du moins, que ni la dévote dame, ni son conseiller spirituel n'avaient encore atteint ce degré de béatitude néces- saire pour les placer au-dessus de la puissance de la domination charnelle.

*
* *

Dans l'*Assommoir*, Émile Zola a fait une magis- trale description d'une scène de fustigation provoquée par la jalousie. C'est de la scène du lavoir, entre Denise et Gervaise, que nous voulons parler.

Le chroniqueur du *Petit Parisien* y fait d'ailleurs allusion à la fin de son article.

Pour nos lecteurs qui n'auraient pas lu le chef- d'œuvre de Zola nous reproduisons ci-après le passage en question ; nos lecteurs qui le connaissent nous sauront, d'autre part, gré de leur fournir une occasion de relire ces pages vivantes, toutes palpitantes de réalité :

« Dans le lavoir où elle avait été faire sa lessive, Gervaise, la femme de Lantier, venait d'apprendre que son mari était parti, l'avait abandonnée, elle avec ses enfants, pour suivre une gourgandine, la sœur d'une grande belle fille, Virginie, qui se trouvait éga- lement au lavoir en ce moment.

« Après un échange de paroles amères, Virginie, sur un ton goguenard, hâbleur, déclara franchement

qu'en effet sa sœur — autrement *chic* que Gervaise —
avait enlevé le mari de cette dernière :

« — Salope ! Salope ! Salope ! hurla Gervaise, hors
d'elle, reprise par un tremblement furieux.

« Elle tourna, chercha une fois encore par terre, et,
ne trouvant que le petit baquet, elle le prit par les
pieds, lança l'eau du bleu à la figure de Virginie [1].

« — Rosse ! elle m'a perdu ma robe ! cria celle-ci,
qui avait toute une épaule mouillée et sa main gauche
teinte en bleu. Attends, gadoue !

« A son tour elle saisit un seau, le vida sur la jeune
femme. Alors une bataille formidable s'engagea. Elles
couraient toutes deux le long des baquets, s'emparant
des seaux pleins, revenant se les jeter à la tête. Et
chaque déluge était accompagné d'un éclat de voix.
Gervaise elle-même répondait, à présent.

« — Tiens ! saleté !... Tu l'as reçu, celui-là ! Ça te
calmera le derrière.

« — Ah ! la carne ! Voilà pour ta crasse. Débar-
bouille-toi une fois dans ta vie.

« — Oui, oui, je vas te dessaler, grande morue !

« — Encore un !... Rince-toi les dents, finis ta toilette pour ton quart de ce soir, au coin de la rue
Belhomme.

« Elles finirent par emplir les seaux aux robi-
nets... »

La bataille, ainsi engagée, ne tarde pas à prendre
une tournure plus sérieuse. Qu'en en juge : après avoir
reçu un seau vide dans les jambes, Virginie tomba :

« Mme Boche levait les bras au ciel, tandis que les
enfants se pendaient à la robe de leur mère...

---

1. Auparavant, les deux femmes avaient déjà vidé, l'une sur
l'autre, une demi-douzaine de seaux d'eau. Leurs vêtements
collaient à leur peau. (Note de l'éditeur).

« Quand elle vit Virginie par terre, elle accourut, tirant Gervaise par ses jupes, répétant :

« — Voyons, allez-vous-en ! Soyez raisonnable... J'ai les sangs tournés, ma parole ! On n'a jamais vu une tuerie pareille.

« Mais elle recula, elle retourna se réfugier entre les deux baquets, avec les enfants. Virginie venait de sauter à la gorge de Gervaise. Elle la serrait au cou, tâchait de l'étrangler. Alors celle-ci, d'une violente secousse, se dégagea, se pendit à la queue de son chignon, comme si elle avait voulu lui arracher la tête. La bataille recommença, muette, sans un cri, sans une injure. Elles ne se prenaient pas corps à corps, s'atteignaient à la figure, les mains ouvertes et crochues, pinçant, griffant ce qu'elles empoignaient. Le ruban rouge et le filet en chenille bleue de la grande brune furent arrachés ; son corsage, craqué au cou, montra sa peau, tout un bout d'épaule ; tandis que la blonde, déshabillée, une manche de sa camisole blanche ôtée sans qu'elle sût comment, avait un accroc à sa chemise qui découvrait le pli nu de sa taille. Des lambeaux d'étoffes volaient. D'abord, ce fut sur Gervaise que le sang parut : trois longues égratignures descendant de la bouche sous le menton ; et elle garantissait ses yeux, les fermait à chaque claque, de peur d'être éborgnée. Virginie ne saignait pas encore. Gervaise visait ses oreilles, s'enrageait de ne pouvoir les prendre, quand elle saisit enfin l'une des boucles, une poire de verre jaune ; elle tira, fendit l'oreille ; le sang coula.

« — Elles se tuent, séparez-les, ces guenons ! dirent plusieurs voix.

« Les laveuses s'étaient rapprochées. Il se formait deux camps : les unes excitaient les deux femmes comme des chiennes qui se battent ; les autres, plus

13

nerveuses, toutes tremblantes, tournaient la tête, en
avaient assez, répétaient qu'elles en seraient malades,
bien sûr... Et une bataille générale faillit avoir lieu ;
on se traitait de sans-cœur, de propre à rien ; des
bras nus se tendaient ; trois gifles retentirent.

« Mme Boche, pourtant, cherchait le garçon du
lavoir.

« — Charles ! Charles !... Où est-il donc ?

« Et elle le trouva au premier rang, les bras
croisés [1], regardant. C'était un grand gaillard à cou
énorme. Il riait, il jouissait des morceaux de peau que
les deux femmes montraient. La petite blonde était
grasse comme une caille. Ce serait farce si sa chemise
se fendait.

« — Tiens ! murmura-t-il en clignant un œil, elle a
une fraise sous le bras.

« — Comment ! vous êtes là ! cria Mme Boche en
l'apercevant. Mais aidez-moi donc à les séparer !
Vous !

« — Ah ! bien non, merci ! s'il n'y a que moi !
dit-il tranquillement. Pour me faire griffer l'œil
comme l'autre jour, n'est-ce pas ?... Je ne suis pas ici
pour ça, j'aurais trop de besogne... N'ayez pas peur,
allez ! Ça leur fait du bien, une petite saignée. Ça les
attendrit.

« La concierge parla alors d'aller avertir les sergents de ville. Mais la maîtresse du lavoir, la jeune
femme délicate, aux yeux malades, s'y opposa formellement. Elle répéta à plusieurs reprises :

« — Non, non, je ne veux pas, ça compromet la
maison.

« Par terre, la lutte continuait. Tout d'un coup,

---

1. Un cas typique de la lâcheté d'un homme.

Virginie se redressa sur les genoux. Elle venait de
ramasser un battoir, elle le brandissait.

« Elle râlait, la voix changée :

« Voilà du chien, attends. Apprête ton linge sale !

« Gervaise, vivement, allongea la main, prit
également un battoir, le tint levé comme une massue.
Et elle avait, elle aussi, une voix rauque :

« Ah! tu veux la grande lessive... Donne ta peau,
que j'en fasse des torchons !

« Un instant, elles restèrent là, agenouillées, à se
menacer. Les cheveux dans la face, la poitrine souf-
flante, boueuses, tuméfiées, elles se guettaient, attendant, reprenant haleine. Gervaise porta le premier
coup. Son battoir glissa sur l'épaule de Virginie. Et
elle se jeta de côté pour éviter le battoir de Virginie
qui lui effleura la hanche. Alors, mises en train, elles
se tapèrent comme les laveuses tapent leur linge,
rudement, en cadence. Quand elles se touchaient, le
coup s'amortissait, on aurait dit une claque dans un
baquet d'eau.

« Autour d'elles, les blanchisseuses ne riaient plus ;
plusieurs s'en étaient allées en disant que ça leur
cassait l'estomac ; les autres, celles qui restaient,
allongeaient le cou, les yeux allumés d'une lueur de
cruauté, trouvant ces gaillardes-là très crânes,
Mme Boche avait emmenés Claude et Etienne[1] ; et l'on
entendait, à l'autre bout, l'éclat de leurs sanglots
mêlé aux heurts sonores des deux battoirs.

« Mais Gervaise, brusquement, hurla. Virginie
venait de l'atteindre à toute volée sur son bras nu,
au-dessus du coude ; une plaque rouge parut, la chair
enfla tout de suite. Alors elle se rua. On crut qu'elle
voulait assommer l'autre.

---

1. Les enfants de Gervaise.

« — Assez! assez! cria-t-on.

« Elle avait un visage si terrible que personne n'osa l'approcher. Les forces décuplées, elle saisit Virginie par la taille, la plia, lui colla la figure sur les dalles, les reins en l'air ; et, malgré les secousses, elle lui releva les jupes largement. Dessous, il y avait un pantalon. Elle passa la main dans la fente, l'arracha, montra tout, les cuisses nues, les fesses nues. Puis, le battoir levé, elle se mit à battre, comme elle battait à Plassans, au bout de la Viorne, quand sa patronne lavait le linge de la garnison. Le bois mollissait dans les chairs avec un bruit mouillé. A chaque tape, une bande rouge marbrait la peau blanche.

« — Oh! oh! murmurait le garçon Charles, émerveillé, les yeux agrandis.

« Des rires, de nouveau, avaient couru. Mais bientôt le cri : Assez! assez! recommença. Gervais n'entendait pas, ne se lassait pas. Elle regardait sa besogne, penchée, préoccupée de ne pas laisser une place sèche. Elle voulait toute cette peau battue, couverte de contusions. Et elle causait, prise d'une gaieté féroce, se rappelant une chanson de lavandière :

« — Pan! Pan! Margot, au lavoir... Pan! Pan! va laver son cœur... Pan! Pan! tout noir de douleur!...

« Et elle reprenait :

« — Ça, c'est pour toi; ça, c'est pour ta sœur; ça, c'est pour Lantier... Quand tu les verras, tu leur donneras ça... Attention! je recommence. Ça, c'est pour Lantier; ça, c'est pour ta sœur; ça, c'est pour toi... Pan! Pan! Margot au lavoir... Pan! Pan! à coups de battoir !...

« On dut lui arracher Virginie des mains. La grande brune, la figure en larmes, pourpre, confuse, reprit son linge, se sauva; elle était vaincue. »

D'autre part, dans l'*Assommoir* également, Zola

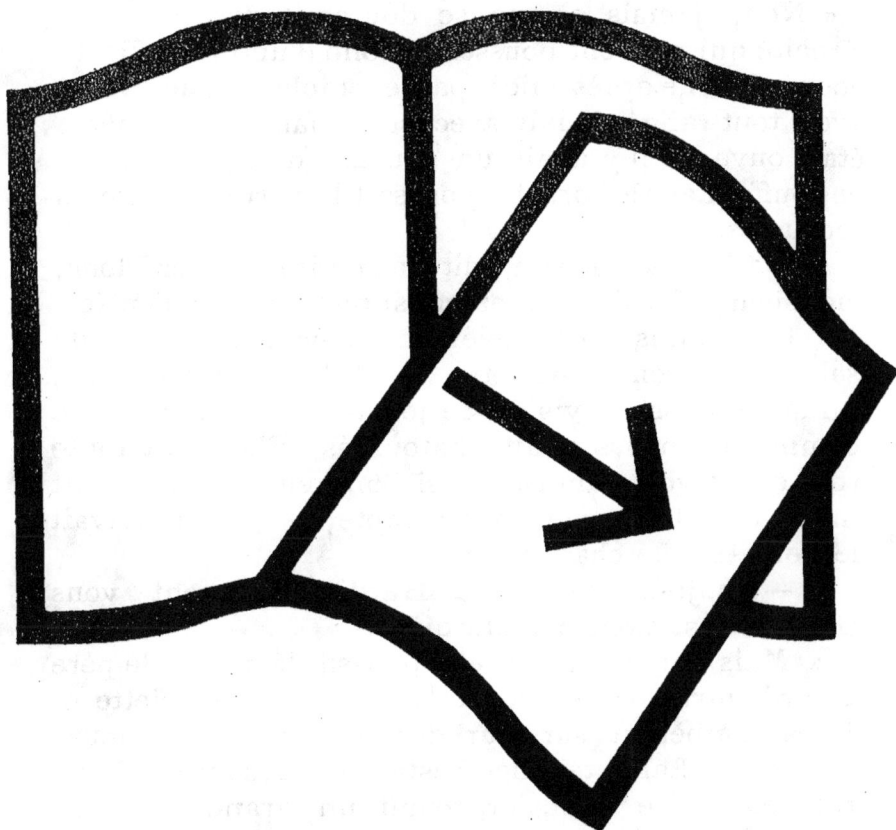

nous fait assister à une scène péniblement impressionnante, où la petite Lalie est fouettée avec une cruauté raffinée par son bourreau :

« Non, jamais on ne se douterait des idées de férocité qui peuvent pousser au fond d'une cervelle de pochard. Une après midi par exemple, Lalie, après avoir tout rangé, jouait avec ses enfants. La fenêtre était ouverte, il y avait un courant d'air, et le vent, engouffré dans le corridor poussait la porte par légères secousses.

« — C'est M. Hardi, dit la petite. Entrez donc, monsieur, Hardi. Donnez-vous donc la peine d'entrer.

« Et elle faisait des révérences devant la porte, elle saluait le vent. Henriette et Jules, derrière elle, saluaient aussi, ravis de ce jeu-là, se tordant de rire comme si on les avait chatouillés, Elle était toute rose de les voir s'amuser de si bon cœur, elle y prenait même du plaisir pour son compte, ce qui lui arrivait le trente-six de chaque mois.

« — Bonjour, monsieur Hardi ; comment vous portez-vous, monsieur Hardi ?

« Mais une main brutale poussa la porte, le père Bijard entra. Alors, la scène changea. Henriette et Jules tombèrent sur leur derrière, contre le mur: tandis que Lalie, terrifiée, restait au beau milieu d'une révérence. Le serrurier tenait un grand fouet de charretier tout neuf, à long manche de bois blanc, à lanière de cuir terminée par un bout de ficelle mince. Il posa ce fouet dans le coin du lit, il n'allongea pas son coup de soulier habituel à la petite qui se garait déjà en présentant les reins[1]. Un ricanement mon-

---

1 On voit que la pauvre enfant était habituée aux coups et qu'elle considérait cela comme une inévitable circonstauce de la vie journalière.

trait des dents noires, et il était très gai, très saoul, la
la trogne allumée d'une idée de rigolade.

« — Hein? dit-il, tu fais la traînée, bougre de
trognon! Je t'ai entendue danser d'en bas. Allons,
avance! Plus près, nom de Dieu! et en face ; je n'ai
pas besoin de renifler ton moutardier. Est-ce que je te
touche, pour trembler comme un quiqui? Ote-moi mes
souliers...

« Lalie, épouvantée de ne pas avoir reçu sa tatouille,
redevenue toute pâle lui ôta ses souliers. Il était assis
au bord du lit, il se coucha habillé, resta les yeux
ouverts, à suivre les mouvements de la petite dans la
pièce. Elle tournait abêtie sous ce regard, les membres
travaillés d'une telle peur qu'elle finit par casser une
tasse, Alors, sans se déranger, il prit le fouet, il le lui
montra.

« — Dis donc, le petit veau, regarde ça ; c'est un
cadeau pour toi. Oui, c'est encore cinquante sous que
tu me coûtes... Avec ce joujou-là, je ne serai plus obligé
de courir[1]: et tu auras beau te fourrer dans les coins.
Veux-tu essayer ?... Ah! tu casses les tasses!... Allons
houp! danse donc, fais donc des révérences à
M. Hardi

« Il ne se souleva seulement pas, vautré snr le dos,
la tête enfoncée dans l'oreiller, faisant claquer le
grand fouet par la chambre, avec un vacarme de
postillon qui lance ses chevaux. Puis, abattant le
bras, il cingla Lalie au milieu du corps, l'enroula, la
déroula comme une toupie. Elle tomba, voulut se
sauver à quatre pattes : mais il la cingla de nouveau
et la remit debout.

« — Hop! hop! gueulait-il, c'est la course des

---

1. Il lui en coûtait évidemment de se déranger, de se fatiguer:
le bourreau aimait ses aises.

bourriques !... Hein, très chouette, le matin, en hiver ;
je fais dodo, je ne m'enrhume pas, j'attrape les
veaux de loin, sans écorcher mes engelures. Dans ce
coin là, touchée, Margot ! Et dans cet autre, touchée
encore ! Ah, si tu te fourres sous le lit, je cogne avec
le manche... Hop ! hop ! à dada ! à dada !

« Une légère écume lui venait aux lèvres, ses yeux
fauves sortaient de leurs trous noirs. Lalie, affolée,
hurlante, sautait aux quatres angles de la pièce, se
pelotonnait par terre, se collait contre les murs ; mais
la mèche mince du grand fouet, l'atteignait partout,
claquant à ses oreilles avec des bruits de pétard, lui
pinçant la chair de longues brûlures. Une vraie
danse de bête à qui l'on apprend des tours. Ce pauvre
petit chat, valsait, fallait voir ! les talons en l'air
comme les gamines qui sautent à la corde et qui
crient : Vinaigre ! Elle ne pouvait plus souffler, rebon-
dissant d'elle-même ainsi qu'une balle élastique, se
laissant taper aveuglée, lasse d'avoir cherché un
trou. Et son loup de père triomphait, l'appelait
vadrouille, lui demandait si elle en avait assez et si
elle comprenait suffisament qu'elle devait lâcher
l'espoir de lui échapper à cette heure.

« Et il lança un dernier coup de fouet qui atteignit
Lalie au visage. La lèvre supérieure fut fendue, le
sang coula. Gervaise[1] avait pris une chaise, voulait
tomber sur le serrurier. Mais la petite tendait vers
elle des mains suppliantes, disant que ce n'était rien,
que c'était fini. Elle épongeait le sang avec le coin de
son tablier, et faisait taire ses enfants qui pleuraient à
gros sanglots, comme s'ils avaient reçu la dégelée de
coups de fouet.

---

1. Qui venait d'entrer à cet instant (Note de l'éditeur).

« Lorsque Gervaise songeait à Lalie, elle n'osait plus se plaindre. Elle aurait voulu avoir le courage de cette bambine de huit ans, qui en endurait à elle seule autant que toutes les femmes de l'escalier réunies, etc...»

Dans *Thérèse Raquin*, cette œuvre violemment énergique que le grand romancier compte parmi ses plus belles productions, Émile Zola nous dit en préface, pour se défendre de l'accusation d'immoralité, qui avait été portée contre lui :

« Il était facile, cependant, de comprendre Thérèse Raquin, de se placer sur le terrain de l'observation et de l'analyse, de me montrer mes fautes véritables, sans aller ramasser une poignée de boue et me la jeter à la face au nom de la morale. Cela demandait un peu d'intelligence et qnelques idées d'ensemble en vraie critique. Le reproche d'immoralité, en matière de science, ne prouve absolument rien.

« Je ne sais si mon roman est immoral, j'avoue que je ne me suis jamais inquiété de le rendre plus ou moins chaste, Ce que je sais, c'est que je n'ai pas songé un instant à y mettre les saletés qu'y découvrent les gens moraux ; c'est que j'en ai écrit chaque scène, même les plus fiévreuses, avec la seule curiosité du savant ; c'est que je défie mes juges d'y trouver une page réellement licencieuse, faite pour des lecteurs de ces petits livres roses, de ces indiscrétions de boudoir et de coulisses, qui se tirent à dix mille exemplaires et que recommandent chaudement les journaux auxquels les vérités de *Thérèse Raquin* ont donné la nausée... »

*
* *

Nous extrayons le passage suivant de *Rinconète et Cortadillo*, délicieuse nouvelle de Cervantès :

« ... Les deux vieillards en serge noire et l'introducteur furent chargés de verser à boire dans la tasse de liège. Mais à peine les convives avaient-ils commencé à donner l'assaut aux oranges, que de grands coups frappés à la porte leur donnèrent l'alarme en sursaut. Monipodio leur ordonna de se tenir tranquilles ; il entra dans la salle basse, décrocha un bouclier, mit l'épée à la main, et, s'approchant de la porte, demanda d'une voix creuse et formidable :

« Qui frappe là ?

« — Personne ; ce n'est que moi, seigneur Monipodio, répondit-on du dehors. Je suis Jagarote, la sentinelle de ce matin, et je viens vous dire que voici Juliana la Cariharta, qui vient échevelée et toute éplorée, comme s'il lui était arrivé quelque désastre.

« En ce moment arriva, poussant des sanglots, celle qu'annonçait la sentinelle. Monipodio l'entendit et lui ouvrit la porte. Il ordonna à Jagarote de retourner à son poste, et lui recommanda de donner désormais avis de ce qu'il verrait avec moins de bruit et de tapage ; ce que l'autre promit de faire. Pendant ce colloque, était entrée la Cariharta, fille de la même espèce et du même métier que les autres ; elle venait les cheveux au vent, la figure pleine de bosses et de contusions, et dès qu'elle entra dans la cour, elle se laissa tomber par terre, évanouie. La Gananciosa et la Escalanta s'empressèrent de lui porter secours, et lui ayant délacé sa robe, elles lui trouvèrent la poitrine noire et meurtrie. Elles lui jetèrent de l'eau au visage, et la pauvre fille revint à elle, en s'écriant :

« Que la justice de Dieu et du roi tombe sur ce
voleur effronté, sur ce lâche filou, sur ce coquin pouil-
leux, que j'ai sauvé plus de fois de la potence qu'il n'a
de poils dans la barbe! Malheureuse que je suis!
Voyez un peu pour qui j'ai perdu ma jeunesse et gâté
la fleur de mes années, si ce n'est pour un vaurien
dénaturé, scélérat et incorrigible.

« — Calme-toi, Cariharta, dit alors Monipodio, je
suis ici pour te rendre justice. Conte-nous ton grief.
Tu mettras plus de temps à le dire que moi à t'en
venger. Dis-moi, est-ce que tu as eu quelque démêlé
avec ton porte-respect. ? Si cela est, et que tu veuilles
une bonne vengeance tu n'as qu'à ouvrir la bouche.

« — Quel porte-respect? répondit Juliana. J'aimerais mieux me voir respectée dans les enfers que de
l'être de ce lion avec les brebis, de cet agneau avec les
hommes. Est-ce que je voudrais plus longtemps
manger avec lui pain sur nappe et coucher au même
nid ? Ah bien oui ! je verrais plutôt manger du loup
ces chairs qu'il a mises en l'état que vous allez voir. »

« — Et retroussant aussitôt ses jupes jusqu'au genou,
et même un peu plus haut, elle se fit voir toute couverte
de boue et de meurtrissures.

« Voilà, continua-t-elle, comment m'a arrangée cet
ingrat de Repolido, qui m'a plus d'obligations qu'à la
mère qui l'a mis au monde. Et pourquoi pensez-vous
qu'il l'a fait ? Est-ce que je lui en ai donné le motif ?
Non vraiment. Il l'a fait, parce qu'étant à jouer et à
perdre, il m'envoya demander par Cabrillas, son
goujat, trente réaux, et que je ne lui en envoyai que
vingt-quatre. Et je prie le ciel que la peine qu'ils
m'ont coûtée à les gagner vienne un jour en déduction
de mes péchés. Si bien qu'en récompense de cette
courtoisie et de cette bonne œuvre, il crut que je lui
soufflais quelque chose de ce qu'il se figurait en son

imagination que je pouvais avoir. Ce matin, il m'a menée aux champs, plus loin que le jardin du roi ; là, derrière les oliviers, il m'a déshabillée toute nue, et, avec sa ceinture de cuir, sans ôter la boucle en fer, (que ne puis-je le voir dans les fers et les chaînes!), il m'a donné tant de coups, qu'il m'a laissée pour morte. De cette véritable histoire, voilà des marques et des contusions qui sont de bons témoins. »

« Ici, la fille recommença à demander justice, et Monipodio à la lui promettre, ainsi que tous les braves qui se trouvaient là.

« La Gananciosa prit à tâche de la consoler.

« — Je donnerais bien volontiers, lui dit-elle, une de mes meilleures nippes, pour qu'il m'en fut arrivé autant avec mon bon ami ; car il faut que tu saches, ma sœur Cariharta, si déjà tu ne le sais, que celui qui aime bien châtie bien. Quand ces vauriens nous donnent des taloches et des horions, c'est qu'ils nous adorent. Sinon, dis la vérité, par ta vie : n'est-il pas vrai qu'après t'avoir battue et meurtrie, le Relopidon t'a fait quelque caresse?

« — Comment! quelqu'une ? répondit la pleureuse ; il m'en a fait cent mille. Il aurait donné un doigt de sa main pour que je le suivisse à son logis ; et je crois même que les larmes lui sont presque venues aux yeux après qu'il m'eût bien rossée.

« — Il n'en faut pas douter, repartit la Gananciosa, il aura pleuré de la peine de voir en quel état il t'avait mise, Pour de tels hommes, et en de telles occasions, ils n'ont pas commis la faute, que déjà le repentir leur vient. Tu verras, sœur, s'il ne vient pas te chercher avant que nous sortions d'ici, et te demander pardon de tout le passé, humble et doux comme un agneau.

« — En vérité, s'écria Monipodio, ce lâche gredin

n'entrera point par cette porte avant d'avoir fait une
éclatante pénitence du crime qu'il a commis. Devait-il
être assez osé pour mettre la main sur le visage de la
Cariharta et sur ses chairs, quand c'est une personne
qui peut le disputer en propreté et en savoir-faire
avec la Gananciosa elle-même, ici présente, ce qui
est tout ce que je puis dire de plus fort ?

« — Hélas ! repondit la Juliana, que votre Grâce,
seigneur Monipodio, ne dise pas tant de mal de ce
maudit ; tout méchant qu'il est, je l'aime comme
l'enveloppe de mon cœur, et les propos que m'a dits
en sa faveur mon amie la Gananciosa, m'ont remis
l'âme dans le corps. En vérité, si je m'en croyais, je
l'irais chercher... »

*
* *

LA COQUETTE CHATIÉE

Chacun doit à sa femme amour et complaisance ;
Mais quand elle en abuse et prend trop de licence,
Une correction est souvent d'un grand fruit ;
Vous allez en juger par l'histoire qui suit.

Une femme toujours revenoit tard chez elle,
Ne parlant que d'amour, de bals et de ruelles,
Sans voir que son mari en avoit du chagrin,
Et de tous ces cadeaux se lassoit à la fin.
Le mari, peu content d'une telle conduite,
Voulut que de son ordre elle fut lors instruite.

Il lui dit donc : — Ma femme, ou *m'amour*, ou *mon cœur*,
Je ne sçai pas lequel ; car, comme à son malheur ;
Il craignoit pour son front ce dont on fait mystère,
Il pouvoit bien contre elle avoir quelque colère :
Mais n'importe, il lui dit : — Que faites-vous les jours ?
Faut-il aussi les nuits, pour tous vos quinze tours ?
Je prétends, s'il vous plaît, certaine heure venue,
Qu'au logis sagement je vous voye rendue,
Ou sinon je sçauroi vous mettre à la raison ;
Il en jura sa foi, mais jura d'un gros ton ;
Avocat tout ensemble, accusateur et juge,
Comment, contre l'arrêt, avec quelque refuge ?
Enfin, bon gré, malgré, force étoit d'obéir ;
Mais la belle, croyant pouvoir se divertir,
Vu que tous ses plaisirs étoient dans l'innocence
Ne s'embarrassa point de cette remontrance,
Et revint, dès le soir, tard comme auparavant.
Dans l'art de corriger l'avocat fort sçavant,
Avoit depuis trois jours des verges succulentes,
Qu'il fit temper longtems pour être plus piquantes.
Dès que sa femme arrive, il monte sur ses pas,
Se saisit d'elle au corps, s'empare de ses bras.
Elle qui ne craint point de tragique aventure,
Et peut-être croyoit céder à la nature,
Se laisse de bon cœur renverser sur le lit.
Quelle surprise, hélas ! quand cette femme vit
Que le traître mari n'en vouloit qu'au derrière.
La chemise déjà l'expose à la lumière,
De cent coups aussitôt il se sent déchirer.
Et la belle aux abois est prête d'expirer.
En vain à son secours elle appelle du monde,
Tout est sourd à ses cris, aucun ne la seconde :
N'étant pas la plus forte, il faut céder aux coups,
Et demander pardon à ce fâcheux époux.
Dieux ! quelle extrémité ! le cœur rempli de rage

Elle s'échappe, et court se plaindre au voisinage,
Mais hélas, à sa honte ; et ses meilleurs amis
Ne lui répondoient rien, si ce n'est par leurs ris
Que faire pour sauver une semblable injure?
Il fallut de son cœur étouffer le murmure.
Ce rude châtiment eut un effet si prompt,
Qu'elle ne sortoit plus comme les autres font.
J'entends celles qui font gloire d'être coquettes
Et d'écouter partout les conteurs de sornettes :
L'obéissance fut le parti qu'elle prit,
Et depuis, aux cadeaux, jamais on ne la vit.
Ah ! si la mode vient de bien fesser les femmes,
Que de sujets de craindre à la plupart des dames !

L'abbé GRÉCOURT.

*
* *

L'AMOUR FOUETTÉ

— Jupiter, prête-moi ta foudre,
S'écria Lycoris un jour :
Donne, que je réduise en poudre
Le temple où j'ai connu l'Amour.
Alcide, que ne suis-je armée
De ta massue et de tes traits,
Pour venger la terre alarmée,
Et punir un dieu que je hais.
Médée, enseigne-moi l'usage
De tes plus noirs enchantements ;
Formons pour lui quelque breuvage
Egal au poison des Amans.
Ah ! si dans ma fureur extrême
Je tenois ce monstre odieux...
— Le voilà, lui dit l'Amour même,
Qui soudain parut à ses yeux.

Venge-toi, punis si tu l'oses...
Interdite à ce prompt retour,
Elle prit un bouquet de roses
Pour donner le fouet à l'Amour.
On dit même que la bergère,
Dans ses bras n'osant le presser,
En frappant d'une main légère,
Craignoit encor de le blesser [1].

*
* *

Sous le même titre, nous trouvons, dans un autre
recueil, une poésie sur le même sujet :

L'AMOUR FOUETTÉ

POÈME

Loin de ces prisons redoutables,
Où Pluton aux ombres coupables
Fait sentir son juste courroux,
Il est dans les enfers des asiles plus doux ;
Là, des myrtes touffus forment de verts ombrages,
Qui n'ont rien des horreurs de l'éternelle nuit.
Des ruisseaux y coulent sans bruit,
Des pavots languissants couronnent leurs rivages,
On voit parmi les fleurs qui parent ce séjour
Hyacinthe et Narcisse et cent autres encore
Qui, sujets autrefois de redoutable amour,
Ont passé sous les lois de Flore.
Dans les sombres détours de ces paisibles lieux

---

1. M. Bernard. Trésor du Parnasse, Londres, 1770, tome V.
P. 255.

Plusieurs amants dont la mémoire
Doit vivre à jamais dans l'histoire,
S'occupent encor de leurs feux.
L'ambitieuse imprudente
Qui voulut voir Jupiter
Armé de la foudre éclatante
Rappelle ce plaisir qui lui coûta si cher.
La jeune amante de Céphale,
En soupirant pour ce vainqueur,
Chérit cette flèche fatale
Dont il lui perça le cœur.
Héro, d'une main tremblante,
Tient la lampe étincelante
Qui lui servit seulement
A voir périr son amant,
Ariane roule, en colère,
Ce fil, triste instrument d'un horrible attentat
Trop malheureuse, hélas ! d'avoir trahi son père,
Pour n'obliger qu'un ingrat.
Phèdre, chancelante et confuse.
Baigne, mais trop tard, de ses pleurs
L'écrit où sa main accuse
De trop criminelles ardeurs.
Moins coupables cent fois et plus à craindre qu'elle,
Et Didon et Thisbé vont se frapper le sein :
D'un perfide ennemi, l'une a le fer en main,
L'autre, celui d'un amant trop fidèle ;
De leur douleurs l'amour voulut être témoin.
De couvrir son carquois il avait pris le soin.
Les arbres épais d'un bocage,
L'ombre discrète d'un nuage,
Adoucirent en vain l'éclat de son flambeau,
On reconnut soudain cet ennemi nouveau,
On l'entourait, et la troupe rebelle
Lui préparait des tourments inhumains.

L'Amour ne bat plus que d'une aile,
Il se soutient à peine et tombe entre leurs mains,
Pour désarmer ces juges implacables,
En vain l'Amour verse des pleurs,
On enchaîne ces mains qui portent dans les cœurs
Des coups inévitables.
Attaché sur un myrte, en proie à leurs fureurs,
Il va de mille morts éprouver les horreurs ;
Partout des clameurs menaçantes :
Ont étouffé ses plaintes languissantes :
L'un l'effraye avec ce fer sanglant
Qui finit de ses jours les déplorables restes,
L'autre, avec le débris encore étincelant
D'un bûcher, de sa mort théâtre trop funeste.
De ces pleurs endurcis par le pouvoir des dieux
Myrrha fait contre lui de redoutables armes,
Leur poids va l'accabler. Pauvre Amour ! ses alarmes
Ne puniront que toi de son crime odieux.
L'Amour veut invoquer sa mère
Et par ses pleurs et par ses cris :
Vient-elle à son secours ? Non, Vénus en colère
Insulte encore aux tourments de son fils.
« Ah ! dit-elle, à son tour qu'il éprouve ma rage.
Je n'ai que trop souffert de cet audacieux.
Des filets de Vulcain, des ris malins des dieux
Je n'ai pas oublié l'outrage :
C'est Vénus en courroux qui menace : tremblez.
Sa main s'arme aussitôt d'un gros bouquet de roses
De leurs boutons à peine écloses :
Déjà, sous ses coups redoublés,
D'une main, hélas ! trop sûre,
Le sang rejaillit et couvre la verdure
Qui pare l'immortel séjour :
Arrêtez, déesse irritée,
S'écrie avec transport la troupe épouvantée,

14

Lorsque nous respirions le jour,
Une planète infortunée
Fit nos malheurs... ce ne fut pas l'amour [1].

Le petit Dieu malin, Cupidon, n'a donc pas échappé
à la fustigation. Seulement, le veinard n'a pas, comme
le commun des mortels, fait connaissance avec les
verges de bouleau ou le vulgaire martinet : c'est avec
des roses, des tiges fleuries, qu'il a été châtié : reste à
savoir si les castigatrices s'étaient donné la peine
d'éliminer préalablement les épines...

*
* *

Dans un ouvrage intitulé :

LES COUTUMES THÉATRALES

OU

SCÈNES SECRÈTES DES FOYERS

PETIT RECUEIL

En contes un peu plus que gaillards, ornés de couplets
analogues

Dédiés aux gens des deux sexes qui se destinent
au théâtre

Que dire à cet essai sans plus de conséquence ?
Qu'hélas bien fou serait celui mal y pense.

A HELIOFOUTROPOLIS

De l'imprimerie de Crispinaille, à la Matricule,
1793.

on parle, en vers, que la décence nous interdit de reproduire, des effets de la flagellation dans le cas d'im-

---

1. « Nouveau choix de pièces de poésies » par Danchet, la
Haye, 1715, tome Ier, p. 74.

puissance chez l'homme. L'audace de certains tableaux, quoique parfois poussée à l'extrême, n'en est pas moins très pittoresque et originale.

Voici encore le langage d'une courtisane à l'un de ses amis, qui, à ce qu'il semble, avait grand besoin d'un stimulant énergique pour lui rendre son ardeur émoussée :

> « Apprends, cher bon ami, que les coups vigoureux
> Te rendront plus sensible aux plaisirs amoureux.
>   Ceux dont la nature trop lente
>   Ne peut satisfaire une amante,
> Par quelques coups de verge appliqués fortement
> Se portent au combat plus vigoureusement.
> Quel beau c.., ! Ah ! dieux, je suis contente !
> Viens maintenant satisfaire une amante,
> Jetons-nous sur le lit, dans le sein du plaisir,
> De tes douleurs passées perdons le souvenir. »

*
* *

Et voici maintenant deux petites poésies dont le ton badin ne dépasse pas les limites de la bienséance :

LE FOUET

> A l'âge de douze ans, pour certain grave cas
>   Que je sais, et ne dirai pas,
>   Lise, du fouet fut menacée,
> A sa maman, justement courroucée,
>   Lise répondit fièrement :
>   — Vous avez tout lieu de vous plaindre ;
>   Mais pour le fouet, tout doucement,
> Je suis d'âge à l'aimer, et non pas à le craindre [1].

---

1. Joujou des demoiselles.

LE SENTIER DU CIEL

Dans un volume intitulé :

LA BOUTIQUE DE FRUITIER, un récit. vol. I.

> « Mais je l'aime et veux que mes vers,
> Dans tous les coins de l'Univers,
> En fassent vivre la mémoire ;
> Et ne veux penser désormais
> Qu'à chanter dignement sa Gloire ! »
>
> Voit.

Londres : Imprimé pour C. Moran à *Covent-Garden*, 1765 [1],
nous trouvons dans la quatrième partie un épisode
très curieux sous le titre de : *Le Sentier du Paradis*,
que nous reproduisons, parce qu'il jette un jour nouveau et particulier sur la vie dans les couvents :

« Un expédient des plus heureux fut découvert par
un moine vigoureux, confesseur dans un couvent de
religieuses, auxquelles il prêcha que le plus court
chemin pour aller en Paradis était, pour les élus, de
baisser le plus humblement possible, c'est-à-dire très
profondément, la partie la plus élevée du corps. Par
ce moyen, certaines parties joufflues (vulgairement on
dit les fesses) seront amenées dans une position convenablement et utilement proéminente : et dans cette
situation, ils peuvent être sûrs de recevoir illico des
impressions vivifiantes et radiations missionnaires,
s'ils sont destinés à figurer parmi les élus.

---

1. THE FRUIT-SHOP, a Tale, vol. I, London; Printed for C.
Moran, in *Covent-Garden*, 1765.

« La curiosité innée des femmes tout autant que
l'obéissance religieuse devaient faire prêter une sérieuse attention à un aussi intéressant récit, les audi-
trices fussent-elles laïques ou religieuses ne devaient-
elles hésiter longtemps à mettre la théorie en pratique
et c'est ce qui a donné naissance aux deux termes
baroques, inventés par erreur et par pure plaisanterie, soit *attrition* et *contrition*, tirés tous deux du
verbe latin *terere* — frotter. Ses composés *atterrere*
signifie frotter sur : *contrere* — frotter avec. L'attrition se produisait quand la femme, baissant sa tête,
soit la partie la plus élevée de son corps le plus profondément possible elle frottait son nez à terre. Dans
l'accomplissement de cet acte, elle devrait être supportée par ses genoux, et dresser d'une façon proéminente son bas-fonds, dont la situation est, en général, assez basse, et l'exposer aux affronts. Dans cette
position, la pénitente ressemble quelque peu à ces
vaisseaux de forme bizarre que les marins appellent
une basse proue et une haute poupe.
     « La deuxième partie de la cérémonie, *la contri-
tion* dérivé de *conterere*, c'est-à-dire de frotter avec,
était exécutée par le confesseur en intrigant judicieux
qu'il était ; car le directeur des consciences s'arran-
geait de façon à ce que son stratagème ne pût être
découvert, en n'appuyant pas trop et surtout en ne
touchant pas avec ses mains profanes. Elle, pendant
ce temps, avait à tenir ses yeux pieusement clos, le
voile strictement descendu sur eux, comme s'il
n'étaient pas encore dignes de voir la lumière des
Cieux, les choses célestes. — L'opération se démontra
trop agréable ponr qu'on n'ajoutât pas foi en son efficacité avec la plus grande bonne volonté, parce
qu'elle flattait pour le présent, les instincts de sacrifice
de la nonne et lui fournissait des espérances pour

l'avenir ; de même aussi, parce qu'il en résultait pour elle une sensation exquise, inconnue jusqu'au service d'inauguration par l'ecclésiastique. La dévote endurcie recevait les effets de l'opération comme un bienfait surnaturel, de sorte qu'elle éprouvait le désir d'en être gratifiée souvent, aussi souvent que le saint homme voulut bien l'honorer de ces mystiques et ravissantes visions, ce qu'il fit d'ailleurs aussi souvent qu'il lui était possible de se rendre à son désir.

« C'est de gaillards de ce calibre qu'ont émané toutes les impostures, telles que *stigmates* et autres fraudes religieuses, comme ils furent mis en pratique par le Père Girard à l'égard de Mlle de la Cadière, etc., et qui dans leurs calendriers — comme l'on peut s'en rendre compte dans quelques-unes des vieilles collections légendaires, — sont appelées les Comforts Essentiels des pécheurs, ou la pieuse récréation de : —

« *Nez à terre*
« *C... en l'air.*

« C'est cela qui est le sentier du Paradis ! (vol. II, p. 95.) »

Un épisode typique que nous faisons suivre, nous démontre que pour certaines femmes, la fustigation constitue un châtiment ou un outrage qu'elles redoutent par-dessus tout : elles se plaindront amèrement d'avoir été battues et relègueront au second plan les offenses bien plus graves qui auront pu accompagner les coups :

« Derrière Montmartre gîtent encore de nombreux chiffonniers, malgré le dispersement, hors barrières, des chevaliers du crochet ; ces porte-hottes demeurent « en tas » en des cités *ad hoc*, c'est-à-dire judicieusement situées hors des regards profanes.

« L'une d'elles, appelée : impasse du Mont-Viso, un curieux spécimen du genre, a été le théâtre du fait que nous allons raconter.

« En ladite cité, la jeunesse mâle s'était arrogé le droit régalien de faire « travailler » le jeune élément femelle, pour vivre en paix du produit de ce « travail ». Les filles devaient *turbiner*, toutes, et, disons-le sans fard, toutes se prêtaient de la meilleure grâce au *turbin* hors la cité.

« Une seule faisait exception, une jeune chiffonnière nommée Louise, qui avait énergiquement refusé de se prostituer, la nuit venue, malgré les pressantes sollicitations de l'élément masculin, et les menaces de toute nature. Et, circonstance aggravante, Louise avait un amant hors la cité !

« Une pareille situation ne pouvait durer ; c'était d'un trop mauvais exemple !

« Les menaces se renouvelèrent, plus sérieuses, et enfin, Louise n'en ayant cure, on décida de : « lui tanner la peau ! » et « de lui passer dessus ! »

« Le lendemain du jour où cette double décision avait été prise, la jeune fille sortant de son taudis, promenait dans la cité un moutard âgé de trois ans et appartenant à une voisine. Après quelques pas, elle s'entendit appeler, leva la tête et vit une de ses amies, nommée Élisa, accoudée à la fenêtre de sa chambre, et l'invitant à venir prendre le café.

« Louise accepta ; elle monta, en compagnie de l'enfant, entra dans la chambre de son amie, et se trouva, sans étonnement, en compagnie de quatre jeunes chiffonniers ; on but tranquillement le café, additionné d'alcool suffisamment régénérateur ; après quoi, sur un signe d'Élisa, chacun se leva, comme pour aller à ses affaires :

« Louise sortit la première, tenant toujours le moutard par la main, et marcha sans défiance. Soudain, au moment où elle passait devant la porte ouverte d'une chambre remplie de varech, la jeune fille se sentit poussée violemment ; avant qu'elle eût pu résister et même crier, la chiffonnière était renversée sur le varech, violée par chacun des quatre vauriens et battue à tour de bras, à toute nouvelle reprise.

« Ce spectacle avait pour témoins Élisa, simple curieuse impassible, et l'enfant qui poussait des cris lamentables.

« Au bruit, quelques voisines vinrent enfin, et parmi elles la mère du moutard, laquelle se dérangea seulement pour retirer son enfant de la mêlée ; mais chacune se garda bien d'intervenir. Toutes rentrèrent au logis après constatation d'un acte ne les regardant pas et dont elles ne pouvaient apprécier la valeur réelle.

« Louise se releva enfin, frottant ses côtes et descendit se plaindre, *non d'avoir été violée par quatre vauriens, mais simplement des coups reçus* ! Par hasard, le témoin de ses doléances était un vieux chiffonnier des plus honnêtes, nommé le père François, qui, sans en aviser personne, vint prévenir le commissaire de police.

« Ce magistrat eut quelque peine à obtenir une déposition régulière de Louise, qui, encore une fois, trouvait naturel le viol et ne ressentait de colère qu'au souvenir des coups [1], etc. »

---

1. Pierre Delcourt. *Le Vice à Paris*. Paris, 1889.

JEAN DE MEUNG

Le passage du *Roman de la Rose* qui eut le don de mettre en si grande colère les dames de la Cour de Henri III de France n'était évidemment pas des plus anodins ; qu'on en juge :

> Toutes êtes, serez ou fûtes,
> De fait ou de volonté putes ;
> Et qui bien vous chercherait
> Toutes putes vous trouverait.

On a vu comment ces dames prirent la choses et la conclusion qu'eut l'affaire. Un auteur anonyme a fait un récit très pittoresque de l'incident.

Nous croyons utile de le reproduire ici dans son entier parce que le morceau est assez difficile à se procurer :

CLOPINEL

Jean de Meung, qu'on nommait autrement Clopinel,
Avait fait quelques vers contre l'honneur des femmes.
Les vers étaient sanglants ; une troupe de dames,
     Pour venger l'opprobre éternel
Qu'il faisait à leur sexe en les traitant d'infâmes,
     Voulut en faire un châtiment,
Qui servît aux auteurs du même caractère,
     D'exemple et d'avertissement.
Ces dames dans le Louvre avaient leur logement ;
Clopinel, bel esprit, y venait d'ordinaire ;
Cela rendait la chose assez aisée à faire ;
Il ne fut question que de savoir comment.

Dans ce palais était une chambre écartée,
On trouva le moyen de l'y faire venir ;
        Aussitôt la troupe irritée
Parut en bon état et prête à le punir.
De verges, chaque dame avait une poignée ;
Quelques seigneurs cachés étaient de leur complot.
Le pauvre Clopinel, étant pris comme un sot,
Implora leur clémence, eut recours aux prières,
Tâcha de les fléchir, fila doux, en un mot.
Tenta tous les moyens de se tirer d'affaires.
        Mais cela ne lui servit guères ;
        Les dames voulaient l'étriller ;
Et toutes, à l'envi, dans leur colère extrême,
        Disaient : — Il faut le dépouiller !
        — Je me dépouillerai moi-même,
        Leur dit-il, mais auparavant
        Daignez m'accorder une grâce.
Ce n'est point le pardon, mon forfait est trop grand ;
Je suis un téméraire, un perfide, un méchant,
        Je mérite votre disgrâce :
Si vous me refusez, sachez que fort souvent
        Dans la fureur on se surpasse.
J'arracherai les yeux, je dévisagerai ;
Plus d'une sentira les effets de ma rage,
        En lion je me défendrai,
        Et je mettrai tout en usage,
Les dames sur cela jugèrent à propos
D'accorder sa demande : — Eh bien, lui dirent-elles,
Nous te le promettons et nous serons fidèles.
        Qu'est-ce ? parle donc en deux mots.
— Mesdames, leur dit-il, ce que je vous demande,
        Est que la plus grande putain
        Qui soit dans toute votre bande,
Donne le premier coup de verges de sa main.
        Les dames s'entre-regardèrent,

Pas une commencer n'osa ;
Toutes, qui de ça, qui de là,
L'une après l'autre s'en allèrent :
Clopinel resta seul, et par là se sauva [1].

LA DANSEUSE RUSSE

Je liai connaissance à Paris, pendant l'Exposition de 1878 avec une danseuse russe, qui faisait partie d'un corps de ballet en représentation dans un théâtre du Trocadéro. Mariska — c'est le nom que nous donnerons à la danseuse qui l'a pris pour signer ses mémoires — avait trente-huit ans sonnés, et n'en paraissait pas plus de trente, malgré les nombreuses tribulations par lesquelles elle était passée dans le cours de son existence.

L'ampleur de ses formes postérieures m'intriguait au dernier point, par le développement qui bombait d'une façon exagérée les jupes retroussées. J'avais, chaque fois que je la rencontrais, une question sur le bout de ma langue. Mais je n'étais pas encore assez familier avec la ballerine, pour m'informer de la cause d'une pareille envergure, que j'attribuais aux exercices physiques auxquels devaient se livrer dès leur enfance les élèves de Terpsichore.

Je tournais autour de la belle Slave, lorgnant d'un œil d'envie le superbe ballonnement, tenté de palper l'étoffe comme par hasard, mais j'osais à peine l'effleurer, craignant des rebuffades, bien que Mariska parût m'encourager de l'œil.

Un soir j'eus l'occasion de tâter l'étoffe soyeuse, qui

---

1. Poésies diverses de Baraton, 1704, page 17.

couvrait cette somptueuse mappemonde. Nous allions souper au cabaret, deux de mes amis et moi, avec la danseuse, en cabinet particulier. Je montai derrière elle les degrés qui conduisaient au salon du premier, j'en profitai pour prendre dans mes mains la mesure de la circonférence, qui me parut d'un volume remarquable, sans qu'elle se montrat le moins du monde offusquée.

Pendant le souper, arrosé de champagne frappé, nous la plaisantions sur ce que nous appelions sa difformité. Elle avait un sourire goguenard, comme si elle méditait quelque farce épicée, dont on la disait coutumière dans les soupers où on l'invitait.

Quand la table fut desservie, elle avait une pointe d'ivresse. Elle avait vidé coup sur coup quatre ou cinq coupes de champagne, comme pour se donner du cœur. Elle sauta sur la table, s'agenouilla, nous tournant le dos, et sans crier gare, elle se troussa lestement, lançant ses dessous sur ses reins, s'exhibant ainsi des genoux à la ceinture.

Nous crûmes à ce geste qu'elle avait gardé son maillot. Nous fûmes bien vite détrompés le plus agréablement du monde. Elle était nue, des genoux aux hanches. Jamais plus volumineux appendice ne surplomba deux plus puissants piliers du secret paradis. Tout était de la plus riche carnation, couvert d'une peau veloutée de pêche mûre, dont le satin luisait aux clartés du lustre. On eût pu se mirer dans cette peau étincelante.

Nous étions un peu surpris du sans-gêne et du sans-façon avec laquelle la danseuse nous exhibait ainsi ses nudités dans la plus riche indécence, mais nous étions ravis de la superbe montre, dont nous ne pouvions détacher nos regards émerveillés, pendant qu'elle nous criait :

— Eh ! bien, mon derrière est-il difforme mes seigneurs ?

Ah ! non, il n'était pas difforme, ce gros derrière-là. C'était bien le plus beau, le plus engageant, le plus richement fessé, et le plus soyeux des postérieurs satinés que j'eusse vus. Certain aimable chroniqueur qui les aime amples, larges, opulents, serait tombé en extase devant cette merveille de croupe rebondie.

Les jupes étaient retombées, la danseuse avait repris sa place sur sa chaise qu'elle garnissait de telle débordante façon, qu'ici encore elle eût fait tomber à genoux le chroniqueur fasciné. Elle était calme, souriante, comme si elle ne nous avait rien montré que ce qu'on montre à tout le monde.

Elle nous demanda si nous désirions connaître la cause du développement de ses fesses.

Je crois bien, que nous voulions l'entendre de sa bouche ! le récit ne pouvait manquer d'être piquant, et nous tendîmes une oreille attentive.

Elle nous raconta, avec le bagout d'une véritable Parisienne, entretenant sa verve par des coupes de champagne qu'elle vidait de temps en temps, buvant ça comme du petit lait, qu'elle était née, qu'elle avait passé son enfance, son adolescence, et une partie de sa jeunesse dans le servage.

Elle avait souffert moralement et physiquement dans les diverses conditions où elle avait passé son existence, fouttée à tout propos chez le boyard, chez la gouvernante, les maîtres et les enfants, chez la modiste où on l'avait mise en apprentissage, par la maîtresse et par les clientes qui venaient se plaindre ; à l'Académie Impériale de Danse, où la chorégraphie s'enseigne le fouet en main, comme si l'art de la danse devait entrer par les fesses. Et rien n'aide au développement de ces parties-là, comme la flagellation continue. On ne lui avait pas ménagé les corrections depuis son enfance.

Les détails piquants dont elle émailla son alerte récit, qui dura deux heures, me firent augurer que si elle consentait à écrire ses mémoires, mille détails lui reviendraient qui ne pouvaient trouver place dans son récit.

Après cette présentation démonstrative, il me fut assez facile d'obtenir les bonnes grâces de la danseuse. Je profitai de notre intimité pour lui persuader de mettre au jour ses souvenirs, convaincu que tous les détails qu'elle pourrait fournir sur le servage russe offriraient une lecture des plus piquantes, si on les publiait.

L'idée lui sourit. Elle me promit de se mettre à l'œuvre dès son retour en Russie.

J'attendais depuis plus de deux ans, ne comptant plus sur sa promesse, nos relations écrites avaient cessé, lorsque je trouvai un soir sur mon bureau un paquet ficelé et cacheté, qu'on avait remis à l'office dans la matinée. Je l'ouvris et je trouvai dedans un manuscrit portant pour titre « Mémoires d'une danseuse Russe », avec une lettre qui me renseignait sur ce qu'elle attendait de moi.

Elle me demandait de ne publier ses mémoires que dans quelques années, lorsqu'elle jugerait le moment opportun.

Après les avoir parcourus, je regrettai vivement d'être obligé de laisser dormir dans mes tiroirs d'aussi charmants récits, d'un piquant achevé, écrits d'une plume alerte et dans une jolie langue française.

Ces Russes, quand ils se mettent à parler le français le parlent mieux que certains indigènes qui le savent mal, c'est vrai, et avec un accent pur de tout mélange.

Celle-ci l'écrit comme elle le parle. Aussi je laisse la parole à la charmante conteuse.

On trouvera en guise de préface la lettre qui accompagnait l'envoi. .

Moscou, le..... 188...

« Voici, Monsieur, mes Mémoires que je viens d'achever à votre intention. Vous voyez que j'y ai mis le temps. J'ai dû classer mes souvenirs, les coordonnant au fur et à mesure qu'ils revenaient dans mon esprit. Puis je les ai mis à jour par petites étapes pour omettre le moins de détails possibles.

« Vous trouverez intercalées dans mes mémoires les impressions de la boïarine ma maîtresse, et celles d'une orpheline, qui racontent toutes les turpitudes par lesquelles elles ont passé dans cette maison, comme tous les orphelinats une vraie maison de prostitution.

« J'ai revu ses souvenirs écrits en langue française, car elle n'avait pas mérité par son style les compliments que vous me prodiguiez, grand flatteur, quand j'étais votre correspondante à Paris. Vous pouvez les intercaler à votre guise dans mes mémoires dont ils corroberont les récits, qui sont la peinture fidèle des scènes piquantes qui se sont déroulées sous mes yeux.

« Je termine ma lettre par une recommandation qui va peut-être vous désappointer un peu, vous qui comptiez divulguer ces Mémoires au public sans retard. Eh ! bien, je vous prie de ne les publier, si du moins vous êtes encore dans les mêmes dispositions, que plus tard, pour des raisons de convenance, qui auront disparu alors. Je vous aviserai quand le moment sera venu.

« Votre toujours dévoué servante,

« MARISKA,
« Ex-danseuse des Théâtres-Impériaux. »

*
* *

Nous terminerons cette partie importante de notre
travail en donnant le charmant conte de Béroalde de
Verville, qui n'est pas dénué de finesse.

LE CLERC FOUETTÉ-FOUETTARD

Près le collège du cardinal Le Moine, de mon
temps, et non si près que ce ne fût aux faubourgs,
une sage dame que tout le monde nommait Mme la
principale, un mercredi matin qu'elle était à la porte
assise, sans penser en mal, non plus qu'une autre,
voici venir à elle un beau jeune homme, habillé à la
jésuite, ainsi qu'un écolier envoyé pour étudier : il
avait une soutane.

— Cet officier ensoutané voulait-il faire la pauvreté
avec la principale ?

— Qu'est-ce que faire la pauvreté ?

— Puisque je vous vois attentif, aussi éveillé qu'un
chat qu'on fesse, vous le saurez. C'est que, faisant la
pauvreté, on pratique le doux androgyne, on fait la
bête à deux dos ; on fait le destin d'homme à femme ;
c'est faire la cause pourquoi ; c'est être bonne personne, parce que nul n'est bon, et il n'y a bonne personne que celle qui, se faisant du bien, en fait à une
autre, *Fac benè et benè tibi erit.* (Fais du bien à
autrui, et tu en seras récompensé.)

— Quand donc l'écolier eut profondément salué la
principale (ainsi on salue les dames), elle, lui rendant
son salut, lui dit : « Trêve de chapeau, Monsieur,
mettez dessus. » Il repart : « Trêve de fesses, Madame,
tenez-vous ferme. » Ainsi les hommes saluent du chapeau et les dames saluent du cul.

Ayant donc mutuellement achevé la salutation, il lui dit qu'il désirait parler à elle, s'il lui plaisait. Elle le mène en sa chambre où ils s'asseyent, et il dit : « Madame, étant trébuché en extrémité de dévotion, j'ai bonne envie d'être fouetté, réellement et de fait, par quinze matinées consécutives ; s'il vous plaît de me faire ce bien, d'en prendre la peine, je vous donnerai douze beaux écus et un écu pour les verges.»

Elle répond : « Monsieur, excusez-moi, s'il vous plaît ; je ne me connais point en fouetterie. »

Adonc, ce jeune enfenouillé gracieusement se retire. Oh ! combien il y a d'écoliers qui voudraient que fesserie fût éteinte, et que l'on n'en parlât, non plus que de noces en paradis !

La dame, revenue à sa porte, fut enquise, par une voisine curieuse, de l'intention de ce beau fils, à laquelle la principale le déclara : « O ma voisine ! dit l'autre, que ne me l'avez-vous adressé ? — Il le faut appeler ; Huguette (c'était sa servante), allez après ! » lui dit la principale.

On cria après lui, à la mode des marchands de Paris : « Monsieur, Monsieur ! » Il revint, et demanda à la dame si elle s'était ravisée.

« Non, dit-elle, mais voici ma commère Laurence qui vous rendra content. » Elle les mit ensemble ; et ils allèrent chez elle, à l'enseigne de la Coquille, faire leur marché ; et depuis, il vint tous les jours être fouetté demi-heure ; et ce, à sept heures du matin, qui est une heure fort commode à se faire fouetter, je vous en avise. Laurence, le trouvant gras et frais, eût bien voulu qu'il l'eût fouettée des verges de saint Benoît, dont il ne faut qu'un brin pour faire une poignée.

Le temps et la fesserie accomplis, le fessé paya fort bien la fessure et s'en alla.

15

La bonne dame, à ce qu'elle disait, en s'en léchant les badigoinces, eût bien souvent voulu avoir de telles pratiques ; aussi était-elle de nos sœurs, faisant souvent plaisir aux amis.

Or, Laurence ne faisait pas l'amour (il est tout fait ; apprenez jeunesse !), mais elle pratiquait les jeux d'amour avec un moine de Saint-Denis, qu'elle aimait de bon foie, de bon cœur (laissons le nom), de bonne cuisse et de bon ventre.

Or bien, son ami, frère Ambroise, dont on chante :

> Vous avez bu la cervoise,
> Frère Ambroise
> Dont vous êtes enivré,

lui envoya sa haquenée. La bonne Laurence monta dessus, en bonne intention de lui aller apprêter un bouillon. Aussi, fallait-il restaurer le pauvre religieux qui était infirme, ayant une forte colique dans le ventre ou dans la tête. Elle s'achemine, et ainsi qu'elle est dans cette forêt de moulins à vent, voici, sur la brune, son fessé avec sa soutane, qui lui vint à la rencontre, et sur cela, belle chose et grande pitié. Pleurez, vieille, pleurez ; pleurez donc et chiez bien des yeux, vous en pisserez moins.

Cet homme, qui avait eu la fessée au prix de son argent, vint à elle, et lui dit : « Mettez pied à terre ! » Et lui, faisant la révérence de basse taille, avec un visage passementé de rides de reproche, la prit et l'empoigna, et s'assit sur une pierre du chemin, la mit sur son genou, le cul en haut, la troussa comme une petite fille qui va à l'école, et la fessa à nu, avec de bonnes et sanglantes verges, sur son cul de derrière.

...et ainsi qu'elle est dans cette forêt de
moulins à vent, voici, sur la brune, son fessé
avec sa soutane qui lui vint à la rencontre...

(Page 210).

Elle n'en vit rien ; et cette action lui repoussa fort et ferme le fondement.

La haquenée, toute ébahie, regardait si on lui en ferait autant, pour la passer maîtresse, comme le cheval de Rabelais fut passé docteur à Orange, sous le nom de *Joannes Cavallus* [1].

Après la fessade accomplie, le jeune homme remit Mme Laurence sur sa bête, à laquelle, tournant la tête vers la ville, il la renvoya avec tout le paquet à la ville, recommandant l'âme de Laurence à sa bonne grâce. La pauvrette revint avec grande frayeur, et se mit au lit, où elle ne fut que cinq jours, finis lesquels elle mourut comme une vache qui trépasse.

— Hé ! quelle fessée, quel appliqueur de stigmates sensuels ! Au diable si cela me plairait ! J'aimerais mieux que tels fouetteurs-fouettés-fouettant attendissent à naître après le jugement dernier.

— Or, le fouetté-fouettard conduisit sa fouettée de belles bénédictions en lui disant : « Adieu, ma douce amie ; ci-après soyez sage. Bienheureuses soient les personnes bien fouettantes, et bien fouettées. »

Voilà comment la pauvre Laurence a changé d'air ; et advint, à sa mort, un merveille notable, une chose merveilleuse. C'est que son âme sortit de son corps par l'endroit opposé à celui par lequel toutes les âmes s'en vont.

— Que faisait la haquenée, tandis qu'on fessait la dame ?

— L'as-tu pas ouï ? Elle ch..... de male rage de peur, et fientait si sec, que ses étrons devinrent étuis

---

1. On n'était généralement reçu docteur qu'après avoir été longtemps fouetté comme écolier. Le cheval de Rabelais, à Orange, conquit ses grades de cette manière.

de lunettes, pour ceux qui ont courte-haleine. Mais,
un petit bout de patience. Messieurs les théologiens,
dites-moi, si vous savez tous, qui était ce fouetté-
fouettant ? Je dirai que c'était un vrai diable, lequel
s'en vint trouver sa proie, se connaissant en parchemin ; et parce que celui-ci n'était pas vierge [1], il le
corroya, ainsi que sera le vôtre, si le cas se présente.
Amen.

BÉROALDE DE VERVILLE.

---

1. Le parchemin vierge était très mince et très souple. On ne
l'obtenait que par un long travail de corroierie. On sent que le
mot *parchemin* s'applique ici à une peau humaine, et même
féminine.

La flagellation
au point de vue médical

LES PROPRIÉTÉS RÉPUTÉES
CURATIVES DE L'URTICATION

Ce sujet a de temps en temps avec raison occupé l'attention du monde médical. Les faits à recueillir qui s'y rapportent sont très curieux à plusieurs points de vue. Ces questions s'élèvent même un peu au-dessus de l'ordinaire. Que des gamins puissent être corrigés de leur impudence, des jeunes filles de leur humeur altière, et des femmes de leur loquacité et de leurs tendances à l'infidélité, par une vigoureuse application de verges sur une partie très sensible de leur individu, se comprend encore facilement. Mais qu'il soit possible de combattre par le même moyen une foule de ces maladies mystérieuses auxquelles la chair humaine est sujette, demande un plus grand effort d'esprit. Cependant, pour quiconque connaît les éléments de la physiologie, ce fait s'explique très simplement[1].

---

1. *Quippe cum eâ de causa capucini, multœque moniales, virorum medicorum ac piorum hominum consilio, accessim*

« La flagellàtion en tant que remède était supposée,
par certains médecins, posséder le pouvoir de revivi-
fier les vaisseaux capillaires ou cutanés, d'accroître
l'énergie musculaire, d'activer l'absorption et favoriser
les sécrétions nécessaires à notre nature. Mais un
auteur excentrique va plus loin, et considère les
verges à peu près comme le docteur Sangrado considérait l'eau froide et la saignée : d'après lui, il n'y a
rien de comparable à la castigation avec les verges ;
c'est un spécifique universel, — cela remue les hu-
meurs stagnantes, purifie celles qui se coagulent dans
le corps, les sources précipitantes, purge le cerveau,
fait circuler le sang, raffermit les nerfs ; enfin, il n'y a
rien que les verges ne puissent accomplir[2]. »

Le docteur Millingen, dans son petit ouvrage déjà
cité, et presque oublié aujourd'hui, sur les *Curiosi-
ties of Medical Expérience*, dit :

« Parmi les remèdes moraux et physiques introduits
par les prêtres et les médecins au bénéfice de la société, la flagellation tenait, à un moment donné, un
rang prépondérant. Comme remède, on lui supposait
la qualité de réanimer la circulation engourdie des
vaisseaux capillaires et cutanés, d'accroître l'énergie

---

*flagellandi sum humeros reliquerint, ut sibi nates lumbosque
strient asperatis virgis ac nodosis funiculis conscribillent* *.

* D'autant plus que les Capucins pour la même cause, et
beaucoup de nonnes, suivant le conseil des médecins et
d'hommes pieux, abandonnèrent les pratiques ascétiques
(ασυπσιν) de la flagellation sur les épaules, pour frapper les
fesses et les cuisses avec des verges rudimentaires et les fouetter avec des cordes à nœuds.

1. *Ubi stimulus ibi affluxus* a été un axiome en physiologie
depuis le temps d'Hippocrate ; et la flagellation ainsi employée
n'est qu'une modification du vésicatoire ou de l'excitation de la
peau par toute autre méthode d'irritation. *History of the Rod*,
London, *new edition*, 1896, p. 204.

musculaire, activer l'absorption et favoriser les sécrétions nécessaires de notre nature. Nul doute que, dans bien des cas, son action comme révulsif peut rendre des services, et l'urtication ou le picotement produit par l'ortie, ont été assez souvent prescrits avec avantage. Comme discipline religieuse, car c'est ainsi que ce système a été désigné, il était considéré comme particulièrement agréable au ciel; à tel point, en effet, que la fustigation était proportionnée au crime du pécheur.

« L'influence morale de la flagellation dans le traitement de diverses maladies avait été apprécié des anciens ; elle a été fortement recommandée par les disciples d'Asclépiades, par Cælius Aurelianus, et plus tard par Rhases et Valescus dans le traitement des aliénés. Sans doute, la terreur que doit inspirer cette castigation peut aider matériellement à gouverner les fous. Jusqu'à dernièrement cette opinion prévalait d'une façon tout à fait révoltante, et ce n'était pas chose facile à un médecin humain de convaincre un directeur de maison d'aliénés de la cruauté et de l'inutilité de cette pratique ; de fait, ce n'est que très rarement ou même jamais que ce moyen sévère s'impose. »

Les médecins étaient fréquemment consultés sur l'opportunité de la flagellation supérieure ou inférieure ; on prétendait que la flagellation sur les épaules pouvait porter atteinte à la vue. C'est dans la crainte de cet accident que la discipline inférieure (sur les reins et les fesses) était généralement adoptée pour les nonnes et les pénitentes.

Au point de vue médical, l'urtication, ou flagellation avec des orties, est une pratique qui n'est pas suffisamment appréciée. Dans beaucoup de cas, particulièrement dans les cas de paralysie, c'est plus

efficace que les vésicatoires ou les frictions stimu-
lantes. Ses effets, quoique moins permanents peut-
être, sont d'une action plus générale, qui s'étend
davantage sur tous les membres. On a trouvé ce
procédé utile pour ramener la chaleur aux extrémités
inférieures, et Corvisàrt a pu guérir un cas de léthar-
gie rebelle au moyen de l'urtication répétée sur tout
le corps. Pendant l'action du stimulant, le malade, un
jeune homme, ouvrait les yeux et se mettait à rire,
pour retomber de nouveau dans un profond sommeil.
Néanmoins, au bout de trois semaines, on obtint une
guérison parfaite.

La flagellation attire la circulation du sang du
centre de notre système vers la périphérie. On l'a vue
dissiper la période algide dans un accès de fièvre in-
termittente. Gallien avait remarqué que des maqui-
gnons avaient l'habitude d'imposer à leurs chevaux
une belle prestance au moyen de légères fustigations,
et par suite il recommandait cette pratique pour
donner l'embonpoint aux gens maigres. Antonicus
Mura traita une sciatique d'Octave Auguste par ce
procédé. Elidæus Paduanus recommande la flagellation ou l'urtication quand l'éruption des maladies
exanthématiques est lent à se développer. Thomas
Campanella rapporte le cas d'un gentilhomme dont la
constipation ne cédait qu'après avoir été fouetté préalablement.

On a souvent observé que l'irritation de la peau
produit des effets semblables. Les illégalités érotiques
des lépreux sont bien authentiquées ; et plusieurs
autres maladies cutanées dans lesquelles se gratter
donne un soulagement immédiat, ont procuré les
sensations les plus agréables. Il existe une bien curieuse lettre d'Abélard à Héloïse, dans laquelle il
dit :

Verbera quandoque dabat amor, non furor; gratia, non ira ; quæ omnium unguentorum suavitatem transcenderent[1].

Cet effet de la flagellation peut facilement être attribué à la puissante sympathie qui existe entre les nerfs de la partie inférieure de la moelle épinière et des autres organes. L'excitation artificielle paraît jusqu'à un certain point naturelle : on l'observe chez divers animaux, notamment dans la race féline. Même les limaçons se plongent l'un dans l'autre un éperon osseux et pointu qui sort de leur cou et qui, comme l'aiguillon de la guêpe, se casse souvent et reste dans la blessure.

Il y a un autre côté de la flagellation médicinale qui est extrêmement curieux, mais qu'il convient de n'aborder qu'avec une grande réserve. Nous faisons allusion à la flagellation comme moyen d'excitation sexuelle. Plusieurs ouvrages ont été écrits à ce sujet, tous traitant de cette question avec plus ou moins de talent. Nous possédons une variété de documents sur cette matière, que nous publierons peut-être un jour, lorsqu'ils auront été complétés et classés en ordre systématique. Un tel ouvrage ne saurait, bien entendu, s'adresser qu'aux seuls médecins et aux spécialistes. En attendant, les remarques suivantes ne doivent être considérées que comme purement documentaires.

Le docteur Krafft-Ebing, dans son œuvre monumentale, *Psychopathia sexualis*[2], dit :

---

1. The stripes given were often those of love, not of anger ; of fondness, not of wrath. For such stripes exceeded the sweet savour of all perfumes.

2. PSYCOPATHIA SEXUALIS, avec recherches spéciales sur l'inversion sexuelle, par le Dr R. von Krafft-Ebing, Paris, 1895.

« *Libido sexualis* peut aussi être éveillé, par l'excitation de nerfs du siège sexuel, au moyen de la flagellation.

« Ce fait est très important pour la compréhension de certains phénomènes physiologiques [1].

« Il arrive quelquefois que, par une correction appliquée sur le derrière, on éveille chez les garçons les premiers symptômes de l'instinct sexuel, et on les pousse par là à la masturbation. C'est un fait que les éducateurs de la jeunesse devraient bien retenir.

« En présence des dangers que ce genre de punition peut offrir pour les élèves, il serait désirable que les parents, les maîtres d'école et les précepteurs n'y eussent jamais recours.

« La flagellation passive peut éveiller la sensualité, ainsi que le prouve l'histoire des flagellants, très répandue aux XIIIᵉ, XIVᵉ et XVᵉ siècles, et dont les adeptes se flagellaient eux-mêmes, soit pour faire pénitence, soit pour mortifier la chair dans le sens du principe de chasteté prêché par l'Église, c'est-à-dire l'émancipation du joug de la volupté.

« A son début, cette secte fut favorisée par l'Église. Mais, comme la flagellation agissait comme un stimulant de la sensualité, et que ce fait se manifestait par des incidents très fâcheux, l'Église se vit dans la nécessité d'agir contre les flagellants. Les faits suivants, tirés de la vie des deux héroïnes de la flagellation, Maria-Magdalena de Pazzi et Elisabeth de Genton, sont une preuve caractéristique de la stimulation sexuelle produite par la flagellation.

« Maria-Magdalena, fille de parents occupant une

---

1. Meibomius, *De flagrorum usu in re medica*, Londres, 1765. Et abbé Boileau, *Histoire des Flagellans*, Amsterdam, 1701.

haute position sociale, était carmélite à Florence, en 1580. Les flagellations, et plus encore les conséquences de ce genre de pénitence, lui valurent une grande célébrité et une place dans l'histoire. Son plus grand bonheur était quand la prieure lui faisait mettre les mains derrière le dos et la faisait fouetter sur les reins mis à nu, en présence de toutes les sœurs du couvent.

Mais les flagellations qu'elle s'était fait donner dès sa première jeunesse avaient complètement détraqué son système nerveux : il n'y avait pas une héroïne de la flagellation qui eût tant d'hallucinations qu'elle. Pendant ces hallucinations, elle délirait toujours d'amour. La chaleur intérieure semblait vouloir la consumer et elle s'écriait souvent : « Assez ! n'attisez pas davantage cette flamme qui me dévore. Ce n'est pas ce genre de mort que je désire ; il y aurait trop de plaisir et trop de charmes. » Et ainsi de suite. Mais l'esprit de l'Impur lui suggérait les idées les plus voluptueuses, de sorte qu'elle était souvent en péril de perdre sa chasteté.

« Il en était presque de même avec Élisabeth de Genton. La flagellation la transformait en bacchante en délire. Elle était prise d'une sorte de rage quand, excitée par une flagellation extraordinaire, elle se croyait mariée avec son « idéal ». Cet état lui procurait un bonheur si intense qu'elle s'écriait souvent : « O amour ! O amour infini ! O créatures, criez donc toutes avec moi : Amour ! amour ! »

« Le célèbre Jean Pic de la Mirandole assure qu'un de ses amis était un gaillard insatiable, si paresseux et si peu prédisposé aux luttes amoureuses qu'il ne pouvait rien faire avant qu'il n'eût reçu une bonne raclée. Plus il voulait satisfaire son désir, plus il exigeait de coups et de violences puisqu'il ne pouvait

avoir de bonheur s'il n'avoit été fouetté jusqu'au sang.
Dans ce but, il s'était fait faire une cravache spéciale
qu'il mettait pendant la journée dans du vinaigre ;
ensuite il la donnait à sa compagne et la priait à
genoux de ne pas frapper à côté, mais de frapper fort,
le plus fort possible. « C'est, dit le brave comte, le
seul homme qui trouve son plaisir dans une tournure
pareille. » Et comme cet homme n'était pas méchant,
il reconnaissait et détestait sa faiblesse [1]. Une pareille
histoire est rapportée par Cælius Rhodingin, à qui l'a
empruntée le célèbre jurisconsulte Andréas Tiraquell.
A l'époque du célèbre médecin Otton Brunfels, vivait
dans la résidence du grand électeur de Bavière, à
Munich, un bon gas qui ne pouvait jamais faire
l'amour sans avoir reçu auparavant des coups bien
appliqués. M. Thomas Berthelin a connu aussi un
Vénitien qu'il fallait échauffer et stimuler à l'acte
sexuel au moyen de coups. Tel, Cupidon entraîne ses
fidèles avec une baguette d'hyacinthe.

« Il y a quelques années, vivait à Lübeck, dans la
Mühlstrasse, un marchand de fromages qui, accusé
d'adultère devant les autorités, devait être expulsé
de la ville. Mais la catin avec laquelle il s'était com-

---

1. Vivit adhuc homo mihi notus prodigiosœ libidinis et inau-
ditœ : nam ad Venerem nunquam accenditur nisi vapulet. Et
tamen scelus id ita cogitat : sævientes ita plagas desiderat, ut
increpet verberantem, si cum eo lentius egerit, haud compos
plene voti, nisi eruperit sanguis, et innocentes artus hominis
nocentissimi violentior sciatica descœverit. Efflagitat miser hanc
operam summis precibus ab ea semper fæmina quam adit,
præbetque flagellum, pridie sibi ad id officii aceti infusione du-
ratum, et supplex a meretrice verberari postulat : a qua quanto
cæditur durius, eo ferventius incalescit, et pari passu ad volup-
tatem, doloremque contendit. Unus inventus homo qui corpo-
reas delicias inter cruciatus inveniat ; et cum alioquin pessimus
non sit, morbum suum agnoscit et odit.

il ne pouvait avoir de bonheur s'il n'a-
voit été fouetté jusqu'au sang. Dans ce but,
il s'était fait faire une cravache spéciale....
Ensuite il la donnait à sa compagne et la
priait à genoux de ne pas frapper à côté,
mais de frapper fort, le plus fort possible.

(Page 220).

promis alla chez les magistrats et demanda grâce pour lui, en racontant combien pénibles étaient au coupable ses accouplements. Car il ne pouvait rien faire avant qu'on lui eût donné une bonne volée de bois vert. Le gaillard, de honte, et de crainte d'être ridiculisé, ne voulait pas l'avouer tout d'abord, mais quand on le pressa de questions, il ne sut plus nier.

« Dans les Pays-Bas, il y eut, dit-on, un homme très considéré qui était affligé de la même maladie et était incapable de faire la moindre chose s'il n'avait préalablement reçu des coups. Lorsque les autorités en furent informées, cet homme fut non seulement révoqué de ses fonctions, mais encore puni comme il le méritait. Un ami, un médecin digne de foi, qui habitait une ville libre de l'Empire allemand, me rapporta, le 14 juillet de l'année passée, comme quoi une femme de mauvaises mœurs, étant à l'hôpital, avait raconté à une de ses camarades qu'un individu l'avait invitée, elle et une autre femme de la même catégorie, à aller avec lui dans la forêt. Lorsqu'elles furent arrivées, le gaillard coupa des verges, exposa son derrière à nu et ordonna aux femmes de taper dessus, ce qu'elles firent. Ce qu'il a fait ensuite avec les femmes, on peut le deviner facilement. Non seulement des hommes se sont excités à la lubricité par les coups, mais les femmes aussi, afin de jouir davantage. La Romaine se faisait fouetter dans ce but par Lupercus. Car ainsi chante Juvénal :

Steriles moriunter, et illis
Turgida non prodest condita psycida Lyde :
Nec prodest agili palmas probere Luperco [1].

---

1. Elles meurent stériles ; et ni la Lydie bouffie avec sa boîte de drogues ne leur sert à quoi que ce soit, ni même à tendre leurs mains au sauteur Lupercus (Prêtre de Pan).

Le marquis de Roure, dans son très intéressant et utile ouvrage, *Analectabiblion* [1], note trois ouvrages remarquables qui ont produit pas mal de sensation à leur époque. Nous copions les titres tels que le marquis les a cités.

DE USU FLAGORUM IN RE MEDICA ET VENERI,

Lumborumque et renum officio, Thomi Bartholomi, Joanni — Henrici et Meibomii patris, Henrici Meibomii filiis. Accedunt de eodem renum officio Joachimi Olhasii et Olaï Wormii disert aliunculæ. Francofurti, ex bibliopolis Daniel Paulli, 1670 (1 vol. pet. in-8 de 144 pages, papier fin). *Rare.*

DE L'UTILITÉ DE LA FLAGELLATION

Dans les plaisirs du mariage et dans la médecine, traduit de Meibomius, par Mercier de Compiègne, avec le texte, des notes, des additions et figures. Paris (J. Girouard), 1792, in-16, 1 vol. in-16. (Peu commun.)

TRAITÉ DU FOUET, ET SES EFFETS MORAUX
SUR LE
PHYSIQUE DE L'AMOUR OU APHRODISIAQUE EXTERNE

Ouvrage médico-philosophique, suivi d'une dissertation sur les moyens d'exciter aux plaisirs de l'amour, par D... (Doppet), médecin, 1788, 1 vol. in-18 de 108 pages, plus 18 feuillets parlementaires.

---

1. Le titre exact est : Ou Extraits critiques de divers livres rares, oubliés ou peu connus, tirés du Cabinet du marquis de R... Paris, Techener, 1835 (2 vol.) ; vol. ii, p. 316 et seq.

HISTOIRE DES FLAGELLANTS
OU L'ON FAIT VOIR LE BON ET LE MAUVAIS USAGE
DES FLAGELLANTS PARMI LES CHRÉTIENS,
PAR DES PREUVES TIRÉES DE L'ÉCRITURE SAINTE
TRADUIT DU LATIN
DE M. L'ABBÉ BOILEAU, DOCTEUR EN SORBONNE
(PAR L'ABBÉ GRANET),
AMSTERDAM, CHEZ HENRI GAUZET, 1722, (1 vol. IN-12)
1670-1732-83-92).

Le premier ouvrage a été traduit en anglais et
réimprimé plus d'une fois. Ce qui a amené Meibomius
à l'écrire mérite d'être relaté. D'après le marquis de
Roure, c'était en 1639, à un dîner donné à Lübeck,
chez Martin Gerdesius, un conseiller du duc de
Holstein, que la conversation se porta sur la flagellation comme traitement médical ; quelques convives
prétendirent que c'était ridicule et absurde. Parmi les
invités se trouvaient Christian Cassius, évêque de
Lübeck, et le célèbre docteur Jean-Henri Meibomius
de Helmstadt. *Ce n'est pas si ridicule que ça*, dit
Meibomius, *et je me fais fort de vous le prouver*.
Meibomius tint sa parole engagée devant ses joyeux
convives, et ce curieux traité, dédié à son ami,
l'évêque de Lübeck, et destiné à la lecture de quelques
amis seulement, fut d'abord imprimé sans que l'auteur
en eût connaissance.

Ce petit livre est à la fois savant et habilement
rédigé. Les autorités citées, ou auxquelles l'auteur
renvoie, prouvent une vaste somme de patientes
recherches de sa part. Un grand nombre de faits,
dont quelques-uns assez cyniques, sont arrangés avec
ordre et des preuves complètes sont données, pour
démontrer l'efficacité de la flagellation appliquée à la

région lombaire, soit pour dissiper des vapeurs céré-
brales, et exciter l'acte génésique, ou (ce qui paraît
plus étonnant que tout le reste), redonner de l'embonpoint à des corps humains exténués. Nous ne pouvons
que donner une idée fort sommaire de cet ouvrage si
remarquable. Il est heureux que Meibomius l'ait écrit
en latin, autrement la pruderie de notre robuste
époque pourrait en être offusquée. Il appelle les choses
par leur nom, et assez crûment parfois, sans se gêner le
moins du monde. Cependant l'ouvrage n'est pas pornographique, excepté en ce sens qu'il traite d'un sujet
essentiellement scabreux. Le savant docteur cherchait
à appuyer sa thèse, et rien de plus.

Le traité du docteur Doppet, sur *Les Aphrodisiaques externes* est un ouvrage d'un autre calibre
que celui de Meibomius. Le marquis de Roure est
d'avis que le malheureux qui serait assez mal avisé
pour expérimenter sur lui-même aucuns des excitants
préconisés courrait grand risque de se ruiner la santé.
Cet ouvrage renferme toute une pharmacopée de
toutes les drogues connues. Parmi un grand nombre
de choses d'un caractère obscène et grossièrement satirique il y a un courant d'observation savante et péné-
trante qui établit l'auteur non moins homme de science
qu'homme du monde. Ses expériences semblent avoir
été très variées, et sa situation de médecin l'obligeait
parfois à visiter des maisons de prostitution. Dans un
de ces endroits il fut témoin d'un fait singulier. Nous
lui laissons la parole :

« J'ai été témoin d'une scène bien singulière, et qui ne
prouve que trop que l'amour l'emporte le plus souvent
sur la plus forte raison. Me trouvant à Paris, je fus
appelé dans un des sérails de la rue Saint-Honoré
pour donner des soins à une courtisane à laquelle
venait échoir un petit lot en courant les hasards de

l'amour. J'étois dans le cabinet de la malade, lorsque
j'entendis, dans la chambre voisine, la voix d'une
femme qui sembloit être fort en colère, et qui avoit le
ton le plus menaçant. La personne avec laquelle
j'étois, ne me donna pas le tems de l'interroger sur ce
qui se passoit près de nous ; me priant à voix basse
de garder le silence, elle souleva fort doucement un
des coins de la tapisserie, et me plaça vis-à-vis d'une
petite ouverture par le moyen de laquelle j'assistai
au spectacle le plus plaisant, et en même temps le
plus ridicule. Voici comme se passoit cette scène qui,
me dit-on, se jouoit deux fois par semaine. La principale actrice étoit une brune assez jolie qui n'étoit
vue qu'en partie, c'est-à-dire qu'elle montroit la gorge,
les cuisses et les fesses. Les autres rôles étaient
remplis par quatre vieillards à grande perruque, dont
le costume, l'attitude et les grimaces m'obligeaient à
chaque instant de mordre les lèvres pour ne pas partir
d'un éclat de rire. Ces libertins surannés jouoient,
comme font quelquefois les enfants entre eux, au jeu
du *maître d'école*. La fille, sa poignée de verges à
la main, leur administroit tour à tour la petite correction ; le plus châtié étoit celui qui avoit l'organisation
la plus tardive. Les patients baisoient les fesses de la
maîtresse, pendant que son beau bras se fatiguoit sur
leur cuir impudique ; et la comédie ne finissoit que
lorsqu'on étoit las de fatiguer la nature la plus
appauvrie. Après que chacun se fut retiré, je quittai
mon poste sans pouvoir me convaincre de la réalité
des choses dont je venois d'être témoin. Ma malade
me plaisanta beaucoup sur ma surprise, et me raconta
plusieurs faits encore plus ridicules qui se passoient
tous les jours dans leur *couvent*. « Nous avons, me
dit-elle, la pratique des êtres les plus importants de
Paris » ; elle ajouta qu'elles avoient entre elles l'hon-

neur de donner le fouet à tout ce qu'il y avoit de mieux dans le clergé, la robe et la finance. »

L'Histoire des Flagellans par l'abbé Boileau est un ouvrage d'un tout autre caractère et bien digne d'attirer l'attention. Écrit dans un latin exceptionnellement correct, ressemblant par le style à celui de Plaute, et publié vers 1700, il a été traduit en français et en anglais. Quoique l'abbé Irailh l'ait dépeint comme « une œuvre d'obscénité sainte », ce n'est rien de la sorte. Les adjectifs de l'abbé Irailh sont nés de la colère et du parti-pris, et nous montrent un nouvel exemple de l'*Odium theologicum*. Dès son apparition, cet ouvrage causa la plus grande sensation parmi les moines et les théologiens, et surtout chez les jésuites, soit à cause des opinions jansénistes qu'on imputait à Boileau, soit en raison de la déplorable prédilection que les jésuites ont toujours manifestée pour la correction sur les fesses.

Le Père Cerceau et l'infatigable controversiste, Jean-Baptiste Thiers, se sont montrés en cette occasion les plus acharnés contre Boileau. De leur côté aussi, les moines et les nonnes qui s'étaient absolument décidés à se fouetter jusqu'au bas des mollets [1], entonnant à l'unisson le *Miserere*, poussèrent de hauts cris. Mais comme aucune réfutation du livre de l'abbé Boileau n'a été publiée, nous devons en conclure qu'il n'y avait pas de réfutation possible. Le marquis de Roure considère l'ouvrage de Boileau supérieur à celui de Meibomius, mais il aurait dû se rappeler que ces deux ouvrages ont été rédigés à un point de vue différent, et envisagent le sujet d'une façon absolument opposée. Boileau, en dix chapitres, fait l'historique de la flagellation volontaire, depuis son origine

---

1. Ad vitulos.

jusqu'à notre époque, sous toutes ses formes et pour des motifs quelconques, en la considérant comme une coutume indigne, née du paganisme et entretenue par la débauche. Dans l'éducation des enfants, elle corrompt le maître et pervertit l'élève. Cette pratique a été réprouvée par Quintillian. Comme punition infligée à des esclaves et à des hérétiques, elle blessait la décence et favorisait la cruauté ; comme moyen de mortification de soi-même, c'est la plus dangereuse des macérations, parce qu'elle excite la chair tout en cherchant à en réprimer les désirs et, sous forme de pénitence, elle associe le ridicule au scandale. Il n'est pas édifiant de voir le Père Gérard, sous prétexte de discipline, fouetter la belle Cadière, comme un commencement de satisfaction charnelle, et *cela* parce que de semblables libertés avaient été prises par saint Edmond, Bernard de Sienne, et par le capucin Mathieu d'Avignon, sans que cela ait nui en quoi que ce soit à leur chasteté. Combien n'y a-t-il pas de Pères Gérard ignorés qui ont fait usage de cette pratique contre un seul saint Bernard qui a passé par le feu sans dommage ? On ne pourra jamais savoir combien de femmes ont perdu leur chasteté, et combien de filles ont perdu leur honneur, parce que Dame Nature s'est montrée plus forte que les inventions de l'homme. A juger par la nature humaine, qui après tout est en tout le plus puissant des maîtres, la flagellation chrétienne n'a rien à envier à la voluptueuse Lupercalia de l'antique Rome, et, pour ce qui est du nombre de dévotes fouettées, nous devons avoir, d'après le marquis, tout autant de femmes compromises que les Romains.

DU MAL QUI PEUT RÉSULTER

DE LA

Flagellation
poussée à l'excès

———

On ne doit pas oublier que la fustigation peut être poussée à des limites extrêmes que réprouvent également la raison et la nature. Pour de grandes jeunes filles atteintes d'hystérie, ou des épouses désobéissantes et portées au bavardage, rien de meilleur ni de plus nécessaire qu'une bonne et vigoureuse fessée. Mais il faut avoir plus de ménagements et surtout plus d'indulgence pour les enfants. Les observations suivantes d'un médecin français serviront à expliquer notre pensée :

Coups sur les fesses [1].

Si la flagellation, la fustigation, la palétation (coups sur la paume des mains appliqués avec une palette en cuir) et d'autres punitions du même genre ne sont

———

[1]. *L'Onanisme chez l'homme*, par le Dʳ Pouillet, 2ᵉ édition, p. 125. Paris, Bataille et Cie.

plus mises en pratique dans nos écoles, il est une
correction enfantine encore en usage non pas chez les
pédagogues, mais chez les pères et les mères eux-
mêmes. Nous voulons parler des coups donnés aux
enfants sur les fesses avec le plat de la main, et parfois les lombes et la partie postérieure des cuisses des
jeunes mauvais sujets. Avouons que cette manière de
faire est aussi funeste que ne l'étaient la fustigation
et la palétation. Qu'ils soient administrés tout simplement par la main libre ou armée d'une palette, d'un
bâton ou de verges, les coups sur les fesses ou leur
voisinage ont le même effet : ils congestionnent les
organes génitaux, y déterminent la chaleur, les
les excitent, les érigent et développent ainsi prématurément l'idée du plaisir chez des êtres qui s'efforcent
de profiter de cette découverte. Chez l'enfant tout est
motif à mal : que les parents le sachent s'ils ne
veulent pas devenir les complices involontaires des
actes répréhensibles de leurs rejetons.

L'homicide

par flagellation

Comme autrefois en Amérique, la coutume barbare de la flagellation est encore mise en pratique de nos jours et ce, avec une cruauté qui dépasse parfois les limites de ce qui a été, sous ce rapport, porté à notre connaissance.

Un médecin principal de la marine, M. le docteur Barret, nous en fournit un exemple dans une brochure qu'il a publiée à ce sujet[1].

Le docteur Barret se trouvait au Gabon, quand on lui apporta un jour trois nègres de la tribu des Kroumen, qu'un chef de factorerie avait fait fustiger de si inhumaine façon qu'ils n'en revinrent pas.

La tribu des Kroumen est, au dire du médecin de marine, auquel nous allons laisser la parole, une agglomération de nègres civilisés, qui sont en quelque sorte les *Auvergnats* de l'Afrique, en ce sens qu'ils ont un profond amour du terroir et qu'ils vont de leur propre gré s'engager au service des colons jusqu'au

---

[1]. *Note sur l'homicide par flagellation*, Lyon et Paris, 1890, in-8°.

*Un blanc.... soupçonnant de vol ses trois
Kroumen, et passant devant la justice locale,
les fit attacher dans sa cour et fouetter tous
les jours à coups de lanière. Sous un soleil
ardent, on laissa sans eau ces malheureux
qui agonisaient....*

(Page 231).

L'homicide

par flagellation

Comme autrefois en Amérique, la coutume barbare de la flagellation est encore mise en pratique de nos jours et ce, avec une cruauté qui dépasse parfois les limites de ce qui a été, sous ce rapport, porté à notre connaissance.

Un médecin principal de la marine, M. le docteur Barret, nous en fournit un exemple dans une brochure qu'il a publiée à ce sujet[1].

Le docteur Barret se trouvait au Gabon, quand on lui apporta un jour trois nègres de la tribu des Kroumen, qu'un chef de factorerie avait fait fustiger de si inhumaine façon qu'ils n'en revinrent pas.

La tribu des Kroumen est, au dire du médecin de marine, auquel nous allons laisser la parole, une agglomération de nègres civilisés, qui sont en quelque sorte les *Auvergnats* de l'Afrique, en ce sens qu'ils

jour où ils auront réussi à amasser un petit pécule ou, pour plus exactement parler, un ballot de pacotille, leur rêve, leur idéal.

Voici ce que dit le docteur Barret :

« Il est entre autres, une clause du marché qui donne au traitant, de par le chef noir, droit de correction des insoumis à l'aide de la lanière de l'hippopotame. Ces lanières ont deux ou trois branches et sont des instruments très barbares. Il est difficile, suivant les hommes et sur la pente où, en pays civilisé, la passion despotique glisse du fort à l'égard du plus faible, que l'exercice de cet apanage ne devienne abusif, sans trop qu'on y prenne garde : la tolérance en pareille matière est toujours hasardeuse. Le Krouman, lui, dans ses mœurs et avec la notion qu'il a du droit, n'en conteste pas absolument la légitimité ; il est nourri et payé pour recevoir des coups selon son mérite, et s'il nous voit les lui épargner au service de l'État, il n'attribue nullement cette mansuétude à la douceur de nos intentions, et ne nous en sait aucun gré, « c'est ton chef qui défend, me disait un jour l'un d'entre eux ; autrement, toi maître, dans la factorie faire la même chose comme traitant. »

Et plus loin :

« Il y eut dans un des comptoirs de la côte, une épouvantable affaire qui renouvelle les scènes sinistres du temps de l'esclavage. Un blanc, qui par bonheur n'était pas français, soupçonnant de vol ses trois Kroumen, et passant devant la justice locale, les fit attacher dans sa cour et fouetter tout le jour à coups de lanière. Sous un soleil ardent, on laissa sans eau ces malheureux qui agonisaient... Le soir, je recevais deux cadavres et un mourant déjà froid, dont la vie ne fut relevée qu'après une lutte émouvante de plusieurs heures. Le plus jeune de ces martyrs, presque

un enfant, s'était éteint le premier de l'épuisement
causé par la douleur, le soleil et la soif, par cette
hémorragie nerveuse qu'amène une lente agonie de
souffrance et de terreur [1]... »

Aux Antilles également, dans les colonies espagnoles, la flagellation est encore à l'ordre du jour et,
on aurait tort d'en faire un mystère, elle y est souvent
exercée d'une façon tellement barbare que les malheureuses victimes d'une férocité révoltante succombent
sous les coups.

La révolte des Philippines et de Cuba n'est pas
tout à fait étrangère à cette pratique moyenageuse et
digne des temps de l'Inquisition.

*
* *

DE QUELQUES ERREURS QU'IL SERAIT UTILE DE DÉTRUIRE, PRINCIPALEMENT DANS LES COUVENTS

. L'amour est un besoin qui nous est commun, mais
qui ne se fait sentir qu'à un certain âge. C'est en vain
qu'on voudrait éteindre ses feux, lorsqu'on touche à
la puberté ; les plus grands efforts n'aboutissent alors
qu'à leur prêter de la force, et l'incendie s'accroît de
plus en plus. Ces réflexions nous font voir que ceux
qui font vœu de célibat, seront souvent parjures, ou
toujours malheureux. Supposons, cependant, qu'il y

---

1. Dans le journal *La Presse* du 14 juin 1898, nous trouvons un
passage caractéristique que nous reproduisons et qui démontre
que les nègres traitent leur progéniture avec douceur : *Le Bébé
nègre*. Un médecin allemand vient de publier un excellent
article sur le « bébé nègre. »
Jamais les parents n'usent envers leurs enfants de moyens de
répression violents, tels que la gifle et le bâton, etc.

ait quelques êtres privilégiés qui vivent exempts de
ce qu'une fausse dévotion appelle les faiblesses humaines ; il faudrait au moins pour le bien de tous les
religieux et *religieuses*, que l'on eût soin d'éloigner
d'eux tout ce qui peut les ramener à la nature.
Examinons si l'on tient cette conduite dans les
monastères.

Nous avons vu que les flagellations peuvent et doivent produire une irritation sur toutes nos fibres, et
que cette irritation se fait principalement sentir aux
parties de la génération. Pourquoi donc la discipline
est-elle ordonnée dans tous les couvents, et dans de
certains jours de pénitence ? Doit-on appeler la vie
dans une partie qu'on a voulu destiner la mort ? On ne
devrait rien permettre dans le cloître qui puisse
blesser la décence, ou qui puisse, comme disent les
casuistes, réveiller la chair. L'usage ou plutôt l'abus
de se discipliner, devrait conséquemment y être aboli,
puisque l'effet en est toujours pernicieux. Heureusement que ces cérémonies de flagellations se pratiquent
dans l'obscurité ; car si l'on se présentait dans la
dévote assemblée avec une lumière à la main, on
verrait que la pénitence finit toujours par la masturbation, ou par des pollutions involontaires. Quelle
contradiction dans la conduite des célibataires de ce
genre ? Ils avalent le matin deux ou trois verres d'une
décoction faite avec les plantes les plus froides, et le
soir ils se frappent avec des cordes ou de petites
chaînes, pour rappeler une chaleur qui commençait à
s'éteindre !

C'est surtout parmi les religieuses qu'il ne faudrait
jamais parler de fouet ni de disciplines : les femmes
étant plus faciles à émouvoir que les hommes, elles
sont aussi plus sujettes aux pollutions. Il semble que
la manie de se fustiger ou de fustiger les autres, soit

particulièrement celle des moines. S'ils s'en tenaient
au moins à se discipliner entre eux, ce ne serait qu'un
petit mal ; mais c'est qu'il y en a quelques-uns qui ne
rougissent pas d'ordonner le fouet à leurs pénitentes, et
qui se chargent surtout d'aller le leur donner eux-mêmes
au sortir du confessionnal. Combien y a-t-il de confesseurs qui ont débauché de jeunes filles de cette
manière ? Combien de scélérats ont abusé d'un minis-
tère respectable pour commettre les horreurs les plus
infâmes ? On a souvent entendu les tribunaux retentir
des justes plaintes de quelques infortunées qui avaient
été victimes de leur crédulité : on a vu, plus d'une
fois, de justes lois faire traîner les coupables au
supplice.

Tout le monde connaît les différentes aventures,
qu'on raconte au sujet de quelques cordeliers qui,
seuls dans la chambre de leurs pénitentes, les faisaient
mettre à genoux, troussaient leurs jupons, leurs cla-
quaient les fesses, ou les fustigeaient rudement, suivant la grandeur des péchés qu'elles avaient commis,
la correction finissait par pousser en avant la gentille
pécheresse, et lui passer par derrière *un bout du
cordon de saint François,* qui avait la vertu de faire
pâmer la dévote, et de lui donner une idée du paradis
de Mahomet. Il est bien singulier que, de tous temps
et chez toutes les nations, on ait souvent mêlé l'im-
punité et la plus vile corruption aux cérémonies les
plus sacrées. Des fêtes *netturales* se célébraient dans
les temples[1] ; la dévotion y attirait toutes les dames
romaines ; pendant plusieurs années, l'empereur Néron, ses prêtres, ses courtisans, abusèrent de la cré-

---

1. Néron institua ces fêtes pour se consoler de la mort de
Netturius, l'un de ses favoris, et qui s'était attiré la bienveillance
de ce prince par son talent pour les intrigues amoureuses.

dulité des unes, et partagèrent le libertinage des autres : comme cette fête se célébrait pendant la nuit, aucune n'avait à rougir ; les soupirs qu'on y entendait, le bruit singulier qui devait s'y faire, semblaient n'avoir pour cause que de saintes extases. Les pèlerinages de la Mecque, qui sont ce qu'il y a de plus saint et de plus vénéré chez les Turcs et les Persans, ne sont-ils pas le comble de la dépravation des mœurs ? J'ai vu en Espagne et en Italie, des extravagants courir dans les rues à la suite d'une sainte *bannière*, et se fustiger sous les fenêtres de leurs maîtresses, en mémoire de la passion du *Christ*[1]. Pour expliquer la cause de ces erreurs, il ne faut pas connaître les hommes ; lorsqu'on est parvenu à se faire une juste idée de la valeur de ceux qui en ont imposé et qui en imposent encore, on n'est plus étonné de voir subsister les abus les plus ridicules. *La crainte a fait les dieux*, dit un grand philosophe, mais il faut ajouter à cette sentence, que c'est l'imposture qui soutient leur trône. Les différents cultes, qu'on rend à ces divinités incompréhensibles, étant l'ouvrage de quelques mortels ou faibles ou trompeurs, il n'est pas surprenant que ces cultes se soient souvent ressentis de la sottise de l'inventeur, et qu'on y ait associé des folies même dangereuses.

Mais je m'écarte de mon plan ; comme toutes ces discussions m'entraîneraient trop loin, je reviens à mon sujet... Il serait nécessaire de supprimer l'usage

---

1. Il y a, dans ces pays-là, différentes assemblées de dévots qu'on nomme *pénitents ;* l'uniforme de ces confréries est des plus plaisants. Il y a des pénitents blancs, des noirs, des bleus, des rouges, des verts, etc. Ils courent les rues, dans de certains jours de pénitence ; ils sont presque tous à pied nu, et se *disciplinent* pour divertir le peuple et surtout leurs maîtresses.

des flagellations dans les couvents, puisqu'elles peuvent contribuer à ranimer le physique de l'amour ; on ôterait par là le ressort le plus excitatif. Je voudrais même défendre à tous les moines, et sous des peines très rigoureuses, de se regarder le corps à nu ; car il faut peu de chose pour échauffer un jeune célibataire. Une religieuse de dix-huit à vingt ans, qui s'amuse le soir à chercher ses puces, finit rarement sa petite chasse sans faire un sacrifice à l'amour ; elle voudrait ne pas succomber, mais la liqueur fermente, et le moindre attouchement suffit pour la faire répandre.

Il est bien humiliant que nous trouvions encore parmi nous des restes aussi ridicules du fanatisme de nos ancêtres. Devrait-on se rappeler du nom de moines dans un siècle aussi éclairé que le nôtre ? Ces illustres et riches fainéants sont-ils quelque chose d'utile ? Contribuent-ils à nous rendre l'Éternel plus cher ? Ministres inutiles, on leur entend bien réciter parfois des couplets qu'ils ne conçoivent peut-être pas ; mais ces prières vagues et stériles peuvent-elles effacer aux yeux du vrai Dieu toutes les sottises qu'ils commettent au sortir du chœur ?

La réforme monacale serait utile et nécessaire, les enfants de *Saint-Bruno* ne s'en trouveraient peut-être pas bien, mais les capucins seraient, en général, très contents. Quelques religieuses accourraient se jetter dans les bras d'un amant que des parents injustes leur enlevèrent ; elles deviendraient épouses fidèles, mères tendres ; et leur amour enfin exaucé donnerait des sujets à l'État.

Ces temps de réforme sont encore bien éloignés ; je le sais. En attendant cette heureuse époque, invitons les religieux des deux sexes à ne plus se fustiger pour nos péchés : qu'ils bannissent de leur règle un usage qui ne peut que contrarier leur projet de célibat, et les avilir aux yeux même de l'amour[1].

Il faut que ceux qui croient servir Dieu et lui plaire en se fustigeant, se soient fait une idée bien étrange de la Divinité. Ils ne voient sans doute dans le Père de la nature, qu'un être terrible et vengeur, toujours armé de la foudre pour punir indistinctement l'innocent et le coupable : ils se figurent qu'on ne peut l'apaiser que par des cilices, des jeûnes, et autres mortifications non moins ridicules. Ces erreurs sont aussi extravagantes que dangereuses à la société ; elles ôtent à l'homme le désir de se rendre utile à ses semblables, et font qu'il préfère son caprice bigot à la douceur de faire de bonnes œuvres. Un philosophe a dit avec raison, qu'un sauvage errant dans les bois, contemplant le ciel et la nature, sentant pour ainsi dire le seul maître qu'il reconnaît, est plus près de la véritable religion, qu'un chartreux enfoncé dans sa loge et vivant avec les fantômes d'une imagination échauffée.

On doit un culte à l'Éternel ; il faut une religion ; mais le culte que demande l'Être suprême doit s'allier aux devoirs de tout citoyen. Le vrai Dieu ne crie pas aux mortels du haut de son trône : « Jeûnez, fustigez-vous, n'écoutez pas les sens que je vous donnai pour votre bonheur, et renoncez à la nature. »

L'auteur de l'*An deux mille quatre cent quarante*[2] peint bien éloquemment le ridicule de précipi-

---

1. *Les avilir aux yeux de l'amour...* Oui, et cela parce qu'à force de se fustiger, la nature s'échauffe, les nerfs sont irrités, et cela finit par la masturbation. Je demande s'il y a quelque chose de plus avilissant pour l'amour ?

2. Cet ouvrage contient de grandes vérités, aussi l'a-t-on défendu. Celui qui l'a écrit ne sera jamais académicien, n'aura jamais de pensions, et cela parce qu'il a eu le courage de dé-

ter par dévotion la jeunesse dans nos cloîtres que nous regardons comme sacrés[1]. Puissent les paroles de ce philosophe arrêter de jeunes victimes prêtes à se plonger dans ces tombeaux vivants ! « Quelle cruelle superstition enchaîne dans une prison sacrée tant de jeunes beautés qui recèlent tous les feux permis à leur sexe, que redouble encore une clôture éternelle, et jusqu'aux combats qu'elles se livrent. Pour bien sentir tous les maux d'un cœur qui se dévore lui-même, il faudrait être à sa place ; timide, confiante, abusée, étourdie par un enthousiasme pompeux, cette jeune fille a cru longtemps que la religion et son Dieu absorberaient toutes ses pensées : au milieu des transports de son zèle, la nature éveille dans son cœur ce pouvoir invincible qu'elle ne connaît pas et qui la soumet à son joug impérieux. Ces traits ignés portent le ravage dans ses sens, elle brûle dans le calme de sa retraite ; elle combat, mais la constance est vaincue, elle rougit et désire. Elle regarde autour d'elle, et se voit seule sous des barreaux insurmontables, tandis

---

voiler la honte de ceux qui distribuent l'argent et les honneurs. Écrivains..., écrivains..., faites de plates sottises, soumettez-vous à la censure sans murmure, flattez les grands, sans instruire les petits, alors vous serez prônés, payés, *et, bien ou mal*, peints dans le salon des illustres !

1. Que les grandes choses s'opèrent lentement ! Pourquoi n'imite-t-on pas dans tous les États la sage administration de l'immortel Joseph II, qui, dès qu'il eut dans les mains le sceptre de l'empire, en frappa les puissances monacales et renversa l'autel le plus pernicieux qu'eût jamais élevé la superstition ? Il a su, par cette juste réforme, rendre des mères à la société et des hommes à l'État. Il a ôté à tous ses sujets l'aspect de l'oisiveté et de la débauche que présentent le plus souvent ces hommes cloîtrés qui n'ont de patrimoine que celui qu'ils dérobèrent à nos pères, et qui chaque jour s'engraissent encore du travail et de la crédulité du peuple.

que tout son être se porte avec violence vers un objet
fantastique que son imagination allumée pare de nouveaux attraits. Dès ce moment plus de repos. Elle
était née pour une heureuse fécondité ; un lien éternel la captive et la condamne à être malheureuse et
stérile. Elle découvre alors que la loi l'a trompée, que
le joug qui détruit la liberté n'est pas le joug d'un
Dieu, que cette religion qui l'a engagée sans retour
est l'ennemie de la nature et de la raison. Mais que
servent ses regrets et ses plaintes ! Ses pleurs, ses
sanglots se perdent dans la nuit du silence. Le poison
brûlant, qui fermente dans ses veines, détruit sa
beauté, corrompt son sang, précipite ses pas vers le
tombeau. Heureuse d'y descendre, elle ouvre elle-
même le cercueil où elle doit goûter le sommeil de
ses douleurs ». En divisant les sexes, en élevant des
barrières éternelles entre l'homme et la femme, les
fondateurs des couvents ne songèrent pas aux coupables abus qui devaient en résulter. Comme on ne
peut jamais étouffer l'effervescence des sens, il a fallu
que les victimes qu'on avait enterrées dans le cloître,
cherchassent des moyens pour apaiser ou tromper
l'amour. Poussés par un instinct très innocent, ces
robustes captifs s'occupèrent à trouver le plaisir dans
leur sexe même. L'on connut la masturbation, et des
crimes plus atroces encore.

Ce vice qu'on reprocha tant aux *Jésuites,* et qui
faisait, peut-être, réellement leur honte, vient sans
doute du barbare abus de cloîtrer des jeunes gens.
Les filles renfermées ne cherchèrent pas moins à se
procurer, entre elles, une idée des plaisirs de l'amour.

Les horreurs de cette espèce ne restèrent point en-
fermées dans les endroits où elles avaient pris naissance : les mondains s'occupèrent de ces viles et criminelles ressources. Les lois furent forcées de sévir

contre ces attentats de *lèse-amour*, et malgré leur juste rigueur il existe encore des crimes de ce genre. On voit plus d'un vieux financier cajoler son valet ou son garçon perruquier ; il y a plus d'une duchesse qui ne soupire que pour sa femme de chambre[1]. O monstres ! que faites-vous ? voulez-vous passer pour sages et tempérés ? Craignez-vous d'être victimes de l'autre sexe ? En suivant les lois de la vraie tendresse, vous ne pourriez commettre que des faiblesses ; au lieu que vous êtes des vicieux qui méritez l'indignation publique et qu'on doit livrer à l'opprobre[2] !

---

1. Il arrive souvent qu'on dit, dans de très bonnes sociétés, en parlant d'un seigneur ou d'une dame : *un tel est pour homme, la comtesse est pour femme.* Quelle horreur ! On badine sur cela, et l'on fréquente de pareilles gens !... Ce manque de délicatesse est bien digne de ces plats et brillants étourdis qui, par gentillesse, s'honorent encore du beau nom de *roués.*

2. Chapitre extrait de : *Traité du fouet* ou *Aphrodisiaque externe*, par *Un amateur*. Paris, S. D. (vers la fin du XVIIIᵉ siècle).

De l'emploi des Verges

DANS

LA HAUTE SOCIÉTÉ LONDONIENNE

PAR

Mary Wilson, célèbre proxénète de Londres (1788).

———

La Flagellation, au point de vue aphrodisiaque, peut paraître ridicule et inexplicable à ceux qui n'ont pas été initiés dans cette particularité des mystères d'Eleoussis.

Il est, cependant, un genre de lasciveté dont l'existence remonte aux temps les plus reculés et qui est pratiqué de nos jours encore sur une très vaste échelle, à telle enseigne qu'il n'en existe actuellement pas moins de vingt établissements splendides à Londres qui ne vivent absolument que de cette pratique ; de plus, parmi les innombrables temples dédiés au culte de la Déesse de Paphos, qui ornent la grande métropole, il n'y en a pas un seul où l'usage des verges ne soit pas occasionnellement réclamé.

Toutes les femmes qui se vouent pieusement au service du Public, devraient connaître la philosophie de la discipline ; car, sans cette connaissance, elles courraient le risque de perdre quelques-uns de leurs plus riches clients, esclaves des plaisirs érotiques.

Les hommes qui affectionnent la flagellation peuvent être divisés en trois classes :

1° Ceux qui aiment recevoir une fustigation, plus ou moins sévère, de la main d'une jolie femme, suffisamment robuste pour manier les verges avec vigueur et effet ;

2° Ceux qui, au contraire, prennent plaisir à administrer eux-mêmes la discipline sur la peau blanche et la chair ferme d'une belle fille ;

3° Ceux qui, ne voulant être ni les destinataires passifs, ni les dispensateurs actifs des coups de verges, puisent une excitation suffisante dans le fait d'assister en simples spectateurs à ce sport tout spécial.

Beaucoup de personnes, ne connaissant pas suffisamment la nature humaine, ni les usages mondains, sont portées à croire que cette inclination vicieuse pour la flagellation est limitée aux vieillards ou aux individus prématurément épuisés par des excès vénériens : mais il n'en est rien en réalité ; car, nous trouvons, en effet, autant de jeunes gens dans la fleur de l'âge, que de vieillards que cette passion domine...

Il est absolument vrai qu'il existe un grand nombre de vieux généraux, d'amiraux, de colonels et de capitaines, ainsi que des évêques, des juges, des avocats, des lords, des députés, des médecins même qui vont périodiquement se faire fouetter, uniquement parce que cela leur réchauffe le sang, et maintient chez eux une légère excitation agréable de tout leur système organique, — une fois qu'ils en sont arrivés à ne plus pouvoir goûter normalement les plaisirs charnels de leur jeunesse.

Mais on remarque également des centaines de jeunes gens, qui, élevés par des maîtres enclins à adminis-

trer la discipline, se souviennent des sensations provoquées par cette opération, sensations de nature à
faire naître en eux une nouvelle passion se traduisant
par le désir de se sentir flagellés par les mains d'une
belle femme. Cette observation a, d'ailleurs, été confirmée par deux *gouvernantes* des plus expérimentées, maintenant *retirées des affaires*, Mistress
Chalmers et Mistress Noyeau. Ces belles et intéressantes personnes nous affirment, de plus, que les
malheureux en proie à cette manie ne peuvent s'en
débarrasser de leur vie et qu'ils montrent peu de goût
pour l'acte charnel — quelque vigoureux et capables
qu'ils fussent d'aiguillonner une femme jusqu'au paroxysme de ses désirs — à moins que leurs agissements ne soient accompagnés de leur *sauce* favorite,
c'est-à-dire de la flagellation.

En Angleterre on nomme *gouvernantes* ces femmes
qui, après une longue pratique, arrrivent à procurer
aux *amateurs* la plus grande satisfaction. Elles obtiennent par l'expérience un tact et trouvent un
modus operandi qui font l'envie de la plupart de
leurs « collègues ». Leur talent flagellatoire ne suffit
pas pour faire rechercher ces dames des adorateurs de
la verge. Ce n'est qu'après un long apprentissage
qu'elles arrivent à connaître toutes les ressources et
les raffinements de cet art.

Il leur faut une méthode rapide et intuitive basée
sur l'observation des aberrations de l'esprit humain,
et être prêtes et même désireuses de se plier à tous ces
désirs souvent cachés, généralement inavoués, à les
deviner, en un mot. Les plus célèbres en leur genre
furent Mistress Jones, de Hertford street et London
street ; et Mistress Berkley ou bien aujourd'hui Bessy
Burgess, de York square, et Mistress Price, de Burton
Crescent.

Mistress Berkley était en tous points le type de la courtisane accomplie. Une grande lasciveté était sa dominante qualité, d'ailleurs indispensable dans ce métier, car ces femmes doivent être essentiellement libertines, sous peine de ne pouvoir exercer longtemps ce *doux métier*, si l'on s'aperçoit trop vite que ses jeux de mains et le fonctionnement de ses cuisses ne se produisent qu'au son agréable de l'argent...

Cette bonne dame, très experte en son métier, avait fait une étude sérieuse de tous les genres de lasciveté, excentricités, caprices et désirs de ses nombreux clients, ce qui lui permit d'accumuler les *livres sterling* qui formèrent bientôt un pécule respectable.

Les *instruments de torture* de Mistress Berkley étaient plus nombreux que ceux d'aucune autre *gouvernante*. Ses nombreuses verges étaient soigneusement conservées et maintenues constamment dans l'eau pour être toujours vertes et souples. Des cannes munies d'une douzaine de lanières et appelées *chats à neuf queues*, quelques-uns munis de pointes d'aiguilles, des badines minces et flexibles, des courroies, des *battoirs* en cuir épais, des branches de houx, des brassées de bruyère et une espèce de plantes épineuses toujours vertes. Le tout formait une collection d'instruments propres à satisfaire les plus difficiles. En été, de grands vases remplis d'eau contenaient un stock d'orties vertes avec lesquelles elle ramenait à la vie les morts les plus récalcitrants, sexuellement parlant. De cette façon, les *gentlemen* bien calés, qui visitaient son « magasin », pouvaient être, à leur choix, frappés de verges, fouettés, fustigés, châtiés, piqués d'aiguilles, mi-pendus, brossés de houx, de bruyères, aiguillonnés d'orties, étrillés ou phlébotomisés et torturés jusqu'à satiété ! D'aucuns qui préféraient, entraînés par leur penchant lascif, flageller une femme, avaient à leur disposition le propre corps de Madame, du moins jusqu'à un certain point : quand elle était fatiguée, elle cédait la place à ses suivantes qui se soumettaient de bonne grâce à l'obligation de terminer la séance, à la condition que le fouetteur fût prêt à payer un impôt *ad valorem*. Parmi ces dernières se trouvaient miss Ring, Hannah Jones, Sally Taylor, Peg-la-Borgne, Poll *la dépilée* et une fille noire, appelée *Ebony Bet* (Bet d'Ebène).

Dans le courant de l'été 1828, Mistress Berkley fit construire le célèbre appareil qui porte son nom et qui acquit rapidement une très grande réputatiou ; il servait spécialement à la flagellation des hommes. Cette machine avait la forme d'un chevalet, aménagé de telle sorte qu'on pouvait l'ouvrir à un angle considérable. Dans les *Mémoires de Mistress Berkley* se trouvait une gravure représentant, comme le dit un texte original : *A man upon it quite naked. A woman is sitting in a chair exactly under it, with her bosom, belly, and bush exposed : she beneath manualizing his embolon whilst Mrs Berkley is birching his posteriors.* La femme servant de *frictrix* représentait une grande belle brunette nommée FISHER, dont se souviennent les amateurs qui ont visité Charlotte street en ce temps.

On y voyait aussi, à cette même époque, quelques célébrités comme la blonde Willis, toujours gaie, la lascive et grassouillette Thurloe, Grenville, aux énormes seins ; Bentinck, fameuse pour l'ampleur de ses hanches et le développement de ses fesses ; Olive la Bohémienne, dont les charmes réunis eussent fait succomber un anachlorète ; la douce et aimable Palmer, *with luxuriant and well-fledged mount, from whose tufted honours many a lord has stolen a sprig* ; enfin, la polie et complaisante Pryce qui donnait d'aussi bonne grâce qu'elle recevait les verges.

L'inventeur du fameux chevalet persuada sans peine à Mistress Berkley qu'il la ferait connaître et qu'après sa mort il porterait son nom. En effet, l'instrument fit beaucoup parler d'elle et ses *affaires* prospérèrent. Elle mourut en septembre 1836, après avoir encaissé 10,000 livres sterling (250,000 fr.) pendant les huit années qu'elle avait été gouvernante.

Le chevalet original figure parmi les objets de curiosités de la *Society of Arts*, à ADELPHI, à laquelle il fut donné par le docteur Vance, l'exécuteur testamentaire de Mistress Berkley.

L'absence de ce chevalet est un grand obstacle à la fortune des *gouvernantes* actuelles. Mistress Berkley est la première qui en fit fabriquer ; après elle mistress Stewart, ensuite mistress Pryce, et dernièrement Mmes Collet et Beverley ; mais il n'est pas douteux que dans un avenir prochain ces instruments ingénieux figureront, non seulement dans le boudoir de tous les établissements de flagellation, mais constitueront une partie intégrante de l'ameublement de toutes les maisons de plaisir de Londres. Nous pensons que Mme Gale[1], par exemple, devra fournir tous ses locataires d'un chevalet berkleyen, si elle tient à conserver et étendre sa clientèle.

Au second étage de la maison tenue par mistress Berkley, dans une pièce spéciale, se trouvait, solidement fixée au plafond, une poulie munie d'une corde qui, liée aux mains d'un homme, servait à le suspendre en cas de besoin. Cette opération est aussi représentée dans les *Mémoires de Mistress Berkley*.

---

1. Célèbre proxénète, propriétaire de plusieurs immeubles, qui louait ses maisons pour un commerce infâme.

Bien des personnes attendent avec beaucoup de curiosité la publication de ces mémoires, mais le retard qu'elle subit est dû au docteur Vance qui avait voulu préalablement faire une enquête sur le sujet. Son décès récent, cependant permettra, nous l'espérons, à la maison qui possède les droits d'auteur de son autobiographie de la mettre rapidement sous presse.

Il y a environ quarante ans, on publiait à Paris un volume de lettres contenant *une sélection du portefeuille d'une célèbre catin, dans le but d'illustrer les besoins, lubies, caprices et débauches multiples des temps et de l'époque.* Il serait difficile aujourd'hui de reconnaître dans ces aventures un semblant de réalité ou des contes inventés de toutes pièces. La question est, d'ailleurs, de peu d'importance. Les *Mémoires de Mrs Berkley*, au contraire, ne laissent subsister le moindre doute sur leur parfaite authenticité, la plupart des personnages mis en scène existent encore aujourd'hui.

Ces lettres jettent néanmoins un jour nouveau sur les habitudes de l'aristocratie à cette époque, plus que ne pourrait ou n'oserait le faire toute autre publication,

Comme spécimen de ces documents précieux, nous extrayons une lettre écrite par un singulier personnage, possédé de la bizarre manie de se faire attacher par des chaînes au fameux chevalet. Ces chaînes l'accompagnaient dans tous ses voyages.

Dublin, janvier 1836.

« Chère Madame,

« Je suis un « méchant garçon », absolument incorrigible, ayant été fustigé par les *gouvernantes* les plus renommées de Londres, sans qu'il eût été possible de me faire renoncer à ma passion. Le gentleman connu sous le nom de BRUNSWICK m'a recommandé à Mme Brown, qui avait une force suffisamment efficace dans le bras. Celui qui s'appelait « LES YEUX LASCIFS » m'envoya à Mme Wilson, de Marylebone, qui n'y allait pas tendrement non plus. Le vieux Jaunay, de Leicester square, l'hôtelier, me proposa Mme Chalmers, dont la main est fort expérimentée. M. PLUME m'invita à dîner avec « l'ÉTRANGER », et M. G***, à la résidence gentille et élégamment meublée par Mme Noyeau ; mais, hélas ! malgré sa taille imposante et sa vigueur, elle n'a pu produire une impression durable sur mon postérieur. Celui qu'on nomme « SHEEP FACE » (face de mouton) me conseilla d'essayer Jones, de London street, mais c'est en vain qu'elle et toutes ses aides s'escrimèrent à me casser des badines sur le dos. Le capitaine Johnson insista pour que je visitasse Betsy Burgess, qui est certes fort habile. Lord A — y m'envoya chez Mme Gordon qui, malheureusement, n'avait plus l'adresse de Mme Potter et ne possédait plus de verges. Brookes, le libraire de Bond street, me donna la carte de Mmes Collet et Beverley, et je m'aperçus que ces dames étaient expertes en leur métier, mais leurs énergies réunies n'ont pu venir à bout de moi. J'ai finalement, ma chère dame, obtenu une recommandation de votre ami intime, le comte de G..., qui m'a fait bondir de plaisir par la description de votre chevalet et du charmant appareil servant à nous flageller, nous autres méchants garçons. J'irai vous rendre visite au commencement du mois de février, quand le comte et moi viendrons à Londres où nous appellent nos devoirs parlementaires ; mais pour qu'il n'y ait aucun malentendu possible, voici quelles sont mes conditions :

1° Il faut que je sois bien attaché au chevalet par les chaînes que j'apporte.

2° Une livre sterling pour la première goutte de sang.

3° Deux livres si le sang coule jusqu'aux talons.

4° Trois livres si le sang touche mes talons.

5° Quatre livres s'il se répand sur le parquet.

6° Cinq livres si vous me faites perdre connaissance.

Je suis, chère Madame,

Votre entièrement incorrigible,

FROBENIUS O'FLUNKLEY.

A Madame T. Berkley,

26, Charlotte Street-Pertland Place.

TEXTE ORIGINAL DE LA LETTRE :

Dublin, janvier 1834.

Dear Madam,

I am a most incorrigibile " naughty boy, " *and have been flogged by the most noted governesses in London, without having my vices scourged out of me. The gentleman who goes by the name of the* Brunswick *recommended me to Mrs. Brown, and she had a pretty strong arm. He they call* "Bawdy Blue Eyes ", *sent me to Mrs. Wilson, of Mary-la-Bone, and she was no chicken at it. Old Jaunay, of Leicester Square, the hotel-keeper, proposed Mrs. Chalmers, and she is a very experienced hand. Mr Plume invited me to dine with the Stranger, and Mr. G. at the genteel and elegantly furnished residence of Madame Noyeau; but even her tall and robust figure could not* make a sufficient impression on my backside ; he they designate as " Sheep Face ", wished me to try Jones, of London Street, but she and all her helps were too drunk to break a rod on me. Captain Johnson insisted on my visiting Betsy Burgess, who is certainly clever, but who has left the Diable au corps. Lord A —y sent me to Gordon, but she had lost Mrs. Potter's address, and was out of rods. Brookes, the bookseller, of Bond Street, gave me the card of Mesdames Collet and Beverley, and surely I found them as knowing dames as any in London ; but even their united energies have left me unconquered. I have now, my dear Madam, got a recommendation from your very particular friend, the Earl of G—e, who has made my blood boil with delight, by describing your horse and charming apparatus, for tickling the tobys of us naughty boys. I shall be with you early in February, as the Earl and myself are coming over together, on our parliamentary duties ; but to prevent any misunderstanding, I send you my terms before hand : —

1. To be well secured to the horse with the chains I bring.

2. One pound for the first blood drawn.

3. Two pounds if the blood runs down to the hels.

4. Three pounds if it reaches my heels.

5. Four pounds if it flows on the floor.

6. Five pounds if you cause me to faint away.

I am, my dear Madam,
Yours most incorrigibly,
FROBENIUS O'FLUNKLEY.

To Mrs. Theresa Berkley,
    26, Charlotte Street, Portland Place.

Je n'ai plus rien a ajouter, vous ayant fourni un spécimen sur plusieurs centaines de lettres du même genre. Qu'il me suffise de dire que la petite Calipyga Jones, qui était particulièrement accoutumée à prendre une si sévère fustigation chez Madame Berkley, est maintenant une *gouvernante* accomplie, connaissant toutes les roueries du métier. Elle *travaille* sous le nom de Griffiths.

M. W.

UN CERCLE PRIVÉ DE DAMES
FOUETTEUSES [1]

Les membres de ce club sont des dames fédérées, — des matrones — pour la plupart, qui, lasses du régime conjugal sous sa forme ordinaire, et peut-être aussi fatiguées de cette froideur qui, au bout d'un certain temps, succède aux joies initiales de l'hymen, ont résolu de renouveler, par des applications adventices, les mêmes puissances qu'elles ont éprouvées dans les premiers temps de leur mariage.

La respectable association, ou cercle, qui nous occupe ne compte jamais moins de douze membres, dont six observent toujours une attitude courbée qui les oblige à exposer leurs dos aux six autres qui se tiennent droit. Les positions respectives sont tirées au sort. Chaque soir, après une conférence sur les effets de la flagellation, au point de vue de l'expérience qui en a été faite depuis les temps les plus reculés jusqu'à ce moment, dans les monastères, les couvents,

1. Par un témoin oculaire caché.

les maisons de prostitution, et les maisons particulières, est lue ou improvisée. Après quoi les six patientes prennent leurs positions respectives et les six autres membres du club, placées derrière elles, mettent à nu les parties qui non seulement sont moins visibles, mais aussi moins susceptibles d'être détériorées matériellement, et qui sont en même temps de la plus exquise sensibilité ; et la représentation commence. La présidente de l'assemblée présente à chacune un fort instrument de flagellation et assumant elle-même les fonctions de *chef de file* dans les évolutions, elle dirige l'exercice manuel de la manière et avec telles variantes qui lui conviennent : toutes les autres, dans le rang, suivent d'un œil attentif ses manœuvres, sous peine de voir doubler leur dose de médecine, qui est parfois au-dessus de ce que les délinquantes peuvent supporter, soit pendant, soit après la cérémonie.

Selon la fantaisie de la présidente, l'opération est quelquefois commencée un peu au-dessus de la jarretière, et remonte peu à peu les cuisses jusqu'aux plis voluptueux qui se dessinent dans un vague mystère entre les rotondités dodues et appétissantes que vulgairement l'on appelle des fesses, jusqu'à ce que de cette source de vie que l'on sait, jaillit la blanche laitance de la volupté !... et que le pâle velouté des peaux satinées

« *Devienne d'un vif rouge !!* »

Parfois, les fibres vagabondes, folâtres, des verges, s'égarent avec plus d'insistance sur les sources plus *cachées* de la volupté douloureuse ! Quelquefois les pousses ondoyantes et curieuses vont se réchauffer dans le bosquet de Paphos ! Et parfois même, lorsque les passions de leur belle directrice s'élèvent, elles peuvent pénétrer jusque dans *la Grotte Sacrée de Cupidon !*

C'est alors que les patientes, soumises en général, s'écrient à l'unisson : « C'en est trop ! » et, se relevant, expriment dans le langage le plus imagé leurs sensations diverses.

La belle présidente maintenant abdique son sceptre, l'emblème et l'instrument de son office, qu'elle passe à celle qui lui paraît la plus adroite et la plus capable, et, avec les autres cinq, vient à son tour prendre sa place dans le rang de celles qui vont également recevoir leur dose.

La séance est reprise avec les additions et les perfectionnements qu'il plaira au nouveau *chef de file* d'y introduire ; quelquefois le procédé est renversé, et commençant à la grotte et au bosquet déjà mentionnés, on arrive par coups gradués aux montagnes bombées, où ils tombent plus drus et plus acharnés jusqu'à ce que la file des patientes à leur tour demandent grâce.

La Flagellation

DANS LES MAISONS DE TOLÉRANCE

L'aventure narrée plus bas par Ned Ward [1], est curieuse à plusieurs points de vue, car elle nous donne un aperçu de ce qu'étaient les maisons publiques de son époque.

Se trouvant un soir en compagnie d'un de ses amis au *Café des Veuves*, en conversation folâtre avec les *Nymphes Frivoles* de l'endroit, le fait suivant se produisit.

« Avec grande peine, geignant, soufflant et maugréant, voilà un nouveau client qui escalade les marches de la maison. C'est un honnête citoyen, en manteau et en pélerine, âgé d'une soixantaine d'années apparemment. A sa vue, la matrone appela en hâte l'une de ses pensionnaires, et, baissant la voix, lui demande s'il y a des verges dans la maison.

« Comme j'étais assis tout près de là, j'entends la

---

1. Cité par Pisanus Fraxi.

question, à laquelle la fille répond : *Mais oui, mais oui, vous savez bien, ce n'est qu'hier que je vous en ai acheté.*

« A l'entrée de ce grave fornicateur, nos dames quittent notre société pour se retirer, telles de modestes vierges, dans leur secret atelier d'iniquité ; laissant le vieux pécheur dans *l'hiver de sa luxure,* pour réchauffer ses cheveux gris d'une goutte de cordial fortifiant. Pendant ce temps, notre compte réglé, on nous éclaire jusqu'en bas de l'escalier conduisant à la salle de café et nous laissons le vénérable satyre entre les bras de deux p..... avec lesquels il me semble qu'il ne doit pas se trouver à la noce. Il me fait l'effet d'un homme qui vient de s'asseoir entre deux escabeaux et non pas comme quelqu'un qui se prépare, — tel Loth à Sodome — à explorer les voluptueux charmes de ses deux gaillardes.....

« Lorsque plus tard le vieux paillard, habitué de l'établissement, descendit aussi au salon, je demandai à quelqu'un ce que voulait dire la maman Belzébuth lorsqu'elle demanda à sa fille s'il y avait des verges à la maison ! Il sourit à ma question et me dit qu'il croyait pouvoir me dévoiler un nouveau vice dont je n'avais guère encore entendu parler. « Ce vieux bonhomme, avec son air de Sainte-Nitouche, dit-il, est un de ceux que l'on peut classer dans l'École noire de la *Sodomie,* que les savants ès-sciences de débauches appellent les *fouetteurs trompeurs.* Cette brute immonde donne de l'argent aux catins que vous avez vues, et elles lui rabattent les chausses et fouettent ses parties sexuelles jusqu'à ce que sa luxure soit assouvie. Pendant tout ce temps il implore leur miséricorde comme un criminel cloué au pilori et en appelle à leur clémence ; mais plus il invoque des ménagements, plus sont-elles tenues de s'escrimer sur lui, jusqu'à l'amener à son extase bestiale, ce qui leur indique que le moment d'arrêter la fustigation est venu ».

—————

LA FLAGELLATION DES PROSTITUÉES

Il était autrefois de mise en Angleterre de fouetter les femmes de mauvaise vie. Nous extrayons le curieux récit suivant du LONDON SPY (*L'Espion de Londres*).

«... De là mon ami me conduisit au *Bridewell* (maison de correction), où c'était jour de réception, afin de me procurer le divertissement de voir calmer la paillardise de quelques dames du trottoir par l'application du chat à neuf queues... Après que nous eûmes franchi la porte d'un édifice imposant, que mon ami me désigna comme étant le *Bridewell*, et que nous eûmes dépassé le seuil, je fus d'abord plutôt porté à me croire dans le palais d'un prince que dans une maison de correction ; mais, en me retournant, j'aperçus dans une grande salle un tas de pauvres hères de triste allure, en bras de chemise.

« De là nous passâmes dans une autre cour, où les bâtiments qui l'entouraient étaient, comme les précédents, de la plus belle apparence. Devant nous se trouvait une autre grille, qui conduisait au local occupé par les femmes. En poursuivant notre chemin tout droit devant nous, nous pûmes voir ces dames qui y étaient cloîtrées comme des nonnes, mais aussi comme autant d'esclaves sous la surveillance d'une gardienne qui se promenait de long en large, armée d'un emblème d'autorité très souple, pour corriger

celles de ces débrouilleuses de chanvre qui pourraient
avoir le malheur d'être troublées par le démon de la
paresse. Elles puaient comme un tas de boucs infects
dans l'étable d'un hobereau du pays de Galles, ou
plutôt comme une nichée d'enfants pisseurs-au-lit
commis aux soins d'une nourrice de l'asile des pauvres, et elles avaient l'air tout aussi décent qu'autant
de saintes pensionnaires de la prison centrale. Cependant, elles prenaient tout aussi gaiement leur parti en
se livrant à leur avilissante besogne, malgré leur condition misérable, qu'autant de joyeux savetiers en
mansarde, ou que des forgerons en sous-sol aux gais
sons du marteau sur l'enclume. Il y en avait de très
jeunes, et je me pris à trouver fort étrange qu'elles
aient pu déjà accumuler assez de vices en leurs tendres
années pour sitôt tomber en un si déplorable état de
misère...

« Comme j'étais aussi lassé qu'écœuré par la contemplation de la forfanterie et du manque de retenue
de ces infortunées qui ne ressentaient ni pudeur, ni
honte, n'avaient ni conscience de ce que pouvait être
la vertu, ni crainte de l'infamie ou de la misère, mon
ami me fit retourner sur mes pas jusqu'à la première
cour, et, montant par un escalier, il me fit entrer dans
une vaste salle, où siégeait un tribunal en grande
pompe et solennité. Un monsieur, très grave, dont la
mine sévère indiquait que c'était un bien notable
citoyen, occupait le siège du président, armé d'un
marteau comme un commissaire-priseur dans une
vente, en train de faire une adjudication à la chandelle ; et dans la pièce à côté, dont les portes étaient
grandes ouvertes pour permettre à tous de voir et
d'entendre ce qui s'y passait, une femme subissait la
peine du fouet. Enfin le marteau s'abattit, et la punition prit fin ; de sorte que je crus, jusqu'à plus ample

18

information, que c'étaient des pénitentes papistes qui, abusées par leurs prêtres, avaient été persuadées de venir là pour s'y pourvoir à la criée en coups de fouet pour racheter leurs péchés. Je remarquai que la très honorable cour était surtout fréquentée par des compagnons en habits bleus, et par des femmes en tabliers bleus. Une autre accusation ayant été portée par un bonnet-plat contre une pauvre garce, et cette dernière n'ayant personne pour la défendre, le président en appela au public de la façon suivante : *Vous tous qui êtes d'avis qu'Élisabeth X. ait à subir une correction immédiate, veuillez lever vos mains :* ce qui fut fait incontinent ; et alors il fut ordonné qu'on lui fît les honneurs de la maison, et elle fut forcée d'exhiber son tendre dos et ses tétons appétissants aux austères sages de cette auguste assemblée, qui, émus de sa mine modeste ainsi que de la blancheur de sa peau, la laissèrent pour cette fois échapper, avec une correction légère.

DISSERTATION SUR LA CONFORMATION

LE BUT ET LES AVANTAGES DE LA PARTIE POSTÉRIEURE DU CORPS HUMAIN

L'homme a considéré de différentes manières cette partie essentielle du corps humain ; et, dans cette différence entre les façons d'envisager la chose, on trouve un exemple frappant de la versatilité de l'esprit humain.

Cette partie dont nous voulons nous occuper, et qui, conformément à la définition qui nous a été transmise par nos ancêtres, est celle sur laquelle l'homme a coutume de s'asseoir, est, en elle-même, absolument digne de notre estime. Elle est, en premier lieu, une partie caractéristique et un appendice précieux de notre corps. Elle est formée par l'expansion de muscles qui, d'après ce que nous apprennent les anatomistes, n'existent chez aucune autre espèce animale et est absolument un privilège exclusif de l'homme.

En deuxième lieu, cette partie du corps ne confère pas à l'homme une qualité distinctive des animaux qui puisse être considérée comme étant d'un caractère honorifique, comme par exemple la faculté que nous tenons de dame Nature, de marcher debout, ce qui, comme dit Ovide, permet à l'homme de ne pas perdre de vue le soleil et les étoiles, quand il s'avance ; en lui permettant de s'asseoir, cette partie le met à même de suivre les mouvements, réels ou apparents de ces mêmes astres, de s'assurer de leurs évolutions et de précalculer leurs retours périodiques. Ça le met également en situation de promouvoir les arts libéraux et les sciences, tels que la musique, la peinture, l'algèbre, la géométrie, etc., sans mentionner toute la séquelle des arts mécaniques et industriels.

Elle constitue même, par l'assiduité qu'elle inculque à l'homme, un élément si utile pour l'étude — des lois en particulier — qu'on a pu, sans grandement exagérer, la considérer comme un adjuvant tout aussi puissant que la tête, avec laquelle cette partie a été mise, en la circonstance, au même niveau ; car, n'est-il pas d'usage courant dans nombre d'universités, de dire que pour réussir dans cette étude spéciale de la loi, il faut avoir une *tête de fer* et un *derrière de plomb !* ce à quoi l'on peut joindre une *bourse d'or* pour acheter des livres : CAPUT FERREUM, AUREA CRUMENA, NATES PUMBEÆ.

Mais la partie qui nous occupe ne sert pas uniquement à faire de l'homme un animal savant et industrieux : elle contribue dans une large mesure à l'embellissement de l'espèce humaine, étant par elle-même susceptible d'atteindre un degré de beauté assez étendu.

Sans nous attarder aux opinions de différentes nations sauvages à ce sujet, qui se donnent beaucoup de peine pour peindre et orner cette partie du corps, nous voyons par exemple les Grecs, qui certainement formaient un peuple très cultivé et bien policé, ayant une opinion très élevée de sa beauté. Ils semblent même avoir professé l'opinion que cette partie, comparée aux autres membres du corps, avait le plus grand avantage à ce point de vue particulier. Car, quoique nous n'ayons aucun exemple qu'ils eussent élevé des autels à de jolis bras, à de beaux yeux ou même à un visage idéal, ils ont fait cet honneur à la partie en question, en érigeant un temple expressément voué à Vénus, à celle que l'on appelait *la Vénus aux admirables fesses* (Ἀφροδίλη Καλγπιωυγεη).

Ce temple, à ce que l'on dit, avait été construit à l'occasion d'une querelle qui avait éclaté entre deux sœurs, qui se disputaient pour savoir laquelle des deux possédait le plus joli derrière, ou, tout au moins, qui était douée du plus élégamment formé et ce fut une dispute qui ne fit pas peu de bruit.

Nous pouvons ajouter à cela que, loin de croire que cette partie du corps méritait d'être méprisée, ils la prenaient fréquemment pour base de leurs déductions pour définir le caractère d'un homme. Et, c'est pour cela qu'ils gratifiaient de la dénomination d'*homme au derrière blanc* (Νυγαργος) celui d'entre leurs semblables qu'ils voulaient désigner comme un homme efféminé.

Les Latins, — nous avons pu nous en rendre compte, — professaient au sujet de la beauté de cette partie, ou plutôt de ces parties sur lesquelles les hommes ont l'habitude de s'asseoir, les mêmes idées que les Grecs. Horace, en plus d'une circonstance, leur applique la qualification de *beaux* (*pulchræ*) : en un endroit il dit même expressément son opinion qui est que, pour une maîtresse, c'est une des plus grandes tares que d'avoir un derrière défectueux et que ce défaut équivalait à celui d'avoir un nez plat (*nasuta*) ou un long pied, en un mot, capable de gâter et de détruire l'harmonie des autres perfections dont elle pourrait être douée. (*Hor. Sat. 2. lib. I*).

Parmi les modernes les mêmes idées ont prévalu. Rabelais, entre autres, fait une de ses meilleures histoires sur le dos d'une nonne qu'il appelle *Sœur Fessüe*, ce qu'il n'aurait certainement pas fait, s'il n'avait pas été de l'opinion que le volume et que la configuration de ces parts intégrales de l'individu de la nonne — dont elle tirait d'ailleurs son nom — n'avaient compté au nombre de ses plus précieux avantages.

En dehors de Rabelais, plusieurs écrivains français ont exprimé des opinions absolument identiques. Ainsi, La Fontaine, si nous ne nous trompons, parlant dans l'un de ses contes d'une certaine beauté dont il voulait exalter les charmes, s'exprime ainsi :

Tetins, Dieu sçait ! et croupe de chanoine.

Et le poète Rousseau ayant eu l'occasion, dans une de ses épigrammes, de mentionner le temple que les Grecs avaient élevé à *Vénus à la belle Croupe* déclara que, parmi tous les temples de Grèce, c'eût été celui dans lequel il aurait été inspiré de la plus grande dévotion.

D'autres personnes même ont été d'avis que, à part

les avantages sus-mentionnés, la partie en cause était
capable de dignité et qu'elle faisait partie intégrale de
l'importance de l'individu qui en était le possesseur.
Ceci est par exemple, l'opinion que le poète Scarron
exprima clairement dans un morceau de poésie qu'il
adressa à une dame, dont le mari avait été fait duc
peu de temps auparavant, ce qui lui donnait le droit à
une place dans les réceptions de la reine ; à cette
époque, on disait qu'elle avait obtenu *un tabouret*.
Qu'on en juge :

> Au grand plaisir de tous et de votre jarret.
> Votre cû, qui doit être un des beaux cûs de France,
>   Comme un cû d'importance,
> A reçu chez la Reine enfin le Tabouret.

En somme, d'autres ont poussé l'expression de leurs
opinions encore bien plus loin et ont affirmé que cette
partie du corps était non seulement susceptible de
beauté et de dignité, mais aussi de splendeur.

Ainsi, Mgr Pavillon, un *bel esprit* qui, sous le
règne de Louis XIV, occupait la charge de lieutenant-
général du roi à Metz et était un des quarante membres
de l'Académie et qui, en outre, — et ceci a de l'importance au point de vue de notre sujet — était neveu
d'un évêque, écrivit une pièce de vers qui se trouve
intercalée dans la collection de ses ouvrages et qu'il
intitula : *Métamorphose du cû d'Iris en astre* !

D'autre part, nous trouvons que ce même membre,
que d'aucuns croyaient posséder tant de perfections
et qui a été en conséquence l'objet de leur admiration
et de leur dévotion, a été, de la part de certains, le but
de leurs quolibets et de leurs insultes.

Sans mentionner le cas bien connu de la marquise
de Tresnel qui s'est livrée à un exercice très irrévé-

rencieux sur le postérieur de la dame de Liancour, sans même nous arrêter à l'habitude que l'on a de menacer en cas de provocation, de traiter de coups la partie question, voire de mettre ces menaces à exécution, nous trouvons que presque toutes les nations du monde ont été d'accord qu'elle constituait la place la plus appropriée pour les heurts, les tapes et les flagellations.

Certains passages de Plaute et de Saint-Jérôme nous prouvent que cette idée prévalait chez les Romains. Le philosophe Peregrinus nous enseigne qu'il en était de même chez les Grecs, et, sous la domination des Césars, quand les deux nations se furent fusionnées en une seule, cette notion de considérer la partie la plus charnue du corps humain comme l'endroit prédestiné pour recevoir les coups continua à prévaloir.

Nous en trouvons une preuve dans la manière dont fut traitée la statue de l'empereur Constantin lors de la révolte de la ville d'Edessa. Les habitants, non contents de renverser la statue, se mirent à flageller la partie postérieure de l'effigie impériale pour exprimer tout leur mépris. C'est Libanius le Rhéteur qui nous apprend ce fait dans sa harangue à l'empereur Théodose après le soulèvement de la grande cité d'Antioche et dans laquelle il mentionne le pardon accordé par Constantin pour cette grave insulte, et ce, dans le but d'induire l'Empereur à pardonner les habitants de cette dernière ville ; disons en passant que Libanius n'eut pas la chance de rallier le souverain à sa thèse.

En France également, des notions de ce genre ont prévalu. On peut s'en rendre compte par l'exemple du verbe *fesser*, qui vient tout naturellement de *fesse*. Or, l'action de fesser est évidemment celle qui consiste dans l'application de coups sur le derrière. Voltaire fait dire à sa princesse Cunégonde en parlant à Candide :

Tandis qu'on vous fessoit, mon cher Candide.

Voltaire n'a pas voulu dire expressément que Candide avait reçu les coups sur la partie charnue de l'individu qui nous occupe par ordre de l'Inquisition ; mais cela n'empêche pas que le mot en lui-même consacre un usage. Un autre dérivé de ce verbe est l'ancien *fessade* qui est devenu dans le langage d'aujourd'hui, une fessée.

Parmi les Arabes, l'usage de la fessée remonte aux époques les plus reculées. Nous en trouvons un exemple dans les contes arabes intitulés : *Les Mille et une Nuits*. L'histoire à laquelle nous faisons allusion, et qui vaut bien la peine d'être rappelée au lecteur, est celle d'un ancien savetier, dont le nom, si nous ne nous trompons, était Sheik-Abak.

Ce savetier étant tombé amoureux d'une belle dame appartenant à un richard de la ville, lorsqu'il lui fut un jour possible de jeter un regard indiscret à travers les fenêtres de sa maison, avait pris l'habitude, par la suite, de stationner des heures entières tous les jours devant la maison de sa dulcinée, les regards fixés sur les fenêtres.

La dame résolut de se divertir aux frais de son adorateur. Dans ce but, elle chargea un jour une de ses esclaves d'informer Sheik-Abak qu'il pouvait gagner les faveurs de la belle s'il consentait à la poursuivre à travers les appartements : elle serait à lui s'il réussissait à l'attraper. On pense si le bonhomme accepta.

Introduit dans le logis, on lui dit que pour courir plus librement il fallait se dévêtir jusqu'à la chemise, ce qu'il fit.

Après une course folle à travers les pièces en enfilade de l'appartement, il trouva devant lui un long et

...choqués à la vue de Sheik-Abak..... ils
s'emparèrent de lui et..... se mirent à lui
tanner le derrière avec force coups de courroies.

(Page 265).

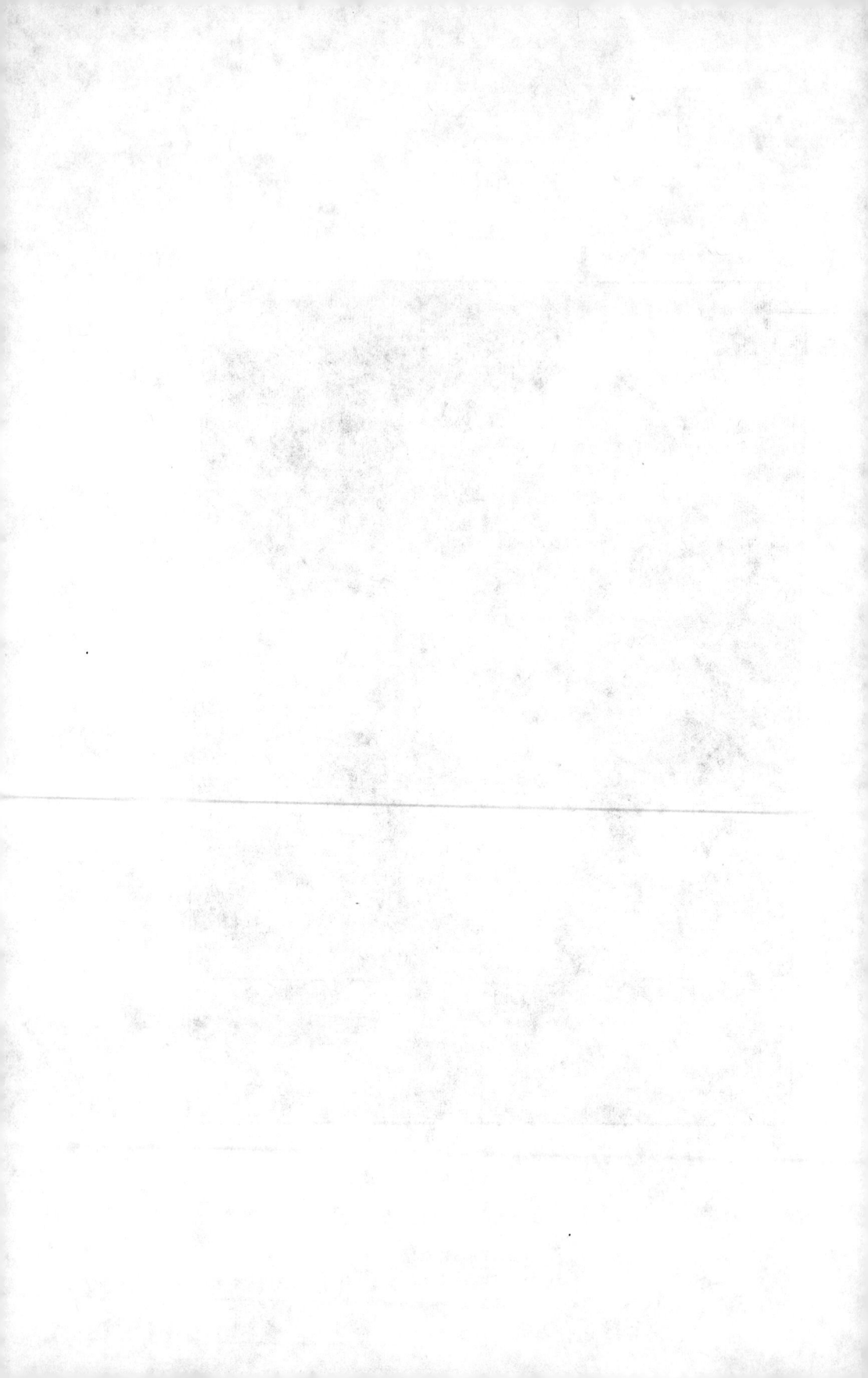

sombre couloir, à l'extrémité duquel se voyait une porte ouverte ; il s'y dirigea le plus rapidement qu'il put et passa tête baissée par la porte qui, à son grand étonnement, se referma tout de suite sur lui avec grand fracas. Il se retrouva au beau milieu d'une rue de Bagdad qui était principalement habitée par des savetiers.

Un certain nombre de ces derniers, choqués à la vue si inattendue du pauvre Sheik-Abak, lequel, outre de se trouver en chemise, avait eu les sourcils rasés avec son assentiment, s'emparèrent de lui et, comme nous le rapporte l'auteur arabe, se mirent à lui tanner le derrière avec force coups de courroies.

Si nous revenons aux nations européennes, nous trouvons d'autres exemples de cette pratique. Nous trouvons qu'en Danemark les fessées étaient en grand honneur. A la cour de ce royaume, vers la fin du siècle dernier, il était d'usage que chaque fois qu'une chasse royale avait pris fin, dans le but de terminer la fête le plus agréablement possible, aussi joyeusement qu'elle avait débuté, le grand veneur accusait l'un des gentilshommes présents d'avoir enfreint l'un ou l'autre des règlements de vènerie. Aussitôt que l'infraction était constatée, on faisait agenouiller le gentilhomme par terre entre les cornes du cerf qui avait été abattu. Deux laquais écartaient les pans de son habit, tandis que le roi, saisissant une petite badine, lui appliquait sur les culottes un nombre de coups bien sentis et proportionnés à la gravité de l'infraction commise. Et, pendant ce temps, les chasseurs, avec leurs cors de cuivre, et les chiens, par leurs bruyants aboiements, proclamaient la justice du roi et le châtiment du coupable, au grand gaudissement de la reine, des dames et de toute la cour qui étaient présents.

Lorsque le Cap de Bonne-Espérance était encore

colonie hollandaise, la flagellation était le châtiment infligé aux personnes qui commettaient l'imprudence de fumer dans les rues ; il en résulta souvent de graves conflits.

Chez les Espagnols, cette partie du corps humain qui fait l'objet de notre dissertation, est également celle que l'on croit la plus appropriée pour supporter les mauvais traitements et les mortifications. Au siècle dernier, on trouvait toujours et un peu partout quelque bon frère capucin qui rendait son postérieur responsable des péchés de la paroisse entière et qui, en proportion de la gratification à lui allouée, se fouettait ou tout au moins disait à ses ouailles qu'il l'avait fait. C'est de là que nous vint la fameuse locution espagnole tirée de l'histoire du frère Gerundio de Campazas : *Yo soy el culo del frayle,* en français : Je suis aussi mal loti que le derrière du frère; locution que l'on emploie à l'égard de personnes dont on veut dire qu'elles souffrent des peines pour en faire profiter d'autres individus.

*
* *

Pisanus Fraxi[1], auquel nous empruntons les lignes qui suivent, nous dit au sujet du thème qui nous occupe :

« M. Hotten découpa du *Preliminary Adress* deux passages dans lesquels des gravures sont mentionnées et supprima en entier une très curieuse et facétieuse lettre occupant dans l'original quatre pages et dans laquelle un correspondant, qui signe *Philo-*

---

1. *Index Librorum Prohibitorum*, pages 45 et suiv., Londres, 1877.

podex, fait part de son opinion et de ses conseils au sujet des illustrations « pour un livre à paraître sous peu sous le titre de : « Une Exposition de Flagellantes ».

« En premier lieu, dit-il, elles consisteraient en un exposé de postérieurs féminins ; car quoique je considère le cucu découvert d'une dame un objet fort agréable à la vue et divertissant, je ne donnerais pas un liard pour voir celui d'un homme, car ceci, à mon avis, est agréable seulement à des gens d'une catégorie spéciale, trop mauvais pour être encouragés.

« Mais l'aspect d'une jeune dame agréable ayant ses jupes retroussées et son joli derrière dodu mis à découvert, et paraissant ressentir les caresses d'une verge, est chose assez amusante ; il en est ainsi de votre excellente gravure, le caprice de Mme Du Barry, qui est presque parfaite en son genre. — Je désirerais pour cela que votre livre contînt de semblables descriptions et de pareils sujets. Et maintenant, quelques mots au graveur : Faites-lui représenter le derrière de la femme, qui certainement fera le principal sujet dans la composition, — rond, dodu et ample, de taille plutôt supérieure que moindre de celle adoptée ordinairement par les peintres et les sculpteurs ; dites-lui de le représenter en général dans tout son épanouissement au regard, quoique, dans quelques gravures, il pût nous le donner de profil ou avec une étroite bande des jupons ou de la chemise de la dame, ombrant légèrement une de ses parties, et rappelez-lui que s'il a la parfaite connaissance de son sujet, comme je m'imagine qu'il l'a, et qu'il est un homme de génie, il aura devant lui un vaste champ pour le développer. Il pourra nous montrer différentes sortes de derrières, tous naturels et propres ; tous élégants et imposants (car il y a presque autant de différences entre des

La discipline à l'École

QUELQUES GÉNÉRALITÉS

Que le fouet et la verge soient des institutions fort anciennes, c'est ce qui ressort avec évidence du fait qu'à Rome, autrefois, les Vestales qui avaient laissé éteindre le feu sacré, dont l'entretien était confié à leur garde, étaient conduites par un prêtre dans une chambre obscure, et là, fouettées par lui en punition de leur faute, après avoir été revêtues d'un voile léger. La vestale Urbinia fut traitée de cette façon et promenée ensuite à travers les rues de Rome.

La pratique de la flagellation a donc certainement pour elle le privilège de l'ancienneté, mais aujourd'hui, lorsque nous étudions une question, nous nous demandons : Cet usage est-il bon ? et non pas : Depuis quand est-il établi ?

De saints personnages ont adopté, il est vrai, cette pratique pour expier leurs péchés. Pierre l'Hermite, Rodolphe et Dominique, surnommé Loricatus, avaient l'habitude de se châtier ainsi eux-mêmes avec des verges, et ce dernier ne manquait jamais d'emporter têtes et des queues), mais pas tous semblables ; il ne devra certainement pas donner à des femmes de trente-cinq ans le petit derrière rond et ferme d'une jeunesse de quinze ans, ni le gros derrière bombant d'une femme d'âge moyen à une jeune miss de pensionnat. »

Philopodex continue en donnant des instructions sur les ustensiles à employer, « non pas une grosse trique que l'on pourrait ne pas prendre pour une verge », mais « une tige flexible que les admirateurs de ce divertissement puissent savoir être faite de leur chère verge » — et il donne l'indication suivante : « Il se pourrait que dans ces dessins il y eût d'autres figures en dehors de la principale. Mais comme nous ne pouvons avoir la satisfaction de voir les jolis derrières de toutes, un dessinateur ingénieux peut s'arranger de telle façon que l'une, par la nonchalance de sa pose, nous montre ses jambes, une autre ses seins, et le vêtement des autres peut être arrangé de manière à nous donner l'idée d'un postérieur bien pris de formes et volumineux, caché sous les draperies. De cette façon, chaque planche nous donnerait un joli et intéressant tableau d'ensemble et ces petites adjonctions procureront au regard une agréable diversion... »

Philopodex conclut dans nn post-scriptum :

« J'ai pensé qu'il n'était pas nécessaire de vous conseiller de faire vêtir toutes les figures. Chaque dame doit avoir au moins sa chemise. Il faut toujours qu'en cette matière la nudité ne soit que partielle pour donner le plus haut degré de satisfaction. »

La discipline à l'Ecole

QUELQUES GÉNÉRALITÉS

Que le fouet et la verge soient des institutions fort anciennes, c'est ce qui ressort avec évidence du fait qu'à Rome, autrefois, les Vestales qui avaient laissé éteindre le feu sacré, dont l'entretien était confié à leur garde, étaient conduites par un prêtre dans une chambre obscure, et là, fouettées par lui en punition de leur faute, après avoir été revêtues d'un voile léger. La vestale Urbinia fut traitée de cette façon et promenée ensuite à travers les rues de Rome.

La pratique de la flagellation a donc certainement pour elle le privilège de l'ancienneté, mais aujourd'hui, lorsque nous étudions une question, nous nous demandons : Cet usage est-il bon ? et non pas : Depuis quand est-il établi ?

De saints personnages ont adopté, il est vrai, cette pratique pour expier leurs péchés. Pierre l'Hermite, Rodolphe et Dominique, surnommé Loricatus, avaient l'habitude de se châtier ainsi eux-mêmes avec des verges, et ce dernier ne manquait jamais d'emporter

avec lui ses instruments de discipline dont il se fustigeait régulièrement, au moment de se mettre au lit.
On raconte un grand nombre d'anecdotes à propos de
cet usage, et, parmi elles, il en est de nature à produire de l'amusement plus qu'autre chose, bien
qu'elles soient faites pour inspirer la pitié pour les
pauvres créatures dont l'esprit faible permettait à
leurs directeurs spirituels de prendre sur elles un
pouvoir aussi tyrannique. En voici une qui pourra
servir de spécimen. La veuve d'un landgrave de
Hesse, Élisabeth, fille d'André II, roi de Hongrie,
souffrait beaucoup de la sévérité de son confesseur
Conrad de Marbourg. On le soupçonnait cependant
d'être l'amant de la princesse, et, comme l'une des
amies de celle-ci faisait un jour, devant elle, allusion
à cette rumeur, elle releva ses vêtements et lui dit :
« Vous pouvez voir le genre d'affection que me porte
le saint homme et celui que je dois avoir moi-même
pour lui ». Sa peau, en effet, était toute déchirée et
toute saignante d'une cruelle fustigation qu'elle
venait de recevoir pour quelque désobéissance sans
gravité.

Il serait trop long de vouloir tenter une histoire
des mortifications religieuses et disciplinaires qui
prirent naissance au moyen âge. Dès le XIIIe siècle
apparaît en Italie la secte des Flagellants. Ce fut une
sorte d'épidémie de la superstition. Les adeptes, se
croyant eux-mêmes impies et pervers, regardaient les
fustigations comme le seul témoignage acceptable de
leur repentance.

De nos jours, chez les Moycas, tribu de la Nouvelle-
Grenade, les époux ont le droit de s'infliger, mutuellement, des châtiments corporels. Le général Quesada
s'étant rendu un jour auprès du chef d'un village, le
trouva se tordant sous les coups de verges de ses

neuf femmes, et reçut pour explication que le digne homme s'étant enivré avec des Espagnols, la nuit précédente, ses femmes l'avaient transporté sur son lit pour lui laisser cuver son vin, puis, le matin venu, l'avaient réveillé pour lui administrer une correction méritée.

Delolme, dans ses *Mémoires de la Superstition humaine*, raconte le curieux fait suivant, à propos des Pères de Saint-Lazare, à Paris : « Leur établissement, dit-il, était une espèce de maison de banque sur laquelle on délivrait des chèques au porteur, payables en un certain nombre de coups. Beaucoup de parents et de précepteurs se servirent de ce système commode vis-à-vis d'enfants ou d'élèves indisciplinés. Parmi ceux-ci il y en eut d'assez roués pour réussir à charger une autre personne de présenter le chèque, toujours délivré sous pli cacheté et payable au porteur, malgré toutes les protestations de celui-ci. Il y eut même des femmes qui recoururent à ce moyen pour se venger d'amants infidèles, en les envoyant, munis d'un billet en règle, aux bons pères de Saint-Lazare, et les victimes de cette plaisanterie n'eurent garde de se plaindre du traitement qu'ils en avaient reçu, de de peur d'être la risée du public. Aussi le couvent finit-il par devenir la terreur de Paris, et les Pères ayant prêté les mains à des menées criminelles, dans le genre de ce qui s'est souvent passé en Angleterre dans les maisons d'aliénés, le gouvernement en décréta la suppression. »

A Saint-Pétersbourg, la verge est encore largement employée dans les coulisses des théâtres. Les danseuses, aussi bien, d'ailleurs, dans les autres villes de Russie qu'à Saint-Pétersbourg, sont amenées chaque soir d'une espèce de couvent au théâtre, dans une grande voiture fermée, et, si elles ne se conduisent pas bien pendant la représentation, on leur donne au retour le fouet en guise de souper.

LA FLAGELLATION DES FEMMES

Est-ce bon ou est-ce mauvais ?

Bon, disent les maîtresses ; mauvais, affirment leurs élèves. Qui décidera dans une question où les femmes ne sont pas d'accord ? N'ayant pas l'honneur d'appartenir au beau sexe, nous n'avons jamais eu ni à recevoir ni à infliger, dans ces conditions, le châtiment que nous nous proposons d'étudier.

Ce que nous publions sur les expériences faites au sujet de la verge par un certain nombre de dames, permettra à nos lecteurs de se former au moins une demi-douzaine d'opinions à cet égard, s'ils en éprouvent le désir.

Nous avions demandé récemment à une jeune lady qui se destinait à la carrière de l'enseignement, et qui avait été fouettée une vingtaine de fois dans plusieurs écoles, aussi bien en public qu'en particulier, ce qu'elle pensait des mérites de ce vieil usage de la verge employée aujourd'hui encore pour l'éducation des filles. Voici ce qu'elle nous répondit :

« Bien que je sois trop jeune pour émettre une opinion fondée, je ne voudrais cependant, d'après ce que j'en ai vu moi-même, donner le fouet à mes élèves qu'à la dernière extrémité. Mais, d'autre part, je ne consentirais jamais à en recevoir aucune chez moi sans que l'affaire ne fût entièrement laissée à mon jugement, et si, après avertissement préalable, les autres moyens demeuraient sans résultat, je n'hésiterais pas à fouetter mes écolières rebelles, soit avec la main, soit avec la verge. »

Une dame de grande expérience dans l'éducation des enfants et des jeunes personnes, nous écrit à ce sujet :

« Je puis vous dire que je suis décidément en faveur de la pratique de la fessée, comme étant le meilleur et, dans bien des cas, le seul moyen d'affermir la discipline et d'assurer l'obéissance chez les enfants ; je ne fais d'ailleurs pas de différence à cet égard entre les filles et les garçons. »

En ce qui nous concerne, nous estimons, avec la première de nos correspondantes, que l'on ne doit recourir à la verge qu'en dernier ressort, mais alors, si tous les autres moyens demeuraient sans résultat, nous n'hésiterions pas à employer l'argument efficace d'un châtiment corporel.

Laissant de côté pour quelques instants la question de savoir quelles sont les punitions de cette nature qui sont justifiables et celles qui ne le sont pas, nous allons rapporter les expériences faites par la jeune lady dont nous avons parlé plus haut, à l'occasion de la première fustigation qui lui fut infligée. Il est bon de dire tout d'abord que cette exécution fut motivée par sa paresse opiniâtre. On l'avait déjà admonestée à plusieurs reprises pour manquement à ses devoirs, lorsque, un jour, ses leçons ayant été coupablement négligées, la maîtresse de sa classe en informa la directrice de l'école, avec laquelle la jeune personne —elle avait alors douze ans — eut immédiatement un entretien particulier. Ici nous reproduisons les paroles même de la délinquante depuis le moment où sa sentence eut été prononcée :

« Tandis que la directrice se levait pour aller jusqu'à la porte, je me mis à hurler et à me rouler sur le

plancher, en proie à un véritable accès de rage ; mais
mademoiselle, se penchant résolument vers moi, me
remit sur mes pieds en me disant :

« Vous pouvez y compter, mademoiselle, vous allez
être fouettée d'importance pour votre manière d'agir. »
Elle me conduisit alors vers sa chaise, moitié me traînant, moitié me portant, et après s'être assise,
m'étendit sur ses genoux, le visage contre terre. J'aurais peut-être pu résister si j'avais été prévenue, mais
mes pieds avaient quitté le sol avant qu'il m'eût été
possible de me rendre compte de ce que voulait faire
mademoiselle, car je n'avais jusqu'ici jamais été
châtiée de la sorte. Je sentis alors que c'en était fait
de moi, car c'est peut-être la position la plus désespérée dans laquelle on puisse placer une fille et qui
lui permette le moins de se défendre. Oh ! la minute
terrible qui précéda l'exécution. Je me débattais en
continuant à crier. — « Restez tranquille, voulez-
vous ? dit mademoiselle, je vous garderai ainsi jusqu'à ce que vous vous soumettiez.

« — Oh, madame, criais-je, laissez-moi me relever,
s'il vous plaît. Mademoiselle, je ne serai jamais plus
si méchante. Laissez-moi aller pour cette fois. — Non,
répondit mademoiselle, je ne pardonne jamais une
pareille conduite. Une grande fille comme vous
devrait en avoir honte. Mais, la douleur et l'humiliation de recevoir le fouet vous corrigera peut-être à
l'avenir ; du moins, je dois l'essayer. Plus un mot,
mademoiselle, je vais vous fouetter comme il faut. » —
Écartant alors tous les obstacles, elle m'assujettit soli-
eement sur ses genoux et commença à cingler vigoureusement ma peau nue avec une courte verge qui se
trouvait déposée sur la table à côté d'elle. Ma fureur
et ma résistance durent bien finir par céder, mais ce
ne fut pas immédiatement. La peau me cuisait d'une

manière terrible. Je hurlais de douleur, et je me
démenais en jetant sans cesse mes jambes en l'air et
en jouant des pieds encore garnis de leurs bas et de
légères pantoufles. Je crois qu'à ce moment je me
mis à appeler au secours. Mais plus je me débattais,
plus mademoiselle redoublait la correction et cela
d'une manière si décidée, qu'elle conservait évidemment tout son sang-froid. — « Je ne veux pas,
criais-je, je ne veux pas ! » — Flic flac. — « Grâce,
grâce, je vous en prie. » — Flic. — « Pardon, pardon. » — Flac, flic, flac. — « Mademoiselle !... C'est
affreux ! Assez, assez, ! » — Flic, flac. — « Grâce, ne
me fouettez plus ! » Mademoiselle suspendit un instant l'exécution : « Je le dois pourtant, Miss, il m'est
très pénible de vous punir, mais vous ne méritez rien
autre comme une méchante fille que vous êtes. Voulez-
vous maintenant apprendre convenablement vos
leçons ? » — Flic, flac. — « Je n'ai pas encore fini, et
je veux vous fouetter comme il faut. En bas vos
jambes, maintenant. » — Flic, flac. — « Vous
conduirez-vous mieux à l'avenir ? — Je n'en puis
plus, Mademoiselle, en vérité, je n'en puis plus.
Je serai sage, je vous le promets. Oh ! finissez ! —
Maintenant, voici encore pour votre désobéissance
en vous jetant sur la porte : un, deux, trois, quatre,
cinq, six. Et que ce soit une leçon pour vous de bien
vous conduire désormais et d'être diligente... »

Le résultat de cette correction fut que la jeune personne ne reçut plus jamais le fouet pour une faute
semblable et qu'elle en ressentit, comme elle en con-
venait elle-même, une impression salutaire. Une
bonne fessée comme celle-là, infligée dans un âge
encore jeune, pourrait, croyons-nous, lorsqu'elle est
absolument indispensable, éviter la nécessité de
recourir à cette extrémité alors que la délinquante est

arrivée à un âge où ce genre de correction est, pour parler net, parfaitement indécent.

COMMENT FAUT-IL S'Y PRENDRE ?

Il existe plusieurs méthodes pour infliger, dans les pensionnats de jeunes personnes, la punition capitale. Nous extrairons une description de celle qui est le plus généralement en usage, des souvenirs d'école d'une dame fort distinguée et qui a étudié, sous toutes ses faces, la question de la discipline dans ces Institutions.

« J'ai été, dit-elle, dans plusieurs pensionnats, soit en Angleterre, soit en France, mais je ne suis pas compétente pour en parler d'une manière approfondie. Bien que j'aie été souvent fouettée moi-même, et quelquefois très sévèrement, je ne désapprouve cependant point de semblables corrections lorsqu'elles sont infligées judicieusement et qu'on en fait l'exception, non la règle. Je n'ai jamais reçu le fouet sans l'avoir entièrement mérité, et j'en ai eu toujours le sentiment, même au moment de l'exécution ; mais si tel a été le cas pour ce qui me concerne, j'ai eu, d'autre part, des exemples de fustigations injustement appliquées, et c'est là le grand danger de la méthode.

« Le dernier pensionnat où je fus placée, est, ou était alors, dirigé par Mme A... Là, les punitions étaient souvent parmi les plus sévères et les plus humiliantes que j'aie jamais vues, quoiqu'elles ne fussent jamais données sans motifs sérieux, et je dois dire, à la décharge de Mme A...., qu'il aurait été difficile de trouver quarante-trois péronnelles plus indisciplinées et plus sottes que nous ne l'étions ; la plupart comptaient de treize à quatorze ans, une ou deux en avaient près de vingt, mais il n'y en avait aucune qui ne fût exposée à recevoir le fouet pour des fautes graves, et cela dans la manière qu'on le donne aux enfants. Plusieurs de ces jeunes personnes appartenaient à des familles très haut placées, et un grand nombre d'entre elles, véritablement insupportables, avaient été envoyées dans cette institution, autant pour y réformer leur caractère que pour terminer leur éducation.

« Je n'essaierai pas de décrire Mme A., je dirai seulement qu'il y avait, surtout en certaines occasions, dans ses regards et dans toute sa personne, quelque chose d'extraordinairement imposant. D'une sévérité terrible lorsqu'elle usait de son « dernier ressort », ainsi qu'elle le nommait, elle montrait une grande indulgence pour les fautes vénielles, mais pour les mensonges, petits larcins, désobéissances graves, indélicatesse et impertinence, on pouvait compter, après un sérieux avertissement donné en public et ne laissant place à aucune équivoque, sur une fessée dans les règles à la première récidive.

« J'ai dit que les corrections administrées par Mme A. étaient les plus humiliantes que j'aie jamais vues, et cela, parce qu'elle fouettait souvent les délinquantes en présence de leurs compagnes réunies, son système et la méthode qu'elle employait pour cela étant combinés de manière à rendre la honte d'une fustigation aussi redoutable que la peine elle-même. Au milieu de la salle d'étude, en face de son pupitre, se trouvait une estrade haute de 50 centimètres environ et assez large pour que quatre ou cinq personnes pussent s'y tenir. Lorsqu'il devenait nécessaire de recourir aux dernières mesures, Mme A. faisait placer

un très lourd fauteuil sur la plate-forme, et appelait
ensuite la coupable : « Venez ici, mademoiselle ;
tournez-vous et regardez vos camarades. Mesdemoiselles, asseyez-vous à vos places et regardez ici, s'il
vous plaît. » Je n'ai pas besoin d'ajouter que ses
ordres étaient ponctuellement suivis. Tirant alors
d'un tiroir de son pupitre une verge solide et élastique, elle la tendait à la jeune personne confuse et
tremblante : « Prenez cela, miss, et tenez-le ainsi, »
disait-elle. Elle faisait ressortir ensuite la gravité de
la faute et rappelait à la coupable les avertissements
qui ne lui avaient pas été épargnés, tout en rendant
les autres attentives à la leçon qu'elles devaient tirer
d'un semblable châtiment. Quelquefois, elle laissait la
délinquante retourner à sa place ; sinon, elle montait
sur la plate-forme, s'asseyait dans le fauteuil et.....
Mais de pareils détails, lorsque ce sont des dames
qui les racontent, ne doivent tomber que dans des
oreilles féminines.

« Tel était le *dernier ressort* de Mme A., une
correction qui, je vous l'assure, ne s'oubliait pas aisément. Elle fouettait quelquefois en particulier, ou
encore en présence d'un petit nombre d'élèves, mais
jamais elle n'employait la méthode si fréquente sur
le continent, qui consiste à déshabiller la coupable et
à l'attacher après l'avoir étendue sur une ottomane ou
sur un lit. Ses corrections, pour sévères qu'elles
fussent, n'en demeuraient pas moins maternelles

« Mme A. ne me donna le fouet que deux fois, et
une seule fois sévèrement ; encore cela se passa-t-il
en particulier et personne ne pourrait dire que je ne
l'eusse pas richement mérité. Ce fut à la suite de la
seule occasion où je lui aie manqué de respect. J'avais
un fort joli talent de dessin, et je m'étais laissée aller,
pendant les jours de congé, à peindre, avec beaucoup

de soin, une aquarelle représentant Mᵐᵉ A. donnant
le *dernier ressort* à l'une de ses grandes élèves.
L'une des sous-maîtresses ayant réussi à ouvrir mon
pupitre, — ce qu'elle n'avait pas le droit de faire, —
remit à Mᵐᵉ A. ce qu'il contenait. Celle-ci serra le
dessin dans son bureau, en m'ordonnant simplement
de me rendre dans son boudoir et de l'y attendre. Elle
renvoya alors, sur-le-champ, la gouvernante, pour
son action malhonnête, puis, se rendant auprès de
moi, elle m'administra la correction que j'avais
méritée.

« Mᵐᵉ A. aurait été autrement sévère encore, si
elle avait su toute la vérité, car le dessin qui était
tombé sous ses yeux n'était qu'une esquisse inachevée
et non un ouvrage terminé. »

UN AUTRE MODUS OPERANDI

Un autre système employé pour donner la fessée,
est le *cheval*. La relation suivante écrite, il y a quelques années, par une dame, pourra en expliquer
suffisamment les procédés à nos lecteurs.

« Lorsqu'une faute grave a été commise la coupable s'inscrit elle-même dans un livre *ad hoc*, et le
porte ensuite à la directrice qui indique à côté le
genre et l'importance de la punition. Pour une première fois, la jeune personne subit la toilette requise
pour recevoir le fouet, mais elle est généralement
quitte du reste. A la première récidive, elle est
fouettée en particulier et pour tous les délits ulté-

rieurs, la correction est infligée dans la salle d'étude.
De plus, outre le châtiment corporel, il en coûte
encore 1 franc à peu près à la délinquante, sous forme
d'honoraires à payer. Ceux-ci se règlent comme
suit : 1° La coupable va auprès de la femme de charge
pour se procurer une verge, dont elle lui paye deux
sous l'usage. 2° Elle doit ensuite se laisser déshabiller
en partie par la femme de chambre, ce qui lui coûte
deux autres sous. 3° De là, elle se rend pieds nus dans
une autre partie de la maison, afin d'y être habillée
pour la fustigation, un costume spécial étant de
règle, en ce cas, dans le but d'augmenter encore la
honte de la punition. Il consiste en une longue blouse
de toile, des bas courts en coton et des mules sans
talons. La jeune personne ainsi fagotée, passe alors au
salon devant la directrice, qui, après l'avoir examinée
et après avoir approuvé son accoutrement, la fait conduire dans la salle d'école, où il lui faut encore payer
six sous à la gouvernante chargée de lui administrer
la fessée. Un cheval de bois, recouvert de cuir bien
rembourré est le *medium* obligé de l'exécution.
Celle-ci terminée, la coupable remercie la gouvernante, baise la verge, remercie également la directrice
et se retire dans sa chambre pour ne plus reparaître
que le lendemain au moment de la prière. Aussi
l'impression produite par ce cérémonial est-elle plus
grande que la douleur même de la punition, car les
jeunes personnes, sous tous les autres rapports, sont
entourées de soins. Le cheval est garni d'un coussin
tendre que l'on fait venir de Hollande, à ce que l'on
me dit. Il y a, paraît-il, dans ce pays, des établissements de fustigations où les parents envoient leurs
enfants pour y être châtiés. C'est également, à ce
qu'il semble, le cas en Écosse, où l'on conduit les
jeunes personnes à la *Maison écossaise* pour les y

faire fouettter lorsqu'elles ont commis quelque faute. »

Une autre dame nous écrit :

« Je visitais un jour, avec deux de mes compagnes et la femme de charge, une sorte de grenier dans le pensionnat où je me trouvais alors à Paris. Nous aperçumes, dans un coin de la chambre, une espèce de meuble tout moisi et couvert de poussière, dont nous ignorions l'usage. La femme de charge, qui avait vécu dans l'établissement bien avant la directrice actuelle, nous expliqua que c'était un cheval sur lequel on plaçait autrefois les élèves désobéissantes pour leur donner le fouet. Elle nous montra ensuite comment on s'en servait et y attacha même l'une de nous. L'instrument était recouvert d'un drap foncé, avec un coussin arrondi au bout, et muni de courroies et d'anneaux. »

QUELQUES CONFESSIONS

On a souvent fait la remarque que l'expérience personnelle est le meilleur des critériums pour juger d'une question ; c'est pourquoi nous allons donner ici quelques extraits de lettres déjà publiées ou encore inédites et qui aideront le lecteur à se former une opinion sur le sujet qui nous occupe. Nous rappellerons seulement, qu'étant nous-même désintéressé dans l'affaire, nous n'avons d'autre désir que de donner à chacun des partis en présence l'occasion de se faire entendre.

Le premier de ces extraits est tiré d'une correspondance écrite par une jeune personne, depuis le pensionnat où elle se trouvait alors, correspondance insérée, il y a environ trois ans, dans un journal périodique bien connu :

« J'ai dix-sept ans, dit-elle, et parmi mes compagnes, il y en a de plus âgées, mais toutes nous sommes dans le cas de subir la même punition. Il n'y a pas trois mois que j'ai vu donner la verge à une fille de vingt ans bien comptés. Or, sans parler de l'humiliation, le châtiment est vraiment terrible. Je n'avais jamais rien éprouvé de pareil avant de venir ici. Chaque coup produit la plus atroce sensation que l'on puisse imaginer, et, ce qui est pire que tout, c'est le sentiment que toutes vos camarades vous regardent, pour voir si vous supporterez cette agonie. Ne penseriez-vous pas vraiment, si vous aviez devant les yeux une personne qui hurle, se tord et crie merci, lorsque la verge vient s'abattre sur sa chair tremblante, avec un horrible sifflement, qu'elle a commis quelque action digne d'un malfaiteur ? Et que diriez-vous lorsqu'on vous apprendrait qu'elle subit ce supplice pour avoir fait quatre ou cinq fautes dans sa leçon d'allemand ? Vous savez de quelle manière humiliante on déshabille et prépare une jeune personne pour la verge, dans la partie où elle doit la recevoir. N'est-ce pas des plus indécents ? Vous connaissez, j'en suis sûre, bien des filles de mon âge qui préféreraient mourir plutôt que de se soumettre à une punition aussi inexprimablement dégradante et ignominieuse ; mais Mme X... manie la verge avec une telle sévérité que le sentiment même de cet indigne traitement s'efface bientôt devant celui d'une douleur insupportable que l'on ferait tout au monde plutôt que de s'y exposer une seconde fois. »

« Nous sommes ici plus de quarante, écrit une autre, et plusieurs âgées de dix-huit à vingt ans, mais on nous fouette toutes avec la verge comme les enfants, lorsque Madame en décide ainsi, ce qu'elle fait souvent pour des bagatelles. On ne connaît guère ici d'autre punition, et il se passe à peine une semaine sans que Madame ne donne le fouet à l'une d'entre nous. J'ai été fessée, deux fois, pour mon compte, depuis mon jour de naissance (qui était en mai et la lettre datée du mois de juin) : une fois, pour avoir causé au dortoir ; et la seconde, pour avoir poché à coups de poing les yeux d'une de mes camarades qui m'avait provoquée de toute manière. A cette occasion, je reçus trente coups d'une verge neuve et je dus, à genoux, demander encore pardon à mon ennemie, avant qu'il me fût permis de rajuster mes pantalons et le reste. J'ai assisté, depuis mon arrivée ici, à une fessée en public, et je crois que j'aimerais mieux mourir que de supporter cela. Une autre élève fut chassée, après avoir reçu le fouet, pour avoir tenté de se sauver. Elle fut fouettée jusqu'au sang et portée ensuite dans une voiture, dès que ses vêtements eurent été remis en place. »

Un gentleman ayant écrit à la directrice d'un pensionnat de jeunes personnes, pour lui demander un prospectus de sa maison ainsi que quelques détails sur le genre de punitions adopté par elle vis-à-vis de ses élèves, en reçut la réponse suivante :

« L'obéissance et la discipline sont assurées dans ma maison par l'emploi de la verge uniquement. La seule différence qui existe à cet égard entre les jeunes élèves et les plus âgées réside dans le fait que celles-ci reçoivent un plus grand nombre de coups que les premières. La correction serait probablement appliquée une fois par semaine en moyenne et s'élève à une douzaine de coups pour les fautes graves. Le système que j'emploie pour cela est fort simple :

Immédiatement en se levant le matin ou au moment de se mettre au lit, la délinquante est étendue sur un meuble spécialement construit pour cet usage et, si elle oppose quelque résistance, attachée au moyen d'une forte courroie qui passe autour de sa taille et du meuble lui-même ; on lui relève alors la chemise sur les reins et on lui donne la verge comme il faut ».

Inutile de dire que le correspondant renonça à confier sa fille aux mains de cette digne matrone.

Mais voici une lettre écrite par une jeune dame, et qui présente sous un nouvel aspect la question traitée ici :

« N'en doutez pas, Monsieur, la fessée est pour les filles une correction bien plus en usage encore à la maison que dans les pensionnats. Nous nous sommes, mes sœurs et moi, toutes trouvées dans des écoles où l'on n'avait recours à aucun châtiment corporel de quelque espèce qu'il fût, mais ma mère n'a jamais renoncé à maintenir sur nous, avec la verge, son autorité maternelle, aussi longtemps que nous n'avons pas été mariées. Plusieurs d'entre nous, il est vrai, n'ont pas eu le fouet des années durant, mais nous savions toutes que maman était prête à nous le donner sans rémission si elle venait à juger que nous l'eussions mérité. Nous n'éprouvions pas grande humiliation à être traitées ainsi, et personne peut-être dans la maison ne se doutait de la chose lorsqu'elle avait lieu ; mais la correction était quelquefois terrible. Je dis quelquefois, car maman se vantait toujours de proportionner le châtiment à la faute. La dernière fois que j'en ai fait l'expérience (je préfère ne pas vous dire quel âge j'avais alors), j'étais sortie malgré sa défense. Entendant le bruit de sa voiture qui revenait, je rentrai précipitamment par une porte latérale et, par malheur, je renversai un vase de valeur. Je niai énergiquement la chose, mais je fus bientôt convaincue de mensonge et sur-le-champ fouettée sans miséricorde. Après m'avoir placée dans la position usuelle, maman m'ouvrit mes pantalons absolument comme à une petite fille, de manière à me mettre le derrière bien à nu et me donna aussitôt la fessée avec la dernière sévérité. Elle maniait la verge avec une telle force qu'au bout d'une dizaine de coups, bien qu'elle m'eût couchée sur ses genoux et complètement troussée, je réussis à m'échapper de son étreinte en criant que je ne pouvais en supporter davantage ; mais, m'attachant alors sur un sopha après m'y avoir étendue, elle continua à me fouetter jusqu'à ce que, n'en pouvant plus, je me misse à me débattre et à hurler comme une enfant de cinq ans. Auriez-vous pensé que, même pour désobéissance et mensonge, une grande fille pût être soumise à une correction aussi terrible ? »

Cette lettre pourrait certainemeut donner à croire que l'on use plus sévèrement de la verge dans les familles que dans les écoles. Notre correspondante méritait certainement d'être punie de quelque manière, mais on aurait pu le faire de cent façons préférables à celle qui fut employée à son égard.

L'extrait suivant nous semble de même établir un cas de sévérité aussi intempestif qu'inutile. La lettre d'où il est tiré est écrite au nom de trois jeunes personnes placées dans le même établissement d'éducation.

« Permettez-moi de vous raconter ce qui nous est arrivé la semaine dernière. On nous avait imposé un *pensum* et envoyées dans notre chambre pour y travailler tandis que nos compagnes allaient à la pro-

menade. Au lieu de nous mettre à l'ouvrage, nous
prîmes des cartes et nous laissâmes si bien absorber
par le jeu qu'il nous fit oublier l'heure et que Miss ***
nous trouva, en rentrant, avec les cartes à la main ;
pas une ligne de notre tâche n'était écrite.
Miss *** entra dans une colère épouvantable et nous
fit immédiatement coucher. Nous pensions que tout
serait fini par là, mais elle arriva bientôt avec la plus
jeune des sous-maîtresses et la femme de chambre.
On nous étendit l'une après l'autre au travers de l'un
de nos lits, et, tandis que la sous-maîtresse nous
tenait les bras en appuyant sur nos épaules, pendant
que la femme de chambre maintenait nos jambes,
Miss *** administrait avec une affreuse verge une
terrible fouettée sur les fesses et les cuisses nues. »

Sans doute, ces trois jeunes personnes étaient
absolument fautives, moins en négligeant leurs devoirs
qu'en jouant aux cartes, et à la place de Miss *** nous
leur aurions nous-même infligé une sévère punition, mais eût-elle été corporelle, nous ne l'aurions
jamais administrée aussi rudement et surtout pas sur
la partie du corps mentionnée par notre correspondante, ce qui nous paraît un procédé aussi injustifiable
qu'il est heureusement peu usité [1].

Voici encore un extrait qui témoigne d'un raffinement de cruauté que nous n'aurions pas soupçonné
pouvoir exister en Angleterre, quand bien même nous
l'aurions cru possible en d'autres pays [2].

---

1. L'auteur veut dire par là que Miss *** aurait dû se borner
à administrer la verge à ses élèves, sur le derrière seulement,
ce qui ne peut avoir de grands inconvénients pour la santé,
mais ne pas les fouetter encore sur les cuisses.

2. Il convient de faire remarquer ici que cette opinion de
l'écrivain anglais peut paraître un tant soit peu étrange, si l'on
considère que la Grande-Bretagne est le pays où l'usage des

« J'ai été fouettée avec la verge sept fois en deux ans, et plusieurs de mes compagnes l'ont été tout autant en six mois. La douleur était quelquefois terrible, pour ne rien dire de l'humiliation. La fessée se donnait dans la chambre de Miss***, où se trouvait une large ottomane recouverte d'une étoffe dont je n'oublierai jamais les dessins tant que je vivrai, parce que j'ai eu le temps de les étudier à loisir pendant les longs instants de torture que j'ai endurés sur ce meuble où l'on vous étendait dans la position voulue pour recevoir la verge. Cette ottomane était munie de courroies que l'on nous passait aux mains et à la taille, en sorte que, placées comme nous l'étions et attachées de la sorte, il n'y avait pour nous aucune résistance possible. »

L'OPINION DES FEMMES

OU L'ON VOIT QUE LES AVIS SONT PARTAGÉS

Terminons cette étude en reproduisant encore un certain nombre de lettres que nous avons reçues touchant la question ; elles expriment des vues souvent fort différentes, mais c'est précisément cette variété même qui leur donnera de l'intérêt aux yeux de nos lecteurs.

« Il y a six mois, nous écrit une correspondante, que je plaçai ma fille unique, âgée de quatorze ans, dans un pensionnat fort respectable d'un comté du

---

verges et du fouet est officiellement consacré, tant au point de vue scolaire que domestique, et que l'on peut avancer sans crainte que la flagellation constitue l'une des *institutions* de cette contrée.

centre. Etant très vive de sa nature et nullement
accoutumée à la stricte discipline qui règne dans une
école, il lui arriva promptement de s'attirer le dé-
plaisir de la directrice pour quelque faute sans gravité.
Elle fut appelée, admonestée et avertie qu'elle serait
fouettée à la première récidive. Deux ou trois jours
après, ma fille encourut de nouveau le mécontente-
ment de Miss B*** et voici alors ce qui se passa : On
la conduisit à l'étage supérieur et on l'affubla là d'un
vêtement de punition consistant en une longue chemise de coton. Elle fut ensuite menée dans la salle à
manger, mise nue en présence de l'école et fouettée
par le jardinier, pendant que deux sous-maîtresses
s'employaient à la maintenir. Sans écouter les cris et
les supplications de la pauvre enfant, cette brutale
correction continua de lui être administrée par la
lourde main d'un rustre armé d'une forte verge. Des
témoins de cette scène m'ont dit que lorsque la jeune
personne fut laissée après avoir reçu une vingtaine
de coups, elle serait tombé évanouie si l'un des assistants ne l'avait reçue dans ses bras. Inutile de dire
que dés que j'eus appris cet indigne traitement, je
retirai immédiatement ma fille de cette scandaleuse
maison, et c'est uniquement la crainte de voir la chose
publiée dans les journaux qui m'a empêchée d'intenter
des poursuites judiciaires à la directrice de l'établissement.

UNE MÈRE.

*
* *

« Quelques-uns de vos correspondants paraissent
mettre en doute que de jeunes personnes soient publi--
quement fouettées dans certaines maisons d'éduca-
tiou. Permettez-moi de confirmer les renseignements
que vous avez reçus à ce sujet de plusieurs correspon-

dantes. Je puis certifier en effet que, dans le pensionnat où j'ai demeuré deux ans, la fessée était régulièrement en usage et toujours administrée sur la peau nue. Ces exécutions n'avaient lieu, il est vrai, que dans le cas d'infraction grave aux règles de l'école, mais elles n'en étaient pas moins assez fréquentes. Je ne puis dissimuler que les maîtresses paraissaient éprouver les sensations les plus agréables lorsqu'elles mettaient à nu le derrière des élèves. Elles leur ouvraient elles-mêmes soigneusement les pantalons et les fessaient ensuite avec une forte verge ; mais ce que je ne puis comprendre, c'est que des parents ferment volontairement les yeux sur de tels agissements. Il arrivait même quelquefois que certains maîtres assistaient à la fustigation, et il n'y avait pas à se méprendre sur l'expression de leur visage, pendant qu'elle avait lieu. Il est rare, sans doute, que des hommes soient présents dans ces occasions, mais, quoi qu'il en soit, je considère comme absolument indécente toute espèce de correction en vue de laquelle il est nécessaire d'écarter les vêtements de la délinquante et, par conséquent, de la mettre nue, que ce soit le corps tout entier ou seulement la partie sur laquelle la verge doit faire son office. »

UNE ANCIENNE ÉLÈVE.

*
* *

« En ce qui concerne la fessée des filles dans les pensionnats, je crois que l'on va souvent trop loin, souvent aussi, pas assez. Permettez-moi de vous raconter comme exemple du premier de ces cas, une scène dont j'ai été témoin dans une institution où je me trouvais alors comme sous-maîtresse. Un jour, c'était au mois de mars dernier, une élève de dix-huit ans, qui était dans ma classe, commit un si grave manquement, en refusant d'obéir à mes ordres, que je me vis dans l'obligation d'en informer Miss***, directrice de pensionnat et qui était, du reste, étrangère. Elle annonça immédiatement à la jeune personne qu'elle allait être fouettée et l'envoya chercher une verge pour procéder à l'exécution. Je ne m'étais naturellement point attendue à cela, et encore moins, lorsque j'entendis la sentence, à ce que l'exécution aurait lieu en pleine classe ; c'est cependant ce qui arriva. La délinquante revint peu d'instants après avec la verge et sembla attendre que Miss*** quittât la chambre avec elle, mais il n'en alla point ainsi. Cette femme, — car je ne puis vraiment l'appeler une dame, — ferma la porte et mit la clef dans sa poche, en disant à la victime — une belle fille aux charmes développés — de se préparer pour recevoir la verge. Celle-ci demanda la permission d'aller dans une autre chambre et je priai moi-même Miss*** de me laisser partir, mais elle ne voulut pas y consentir et je ne pus obtenir qu'elle me rendît la clé. Aidée de deux autres élèves, trop effrayées pour oser refuser, elle déshabilla la jeune personne, en lui ôtant sa robe, ses jupons et son corset, sans lui laisser autre chose que sa chemise et ses pantalons. Elle la fit ensuite mettre à genoux, courbée sur une espèce de meuble en forme de tambour, de manière à présenter, dans tout son développement, le derrière à la correction, en lui disant qu'elle resterait ainsi jusqu'à ce qu'elle eût demandé elle-même à recevoir vingt coups de verge. La pauvre fille était presque morte de peur ; mais la honte de se trouver ainsi exposée la força bientôt à demander elle-même la fessé. Miss** releva alors sa chemise, lui ouvrit les pantalons et commença immédiatement à lui donner la verge. Lorsqu'elle l'eut bien fouettée, elle la laissa encore quelques instants dans la même position, avec ses pantalons entr'ouverts, laissant voir, complètement nus, les globes qui venaient d'être le théâtre de l'exécution, et cela, disait-elle, pour lui apprendre son devoir. Je n'ai jamais vu une femme dans une attitude aussi honteuse et je ne crois pas qu'on puisse rien voir de plus indécent. Inutile d'ajouter que je quittai le pensionnat quelques jours après, ainsi que la jeune personne indignement fustigée. »

UNE SOUS-MAÎTRESSE.

*
* *

« Je suis persuadée que le plus grand nombre de vos lecteurs n'a qu'une faible idée de la cruauté des punitions corporelles infligées aux élèves dans certaines maisons d'éducation du Continent. Je me trouvais, il y a quelque temps, en qualité de sous-maîtresse dans un pensionnat avantageusement connu, près de Paris. Je n'étais point, d'ailleurs, systématiquement opposée à l'emploi de la verge judicieusement administrée pour des fautes graves, mais, dans cet établissement, c'était pour les infractions les plus légères que les élèves étaient fouettées sans miséricorde. J'ai souvent vu de jeunes personnes de dix-huit et dix-neuf ans, dont le seul tort était d'avoir parlé anglais pendant une heure défendue, recevoir trente coups d'une forte verge, et cela sur leurs fesses nues, car on avait toujours soin de les déculotter pour l'opération. Lorsqu'il s'agissait de manquements graves, l'application de deux, trois ou même quatre douzaines de coups n'était pas rare, et, par un raffinement de cruauté on les administrait souvent à la délinquante tous les jours pendant une semaine, par séries de quatre, six ou huit coups. Aussi, vers la fin de la punition — on devrait dire du supplice — le derrière de la pauvre victime se trouvait dans un état absolument choquant. D'ailleurs, on fouettait presque toujours les coupables jusqu'au sang, les verges étant préalablement trempées dans de l'eau salée.

Le martinet, autre instrument très souvent appliqué comme moyen de correction, était également employé avec une grande sévérité. Il consiste en un manche auquel est fixée une douzaine, ou même plus, de lanières de cuir. Il ne coupe pas la peau comme la verge, mais il la marque de longues raies livides. On l'administrait quelquefois sur le derrière et les épaules de la délinquante, et l'on y avait généralement recours pour celles dont les fesses venaient d'être trop maltraitées par la verge pour pouvoir de nouveau la supporter immédiatement, mais qui avaient néanmoins commis, dans l'intervalle, quelqu'une des nombreuses infractions pour lesquelles une fessée est ordonnée.

Je ne pus rester longtemps témoin de ces corrections ; aussi quittai-je la maison dès la fin de mon premier engagement, mais je puis vous affirmer que les détails que je viens de vous donner ne sont que l'image fidèle de ce qui se passe dans un grand nombre de pensionnats [1]. On m'a dit également, et je ne doute pas de la chose, que dans les couvents, les malheureuses pensionnaires sont fouettées sans pitié ni

---

1. Malgré les assurances de cette correspondante, les détails donnés par elle au sujet de l'usage de la fessée dans certains pensionnats du *continent*, nous paraissent plus ou moins fantaisistes ; ces pratiques n'existent plus qu'en Angleterre.

décence. J'ajoute que, dans mon opinion, on peut parfaitement faire sentir la verge à une jeune fille en la fessant sur ses pantalons, et que la déculotter, sinon pour des fautes très graves, est un surcroît barbare de la douleur causée par la verge. »

M. A. F.

*
* *

« Permettez-moi, en qualité de directrice d'un pensionnat que je mène depuis plus de trente ans, de vous présenter quelques observations sur le sujet qui vous occupe. Il n'est personne, ayant à s'occuper de l'éducation des enfants, qui ne soit convaincu de la nécessité de l'emploi de la verge à leur égard. D'un autre côté, la nature a pourvu à un endroit du corps où, principalement en ce qui concerne les filles, on peut leur administrer une vigoureuse fouettée, sans qu'il y paraisse ou qu'il en résulte aucun inconvénient pour la santé, mais pour rendre la verge efficace, il faut la donner sur le derrière nu. Pas plus, d'ailleurs, pour les filles que pour les garçons, je ne puis voir la moindre indécence dans ce mode de punition, pourvu qu'il soit infligé par des personnes du même sexe.

Voici, au reste, quel était mon système: Lorsqu'il s'agissait de fautes ordinaires, je faisais venir le soir dans ma chambre, la jeune personne, lorsqu'elle était déshabillée pour se mettre au lit, et je la fouettais là en particulier. Pour les fautes plus graves, je faisais assister à la correction le reste de la classe, et enfin, dans le cas de très mauvaise conduite, je donnais publiquement le fouet à la délinquante dans l'un des grands dortoirs, en présence de toute l'école. J'employais une verge de bouleau d'une taille ordinaire et une sorte de billot, tout à fait semblable à ceux en usage à Éton, sur lequel s'agenouillait la coupable, on l'y attachait avec des courroies dont l'une passait autour de la taille et l'autre vers les genoux, et si elle résistait ou se débattait, je doublais le nombre des coups.

Laissez-moi, maintenant, vous rapporter une de mes nombreuses expériences. Il y avait, dans ma maison, deux grands dortoirs placés chacun sous la surveillance d'une sous-maîtresse ; les autres élèves couchaient dans des chambres plus petites, par cinq ou six à la fois, la plus âgée d'entre elles étant responsable de ce qui s'y passait. Un jour, l'une des gouvernantes me rapporta avoir entendu une conversation de la plus haute indécence dans l'une des chambres occupées par Miss S., âgée de dix-sept ans, Miss H,, âgée de seize ans, et trois élèves plus jeunes, de quatorze, treize et douze ans. Je fis mander ces demoiselles, je les informai des faits qui leur étaient reprochés, et je leur ordonnai de se rendre le soir dans ma chambre pour y être fouettées. Miss S. et Miss H. protestèrent d'abord, mais je leur dis que si elles ne venaient pas auprès de moi, je les renverrais de l'école dès le lendemain.

Après avoir ôté tous leurs vêtements à l'exception de la chemise, des bas et des souliers, et avoir passé un peignoir, les six jeunes personnes se rendirent à ma chambre où toutes les sous-maîtresses se trouvaient assemblées. Chacune des délinquantes, l'une après l'autre, enleva son peignoir et s'étendit sur le meuble *ad hoc*, l'une des sous-maîtresses troussait alors leur chemise et leur administrait la correction, sous ma surveillance : quatre coups aux deux plus jeunes, et six aux deux autres, Miss H. reçut dix coups et lorsqu'elle se releva, se mit à sangloter. Miss S. se mit en posture sans changer de visage ; la gouvernante lui leva la chemise et je lui donnai moi-même douze vigoureuses cinglées avec une forte verge. Elle se remit ensuite debout, en se contenant, non sans effort, et tout le monde se retira.

Je fis, dès lors, coucher dans la chambre l'une des sous-maîtresses, me défiant de ce qui s'y passait. Elle m'informa effectivement, une quinzaine de jours après, qu'il s'y tenait les plus sales conversations et que les jeunes personnes se livraient les unes sur les autres à des pratiques et à des attouchements aussi dégoûtants qu'obscènes. Elle avait pu, en outre, se rendre compte que de toutes, c'était Miss S. qui était la plus coupable et que sa conduite dépassait toute description. Je fis venir les coupables et leur dis que les quatre plus jeunes allaient être sévèrement fouettées, mais que quant à Miss S. et Miss H., elles seraient chassées dès le lendemain. Elles se jetèrent alors à mes genoux en me suppliant de ne pas le faire et de leur infliger toute autre punition que je choisirais. J'y consentis, et leur ordonnai de se rendre le soir même auprès de moi, comme précédemment, pour recevoir leur punition à laquelle devaient assister les élèves les plus âgées de chaque dortoir. Les gouvernantes m'avaient dit que Miss S. n'avait rien fait que rire pendant que je l'avais fouettée la première fois, mais que Miss H. avait paru sentir vivement la verge.

Les délinquantes se trouvant toutes présentes, les quatre plus jeunes reçurent chacune douze coups, les quatre derniers les faisant crier et pleurer. Ce fut ensuite au tour de Miss A. Après qu'elle se fut mise à genoux, je l'informai qu'elle recevrait quinze coups, dont huit immédiatement et les sept autres après que Miss S. aurait été fouettée. On lui releva alors sa chemise qui fut fixée sur les épaules et la plus vigoureuse de mes sous-maîtresses se mit en devoir de lui administrer la verge sur les fesses. Dès les trois derniers coups, Miss H. commença à crier et à sangloter. La laissant alors dans la même position, j'appelai Miss S. devant l'assistance, je l'attachai au pied de mon lit, et, dès qu'elle y fut solidement fixée en restant debout, l'une des sous-maîtresses lui roula sa chemise autour du cou de manière à la mettre nue depuis les épaules. Après lui avoir annoncé une punition de vingt coups, je pris alors une petite cravache et je lui appliquai une vigoureuse cinglée juste au-dessous des épaules. Miss S. fit d'abord des efforts désespérés pour se contenir, mais son assurance tomba au troisième coup, et lorsque je comptai douze, treize et quatorze, elle se mit à hurler presque de douleur. Je pris alors la verge et je donnai à Miss H. ses sept derniers coups ; elle reçut alors la permission de se relever, ce qu'elle fit en criant comme un enfant. La peau était devenue rouge foncé et la douleur si vive qu'elle s'affaisa presque sur le plancher.

Revenant alors vers Miss S., et sans tenir compte de ses prières je lui appliquai les six derniers coups sur le derrière que j'avais épargné jusque-là. Je les administrai avec toute la force possible, chacun d'eux produisit une marque d'un rouge foncé et fut reçu au milieu des cris et des pleurs de la coupable.

C'était sans doute une terrible correction, mais il se passa des semaines avant d'en effacer les effets et la leçon ne fut jamais perdue. Dès lors, je n'eus à leur reprocher aucune parole indécente et notez le résultat : quelques années après, Miss H. me remercia personnellement de la fessée qu'elle avait reçue de moi, et il y a peu de temps, lorsque j'ai remis mon établissement à d'autres mains, j'ai reçu de Miss S. une lettre pour m'exprimer ses regrets de ce que mes forces ne me permettaient plus de recevoir des élèves, parce que, se trouvant heureusement mariée, elle désirait trouver un pensionnat pour sa petite fille. Elle terminait en me disant : « Je ne pourrai jamais assez vous remercier pour la fustigation que vous m'avez administrée. Elle m'a corrigée d'un vice abominable et c'est à votre maternelle sévérité que je dois ma félicité actuelle. »

W. G.

*
* *

L'un de nos correspondants, qui signe « un vieux collégien, » paraît insinuer que les femmes sont poussées par des mobiles malpropres lorsqu'elles donnent le fouet à des garçons de seize ou dix-sept ans. En fait, il prétend qu'une personne qui, par son âge, aurait pu être sa mère n'aurait jamais dû être autorisée à le coucher sur ses genoux et à le fesser comme un gamin, ces pratiques ne pouvant que conduire à l'immoralité. S'il pense que de tels sentiments peuvent naître chez une femme, je dois l'informer, comme femme et comme mère de famille, que je diffère absolument d'opinion avec lui sur ce point. Il n'y a pas de période, en effet, où le caractère des garçons soit plus intolérable et plus grossier qu'entre seize et dix-sept ans et où l'usage du châtiment enfantin rende de plus grands services. Bien loin qu'une femme d'âge mûr soit animée de motifs coupables en fouettant des garçons de seize à dix-sept ans, je crois que la chose ne peut et ne doit exciter chez elle qu'un sentiment de dégoût [1], dans la pensée que les fautes enfantines de

---

1. Malgré les dénégations de la vieille folle à laquelle nous devons cette étonnante correspondance, il n'en demeure pas moins avéré que c'est dans les motifs les moins avouables qu'il

celui qui devrait être un jeune homme exigent l'emploi d'une correction également enfantine. J'ai moi-
même des garçons et je serais fort heureuse, s'ils
étaient hors de la maison et soustraits à mon autorité,
qu'une personne maternelle leur donnât la fessée à
l'ancienne mode lorsqu'ils l'auraient mérité. L'impudence de ces jeunes drôles de seize ans, l'étonnante
estime qu'ils professent pour eux-mêmes, la haute opinion qu'ils ont de leur personne, tout cela est répu-
gnant pour une femme de sens et le meilleur moyen de
rabaisser cet orgueil est justement de leur infliger la
correction que l'on administre aux enfants qui ont
commis quelque faute, châtiment assez ridicule pour
produire une honte salutaire. C'est ce que l'on peut
très bien faire et qui sera senti plus vivement encore
par le coupable, garçon ou fille, s'il reçoit la fessée à
la vieille manière [1], sur les genoux d'une sensible matrone.

UNE VIEILLE FILLE.

---

faut chercher le secret de l'enthousiasme de tant de femmes anglaises pour l'emploi des corrections manuelles. Déculotter et
fouetter sur les fesses nues de gros garçons et de grandes
filles, c'est là on l'avouera, des pratiques qui dénotent tout
autre chose que le souci d'une bonne éducation. On connaît
d'ailleurs assez les effets aphrodisiaques de la fustigation
sur le patient pour qu'il soit nécessaire d'insister sur ce point.

1. *And old-fashioned slapping*, ou *in the old Style, in nursery fashion* : une fessée à la vieille mode ou à la manière des
nourrices, toutes expressions pour désigner le système suivant
lequel la *sensible matrone*, chargée de l'exécution, étend sur
ses genoux le ou la coupable pour la déculotter ensuite dans
cette position et la fouetter à l'aise, ainsi qu'on en use avec les
enfants.

*
* *

Je suis actuellement en France dans le pensionnat de Mme *** et je puis vous affirmer que la pratique des châtiments corporels y est fréquente. Je ne me plains pas de la chose en elle-même, parce que je considère les fessées comme un moyen absolument indispensable pour maintenir la discipline parmi les jeunes personnes, tous les autres genres de punitions n'étant, dans mon opinion, que de véritables jeux d'enfant et faits seulement pour être tournés en ridicule par les élèves. C'est du moins l'effet qu'ils m'ont produit à moi-même, car je puis en parler par expérience. Mais ce qui est véritablement scandaleux, c'est l'humiliation et la honte à laquelle j'ai été soumise lors d'une fustigation que j'ai reçue pour une faute dont ce n'est pas ici le lieu de parler. Mais n'est-il pas odieux qu'une fille — je pourrais presque dire une femme — ait été fouettée de force en présence d'un homme ? Le souvenir seul des indignités auxquelles Mme *** s'est livrée sur ma personne suffit à me faire rougir de honte pendant que j'écris ; et je ne les oublierai jamais tant que je vivrai . Je ne puis vous donner les détails de cette scandaleuse scène, je vous dirai seulement que j'ai été traitée comme l'aurait été un enfant, et cela en présence d'un homme. J'ai maintenant dix-sept ans et c'était, par conséquent, aussi cruel de la part de Mme *** de me faire fouetter à nu en présence d'un homme du commun. Aussi je vous écris ces lignes comme un avertissement à toutes les mères de prendre de soigneuses informations avant de placer leurs filles dans des pensionnats où il se commet des indignités semblables à celles dont j'ai été victime.

* *
*

A l'occasion de la lettre que vous adressait récemment de la France une jeune personne au sujet de la fustigation, je puis vous affirmer que cette correspondance ne renferme aucune exagération et je n'ai pu que trop m'en convaincre par moi-même. J'avais, en effet, placé mes deux filles âgées de treize et quinze ans, dans un pensionnat dont la directrice m'avait positivement assuré, en réponse à mes questions à ce sujet, que les châtiments corporels n'y étaient pas tolérés. Vous pouvez donc juger de ma surprise et de mon indignation lorsque, mes filles étant de retour à la maison pour les vacances, la plus jeune m'apprit après quelque hésitation, qu'elle avait été fouettée publiquement à la pension ainsi que sa sœur aînée. Lorsque je lui demandai ce qu'elle entendait par « fouettée publiquement », elle refusa de me répondre et ni les menaces ni la persuasion ne purent la décider à me donner aucun détail à cet égard. Prenant alors mon autre fille à part, elle finit par me dire, non sans avoir auparavant beaucoup résisté, qu'elle avait été fouettée deux fois ainsi que sa sœur pour des fautes très légères, en présence du professeur de musique du pensionnat et de son neveu. Passe encore pour le premier qui était marié et avait plus de soixante ans, mais fesser deux jeunes personnes, après les avoir déculottées, en présence d'un homme de trente-cinq ans, c'est à mon avis, un procédé dégoûtant. Je n'ai pas besoin de vous dire que je retirai immédiatement mes filles de cet établissement et qu'elles furent, dès lors, élevées à la maison.

UNE MÈRE INDIGNÉE.

**

Bien que je n'approuve pas que l'on fouette les filles au-delà de treize ans, je ne puis comprendre que l'on traite d'indécente une fessée à la vieille mode donnée à de petites filles au-dessous de cet âge. Tous ceux qui ont à surveiller des enfants savent à quel point ils sont souvent volontaires et désobéissants et combien il est nécessaire d'avoir les moyens de réprimer leur mauvaise conduite. Pour cela, il n'y a pas de châtiment plus efficace et qui présente moins d'inconvénient qu'une bonne et solide fessée. Le système est, encore actuellement, très en faveur dans beaucoup de familles, et j'ai entendu nombre de parents faire la remarque que c'est une punition tellement redoutée par leurs filles que la seule menace de leur donner la verge suffit souvent à les faire obéir. Je ne suis pas, d'ailleurs, pour les exécutions trop sévères ; elles sont, à mon avis, tout à fait inutiles et je suis persuadée que si les maîtresses d'école appliquaient dans le particulier cette méthode à leurs élèves, elles n'auraient pas besoin de leur reprocher continuellement leur indiscipline. Il est nécessaire, pour que la fessée soit efficace, que le derrière de la délinquante soit suffisamment découvert. Je me contente généralement pour cela de lui ouvrir les pantalons par derrière ; ceux des filles étant presque toujours fendus, la chose est facile sans qu'il soit besoin de les détacher complétement. Pour les fautes plus graves cependant, je recommande de déboutonner les pantalons de la petite sotte et de les lui baisser assez pour lui mettre les fesses bien à nu ; je n'hésite même pas à la déculotter entièrement lorsqu'il s'agit de faire un exemple. J'insiste d'ailleurs,

pour que la personne qui doit fouetter la coupable lui
déboutonne et lui baisse elle-même les pantalons,
après l'avoir couchée sur ses genoux. Cela ajoute encore à la honte de la petite fille et lui montre qu'elle
est soumise à une autorité dont elle fera bien à l'avenir de ne pas se jouer.

UNE ADEPTE DE LA VIEILLE MODE.

*
* *

Je ne crois pas qu'aucun de vos correspondants ait
encore attiré l'attention sur le fait que les filles, lorsqu'elles sont fouettées à l'école, sont souvent laissées
le derrière nu beaucoup plus de temps qu'il n'est
nécessaire, et cela dans le but de flatter les sales
instincts de certaines maîtresses. Je suis entièrement
convaincu qu'il est absolument impossible de maintenir la discipline dans les écoles sans avoir recours à
des punitions, mais il est honteux, pour notre système
d'éducation et pour la loi qui tolère ces abus, que ce
genre de châtiment puisse favoriser des goûts libertins et dépravés. Aussi j'espère que vous continuerez
à publier ce qui se passe dans un grand nombre d'établissements d'éducation tant qu'il ne sera pas porté
remède à un pareil état de choses.

G. W. L.

*
* *

Je ne puis parler, en ce qui concerne le sujet qui
vous occupe, des écoles anglaises, mais l'expérience
que j'ai acquise sur le continent m'a convaincu que
l'on y a trop librement recours à la verge et très souvent avec beaucoup trop de sévérité. Voici, par
exemple, ce qui s'est passé, il y a deux mois, dans

un pensionnat de Paris où j'avais eu la mauvaise chance de m'engager. L'une des élèves ayant commis une faute de quelque gravité fut avertie qu'elle serait fouettée pour cela. On la mit au lit jusqu'à quatre heures de l'après-midi, moment où se terminent les classes. Le pensionnat entier fut réuni dans la salle à manger, tandis qu'on y amenait la pauvre fille dans son vêtement de nuit. Elle fut alors saisie par deux femmes de chambre qui l'étendirent sur un sopha élevé tandis que la maîtresse discourait sur l'énormité de la faute commise. La chemise de la coupable fut ensuite relevée jusqu'aux épaules, la laissant ainsi nue pendant que les deux servantes maintenaient ses bras et ses jambes. Quoique à moitié morte de peur, elle ne reçut pas moins de trente coups dont chacun laissait une marque sur sa peau blanche et délicate et au vingtième coup son derrière et ses cuisses étaient en sang. L'exécution terminée, on dut littéralement la porter dans son lit. Vous penserez sans doute, comme moi, que voilà une scène révoltante et je témoignai mon indignation en donnant immédiatement ma démission.

Sans doute, je crois qu'il ne faut pas hésiter à donner la fessée à une fille lorsqu'elle a commis quelque faute grave, mais je pense que c'est au lit et en particulier que la coupable doit recevoir la verge. On peut alors lui mettre le derrière à nu et la fouetter en bien moins de temps que lorsqu'il faut la déshabiller complètement et lui ôter ses vêtements de jour.

M. S.

*
* *

Je suis heureuse d'avoir l'occasion de vous raconter une scène de fustigation qui s'est passée dans une école du West-End. Ma fille, une belle jeune personne de quinze ans, ayant mal fait son exercice de français, fut dénoncée par le professeur à la directrice. Celle-ci lui envoya dire de rester après la classe, ce qu'elle fit, s'attendant à une réprimande et à un exercice supplémentaire qu'elle avait très certainement mérité. Imaginez sa surprise lorsque, l'heure venue, elle fut mandée dans le cabinet de la directrice avec les dix-sept ou dix-huit élèves de sa classe et, là, avertie de se préparer pour la correction. Prise absolument au dépourvu par cette nouvelle, elle ne savait que faire, lorsque, sur un coup de sonnette de la maîtresse, deux vigoureuses femmes de chambre entrèrent dans la pièce et déshabillèrent la pauvre enfant à laquelle elles enlevèrent même ses pantalons et sans lui laisser d'autre vêtement que sa chemise. On lui ordonna ensuite de se mettre à genoux sur une chaise et de se courber sur le dossier, et, tandis qu'on la maintenait dans cette position, la maîtresse lui administrait sur le derrière, douze rudes cinglées avec une longue verge. L'une des élèves qui assistaient à la scène m'a dit ensuite que ce spectacle était pour rendre malade. La jeune personne criait en demandant grâce et se trémoussait tellement à chaque coup que les deux servantes avaient grand'peine à lui maintenir les fesses dans une position qui permît à la maîtresse de continuer à la fouetter. Lorsqu'on la laissa aller, elle se mit à courir dans la chambre comme une folle, en appelant sa mère, et il s'écoula dix minutes avant qu'on pût l'habiller et l'envoyer chez elle. Je n'ai pas besoin de vous dire que ma fille ne remit pas les pieds dans cette scandaleuse école, mais il se passa plusieurs jours avant que les cruelles marques de la verge eussent disparu. Parmi les élèves qui assistaient à la scène, les unes prenaient mal, d'autres riaient ou criaient. Il y a des cas sans doute où une fustigation peut être nécessaire, mais jamais en public comme dans le cas que je viens de raconter.

UNE MÈRE INDIGNÉE.

*
* *

Je suis une jeune fille revenue, depuis peu, de pension chez mes parents et je voudrais vous écrire, moi aussi, quelques lignes au sujet des corrections dont on use dans les écoles. Lorsque je m'y trouvais, j'aurais appuyé de toutes mes forces la suppression de la fessée, mais, aujourd'hui je dois avouer, pour être franche, qu'il n'y a souvent rien de plus efficace et de plus nécessaire, pour l'éducation des filles, qu'une bonne verge convenablement appliquée sur ce que vous savez. J'étais, par exemple, d'une paresse honteuse et j'ai été guérie de ce défaut ou, du moins, rendue plus diligente grâce à deux solides fessées que j'ai reçues, l'une en particulier, l'autre en pleine classe, et, pas plus dans l'un des cas que dans l'autre, il ne m'est impossible de voir ce qu'il peut y avoir là de si humiliant ou de si terriblement indécent, comme le disent quelques-uns de vos correspondants. Ce furent seulement des expériences très désagréables que personne ne voudrait recommencer. Je ne fus, d'ailleurs, ni déshabillée ni soumise à des préliminaires élaborés d'avance. La première fois, je fus conduite auprès de la directrice par la maîtresse de ma classe ; celle-ci, après que plainte eût été faite et sentence rendue contre moi, me prit contre elle et se penchant sur moi, me troussa par derrière, m'ouvrit

21

mon pantalon et présenta mon derrière nu à la verge
que madame m'administra immédiatement ; je reçus
9 ou 10 cuisantes cinglades. Je changeai de conduite
pendant quelque temps, mais bientôt je retombai
dans ma paresse malgré des avertissements réitérés,
et l'on dut finalement me condamner à être fouettée
en présence de mes compagnes. Ce fut un vilain
moment qui est resté gravé dans ma mémoire et je
crois que c'est la crainte d'avoir à passer de nouveau
par là qui m'a rendue plus diligente. Je dus m'agenouiller sur le siège d'un pupitre placé au bout de la
salle et me courber sur la partie inclinée de ce
meuble. Deux des maîtresses placées de chaque côté
me maintinrent dans cette position avoir relevé
mes jupes et détaché mes pantalons qu'elles baissè-
rent le plus possible. Ces préparatifs, qui avaient
duré à peine trois minutes, une fois terminés, madame
m'administra douze ou quinze coups avec une longue
et mince verge à neuf brins ; elle ne me fessait pas
avec précipitation, comme on le fait habituellement,
mais avec un temps d'arrêt entre chaque cinglée afin
de lui donner tout son effet. J'essayai de compter
les coups, mais cela me devint bien vite impossible ;
la peau me cuisait tellement qu'il me semblait sentir
les piqûres de mille épingles chauffées au rouge.
Malgré cela, lorsque l'exécution fut terminée, il n'y
avait ni trace de sang ni aucune de ces apparences
choquantes dont parlent certains correspondants. Les
marques de la verge étaient même beaucoup moins
visibles que je m'y serais atttendue et elles avaient
presque entièrement disparu dès la nuit suivante.
Il n'y eut, parmi les élèves, ni rires ni réflexions indécentes ; je ne recueillis autour de moi que de la
sympathie et je suis certaine que le seul sentiment
inspiré par une fustigation publique — ce qui

d'ailleurs avait rarement lieu — était celui d'une horreur générale.

Les filles ont souvent des défauts favoris qui, si l'on n'y porte remède, deviennent des vices invétérés. Madame, qui était toujours bonne et parfaitement juste, semblait avoir un secret mystérieux pour les découvrir. Lorsqu'elle pouvait les déraciner par la douceur et les remontrances maternelles, rien de mieux, sinon, elle n'hésitait pas à recourir à la verge, mais jamais elle ne fouettait injustement ou avec colère. J'ai connu beaucoup de jeunes personnes qui se corrigèrent ainsi, les unes après la première, d'autres après la quatrième correction, mais, un peu plus tôt ou un peu plus tard, on finissait toujours par reconnaître qu'il était inutile de résister. Je n'ai connu qu'un seul cas où la verge soit finalement demeurée sans résultat.

A.

*
* *

Je suis entièrement d'accord avec la grande majorité de vos correspondants, sur le fait que la fessée telle qu'on la pratique actuellement dans les écoles, est un mal qui n'est compensé par aucun avantage. J'ai la preuve, en particulier, qu'il en résulte fréquemment des habitudes immorales chez les enfants. C'est, en effet, surtout dans les écoles préparatoires fréquentées par des garçons et des filles de douze à quatorze ans qu'on les fouette plus que partout ailleurs et avec le plus de liberté. Nombre de garçons de quatorze ans en savent beaucoup plus long qu'il ne faudrait sur les rapports des deux sexes ; aussi n'est-il pas nécessaire d'insister sur le grave abus qu'il y a de mettre à nu le derrière d'une fille et de lui donner la fessée en présence de jeunes drôles de cette espèce, car les maîtresses ne manquent jamais d'ouvrir les pantalons de la coupable ou de les déboutonner. Il serait à désirer que l'on attirât l'attention publique sur les habitudes abominables qui se prennent dans les écoles de garçons, mais je suis persuadé qu'en obtenant la suppression des fustigations indécentes, vous feriez en même disparaître chez les enfants la cause d'une quantité de vices honteux.

S...

LE FOUET A L'ÉCOLE

Salomon a dit : « Celui qui épargne le fouet hait son fils ; mais celui qui le châtie bien lui prouve son amour », et cette maxime a été considérée comme infaillible de tous temps. Des maîtres d'école ont considéré les verges comme absolument indispensables dans l'éducation de la jeunesse. Le premier pédagogue que nous rencontrons en lisant les classiques est Toïlus, qui avait l'habitude de fouetter Homère, et qui, après avoir accompli cette opération d'une manière satisfaisante, prit le titre de *Homeromatix*. Ce digne homme, pour toute récompense, eut le désagrément d'être crucifié sur l'ordre du roi Ptolémée.

Horace appelle son maître d'école, qui était partisan de ce système, *le fouetteur Orbilius (plagosus Orbilius)* ; Quintilien dénonce la pratique de fouetter des écoliers à cause de la sévérité et de la tendance dégradante, et Plutarque, dans son « Traité sur l'Éducation », dit : « Je suis d'avis que la jeu-

nesse doit être poussée à suivre des études libérales
et louables par des exhortations et des discours, et
certainement pas au moyen des coups et des étrivières. Ce sont là des méthodes d'excitation plus
convenables à des esclavee qu'à des hommes libres,
sur lesquels elles ne peuvent produire d'autre effet
que d'endormir l'esprit et inspirer le dégoût du travail, par suite du souvenir de la douleur et de l'indignité qu'on a eu à endurer dans cette punition. »

Un ancien philosophe nommé Superanus, qui
commençait ses études après avoir dépassé l'âge de
trente ans, croyait si fermement que le fouet était
nécessaire dans l'éducation, que « jamais il ne s'épargnait soit les verges, soit les admonitions, afin de
pouvoir apprendre tout ce que les maîtres ou professeurs pouvaient enseigner à leurs élèves. Plus
d'une fois, on le vit dans les bains publics s'infliger
lui-même les corrections les plus sévères. » Loyola se
faisait traiter d'identique façon, même à un âge assez
avancé. Molière a mis tout son talent pour ridiculiser
et dépeindre un tel caractère dans sa comédie :
Le bourgeois gentilhomme. M. Jourdain, absolument illettré, quoique arrivé à l'âge de raison,
décide qu'il veut être gentilhomme et savant ; et,
dans ce but, s'entoure des professeurs de musique,
d'escrime, de danse, de philosophie — de tout ce qu'en
un mot il pouvait imaginer. Mme Jourdain, aussi ignorante que son mari, mais douée d'un peu plus de bon
sens, proteste contre tout ceci, et une fois lui demande
d'un ton sarcastique : « N'irez-vous point, un de ces
jours, vous donner le fouet, à votre âge ? » A quoi
M. Jourdain répond très convaincu : « Pourquoi non ?
Plût à Dieu que je puisse tout à l'heure recevoir le
fouet devant tout le monde, et savoir ce qu'on apprend
au collège. »

« Des verges et des bâtons, écrit un auteur pédago-
gique, sont les glaives de l'école, que Dieu a confiés
aux mains des maîtres qui ne devraient pas les manier en vain, mais s'en servir pour châtier les méchants ». Il dit plus loin que les verges et les bâtons
sont les sceptres de l'école devant lesquels la foule des
enfants doit baisser la tête. Même parmi les païens,
qui n'avaient jamais entendu parler du précepte si
sage de Salomon, la fustigation était très estimée pour
élever la jeunesse. Les Péruviens fouettaient sans
restrictions les jeunes générations et les natifs du
Brésil donnaient la bastonnade aux enfants sur la
plante des pieds. Deux garçons maintenaient le délinquant, tandis que le *molla* frappait ses pieds avec un
bâton, et quelquefois assez violemment pour faire
jaillir le sang de dessous les ongles. Les Caraïbes
appliquaient également le bâton. Mais c'est dans les
écoles européennes que nous trouvons les verges systématiquement préférées. Dans les écoles allemandes,
autrefois, les verges étaient appliquées vigoureusement : l'opérateur était appelé *l'homme bleu*. Non
seulement des gamins, mais des jeunes gens, jusqu'à
l'âge de dix-huit ou vingt ans, devaient subir cette
correction. Quelques professeurs préféraient l'infliger
de leur propre main ; mais, en général, c'était un
homme masqué qui était chargé de l'opération, et
comme il portait l'instrument de punition dissimulé
sous un manteau bleu, on l'appelait *l'homme bleu*.
La punition était infligée dans le passage attenant à
la salle d'étude et en présence du professeur ; et bien
peu de jeunes gens pouvaient se vanter, en quittant le
collège, de n'avoir jamais passé par les mains de
l'homme bleu.

On rapporte d'un maître d'école de la Souabe, que,
pendant les cinquante et un ans qu'il avait eu la di-

rection d'une grande école, il avait administré neuf
cent onze mille cinq cents fois le bâton, cent vingt et
un mille fustigations, deux cent neuf mille mises aux
arrêts, cent trente-six mille tapes sur les doigts avec
une règle, dix mille deux cents calottes, et avait donné
vingt-deux mille sept cents pensums à apprendre par
cœur. On calcule qu'il avait sept cents fois fait tenir
des gamins nu-pieds sur des pois secs, et les avait
six mille fois fait se mettre à genoux sur le bord aigu
d'un morceau de bois, cinq mille fois porter le bonnet
d'âne et dix-sept cents fois tenir les verges. Le même
système prévalait à cette époque en France. Ravisius
Textor, qui était recteur de l'Université de Paris, dans
une de ses épîtres, écrit ce qui suit, concernant le traitement des écoliers : — « S'ils transgressent les règlements, si on découvre qu'ils ont menti, s'ils cherchent
aussi à échapper du joug, s'ils murmurent contre lui,
ou s'ils se plaignent en quoi que ce soit, qu'ils soient
sévèrement fouettés ; on ne doit leur épargner ni les
verges, ni mitiger la punition jusqu'à ce qu'il soit
évident que leur orgueil est brisé, qu'ils deviennent
plus doux que des moutons, et plus mous qu'une
éponge. Et lorsqu'ils s'efforcent par des discours
d'apaiser le courroux du précepteur, que leurs paroles
soient emportées par le vent. »

En Angleterre, de tout temps l'écolier a été soumis
aux verges. Au moyen âge, on voyait des enfants
recourir aux sanctuaires des saints, espérant y trouver
protection contre la cruauté de leurs maîtres. Un
gamin, dans cet espoir, alla une fois s'attacher à la
chasse de saint Adrien, à Canterbury, et le maître,
malgré la sainteté du lieu, se mit en devoir d'infliger
la punition. Le premier et le second coups tombèrent
impunément, mais alors le saint, outragé, raidit le
bras du maître tandis qu'il s'apprêtait à porter un

troisième coup, et ce n'est qu'après qu'il eût demandé pardon au gamin, et que celui-ci eût intercédé pour lui, que l'usage de son bras lui fut rendu ! On raconte une autre légende à ce sujet, où le miracle était encore plus surprenant : — Un enfant maltraité ayant couru, comme d'habitude, au sanctuaire, le maître déclara que pas même le Sauveur de l'humanité ne l'empêcherait d'infliger la correction. Là-dessus, on raconte qu'une colombe blanche vint se percher sur le tombeau du saint, et, en baissant sa tête et agitant ses ailes comme pour supplier, apaisa le courroux du maître et le fit tomber à genoux et implorer son pardon. De même, sainte Ermenilde était la patronne des écoliers d'Ély. Quelques-uns parmi eux avaient été demander protection à son sanctuaire, mais le maître d'école les arracha de leur lieu de refuge, et se mit à les fouetter de toutes ses forces (*usque ad animi satietatem verberat*). La nuit suivante le saint lui apparut, et paralysa complètement ses membres, dont usage ne lui fut rendu que lorsque ses élèves l'eurent porté eux-mêmes sur le tombeau de la sainte où il se présenta en pêcheur repentant.

Tuser, dans des vers un peu rustiques, se plaint de la sévérité de la discipline scolaire. Il dit : —

De l'école Saint-Paul on m'envoya à Eton,
Pour apprendre à faire la phrase latine ;
Où je reçus comme leçon première
Cinquante-trois coups de verges.

Pour faute légère ou pour un rien,
Je recevais quand même ma part de coups.
Telle était, ô Udall, ta façon de faire
A un pauvre petit gamin comme moi !

...on raconte qu'une colombe blanche vint
se percher sur le tombeau du saint, et, en
baissant sa tête et agitant ses ailes comme
pour supplier, apaisa le courroux du maître...

(Page 312).

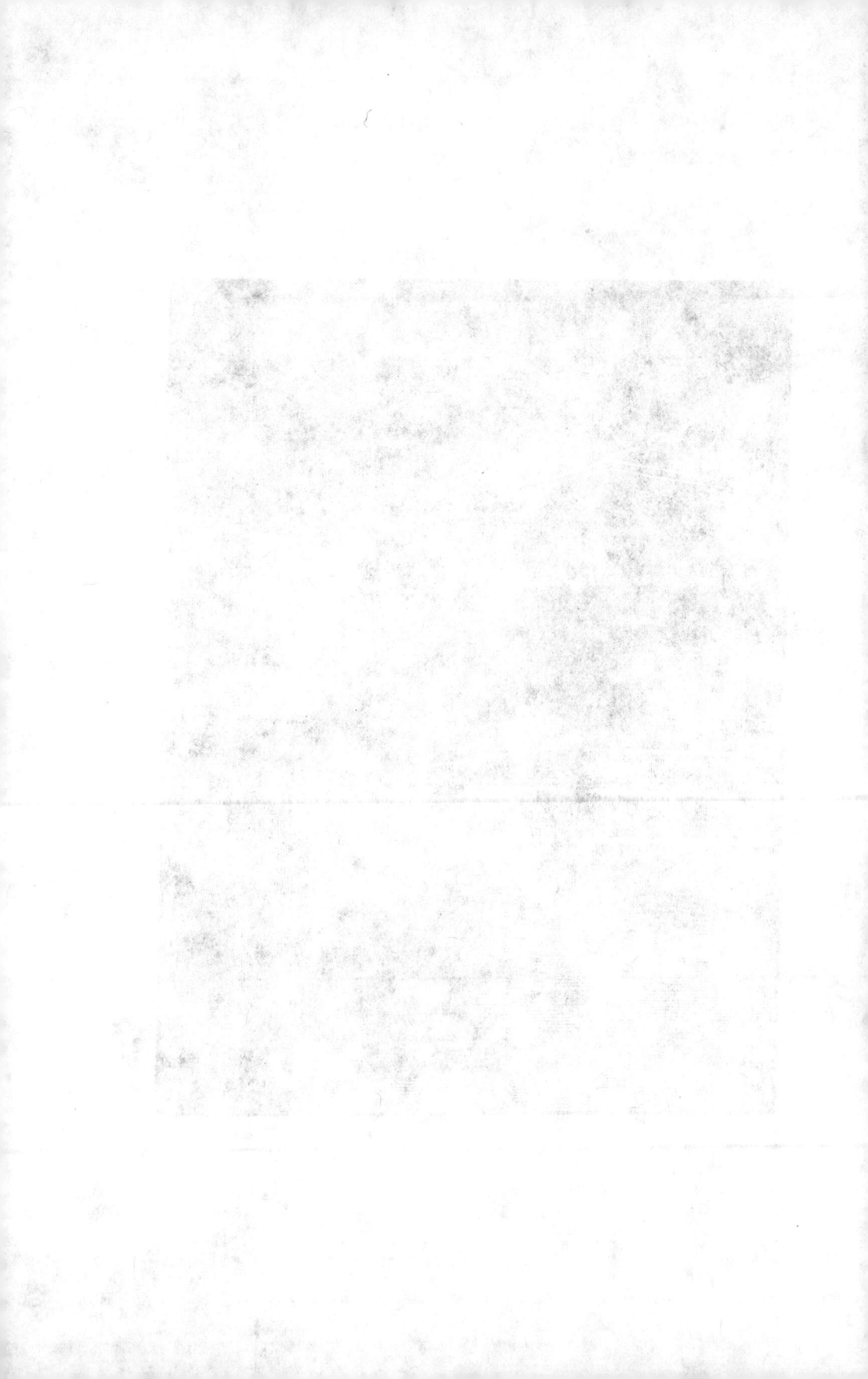

Il paraît qu'en ce temps-là, on fouettait les écoliers, non, pour un délit quelconque, ou pour un oubli, ou encore pour leur mauvais vouloir, ou même pour leur incapacité, mais tout simplement en vertu de la théorie abstraite qu'il était bon de les fouetter. Erasme nous affirme que c'est ce principe-là qui le fit fouetter. Il était cependant l'élève préféré de son maître, qui avait bon espoir dans ses dispositions et ses capacités, mais qui le fustigeait malgré cela, pour voir comment il supporterait la douleur, avec le résultat que les verges finirent par presque démolir l'enfant ; sa santé et son esprit en furent brisés, et il finit par prendre ses études en aversion. Il parle aussi, sans le nommer, d'un autre pédagogue de mêmes dispositions. On croit qu'il fait allusion ici à Collet, doyen de l'église Saint-Paul, qui, quoique aimant beaucoup les enfants, et qu'étant au fond un bon homme, pensait qu'aucune discipline ne pouvait être trop sévère dans son école ; et, lorsqu'il lui arrivait d'y dîner, on lui servait un ou deux garçons à fouetter en guise de dessert. En une de ces occasions, où Érasme était présent, il appela un jeune gamin de dix ans, très timide et très doux, qui lui avait été récemment instamment recommandé par sa mère, ordonna qu'il fût fouetté pour quelque faute imaginaire, et surveilla l'application de la peine jusqu'à ce que la victime se fût presque évanouie. « Non qu'il l'eût mérité », dit le doyen à Érasme présent, « mais parce que c'était le meilleur moyen de l'humilier. »

La fustigation était considérée comme tellement nécessaire à cette époque dans l'éducation, que dans le cas de princes dont il ne fallait pas entamer la peau délicate, on nommait d'office d'autres gamins pour se faire fouetter à leur place et sur le dos desquels on corrigeait sans merci les fautes de leurs maîtres prin ciers. Il existe une vieille pièce de théâtre publiée en 1632, dans laquelle un prince (supposé être Edouard III d'Angleterre), a le dialogue suivant avec son remplaçant au fouet :

« LE PRINCE. — Eh bien quoi, Browne, qu'y a-t-il ?

« BROWNE. — Votre Grâce est paresseuse, et ne veut pas travailler ; et pour cela, vos professeurs me font fouetter.

« LE PRINCE. — Hélas, pauvre Ned ! j'en suis peiné. Désormais, je me donnerai plus de peine et intercéderai pour toi auprès de mes professeurs. »

Jacques IV d'Ecosse avait pour camarade à fouetter sir David Lindsay of the Mount.

William Murray, père de la comtesse de Dysart, était page et camarade à fouetter de Charles Ier, en sa jeunesse. Le Sage cite un exemple d'un camarade à fouetter dans sa *Vie de Gil Blas* : Don Raphaël, en racontant son histoire au héros, dit qu'à douze ans, il avait été nommé compagnon du jeune marquis Leganez, dont l'instruction était très arriérée, et qui ne tenait pas à l'améliorer. Un des maîtres, à la fin, eut la bonne idée de fouetter don Raphaël pour les fautes de son maître, et ce, d'une façon tellement énergique, que don Raphaël fut contraint de prendre congé *à l'anglaise*.

Les princes modernes n'ont pas toujours joui de cette immunité. Georges III d'Angleterre, quand son professeur lui demanda comment les jeunes princes, ses fils, devaient être traités, répondit promptement : « S'ils le méritent, qu'on les fouette. Faites comme vous en aviez l'habitude à l'école de Westminster. »

Il est dommage que ces suppléants au fouet, que nous venons de mentionner, n'avaient pas *l'humour* de ce jeune garçon qui allait au fouet comme pour se divertir ; et on raconte en plaisantant, de ce garçon nommé Smith, qu'une fustigation n'était pour lui qu'un jeu, et qu'il s'exposait souvent volontairement à être fouetté pour son propre amusement et pour celui de ses camarades. « Comment ! Smith, encore ! » criait le maître à l'heure habituelle de ces exécutions, et Smith, toujours prêt, affectait de se mettre à genoux, avec un gémissement lugubre, puis se relevant, disait en riant : « Veuillez, monsieur, me permettre de mettre mon mouchoir sous mes genoux... Ces culottes ont coûté trente francs à mon père et il m'a particulièrement recommandé de ne pas les salir. » Le maître tout le temps hurlait de colère et criait : « Qu'on le mette en place, qu'on le mette en place ! — Monsieur, disait Smith, soyez assez bon de frapper haut et doucement. » Alors, une fois en position, il se retournait à chaque coup en faisant les plus horribles grimaces, comme s'il souffrait une agonie atroce, et quand l'affaire était terminée, il se levait allègrement, faisait un profond salut au maître, en disant : « Monsieur, je vous remercie. »

La plupart des écoles anglaises ont leur légende à ce sujet, comme sur les maîtres qui étaient experts dans l'art de flageller. On peut bien appliquer à nombre de ces écoles les lignes suivantes qui se trouvent dans le *Maître d'école*, du poète anglais Crabbe :

Les écoliers sont comme les chevaux sur la route,
Il faut les fouetter pour qu'ils tirent leur charge ;
Pendant quelque temps, ils marcheront fort bien,
Mais il faut le coup de fouet pour leur faire atteindre le but.
Dire à un gamin que s'il travaille mieux,
Il sera loué des amis, aimé de ses parents,
Equivaut à ne rien faire. — Il ne doute nullement

Que les parents ne l'aiment, que ses amis ne l'approuvent ;
Qu'un père indulgent ne se fie pas à l'ambition d'un fils.
Pour le faire travailler il faut employer la force.

La façon de se procurer les verges au XVIe siècle
pour l'école d'Uttoxeter, et l'esprit dans lequel il
fallait accepter la punition, se trouvent exposés dans
les « ordres » du fondateur, qui sont développés en
dix-sept paragraphes. Voici la teneur de ceux qui se
rapportent aux verges :

« ITEM. — J'ordonne que tous mes écoliers aiment
et révèrent mon maître d'école et reçoivent de lui,
gentiment, la punition de leurs fautes, sous peine
d'expulsion.

« ITEM. — J'ordonne que tous mes écoliers, en
entrant pour la première fois à l'école, versent deux
pences chacun pour l'entretien d'un écolier pauvre,
nommé par le maître pour tenir l'école propre et pour
fournir les verges. »

On raconte une histoire amusante de Richard Mul-
caster, de l'*École des Marchands tailleurs*. « Se
trouvant un jour sur le point de fouetter un écolier,
dont les culottes étaient déjà baissées, il lui vint une
idée bouffonne, et, s'arrêtant un moment avant de
frapper, il dit : « Je déclare procéder à la publication
de mariage entre le derrière de ce gamin, de telle et
telle paroisse, d'une part ; et dame Verge, de notre
paroisse, d'autre part ; et si quelqu'un peut produire une raison légale pourquoi ils ne seraient pas
conjoints, qu'il parle, car c'est la dernière fois que
cette publication est faite. » Un hardi gaillard, d'esprit
assez vif, se leva et dit : « Maître, je m'oppose à la
publication ! » Le maître, tout interloqué, dit : « Vrai-

ment, galopin, et pourquoi ? » Le garçon répondit promptement : « Parce que les parties ne sont pas d'accord ! » Là-dessus, le maître auquel cette réponse si spirituelle avait plu, épargna la punition à l'un et pardonna la présomption de l'autre.

Le docteur Busby, directeur de l'école de Westminster, était renommé pour la sévérité avec laquelle il aimait à punir. On parle de son administration comme du « règne terrible de Busby ». Mais quelques-uns de ses successeurs ont rivalisé avec lui sous ce rapport. Ainsi, le docteur Vincent a également laissé un nom exécré. De lui, on rapporte qu'il ne se contentait pas d'appliquer la punition règlementaire, mais qu'il calottait les écoliers et de plus les pinçait. Coleman a protesté contre cette pratique, disant que si un pédagogue avait le droit de faire rougir l'envers de son élève avec des verges, il n'avait pas le droit de lui faire des bleus sur le visage et sur le corps avec ses doigts. Pendant la direction de Vincent, les élèves plus âgés fondèrent un journal intitulé *The Flagellant*, qui excita tellement la colère de Vincent qu'il commença un procès contre l'éditeur, et Southey[1], qui avait écrit dans ce journal un article caricaturant le docteur, vint publiquement s'en déclarer l'auteur, et fut en conséquence obligé de quitter l'école.

Les écoliers de Westminster ont une fois administré le fouet de l'école à Curll, le libraire. Pope y fait allusion dans une de ses lettres, disant que les écoliers de Westminster avaient fait sauter M. Curll, le libraire, dans une couverture, puis l'avaient fouetté ensuite. Voici comment il s'était attiré le ressenti-

1. Southey, plus tard, devint un des poètes les plus distingués de l'Angleterre.

ment de ces jeunes gens : — En 1716, Robert South,
prébende de l'école de Westminster, vint à mourir.
A son enterrement, une oraison latine fut prononcée
par M. John Barber, alors premier élève de la classe
des écoliers du roi. Curll, le libraire, par un subter-
fuge, réussit à se procurer une copie de l'oraison, qu'il
imprima sans la permission de l'auteur. Les élèves
résolurent d'en tirer vengeance. Sous prétexte de lui
donner une copie correcte, ils le firent venir dans la
cour de l'école, et ce qui s'ensuivit est raconté par la
Saint-James'Post : « Ayant eu la malchance de se
laisser attraper, jeudi dernier, par les élèves, dans la
grande cour de l'école, on lui fit faire connaissance
avec les brimades. On commença par le passer à la
couverte. Ceci fait, on le porta en triomphe dans l'intérieur de l'école, et après y avoir écouté, bien malgré
lui, une semonce toute académique sur l'indélicatesse
de ses procédés et avoir été vertement tancé, on le
reconduisit dans la cour, et là, ayant été obligé à
demander à genoux pardon à M. Barber pour l'avoir
offensé, il fut expulsé avec accompagnement de coups
de pied et sous les huées et les lazzis de la foule
assemblée au dehors. »

Cet incident a été rappelé dans une brochure représentant l'infortuné libraire dans une série de tableaux
où l'on voit d'abord figurer la cérémonie du passage
à la couverte et ensuite la flagellation qu'il subit,
étendu sur une table, et, en dernier lieu, demandant
pardon à genoux, devant les écoliers assemblés, à
M. Barber.

La verge en usage à l'école de Winchester n'est pas
en bouleau, mais composée de quatre tiges de pom-
mier fixé dans un manche en bois. L'invention de cet
instrument est attribuée au docteur Baker qui a dirigé
l'école pendant trente-trois ans, de 1454 à 1487. Le

mode d'application était minutieusement réglementé.
Le délinquant se mettait à genoux devant un banc ou
bloc en bois, et deux autres écoliers lui relevaient les
vêtements et alors le maître lui appliquait la punition.
En 1570, la reine Elisabeth honora l'école de Winchester d'une visite. Sa Majesté ayant demandé à
l'un des jeunes écoliers s'il n'avait jamais fait connaissance avec la célèbre « verge Winton » ; il répondit
avec beaucoup d'à-propos par une citation de Virgile :

Infandum, Regina, jubes renovare dolorem.

Grande reine, ce que vous m'ordonnez de dire
Renouvelle en nous le triste souvenir de notre sort !

L'école Shrewsbury était présidée au commencement de ce siècle, par un célèbre martinet, le docteur
Butler, et l'on n'a pas oublié encore les fustigations
qu'il administrait de la main gauche. Dans cette école
se trouvait une petite pièce éclairée par un soupirail,
où étaient renfermés les verges et le bloc de punition,
et où l'on enfermait également les délinquants. On
l'appelait le *trou noir*, ou quelquefois le *trou à
Row*, du nom d'un garçon qui passait pour y avoir
fait des apparitions assez régulières.

Le docteur Parr mérite une mention spéciale dans
les annales de la flagellation. Il croyait fermement à
l'utilité de cette pratique. A son école, à Norwich, il
y avait généralement une séance d'application du
fouet avant la terminaison des cours. L'homme qui lui
fabriquait des paquets de verges était un gaillard qui
avait été condamné à la pendaison, mais dont la
corde fut coupée à temps, et qui eut le bonheur d'être
ressuscité par les chirurgiens. S'il faut en croire les
dires de l'un de ses élèves, le docteur Parr avait l'habi-

tude de recevoir des mains de cet aimable personnage les « verges avec une expression de figure dénotant chez lui une grande béatitude ». Un autre de ses élèves parle de « l'éclair de son œil, le tonnerre de sa voix et le poids de son bras. » Un jour, un des sous-maîtres vint lui dire qu'un de ses élèves lui semblait doué de dispositions géniales. « Ah, vraiment ? dit Parr, alors commençez à le fouetter dès demain matin. »

On fouettait activement à l'école de Rugby du temps de la direction du docteur James, vers 1780 ; et on ne se privait pas, en même temps, d'y employer fréquemment le rotin.

Sous la direction du docteur Wooll, en 1813, un incident mémorable se produisit : Un jour, toute la classe de quatrième, à l'exception du garçon qui était en train de réciter sa leçon devant le maître, se sauva avant l'heure. L'affaire fut de suite rapportée au docteur, qui ordonna que tous les membres de cette classe recevraient le fouet, à trois heures de l'après-midi, avant le commencement du troisième cours. Quelques minutes avant l'heure indiquée, le *porte-verge* fit son apparition, et les préparatifs de la cérémonie furent rapidement menés. A l'heure dite, le docteur Wooll fit son entrée, et commençant par le n° 38, il les fouetta tous, y compris le malheureux garçon qui ne s'était pas sauvé. Il ne fallut qu'un quart d'heure pour donner à chacun des trente-huit élèves son dû.

Un jour que le docteur Wooll montrait à feu lord Lyttleton, la chambre où l'on avait l'habitude de fouetter, il demanda à son noble visiteur : « Quelle serait l'inscription la plus appropriée ». « Beaucoup de bruit et fort peu de laine », (le mot wooll en anglais veut dire laine), répondit le lord, faisant ainsi allusion à la petite taille du docteur.

La note suivante se trouve jointe à une lettre de Mme Piozzi, adressée à Sir James Fellowes, de Bath, le 30 mars 1819. « J'avais rencontré M. Wickens, il y de cela quelques jours chez Mme Piozzi. Comme nous étions tous les deux d'anciens confrères de Rukby, la conversation roulait sur le mode de punition des élèves en vigueur dans cette école du temps du Dr James, quand Mme Piozzi nous raconta l'histoire de Van Dyck, qui, encore gamin, fit d'abord montre de son génie d'une façon toute particulière en peignant sur le derrière d'un camarade qui devait être fouetté le portrait exact du maître qui allait infliger la punition ; celui-ci fut tellement étonné et amusé en même temps qu'il se mit à rire et renonça à punir l'élève. La façon dont Mme Piozzi nous raconta cette histoire était extrêmement comique. » On rapporte également une anecdote montrant de quelle façon les gamins acceptaient leurs corrections autrefois. Elle se trouve dans *The Guide to Eton* [1].

« Il y a environ soixante-dix ans de cela, — à l'époque où les élèves qui avaient à subir une correction étaient encore maintenus par deux de leur camarades de collège, Sir Henry B — n qui venait d'être fustigé, releva la tête et regarda en souriant les deux collégiens qui le maintenaient encore, quoique sa punition fût terminée, leur dit : « Messieurs de la *robe noire*, je crois que la cérémonie est terminée. »

A Éton, la pratique est très en honneur et date de longtemps. Nous disons *est en honneur*, car, lors de la nomination du dernier directeur le Révérend M. Hornbly, le capitaine [2] de l'école, au nom de ses camarades, lui remit, à titre de présent honorifique,

---

1. *Le Guide pour Eton.*
(2) Premier élève.

une élégante brassée de verges nouée par un ruban
bleu. L'instrument usité à Éton consistait en trois
longues tiges de bouleau (sans branches), entourées
de ficelle sur environ un quart de leur longueur, et on
inscrivait dans le compte de chaque élève une demi-
guinée (13 fr. 10 c.), pour frais de bouleau, qu'il eût
été fouetté ou non. Le Dr Keate était parmi les plus
renommés des fouetteurs de cette école ; il devait sa
renommée à la rapidité avec laquelle il dépêchait ce
qui était inscrit sur la liste des punitions.

Les mœurs régnantes au collège d'Éton ne permettaient nullement de considérer comme une honte ou
comme une humiliation le fait d'avoir été fustigé.
Parfois même, ceux d'entre les élèves qui ne l'avaient
pas été encore, y voyaient une lacune dans leur jeune
carrière et il arrivait alors qu'ils se faisaient fouetter
de leur plein gré, pour y avoir passé comme les
autres.

Un jeune homme de dix-huit ans avait été condamné à être fouetté pour avoir fumé, mais, sur l'avis
de son père, il refusa d'accepter sa punition, et pour
cela, fut expulsé du collège. Au temps jadis, c'était le
vendredi, le jour néfaste, qui était réservé pour la fustigation à Éton.

Parmi les pères fouettards qui figurent dans les
annales du collège d'Éton, comme il a été déjà dit, se
trouvait le Dr Keate, dont le règne commença en 1809
et se continua pendant un quart de siècle. On a conservé beaucoup de réminiscences amusantes ds sa prédilection pour les verges. L'auteur de *Eothen* donne
le portrait suivant du docteur : — « Il n'avait guére,
si même il les avait, plus de cinq pieds de haut, et
n'était pas très large d'épaules ; mais dans cet étroit
espace se trouvait concentré le courage de dix ba-
taillons. Il avait réellement la voix très noble, qu'il

savait moduler avec beaucoup d'habileté, mais il avait
aussi le pouvoir de crier, en faisant des couacs comme
un canard en colère et c'était presque toujours ce mode
d'intimidation qu'il employait pour inspirer le respect.
C'était un savant de premier ordre, mais son savoir
varié n'avait pas *adouci ses mœurs*, et l'avait au
contraire rendu féroce, terriblement féroce. Il était si
bien maître de son caractère —je veux dire quand il
était bon — que rarement il le laissait paraître ; on
ne pouvait pas le mettre de mauvaise humeur — c'est-
à-dire de la mauvaise humeur qu'il considérait comme
convenable pour un directeur d'école. Ses sourcils
rouges, en broussailles, étaient tellement proéminents
et mobiles qu'il s'en servait habituellement comme
des bras et des mains, pour diriger l'attention sur un
objet quelconque qu'il désirait signaler. Le restant de
ses traits était également frappant à leur façon, et lui
imprimaient une originalité toute particulière. Il portait un habit de fantaisie, ressemblant en partie au
costume de Napoléon et en partie à celui d'une
veuve. »

On rapporte de lui une bien bonne histoire, relative
à sa manie fustigatrice : « Un jour, à l'occasion d'une
confirmation [1] à laquelle il devait être procédé au
collège, chaque professeur fut prié de dresser une
liste de ces candidats et de le faire sous telle forme
qui lui plairait le mieux. Un des professeurs inscrivit
les noms sur le premier morceau de papier qui lui
tomba sous sa main, et qui se trouvait malheureusement être une de ces longues bandes de papier de
forme et de dimension bien connues, qu'on employait
pour inscrire les noms des délinquants et qui était
envoyée régulièrement chez le directeur pour qu'il

---

[1]. Correspond à notre première communion.

décidât des suites qu'il fallait y donner. La liste ayant
été remise au Dr Keate sans autre explication, ce dernier envoya chercher les gamins comme d'habitude,
et, en dépit de leurs protestations, montrant du doigt
la signature du maître au bas de la liste, il les fouetta
tous, à tour de bras. »

Un autre jour, un délinquant qui avait été porté sur
la liste des punitions devint introuvable, et le docteur
fut obligé d'attendre sa victime, sur le lieu du supplice ; alors, par un effet du hasard, un autre élève du
même nom que celui qui manquait à l'appel venant
à passer devant la porte, Keate le fit saisir, et lui fit
incontinent subir la punition à la place de son homo-
nyme. Le manquement à l'appel était puni par le
fouet. Un jour Keate imposa un appel supplémentaire
à toute une division d'élèves à titre de punition.
S'étant consultés, les élèves décidèrent qu'aucun d'eux
ne se présenterait à l'appel. Quand le docteur arriva
il se trouva tout seul. Comme il donnait ce jour-là un
dîner chez lui, il s'était levé de table pour faire l'appel
en question. Ne voyant personne, il réunit tous ses
aides et attendit jusqu'à ce que toute la division se
trouvât au complet devant lui. Alors il se mit à l'œuvre
et les fouetta tous — environ quatre-vingts — et s'en
retourna vers ses hôtes aussi calme et aussi aimable
que d'habitude.

On ne connaît qu'un seul cas où un condamné ait
échappé aux verges du docteur Keate : Un gamin qui
venait de commettre une faute envisageait la perspective de sa première punition avec beaucoup de crainte.
Quelques-uns de ses camarades lui avaient recommandé avec malice une préparation de noix de galle
comme une recette infaillible pour rendre la surface
de la peau absolument insensible à la douleur. Le
résultat de cette application peut être plus facilement

imaginé que décrit. Il était impossible de présenter
le gamin au docteur en cet état, et le délinquant ayant
confidentiellement dévoilé la chose au maître chez
lequel il logeait, ce dernier se rendit chez Keate pour
lui expliquer l'impossibilité qu'il y avait de procéder
à l'opération sans courir les risques de compromettre
le sérieux du directeur aussi bien que de faire conserver le leur aux élèves spectateurs : un pensum de
quelques centaines de lignes remplaça en conséquence
la peine corporelle.

« Parmi les nombreuses anecdotes sur le « vieux
Keate », dit le *Saturday Review*, la meilleure est
peut-être celle d'un élève qui vint prendre congé de
lui : — « Vous semblez me connaître très bien, dit le
directeur ; mais je ne me rappelle pas d'avoir jamais
vu votre figure avant ce jour. — Vous connaissiez
évidemment, monsieur, bien mieux mon autre figure,
répondit avec effronterie le jeune homme. »

Une anecdote semblable a été mise en vers comme
suit :

Un ancien Etonien rencontrant un jour son ex-maître,
Lui tendit la main ; mais fut très étonné
De voir que Keate ne le connaissait pas :
« Docteur ! lui dit-il vous m'avez maintes fois fouetté
Et cependant je vois que vous ne me connaissez plus.
— Même maintenant, dit Keate, je ne puis me rappeler
                                    [votre nom
Tant les derrières des gamins se ressemblent tous »,

Il y a cent ans, et même bien plus tard, les punitions à l'école de *Christ's Hospital* étaient sévères
et fréquentes. Les moniteurs ou chefs de dortoir
avaient le droit de châtier les élèves qu'ils surveillaient
et ils ne se faisaient pas faute d'user et d'abuser de

ce droit. Parlant de ces moniteurs, Charles Lamb dit :
« J'étais obligé de sortir de mon lit, *réveillé en sursaut*, dans les plus froides nuits de l'hiver — et ceci
pas une fois, mais plusieurs nuits de suite — en chemise, pour recevoir une fessée avec une courroie en
cuir, en même temps que onze autres victimes, parce
qu'il plaisait à notre surveillant cruel, quand il avait
entendu causer après l'heure du coucher, de rendre les
six derniers lits, dans le dortoir où couchaient les plus
jeunes enfants, responsables d'une faute qu'ils n'auraient jamais osé et qu'ils n'avaient, d'autre part, le
pouvoir de prévenir. »

Les élèves du Roi, comme on désignait ceux qui
étaient destinés à la marine et qui étudiaient la navi-
gation sous William Wales, avaient particulièrement à
souffrir, car, pour les habituer aux fatigues de la vie
de marin, Wales élevait ses gamins avec une sévérité
spartiate, usant du fouet à chaque instant et d'une
main impitoyable. Ces châtiments devaient être sup-
portés avec patience, et cette méthode d'élever, quels
que pouvaient être ses effets ultérieurs, avait pour
résultat immédiat de rendre ces jeunes gens très durs,
endurants, mais en même temps développait en eux
des instincts brutaux, ce qui les rendait sévères envers les élèves plus jeunes qu'eux. Ils étaient la terreur des jeunes ; mais il faut convenir en même temps
qu'ils maintenaient la bonne renommée de l'école en
dehors ; les apprentis et les garçons bouchers professaient un craintif respect pour les facultés combat-
tives de ces Étoniens. La punition ordinaire pour les
élèves qui s'évadaient était, la première fois, les fers ;
pour une deuxième faute de ce genre, le délinquant
était enfermé dans une cellule assez large pour lui
permettre de se coucher tout de son long sur la paille
et avec une couverture, et qu'éclairait à peine un pâle

rayon de lumière pénétrant à travers une étroite
lucarne. L'emprisonnement était absolument solitaire,
le prisonnier ne voyant que le portier qui lui
apportait du pain et de l'eau, ou le bedeau qui venait
deux fois par semaine lui faire prendre l'air et lui
infliger une fustigation.

Une troisième tentative d'évasion était généralement la dernière, parce qu'alors le délinquant, après
certaines formalités, était chassé de l'école. Le coupable, dépouillé de l'uniforme de l'école et recouvert d'une robe de pénitence, était amené de sa
cellule dans le grand hall où se trouvaient assemblés tous ses camarades, l'économe, le bedeau, qui
était en même temps l'exécuteur et qui, pour la
circonstance, revêtait ses habits de cérémomie ; deux
des administrateurs étaient également présents pour
certifier que l'extrême rigueur de la loi avait été
observée. Le coupable, porté sur les épaules d'un aide,
était lentement fouetté autour du hall par le bedeau,
et alors solennellement remis à ses amis, s'il en avait,
ou à l'officier de sa paroisse qui stationnait devant la
porte.

ANECDOTES
SUR LA FUSTIGATION A L'ÉCOLE

Dans le bon vieux temps, la fustigation était permise
par les statuts de beaucoup de collèges ; c'était la
récréation préférée des doyens, maîtres et censeurs de
l'époque. Le docteur Potter, du collège de la Trinité
(à Oxford), fouetta un collégien quoiqu'il eût déjà
atteint l'âge d'homme et qu'il portât une épée au côté,
et le docteur Bathurst, président de ce collège, avait

l'habitude de surprendre les étudiants le fouet à la main, quand il les rencontrait se promenant à des heures indues dans les bosquets. Le docteur Johnson, dans ses *Mémoires de Milton*, dit : « J'ai honte de le dire, mais je crains bien que ce ne soit vrai, que Milton ait été l'un des derniers étudiants de l'une ou de l'autre université qui eût eu à subir l'indignité publique de la correction corporelle. » Aubrey rapporte l'histoire de la fustigation de Milton par le docteur Chappell, à Cambridge, après laquelle il fut transféré aux cours d'un certain docteur Tovel. Mais il existe une autre version d'après laquelle ce serait le docteur Johnson lui-même qui aurait été fouetté à Oxford. Mais il n'y a rien qui vienne appuyer ces dires ; il faut donc que cette question de savoir si c'était Milton ou Johnson qui ont été le dernier à recevoir les verges dans une université reste indécise. Dans le *Dublin College Journal*, les actes de certains étudiants élevés dans ce séminaire étaient enregistrés sous la rubrique : *Educatus erat sub ferula* — c'est-à-dire : « était élevé sous la férule », d'où l'on peut déduire que leur éducation était activée au moyen des verges.

L'usage excessif de ce mode de punition dans les écoles, à l'époque dont nous parlons, amena la coutume du « barrage », c'est-à-dire un effort de la part des élèves d'exclure le maître d'école du lieu de ses travaux habituel. Cette coutume était très générale dans des villes de seconde importance et dans les grands villages et se produisait généralement vers Noël. Si les élèves arrivaient à « barrer », c'est-à-dire à exclure de l'école leur maître pendant trois jours, le pédagogue vaincu était obligé de signer des capitulations relatives au nombre de jours de congé, aux heures de récréation et en matière de discipline. Si, au contraire, l'essai avortait, les élèves étaient obligés de se soumettre à son bon vouloir, en ces matières, et aussi de subir une quantité illimitée et flagellations.

On raconte que Joseph Adisson était un jour le chef d'un « barrage » de ce genre à l'école de grammaire [1] de Lichfield, vers 1684 ou 1685. Le *Gentleman's Magazine* de 1828 nous rapporte un fait semblable qui eut lieu, probablement vers le commencement de ce siècle à l'école de grammaire de Ormskirk, dans le Lacashire. Quelques jours avant les vacances de Noël, les élèves les plus âgés résolurent de faire revivre l'ancienne coutume de « barrer » le maître. Bien des années s'étaient écoulées depuis qu'une tentative de ce genre ne se fût produite. Les écoliers avaient entendu parler des glorieux faits de leurs ancêtres, lorsqu'ils mettaient au défi, pendant des jours entiers, le fouet de leur maître. Ce fut le premier de la classe de grec qui en prit la direction, et, assemblant autour de lui ses camarades, il leur adressa l'allocution suivante en style emphatique : « Mes camarades, demain nous devons barrer en dehors notre *pasteur-fouetteur* pour le forcer à promettre que désormais il ne nous fouettera plus sans cause, ni ne nous privera de nos jours de congé. Les élèves de la classe de grec seront vos capitaines et moi je serai votre général ! Ceux qui ont peur n'ont qu'à se retirer et se contenter d'être fouettés à l'avenir ; mais, vous qui avez du courage et qui savez ce que c'est que d'être fustigé sans cause, venez ici apposer vos signatures. »

Le lendemain, le plan fut mis à exécution, et lorsque le maître apparut, il trouva la porte de l'école fermée et barricadée et les gamins qui s'y trouvaient armés

---

1. École supérieure.

de bâtons, de tissonniers, de vieux pistolets, etc., décidés à défendre la place à outrance. Le maître, après avoir vainement tenté d'entrer et s'étant fait frapper sur la tête, envoya chercher le constable. A l'arrivée de l'autorité civile, les gamins eurent peur et proposèrent de se rendre. Quelques-uns s'échappèrent par les fenêtres de derrière ; les autres se rangèrent en deux lignes, les armes à la main. La porte fut ouverte — le maître fit son entrée, dénonçant sa vengeance à tous ceux qui étaient compromis. Mais, en même temps qu'il faisait son entrée, les deux files d'élèves sortirent, et il se trouva seul avec une école vide. Par la suite, il fut décidé que les meneurs ne rentreraient qu'autant que leur grâce, sans conditions, serait accordée. Et de fait, il y en eut tant qui ne rentrèrent pas que le maître crut prudent de remettre à plus tard la fustigation dont il les avait menacés.

Sur la flagellation telle qu'elle est pratiquée aujourd'hui dans les écoles en Angleterre, les rapports de commissions d'enquête sur les écoles nous fournissent quelques données. D'après le rapport de M. Giffard sur les écoles du Surrey et de Sussex, nous trouvons que dans vingt-deux pensions, c'est-à-dire environ 73 p. 100, la punition corporelle, d'une façon quelconque, était usitée, mais dans presque chaque cas l'usage de la canne et des verges est extrêmement rare et l'infliction de la punition n'est en aucun cas confiée à un maître ; cette punition n'est infligée que pour le mensonge, une conduite indécente, les jurements, l'insolence et les offenses contre la morale. Les autres punitions consistent en pensums, en amendes et en arrêt d'argent de poche. Dans toutes les écoles de fondation, les verges sont encore en usage. M. Giffard rapporte que les récits des maîtres d'école sur l'efficacité des punitions corporelles diffèrent considérablement. Le docteur Lowe, de Hurstpierpoint, dit : « C'est une bonté positive envers le gamin. » Un maître d'école privé dans le comté de Sussex dit que la discipline de son école avait été ruinée par l'exclusion de l'usage de la baguette.

Ailleurs, le rapporteur affirme que cet usage était dégradant et d'une nécessité problématique. Mais, en général, les maîtres aussi bien que les élèves semblaient préférer ce remède bref et rapide à des pensums ou à des privations de liberté. Ce sont les parents qui s'y opposent le plus, et des écoles privées ont été forcées de céder à leurs désirs. On cite dans ce district deux cas de maîtres d'école qui ont abusé de leur pouvoir d'infliger la punition corporelle. L'un était celui de Hupley, qui souleva pas mal de sensation il y a quelques années ; l'autre était celui d'un sous-maître d'une école de fondation, qui avait été cité devant un magistrat et mis à l'amende pour cruauté envers un élève. De tels cas sont heureusement fort rares.

Dans son rapport sur les écoles au pays de Galles, M. Bompas dit qu'il n'y a presque nulle part de corrections corporelles. Jamais les verges, et très rarement les baguettes, ne sont employées dans les écoles de filles de ce district ; on a inauguré un nouveau genre de punition qui semble très efficace — c'est-à-dire d'envoyer la délinquante au lit. — Dans le Northumberland, les moyens de coercition, d'après le rapport de M. Hammond, sont des pensums et la correction corporelle, infligée avec la férule ou la baguette ; cette punition est réservée aux garçons. Heureusement pour les enfants, il n'existe pas un seul bouleau dans tout le pays, et la fustigation comme en ancien temps y est inconnue ! Il en est à peu près de même dans les écoles du Lancashire ; la baguette est le re-

mède auquel on a recours en dernier lieu pour pallier
le vice ou l'insubordination, et, comme le membre du
comité, M. Bryce, l'a constaté, il n'y a qu'une seule
verge employée régulièrement dans tout le comté. Aux
Liverpool Institute Schools, la fustigation est tolérée,
mais ne doit être administrée que par le directeur en
chef en personne. Un monsieur interrogé sur ces
écoles dit que, d'abord, on avait essayé du système
des simples admonitions, mais que cela avait tellement manqué son but, qu'on avait dû finalement y introduire la punition corporelle. M. Mason, du *Den-
mark Hill School*, emploie la baguette et les verges,
la première comme allant mieux aux élèves plus âgés
et les dernières pour les plus jeunes. Seulement il se
réserve à lui-même exclusivement le droit d'administrer ces punitions. M. C. H. Pinches, directeur de
Clarendon House School, un établissement privé,
dit aux membres de la commission d'enquête : « Je
suis l'ennemi des accessoires du fouet — c'est-à-dire
de mettre bas le pantalon, et ainsi de suite, et vous
serez peut-être étonnés d'apprendre que, l'autre jour,
j'ai refusé d'accepter deux pensionnaires parce qu'il
me répugnait d'employer sur eux les verges comme
le voulait la dame qui désirait les placer chez moi. Je
pense, en ce qui concerne la punition elle-même, que
les verges sont préférables, mais je n'en aime pas les
accompagnements. »

Les membres du comité français firent remarquer
que les écoles anglaises ont « un genre de punition »
que nous ne devrions pas envier — c'est-à-dire la punition corporelle qui, chez nous, est réservée pour les
petits enfants ». Leur rapport conclut que « le fouet
est une de ces anciennes traditions qui vivent parce
qu'elles ont survécu. Un étranger peut à peine concevoir avec quelle persévérance les maîtres d'école an-

glais s'attachent à cette vieille et dégradante coutume.

« Dans les ouvrages du docteur Arnold, nous avons pu lire une éloquente dissertation en faveur de la flagellation, mais qui ne nous a pas le moins du monde convaincu ; on est bien étonné de voir des maîtres d'école anglais ne pas hésiter à faire ôter un vêtement que la pruderie de leur langue empêche de nommer. »

D'un autre côté, on rapporte beaucoup de cas où ce furent les maîtres d'école qui reçurent le fouet de leur élèves. Dans la plupart de ces cas, ce furent des élèves plus avancés en âge conduits par l'un d'eux qui avait eu le plus souvent à subir cette punition, qui se saisirent du malheureux pédagogue au moment où il s'y attendait le moins, et s'en rendirent maîtres par la force. Alors après l'avoir étalé sur une table, ou hissé sur l'estrade à fouetter, ils lui fournirent une preuve éclatante de la bonté de ses propres verges.

En Écosse, la flagellation dans les écoles était poussée au même degré qu'en Angleterre, seulement l'instrument qu'on avait l'habitude d'employer se composait d'nne courroie assez épaisse et longue avec l'extrémité plusieurs fois entaillée. Les instruments pour la discipline de l'école de la paroisse de Dundonald pour l'année 1640 ont été conservés ; ils indiquent la façon dont la flagellation devait être appliquée. Après les articles ayant trait à la règlementation des prières, etc., il est enjoint au maître d'apprendre de bonnes manières à ses élèves. «Comment se comporter convenablement et courtoisement envers tous, supérieurs, inférieurs ou égaux. Le maître était tenu de nommer un censeur secret, qui avait pour mission d'informer le maître de tout ce que pouvaient faire les élèves, et, « selon la nature et la gravité des fautes commises, le maître infligerait les punitions, frappant les uns sur la main avec une baguette en bois ou une courroie, d'autres sur le dos, mais jamais en aucun cas, sur la tête ou sur les joues ». On conseillait de plus au maître de réprimer toute insolence, et d'imposer le devoir plutôt par une attitude grave et autoritaire que par des coups ; il ne devait cependant aucunement négliger le fouet quand cela devenait nécessaire.

Ce n'était pas toujours d'une façon aussi sérieuse que la punition corporelle était appliquée en Ecosse. Dans la haute Ecole d'Edimbourg, un des maîtres, nommé Nicol, avait de temps en temps une demidouzaine de malheureux à fouetter en même temps ; et à cet effet, il les mettait en rang. Quand tout était prêt, il envoyait poliment prévenir un de ses collègues, « de venir entendre jouer son *orgue* ». Celui-ci, s'étant rendu à l'invitation, M. Nicol commençait par infliger une rapide fustigation superficielle en descendant et en remontant le rang, provoquant chez les patients une gamme de gémissements très variée. Son collègue s'empressait de saisir la première occasion pour lui rendre la pareille, en l'invitant à assister à une opération du même genre.

Le maître d'une école de grammaire dans le centre de l'Ecosse, il y a quatre-vingt-dix ans de cela, était un partisan convaincu de la flagellation. Ce digne homme, nommé Hacket, pratiquait tous les genres de flagellation en vogue à cette époque ; la punition la plus anodine était l'application des courroies sur les mains. D'autres fois, le coupable était étendu sur une table maintenu d'une main et flagellé de l'autre. Quelquefois, on forçait le gamin à marcher entre deux planches pendant que le maître le fouettait par derrière. Les garçons peu intelligents étaient fouettés pour leur manque de mérite, et ceux qui étaient plus intelligents pour ce qui manquait à leurs camarades. Parmi ceux de la première catégorie, se trouvait un nommé Anderson qui avait eu à maintes reprises à savourer l'amère jouissance du bouleau pour stimuler ses facultés. Ses punitions avaient été si nombreuses et si injustes qu'il en conçut les plus féroces sentiments de vengeance à l'égard de son maître. Il quitta l'école, alla dans l'Inde, y acquit une fortune, puis revint terminer ses jours en Écosse. Pendant sa longue résidence dans l'Inde, il n'avait jamais oublié ses injustes fustigations à l'école, ni sa détermination de se venger de Hacket. En arrivant en Écosse, il acheta un fouet, puis il se rendit jusqu'à la ville où il avait été élevé, et ayant commandé un dîner pour deux personnes à l'hôtel, envoya un message à Hacket, qui s'était retiré de sa profession, l'invitant à dîner avec un ancien élève. Le vieil Hacket accepta l'invitation, s'habilla de son mieux, et se rendit à l'hôtel. Là, il fut introduit dans une pièce, où il vit un monsieur, qui, dès qu'il fut entré, ferma la porte à clef, et alors, prenant le fouet à la main, il se présenta, apprenant à Hacket surpris qu'il avait l'intention maintenant de le punir pour les nombreuses flagellations qu'il lui avait fait subir à l'école. Ce disant, il lui ordonna de se dévêtir et de recevoir sa punition. Mais la présence d'esprit de Hacket ne lui fit pas défaut dans ces circonstance critiques. Il reconnut que peut-être il avait été autrefois un peu trop sévère envers ses élèves, mais qu'en tout cas, s'il devait être puni, il aimerait mieux dîner d'abord et être fouetté ensuite. Anderson ne pouvait qu'acquiescer à une proposition aussi raisonnable, quoique intérieurement il était décidé à ne pas lâcher Hacket qui ne perdrait rien pour attendre. Ils se mirent donc à table, le dîner fut excellent, et la

conversation du vieil Hacket avait tant de charme et
il se montra si agréable que, peu à peu, Anderson
sentit faiblir ses idées de vengeance. A la fin, il y
renonça complètement, et non seulement Hacket rentra à son domicile en parfaite sûreté mais son ancien
élève avait insisté pour l'accompagner jusqu'à sa
porte.

Nous possédons une collection considérable d'anecdotes de punitions d'écoles en Ecosse, mais ayant
entre elles une telle analogie, que nous n'en reprodui-
rons qu'une ou deux comme échantillon. Même aujour-
d'hui, l'ancienne façon de fouetter des garçons et
même des filles subsiste dans quelques districts
éloignés de l'Ecosse, et, il a quarante ans le *houpsy-
doubsy*, comme on appelait le fait (être renversé sur
les genoux du pédagogue) était pratiqué même dans
les écoles d'Édimbourg. Un dignitaire de l'Eglise
presbytérienne écossaise, qui à l'époque indiquée,
était simple instituteur dans une petite école de
village, avait l'habitude de régulièrement fouetter ses
élèves, mâles et femelles, et cela au su de leurs parents.
Autrefois, il punissait ses élèves sans les faire dévêtir,
mais trouvant un jour qu'un gamin avait introduit
dans ses culottes un morceau de peau pour atténuer la
violence des coups, il insista par la suite à appliquer
la punition à l'antique façon.

Le gamin qui avait imposé à son maître cette
nouvelle méthode fut affublé par ses camarades du
sobriquet de *Doublé de Cuir* qui lui resta par la
suite.

On nous rapporte qu'autrefois des peaux d'anguilles
servaient pour fouetter les élèves. Dans un village
de pêcheurs, près d'Edimbourg, le maître d'école, il
y a quelque quarante ans, s'en servait pour flageller
ses élèves, et on dit que les femmes des pêcheurs du

village gratifièrent un jour un galant de la ville, qui
vint courtiser une des jeunes filles de l'endroit, d'une
bonne fustigation, car il était de règle que les pêcheurs
ne devaient se marier qu'avec gens de leur métier :
l'instrument employé était un paquet de peaux d'anguilles desséchées.

Un noble écossais quelque peu excentrique, avait
été, tout enfant, fréquemment fouetté dans une école
dirigée par une vieille dame, alors qu'il n'avait aucune perspective de devenir un homme titré. Peu
après avoir été mis en possession de ses biens et de
son titre, il insista pour être encore une fois fouetté
par sa vieille maîtresse d'école. Pour sa condescendance en cette occasion, il lui fit cadeau d'une somme
de cent livres sterling. Tout récemment, on tenta de
légiférer en matière de flagellation domestique et scolaire. Le marquis de Townsend présenta à la Chambre
des lords un projet de loi pour mieux protéger les enfants, les domestiques et les apprentis. Ce projet
tendait à interdire, tant aux maîtres d'école qu'aux
répétiteurs ou aux précepteurs, ayant charge d'enfants au-dessus de seize ans, d'infliger d'autre punition corporelle que la flagellation au moyen de verges
et en outre à interdire l'infliction de cette peine pour
le manquement à l'exactitude ou pour des fautes
d'inattention. Un article du projet interdisait à un patron ou à une patronne de frapper un apprenti ou une
domestique. Cette dernière clause était absolument
superflue puisque la loi telle qu'elle existe actuellement prévoit ce cas. Dans la discussion, à la suite de
laquelle le projet fut retiré, on fit ressortir que si la loi
était votée l'emploi du seul instrument vraiment efficace de la discipline scolaire en Écosse, la courroie,
deviendrait illégal, et puisque les garçons écossais ne
sont d'habitude pas fouettés avec des verges, il ne

restait aucune sorte de châtiment corporel qui permettrait à un maître d'école, ou même à un parent,
de corriger un gamin récalcitrant.

DE LA FLAGELLATION DES JEUNES FILLES

Au siècle dernier, dans les pensionnats de demoiselles en Angleterre, on fouettait les jeunes filles sans
les épargner et il en était de même pour les jeunes
dames jusque vers 1830. Afin de ne pas dévier de
l'ordre chronologique, nous reproduisons ici le compte-
rendu de la discipline exercée dans une pension de
jeunes dames vers la fin du siècle dernier, extrait
d'une lettre écrite il y a quelques années, et qui
éclaire la question d'un jour tout nouveau :

« MA CHÈRE PETITE FILLE,

« Je ne devrais pas vous appeler *petite* puisqu'il
paraît que maintenant les demoiselles au-dessus de
douze ans prétendent être considérées comme des
dames. — Je vous envoie ci-joint un paquet de jolies
choses que j'avais promis de vous porter moi-même à
l'École. Ah ! ma chérie, les choses étaient bien différentes de mon temps ! et je vous envoie également à
vous, et à vos sœurs, ce que vous m'avez tant de fois
demandé — c'est-à-dire le récit de ce qui se passait à
l'école quand j'étais jeune. — Je l'ai rédigé moi-même,
ou plutôt je l'ai dicté à ma femme de chambre,
Martha ; Dieu merci, j'ai encore bonne mémoire,
malgré mes quatre-vingts ans sonnés ; mais je possède,
en outre, beaucoup de notes prises à cette époque, et
de lettres qui m'ont aidée dans ma tâche.

Ma chérie, je n'avais que douze ans lorsque je fus
envoyée à l'école. C'était à *Regent House,* à Bath ; le
voyage d'ici, y compris un court séjour à Londres,
dura une semaine. Aujourd'hui, on n'est pas en peine
d'équiper les jeunes filles pour les envoyer à l'école.
mais à cette époque, il en était tout autrement. Ma
mère avait fait retourner toutes les vieilleries que
contenait la maison, et les avait fait passer en revue,
pour voir ce qu'on pouvait confectionner pour moi ;
car, alors, les robes étaient de véritables vêtements,
et passaient en héritage, de mère en fille, non pas
comme les choses légères qu'on fabrique aujourd'hui,
qu'on porte une demi-douzaine de fois et qu'on ne voit
plus que chez les marchandes à la toilette. Et ma mère
possédait une garde-robe qui était l'envie de tout le
voisinage. J'étais une jeune personne de qualité et
mon trousseau était relativement de choix. J'avais
six robes : les jeunes dames n'en penseraient pas
grand'chose aujourd'hui, mais alors, c'était beaucoup ;
j'avais aussi toute une collection de mitaines de différentes couleurs. On portait les cheveux coiffés à l'anglaise avec des chapeaux forts petits, et posés sur le
haut de la tête ; sans doute, aujourd'hui, on les trouverait fort laids, mais, ils nous paraissaient alors fort
beaux. C'était alors, comme aujourd'hui, une question
de mode, il y avait même une époque antérieure où
les femmes portaient des coiffures de deux pieds de
haut, avec, pour ornements, des chariots, des navires
et des animaux. Ma grand'mère portait, à ma souve-
nance, dans ses cheveux, comme un ornement, un
carosse à quatre chevaux en verre soufflé, et elle s'en
affublait seulement dans les grandes occasions. Mais
de mon temps la mode était plus simple. En tout cas,
j'étais admirablement montée en toilettes pour cette
époque. Je passai un jour ou deux à Londres, et mon

oncle me mena au théâtre voir *le Mariage clan-destin* et *la Vierge Démasquée*, deux pièces alors très en vogue.

De Londres à Bath, le voyage nous prit deux journées, et nous arrivâmes à l'Institution dans la soirée du second jour. Les demoiselles Pomeroy, qui tenaient cette pension, passaient pour être très distinguées. Elles avaient la réputation d'inculquer à leurs élèves toutes les grâces et les talents qui leur étaient nécessaires dans la société. Mon trousseau fut examiné et approuvé, à l'exception de mes corsets, qu'on ne trouva pas assez raides, et qu'on envoya immédiatement faire changer ; Mlle Pomeroy disait, en effet, que des jeunes filles n'avaient pas besoin de balancer leurs corps comme des laitières. Elle ne le faisait jamais, et nous étions obligées à être aussi droites et raides qu'elle l'était elle-même. Tous les matins, en entrant dans la salle d'études, nous devions saluer la maîtresse avec la dernière courtoisie enseignée par le maître de danse ; après quoi, on nous plaçait les pieds dans un appareil *ad hoc*, on nous fixait le dos contre une planche pour nous maintenir droites, et une aiguille, la pointe en haut, était attachée sous nos mentons de façon à ne jamais baisser la tête sans courir le risque de nous blesser. Nous étions punies si nous avions ce malheur et bien des fois ai-je été fouettée bien sévèrement pour cela ou pour d'autres délits tout aussi futiles. Quoique, à cette époque, on commençait déjà à ne plus faire usage dans d'aussi larges mesures de la flagellation en guise de punition corporelle, les demoiselles Pomeroy croyaient cependant à son efficacité, et la pratiquaient largement. Quand l'une de nous avait eu le malheur de commettre un délit (et vous seriez certainement très surprise de savoir ce qu'elles appelaient délit), et qu'on jugeait qu'elle

avait mérité d'être fouettée, elle devait marcher tout
droit au pupitre de la gouvernante, et, faisant un
salut très bas, demander la permission d'aller chercher
la verge. Cette permission accordée — avec beaucoup
de cérémonie — elle revenait, sans ses gants, portant
la verge sur un coussin. Alors, elle la présentait à
genoux, et la maîtresse, lui ordonnant de se lever, lui
appliquait quelques coups sur ses bras et ses épaules
nues.

Les verges étaient de deux espèces, l'une faite de
tiges de bouleau, et l'autre de targettes très fines de
baleine, avec du fil ciré, enroulé autour pour les maintenir ensemble. L'une et l'autre étaient également cin-
glantes, mais on craignait surtout celle qui était en
baleine et qu'on appelait parmi nous *soko*. Toutes
deux produisaient le même effet qu'un *chat à neuf
queues*, lorsqu'elles s'appliquaient sur notre malheureuse peau. *Soko* était surtout réservé pour les
offenses graves, parmi lesquelles on comptait tout
manque de respect à nos maîtresses. Et les demoiselles Pomeroy étaient de vraies maniaques sur ce
point.

L'école était très collet-monté ; on n'y recevait pas
plus de trente jeunes filles, et celles-là appartenaient
aux familles les plus distinguées. Il n'était pas rare
du tout, en ces temps-là, pour une jeune fille, de rester à l'école jusqu'à ce qu'elle eût atteint dix-neuf ou
vingt ans, ne la quittant que lorsqu'un parti éligible
se présentait pour l'épouser, ou lorsque le mariage
d'une sœur aînée lui faisait place pour faire son entrée
dans le grand monde. Mais, jeune ou vielle, riche ou
noble, comme beaucoup d'entre elles l'étaient, aucune
ne pouvait se soustraire aux verges quand c'était le
bon plaisir des demoiselles Pomeroy de les fouetter ;
il se passait assez de flagellations à Regent House

pour satisfaire les plus ardents adeptes de l'adage
bien connu : « Epargnez la verge et gâtez l'enfant. »
Il y avait deux ou trois degrés de correction sévère : l'une se pratiquait à huis-clos ; les demoiselles
Pomeroy, avec une domestique, étaient seules présentes ; une autre punition était de préparer publiquement la coupable pour être fouettée devant l'école
assemblée, après quoi on lui pardonnait ; et en dernier lieu, il y avait la flagellation en public exécutée
dans tous ses détails. La seule fois où je fus fouettée
en particulier, je me le rappelle, vieille comme je suis,
comme si cela datait d'hier. La maîtresse ayant charge
de la salle d'études m'enjoignit formellement d'aller
chercher la verge, et de la porter dans la salle que les
demoiselles Pomeroy appelaient leur *bureau*. Là, je
trouvai les deux dames, devant lesquelles je me mis à
genoux, en leur présentant la verge, que l'aînée prit
et passa entre ses doigts amoureusement, comme il
me sembla. Alors, elle agita une clochette sur une
table à côté d'elle, et l'une des servantes arriva, à
laquelle on ordonna de me préparer. Ceci consistait
simplement à me trousser les jupons et à me tenir les
mains ; en public, la cérémonie préparatoire était bien
plus compliquée. J'avais terriblement peur ; la honte
que je ressentis — je n'avais jamais été fouettée encore
de ma vie — était trop forte pour moi, et le résultat de
ma première flagellation à l'école fut une violente
attaque de nerfs. Hélas ! je finis par être habituée à
souvent voir et sentir ces punitions avant de quitter
Regent House. J'ai vu des jeunes filles en âge de se
marier fouettées devant toutes leurs camarades pour
des infractions au règlement de la maison, après
qu'on les eut dépouillées de leurs vêtements indispensables. Pour une flagellation publique, on revêtait
la coupable d'une espèce de chemise de nuit, et dans

cet accoutrement, elle était exhibée à toutes ses camarades pour recevoir sa punition. Elle devait se baisser en avant au-dessus d'un des pupitres, ses mains étant solidement maintenues par une servante et ses pieds fixés au plancher. Je me souviens très bien qu'une jeune demoiselle fut ainsi châtiée quelques semaines avant de quitter l'école pour se marier. Je ne dirai pas son nom. C'était une mauvaise fille, foncièrement mauvaise, je le reconnais. Elle avait la manie du vol, rien n'était en sûreté auprès d'elle. Nous perdîmes toutes sortes de choses, de l'argent, des bijoux, et jusqu'à des vêtements. C'était ce qu'on appelle aujourd'hui une kleptomane, mais lorsque j'étais jeune, on n'avait pas encore de grands noms pour les crimes : le vol, c'était le vol, et c'était tout. J'oublie quel était le vol commis par la jeune fille et qui lui valut cette punition, mais je me souviens très bien de l'évènement. Pendant la classe de l'après-midi, Mlle Pomeroy vint nous dire : « Mesdemoiselles, vous irez vous habiller, aujourd'hui, une demi-heure plus tôt que d'habitude, et vous vous trouverez dans la salle d'études à quatre heures et demie au lieu de cinq heures. »

Nous nous regardâmes l'une l'autre, et Mlle X*** rougit un peu, mais ne manifesta pas autrement qu'elle savait la cause du changement et nous nous rendîmes dans nos chambres. Arrivées en haut, nous n'eûmes pas de peine à comprendre ce dont il s'agissait, car la servante qui avait l'habitude de me coiffer devait ce jour-là préparer les verges qui allaient être ficelées expressément pour cette occasion. A l'heure fixée, nous nous rendîmes toutes dans la salle de classe et Mlle Pomeroy vint s'asseoir à sa place. On enjoignit à Mlle X*** de se placer au milieu de la salle, après quoi notre maîtresse lui dit tout haut ce qu'elle avait fait et la punition qu'elle allait subir. La patiente était femme jusqu'au bout des doigts : elle joignait à un physique admirable toutes les faiblesses et les défaillances de son sexe Mais en la circonstance, faisant preuve d'une remarquable fermeté, elle s'apprêta à subir son châtiment sans appréhension aucune, comme une fatalité qu'il lui était impossible d'éviter. Elle était élégamment vêtue d'une robe de brocart vert, avec un jupon blanc, des bas de soie et des souliers brodés en harmonie avec la robe. Les cheveux, retenus par un ruban rouge, étaient frisés ou bouclés ; au cou, elle portait un très beau collier de perles et de splendides boucles aux oreilles.

Mlle Pomeroy sonna une domestique qui vint se mettre à ses côtés en faisant une profonde révérence.

« Préparez-là » fut le commandement, et la jeune fille, faisant une révérence, demanda la permission d'ôter ses gants. Mlle X*** salua (c'était la règle) et on continua à la déshabiller. On lui mit la blouse de punition — cela nous rappelait un suaire, — puis la jeune fille, prenant la verge, la présenta à genoux à Mlle Pomeroy. La maîtresse prit la verge et descendit du dais où son siège se trouvait, tandis que Mlle X***, placée entre deux maîtresses, était menée vers le pupitre sur lequel on l'attacha de la manière déjà décrite. Alors, la première maîtresse, de toute sa force, la fouetta jusqu'à ce que des raies rouges firent leur apparition un peu partout sur sa peau blanche. La castigation terminée, tremblante maintenant de tout son corps, avec les joues en feu et les yeux brillants, la patiente rendit la verge à Mlle Pomeroy et se retira pour faire sa toilette, une domestique portant ses vêtements dans un panier.

Une autre punition bizarre se pratiquait dans notre école, pour briser notre orgueil comme le disaient nos

maîtresses : Une élève qui commettait une infraction
aux règles de la propreté ou de l'ordre — et il n'était
pas facile de se les rappeler toutes — était déshabillée
et affublée du costume d'une enfant trouvée ! La
moindre infraction de ces règlements, la plus légère,
négligence de nos devoirs de toilette nous faisaient
infliger cette dégradation si pénible. Le costume porté
à *Regent House* était le *fac simile* de celui porté
par les *Filles Rouges*, une grande école d'enfants
trouvés à Bristol, dont l'habillement se composait en
entier de serge rouge et un tablier blanc. Rien de
plus malséant ou de plus désagréable à porter... et il
n'y avait peut-être pas une seule parmi nous qui
n'eût préféré être fouettée. On observait la même cérémonie que pour les flagellations : la coupable
demandait la permission de chercher les vêtements et
les portait proprement pliés sur un plateau avec les
grossiers bas et souliers posés sur le tout. Alors une
domestique était appelée qui emportait la robe et les
ornements de la jeune fille, et, après aussi, elle était
revêtue de la robe, pèlerine et bonnet d'une fille de
charité. Enfin, on lui ôtait ses souliers à la mode qu'on
remplaçait par de grossières chaussures en cuir et dans
cet accoutrement elle devait rester le temps prescrit.
Peu importait qui elle était, ou quel visiteur venait la
voir, elle devait quand même porter ce costume humiliant : elle allait ainsi chez le maître de danse, dans
les différentes classes, chez le maître de gymnastique,
et, pendant les heures de classe, devait se tenir sur un
escabeau élevé pour être bien en vue. Je suis certaine
que de telles punitions ne sont pas de mise à présent,
ma chérie, et que vous ne devez pas être aussi sévèrement traitée à l'école où vous allez vous rendre. Que
penseriez-vous d'avoir votre jolie petite bouche fermée
par un emplâtre pour avoir parlé un peu trop libre-

ment ? C'était cependant à *Regent House* la punition
pour avoir bavardé pendant les heures d'études. On
mettait en travers de la bouche, mais en biais, une
bande de taffetas gommé, retenant les lèvres bien fermées, et cela, on le gardait pendant plusieurs heures :
c'était généralement une large bande qui fermait la
bouche complètement, mais une jeune fille un peu
délicate ayant été presque étouffée par ce procédé,
on avait dû le cesser. Le nombre et la diversité
des punitions que nous avions à subir pour des fautes
légères feraient ouvrir de grands yeux aux maîtresses
de pension de nos jours. Nous avions les mains attachées derrière le dos si nous faisions des pâtés sur nos
devoirs, et nos coudes attachées par des courroies en
cuir si nous ne nous tenions pas droites en jouant de
l'épinette. Notre vie était dure, mais on croyait qu'il
était utile d'agir ainsi pour former des dames gracieuses et accomplies. Je pourrais vous en dire bien
davantage sur notre vie scolastique — sur nos leçons,
repas et récréations — mais je crois que ceci doit
suffire pour le moment.

« Quand votre maîtresse de pension vous paraîtra
sévère, ma chérie, réfléchissez à ce que je vous ai dit
et soyez satisfaite. Vous apprendrez plus j'ose le dire,
que je ne l'ai jamais fait, car l'éducation d'une jeune
lady à cette époque était bien limitée, comparée à ce
qu'elle est aujourd'hui ; on n'attendait pas d'elle de
comprendre toutes sortes de choses et de tenir son
rang avec n'importe qui, quel que fût le sujet de la
conversation. Son éducation était complète si elle
pouvait bien danser, parler le français, jouer de l'épinette et lire et écrire passablement. C'est avec ce ba-
gage que j'ai renversé le monde, et je ne crois pas que
je fus plus mauvaise mère pour ne pas avoir compris
une demi-douzaine de langues ou pour n'avoir pu

causer avec des gens savants sur n'importe quel sujet.
C'est une longue lettre que je viens de vous écrire,
ma petite chérie, — peut-être la dernière que vous re-
cevrez de moi, car quatre-vingt-trois ans est un âge où
l'avenir ne compte plus. Si je ne vous vois pas à votre
retour après le premier semestre, ma chérie, ne m'oubliez pas tout à fait, mais songez quelquefois à votre
vieille grand'mère qui vous a bavardé parfois de ses
jours de pension. Vous ne serez jamais fouettée, ma
chérie ; ce n'est plus à la mode.

« Mais Martha me dit que je lui ai fait assez écrire,
et qu'elle a mal à la main. Donc, adieu, et croyez-moi

« Votre toujours affectionnée grand'mère. »

LA FLAGELLATION ÉLECTRIQUE

DES JEUNES FILLES EN AMÉRIQUE

Les Américains qui marchent en tête de toutes les
nations dans la voie du progrès ont été les premiers
et jusqu'à présent les seuls à apporter à la flagellation
scolaire le dernier des perfectionnements.

C'est ainsi que les journaux de Chicago nous racon-
taient dernièrement avec force détails que la direction
de l'école industrielle pour jeunes filles à Denver venait de mettre en pratique un nouveau stimulateur de
l'éducation féminine, sous forme d'un appareil flagellatoire, actionné par l'électricité.

L'appareil en question a la forme d'une chaise à laquelle il manquerait le fond ou le cannage. La patiente est tenue de s'asseoir sur ce siège, évidemment
après avoir préalablement découvert ce qu'irrespec-

tueusement on appelle le postérieur. Cette chaise fin
de siècle est suffisamment élevée pour permettre à
quatre battoirs fixés au-dessous d'elle, d'opérer librement un mouvement rotatoire plus ou moins rapide
selon le bon vouloir de l'opérateur, qui n'a qu'à
mettre en action une batterie électrique mise en communication avec la chaise, au moyen de fils métalliques.
Les battoirs mis en mouvement accomplissent fort
conscienscieusement leur tâche et ont l'avantage de
produire un travail très réglé, très régulier et sans la
moindre fatigue pour l'opérateur. Quant aux sentiments de la principale intéressée, c'est-à-dire de
l'élève qui est fixée dans la chaise au moyen d'étaux
qui lui maintiennent solidement les poignets et les
chevilles, les journaux américains n'en parlent pas.

Mais avouons que c'est là un système aussi ingénieux que pratique pour appliquer une bonne fessée.
L'opérateur n'a qu'à presser sur un bouton et la
chaise fouetteuse fait le reste. .

IL Y A SOIXANTE ANS

*Lettre d'une vieille dame à sa nièce sur les bons
effets de la discipline des verges convenablement
appliquée aux postérieurs des méchantes filles de
tous les âges.*

Ma chère nièce,

Vous désirez savoir pourquoi je suis tellement en
faveur du maintien des châtiments corporels dans les
pensions de filles. Je vais donc écrire à votre intention

quelques réminiscences du temps où j'étais moi-même pensionnaire.

Mon père était fort riche, et j'avais été élevée dans une maison luxueuse, choyée par tout le monde, et je ne savais guère ce que c'était que de me voir contrariée dans le moindre caprice de mon cœur d'enfant. En effet, ma mère m'avait complètement gâtée et m'avait dorlotée à tel point qu'après sa mort, mon père et une vieille tante, qui était venue pour diriger sa maison, ne pouvaient absolument rien faire de moi.

A la fin, la vieille dame fut si outrée de ma mauvaise humeur et de mon effronterie qu'elle persuada mon père de m'envoyer, malgré ma jeunesse, j'avais à peine dix ans, — dans une pension très sévère, au lieu de prendre une institutrice, comme il en avait d'abord eu l'intention.

Environ trois mois après la mort de ma mère, papa me demanda un jour si j'aimerais faire une promenade en voiture avec lui et ma tante, à quoi je répondis, bien entendu, affirmativement.

J'avais souvent entendu parler de *Hill House*, une pension de jeunes filles très renommée, située à environ dix milles [1] de chez nous, et dirigée par la célèbre Mme Smart et par Mlle Birch [2], associées ensemble, et particulièrement connues de toute la jeune génération des grandes familles du Comté, pour leur discipline très sévère. De fait, c'était devenu tout à fait une menace dans les familles de dire à une petite demoiselle méchante qu'elle serait expédiée à *Hill House*

---

1. Seize kilomètres.

2. Le mot anglais *Smart* veut dire *piquer, sentir une douleur cuisante*; *Birch* signifie *bouleau*, synonyme de verges.

pour y avoir son postérieur chatouillé par les verges de Mme Smart...

Lorsque notre voiture entra dans le parc attenant à une grande habitation très pittoresque, et que j'aperçus plusieurs très gentilles demoiselles y prenant leurs ébats, jouant à la corde ou à la raquette, etc., je pensai naturellement que nous n'allions qu'y faire une visite ordinaire ; mais quels ne furent pas ma surprise et mon dépit en constatant que l'endroit n'était autre que le redouté pensionnat de Mmes Smart et Birch !

Un laquais poudré nous introduisit dans le salon, où la première des deux dames en question nous attendait.

Après l'échange des courtoisies usuelles, Mme Smart dit à mon père : « Combien suis-je heureuse, monsieur Day, que vous m'ayez sitôt amené votre petite fille ; nous en avons en ce moment plusieurs du même âge qu'elle, et de si bonne conduite que, sans aucun doute, leur exemple exercera une bonne influence sur une gamine qui a été, il me semble, un peu gâtée par feu sa maman ; pauvre petite orpheline chérie, combien mon cœur se tourne vers elle ! Ne veux-tu pas venir m'embrasser, ma chérie ?

— Non, je ne veux pas ; je ne resterai pas ici. Je n'aime pas l'école, vous voudrez me fouetter, m'écriai-je en fondant en larmes.

— Non pas, à moins que tu ne sois méchante, ma chérie. Je suis certaine que ton papa et ta tante ne voudraient pas te confier à moi si ce n'était pour ton bien. Monsieur Day, je sais toujours tempérer ma sévérité avec la bonté ; c'est le secret de mon succès comme maîtresse d'école, et toutes les jeunes dames ici m'aiment comme une mère. »

Peu après, mes parents partirent, et je me trouvai assise sur une chaise, seule avec Mme Smart.

— Comment vous nommez-vous, mademoiselle Day ?

— Je ne vous le dirai pas ; je ne veux pas rester ici, je me sauverai plutôt, oui ! dis-je en sanglotant.

— Maintenant, répondez-moi à l'instant, mademoiselle, quel est votre nom ? ou j'appellerai Louise la servante, qui ira chercher la boule de punition, et vous étalera dessus de suite, et votre méchant petit derrière apprendra bien vite à quoi elle sert. Vous ne voulez pas parler ?

Alors elle tira le cordon de la sonnette, et Louise se présenta. La boule de punition fut apportée, et la bonne, une grande et belle jeune femme d'environ vingt-cinq ans m'enleva dans ses bras, malgré mes efforts pour me cramponner à la chaise.

Il fallait m'entendre hurler. « Vous ne le ferez pas, dégoûtantes vieilles que vous êtes, je ne veux pas être fouettée, je vais me sauver de suite !

— C'est une enfant absolument gâtée, elle nous donnera beaucoup de mal, si elle n'est pas matée de suite. Je n'ai pas de verges prêtes. Tenez, Louise, étalez-la sur la boule et découvrez son derrière, il faut que ma main suffise pour cette fois-ci, » — et en disant cela Mme Smart ramassait la large boule ronde et la posait sur le sopha.

Cette boule était environ de la grandeur d'un tambour : quarante-cinq centimètres de diamètre, elle était recouverte de tapis, et rembourrée de sciure de bois.

Louise m'avait mis bientôt en position, tirant mon corps par-dessus la boule jusqu'à ce qu'elle se soit trouvée bien en dessous de mon ventre, et alors, tandis que d'une main elle me tenait la tête baissée, de l'autre, elle relevait mes jupons, et ouvrit mon pantalon, jusqu'à ce que je pus sentir sa main sur ma peau nue.

Il serait impossible de décrire les sensations que

j'éprouvai en ce moment; l'idée d'être aussi honteusement exposée, et la prévision de ce qui devait bientôt
arriver me remplirent l'âme de rage, d'indignation et
de honte; j'avais la face cramoisie, et mes yeux remplis de larmes, en même temps que je regardais
Mme Smart, mais trop suffoquée d'émotion pour pou-
pouvoir articuler une parole.

« A-t-on jamais vu un entêtement pareil, Louise, et
dire qu'elle est encore si jeune ?

— Oui, madame, je suis sûre que c'est tout à fait
honteux la façon dont elle a été gâtée; sans doute, on
ne pouvait en venir à bout chez elle.

— Précisément, répondit Mme Smart, c'est ainsi que
les parents gâtent leurs enfants et ensuite me les
amènent pour que je les guérisse de la méchanceté et
de l'obstination qu'ils ont mis tant de soin à implanter
dans leurs jeunes esprits, mais il faut quelquefois corriger même des petits bébés. Maintenant, mademoiselle Day, voulez-vous me dire votre nom, ou faut-il
que je commence ? »

Pas de réponse.

Claque — claque — claque — claque — claque, etc.,
je ne saurais dire comment j'ai supporté cette avalanche de coups qui tombaient de sa vigoureuse main
sur mes fesses qui se tordaient. Cuire ne rend qu'à
peine la sensation que j'éprouvais, c'était plutôt
comme si mon pauvre petit derrière était en train
d'être écorché et rôti tout à la fois, tellement insupportable que j'étais forcée d'implorer grâce, et de demander à être relâchée.

« Eh bien alors, quel est votre nom, mademoiselle,
ou je recommence ? Ce n'est pas un plaisir pour moi
d'avoir à corriger une jeune fille dès le premier moment qu'elle est confiée à mes soins, dit Mme Smart,
en retenant sa main pour un instant.

— Mon nom est Rachel Day, lui répondis-je en sanglotant éperdument, je vous en prie, épargnez-moi.

— Dites que vous vous repentez, et alors, Rachel, je m'arrêterai pour cette fois ; mais rappelez-vous qu'une autre fois je serai plus sévère. » Elle me donna encore deux ou trois coups, mais un peu moins fort, comme pour me rappeler qu'elle était toute prête à recommencer.

« Oh ! oh ! je vous en supplie, madame, m'écriai-je tellement mon postérieur était à vif, je vous demande pardon, et tâcherai de me bien conduire. »

Louise alors me releva, et me fit embrasser ma maîtresse d'école, après quoi elle me monta coucher dans sa propre chambre, où je ne tardai guère à m'endormir tout en sanglotant un peu.

« Maintenant, me dit Louise en me réveillant le lendemain matin, ma petite Rachel, vous devez commencer l'école aujourd'hui, tâchez donc de vous bien conduire. »

Nous descendîmes pour assister à la prière du matin, ensuite le déjeuner et, après, une petite promenade dans les jardins, et vers neuf heures nous entrâmes dans la salle d'études.

Il n'y avait pas moins de cinquante élèves, depuis mon âge jusqu'à de grandes jeunes filles de dix-huit à vingt ans. C'était Mme Smart qui présidait, assise à une table au bout de la salle ; cette table était placée sur une estrade élevée d'environ un pied au-dessus du parquet, de façon à ce qu'elle pût facilement tout surveiller et que bien peu de choses pussent échapper à sa vue perçante.

Son associée, Mlle Birch, trônait à une table semblable à l'autre bout de la salle.

Au moment où nous prîmes nos sièges, la directrice

24

avait devant elle un livre qu'elle lisait attentivement. J'appris que ce livre était le rapport quotidien des délits de toutes sortes, et deux ou trois des élèves furent appelées sur l'estrade pour y recevoir de trois à six coups sur la paume de la main, appliqués au moyen d'une palette en cuir, dans laquelle des entailles longitudinales étaient faites pour les faire cingler davantage.

Le vicaire de la paroisse venait souvent visiter notre salle d'études, et j'appris bientôt que les délits les plus sérieux étaient réservés, pour que les corrections puissent être infligées en sa présence même, dans la salle des punitions.

Cet endroit redouté avait été élevé derrière la maison, de plain-pied avec le salon, et je ne fus pas longtemps sans avoir l'occasion d'en faire la connaissance.

Je ne me rappelle pas exactement en ce moment quelle faute j'avais commise, mais je crois que dans une dispute j'avais donné un soufflet à une de mes camarades. Il y avait deux autres élèves portées en punition en même temps que moi : Mlle de Bergue, qu'on avait trouvée entretenant une correspondance clandestine avec un jeune homme que ses parents à elles refusaient d'agréer, raison pour laquelle ils l'avaient placée à *Hill House* pour être plus en sûreté.

L'autre était Lady Gladys Finch, une très belle jeune fille de quatorze ans, qui avait été dénoncée par une camarade de chambre d'avoir voulu l'entraîner dans des pratiques contraires à la morale.

Louise nous fit entrer dans la salle, où se trouvaient déjà Mme Smart et le Rev. M. Firstly, le vicaire, qui nous attendaient.

Ils étaient assis dans deux fauteuils, en face d'une table en bois, sur laquelle étaient étalées plusieurs

brassées de verges de bouleau, élégamment nouées
au moyen de rubans ; ce n'étaient pas de biens lourdes
bottes, elles ne formaient que d'élégantes gerbes de
quatre ou cinq rameaux, très longs et très flexibles,
noués ensemble. Elles n'avaient pas l'air bien terribles, mais je puis dire par expérience que leur effet
était fulminant, à telle enseigne qu'en écrivant ces
lignes je puis encore, en imagination, ressentir la
douleur cuisante que je ressentis il y a tant d'années
de cela.

Aussitôt que nous fûmes placées en rang devant lui,
le recteur de la paroisse mit ses lunettes et étudia une
feuille de papier qu'il tenait dans ses mains.

« Rachel Day, une bien polissonne et très mal tem-
pérée petite fille, accusée d'avoir giflé une de ses camarades de classe et de s'être disputée. Vous devriez
rougir, mademoiselle ; pensez un peu ce que vous deviendrez en grandissant ainsi : vous deviendrez une
plaie pour vous-même et pour d'autres si un pareil
caractère n'est pas guéri à temps. Est-ce que vous ne
trouvez pas que cela est dégradant pour vous que
Mme Smart se soit vue dans la nécessité de vous faire
corriger en ma présence ? Il va falloir que vous em-
brassiez la verge, que vous demandiez à madame
qu'elle vous punisse comme vous le méritez, et alors
Louise vous soulèvera sur son dos tandis que Mme Smart
vous appliquera dix bons coups avec la verge. »

C'est ainsi que me sermonna ce bon recteur, et
comme j'étais devenue bien trop prudente pour igno-
rer que la meilleure des choses, en la circonstance,
était de me soumettre dans la mesure du possible, et
que, d'autre part, je n'étais pas mal désireuse de voir
fouetter les deux grandes filles, je me hâtai d'obéir à
tous les points de vue.

Saisissant l'une des verges, je m'agenouillai en face

de ma maîtresse d'école et lui demandai pardon de ma faute, puis, baisant le manche de la verge, je le lui présentai. Elle se leva, et de suite Louise me prit sur son dos, tandis que les deux autres jeunes dames, à un signe de Mme Smart, soulevèrent mes jupes et déboutonnant mes pantalons, découvrirent les joues de mon postérieur tout prêt à être soumis à l'opération.

Quoique à l'instant même je n'y prêtai aucune attention, je me souvins néanmoins plus tard qu'elles me placèrent exactement de façon à ce que mon tutu se trouvât vis-à-vis du Recteur, lequel certainement goûta très complétement le beau spectacle qu'on lui offrait. J'ai d'ailleurs appris plus tard que l'école était en réalité sa propriété et qu'elle était dirigée par les deux maîtresses, tout autant pour son intérêt que pour sa distraction; et il était extraordinairement entiché de la flagellation...

Mme Smart aligna sur mon derrière les dix coups, si doucement et avec une telle science que mon supplice fut prolongé bien au-delà de ce que je pouvais augurer.

« Méchante, mauvaise petite fille que vous êtes, est-ce que cela vous chagrine ? Gifflerez-vous encore une fois quelqu'un ? Vous repentez-vous réellement ? Est-ce que vous le ferez jamais plus ! hein, méchante, méchante fille ? » etc.

Elle s'arrêtait et disait quelque chose de semblable après chaque coup, tandis que je pouvais entendre distinctement le vieil ecclésiastique compter chaque cinglement jusqu'au dernier.

Ma douleur fut terriblement cruelle, chaque coup me faisait sérieusement gémir et ils me furent appliqués si méthodiquement et à intervalles si espacés que, à part la sensation cuisante que j'éprouvais, il me semblait que je sentais ma peau se gonfler en rayures avant que le coup suivant se fut produit.

« Grâce, madame, je veux être bonne. Je ne veux, croyez le bien, je ne veux jamais plus le faire ! »

Je ne pouvais m'empêcher de crier et mon repentir était sincère, car cette flagellation me guérit radicalement et je n'eus jamais plus l'occasion de renouer connaissance avec cette chambre, pendant les trois années que dura mon séjour à Hill House.

Quelques filles cependant étaient souvent punies : elles me racontèrent par la suite qu'après les premiers coups elles se sentaient envahies par une sensation délicieuse et que ce qui était destiné à leur servir de punition faisait naître dans leur esprit des idées tellement paradisiaques qu'elles en éprouvaient les plus voluptueuses émotions.

Je n'étais pas assez âgée pour le comprendre à cette époque, mais plus tard mon mari me l'expliqua et me le démontra si bien que je suis maintenant d'avis que des fillettes de plus de douze ans ne devraient jamais être flagellées, parce que à partir de cet âge cette opération produit le plus pernicieux effet sur leurs vices juvéniles ou leur folies.

« Votre péché, ma jeune dame, est bien, bien plus grave... Je puis à peine croire cela d'une jeune fille respectable, encore moins d'une jeune patricienne, mais je suppose que cela doit être vrai, votre joli minois me cause réellement de la peine quand je songe quelle perversité se cache derrière. Je vois ici que vous êtes indubitablement coupable d'avoir demandé à votre camarade de lit de s'associer à vos instincts libidineux, de vous permettre d'embrasser ses parties intimes en lui demandant en retour d'en faire de même pour vous ; n'avez-vous pas cherché à séduire Mlle Cory en lui disant qu'elle trouverait cela magnifique, délicieux, divin ? Fille dépravée, n'était le scandale que cela provoquerait, vous mériteriez d'être renvoyée de l'école, parce que, sans doute aucun, vous n'êtes pas seulement coupable, mais vous avez dû aussi enseigner à d'autres jeunes filles vos roueries... Il faut que vous soyez attachée à l'échelle, tandis que Louise vous flagellera convenablement jusqu'à ce que vous demandiez grâce et promettiez de ne jamais plus penser à de pareilles choses. »

L'échelle, que je n'avais pas encore remarquée jusqu'alors, fut apportée par la servante, d'un coin écarté de la chambre où elle se trouvait. Elle ressemblait en quelque sorte à une paire d'escaliers quand elle fut dressée au milieu de la pièce.

Mme Smart enjoignit à la coupable d'ôter sa robe et ses jupons.

« Oh non, jamais devant M. le Recteur, madame, vous ne m'infligerez pas cet affront ? sanglota la fillette éperdue tandis qu'un torrent de larmes inondait son visage cramoisi.

— Obéissez et à l'instant, mademoiselle ! dit le recteur sur un ton fâché. C'est très pénible pour moi, mais je suis un ecclésiastique et il n'y a donc pas lieu pour vous d'être honteuse de quoi que ce soit. De la décence ! vraiment ! Jusqu'à quel point pouvez-vous avoir le sentiment de la pudeur, vous qui vous êtes rendue coupable d'une conduite aussi immorale ; je voudrais bien le savoir ? »

Mme Smart, saisissant une verge, cingla brusquement le cou et les épaules de la pauvre fille qui poussa comme un cri de détresse.

« Allez donc et préparez-vous un peu vite ! dit la maîtresse d'école visiblement excitée. Ou bien je vous couperai en lanières, mauvaise graine, indécente chipie que vous êtes ! je vais vous apprendre à séduire mes jeunes demoiselles ! Allez-y ! Allez-y ! Allez-y !.. »

Et, ce disant, elle continua à fouetter sans pitié sa victime jusqu'à ce que l'enfant n'eût plus rien pour cacher sa nudité, qu'une chemise et une paire de jolis pantalons collants qui permettaient de distinguer parfaitement son corps adorable.

Mlle Cladys était une blondine au profil grec, avec une belle peau blanche et de grands yeux d'un bleu profond. Elle faisait déjà pitié à voir quand on la fixa sur le chevalet, avec ses belles épaules déjà striées de longues raies d'un rouge foncé, résultat des coups de verge de Mme Smart.

Elle fut bientôt fixée, attachée par les poignets et les chevilles de façon à se trouver plutôt douloureusement allongée, la pointe de ses pieds seulement arrivant jusqu'au parquet tandis que tout le poids de son corps paraissait reposer sur les poignets fixés en l'air.

Louise déboutonna de suite ses pantalons et les fit tomber jusqu'aux genoux, relevant d'autre part le pan de derrière de la chemise qu'elle fixa vers le col avec une épingle de façon à découvrir amplement, tout prêt à recevoir l'assaut, un derrière admirable, en plein épanouissement.

Les jambes largement écartées de la jeune fille me permirent de voir une fente moelleuse, ombragée, sous ses fesses, desquelles descendait jusqu'aux genoux une paire de cuisses délicieusement modelées et se terminant par deux jambes splendides, encastrées dans des bas de soie blanche, avec, aux pieds, des souliers bas à talons hauts, qu'ornaient des boucles serties de pierreries, reluisant au soleil, le tout donnant à cette scène un charme si vif que, même après une aussi longue période de temps écoulé, j'en ai gardé un vivant souvenir.

Louise prit la verge et je constatai que son visage ordinairement pâle était envahi d'une rougeur inac-

coutumée et qu'une lueur étrange semblait briller
dans ses yeux d'un brun sombre ; et sa rougeur et
l'éclat de ses yeux augmentait à mesure qu'elle mettait plus d'ardeur dans l'accomplissement de sa tâche.

Les coups se succédèrent d'abord lentement mais
en produisant un effet évident, à en juger par les gémissements accentués de la patiente après chaque
application, et lorsque peu à peu Louise accentua et
accéléra ses mouvements, je demeurai en quelque
sorte hébétée, tandis que je pouvais entendre le sifflement de la verge dans l'air, le claquement sec sur la
chair et les « oh ! » gémissants et douloureux que provoquait l'instrument de supplice toutes les fois qu'il
s'abattait.

A un moment donné, la pauvre Gladys poussa un
cri aigu qui enchanta à tel point le recteur qu'il se
frotta les mains en s'exclamant : « Ah ! c'est cela,
Louise ; appliquez-moi ça bien, atteignez-la entre les
jambes où la chair est tendre ; c'est cela... et maintenant, largement tout autour des fesses : faites de sorte
que les extrémités de la verge lui caressent le ventre ;
faites sortir d'elle les idées perverses, etc. »

Gladys était sur le point de perdre connaissance et
je crois bien que cela serait arrivé, si Mme Smart
n'avait aspergé son visage avec de l'eau de Cologne.

Je pouvais voir, le long du derrière de la jeune fille,
de longues raies gonflées comme des veines, puis
peu à peu, de petites gouttes de sang filtrer à travers
la peau qui se gerçait.

La pauvre fille ne faisait que gémir et sangloter, et,
de temps à autre, je pus distinguer de faibles appels
à la pitié, des demandes de pardon, jusqu'à ce que, à
la fin, sa tête retomba inerte et qu'elle dut être pour
ainsi dire privée de sens lorsqu'on la détacha. Le vieux
recteur conseilla aux deux femmes d'asseoir la jeune

fille avec son derrière nu sur le siège d'une des chaises de bois, afin que cela la rafraîchisse et lui fasse quelque bien.

Puis, ce fut le tour de Mlle de Bergue ; jamais je n'oublierai le regard haineux qu'elle lança à la maîtresse d'école et au Recteur tandis qu'on la ligotait... Ce regard ne fut évidemment pas perdu pour eux, en ce sens qu'ils se rattrappèrent amplement sur ses fesses chacun des deux, à tour de rôle, prenant la verge, jusqu'à ce que leur pauvre victime saignât et gémît d'une façon peut-être encore plus désespérée que la pauvre Gladys.

A la fin, le Recteur laissa retomber son bras complètement épuisé et dit à sa victime qu'il estimait qu'elle en avait assez pour la guérir pour quelque temps de faire l'amour contrairement aux désirs de ses parents, en ajoutant que son papa avait tout spécialement exprimé le désir que lui, le Recteur, assistât au châtiment.

En matière de conclusion Louise frotta le derrière de la jeune dame avec une toile rugueuse pour la faire se souvenir aussi longtemps que possible de sa fustigation.

Je n'ai jamais plus été témoin d'une flagellation sérieuse par la suite, mais je pense qu'une sévérité aussi déterminée doit nécessairement produire un bon et salutaire effet sur des natures dépravées. Je sais, pour ma part, que j'ai été effectivement expurgée de mes vices juvéniles par cette scène, malgré qu'elle exerçât sur mon esprit une fascination angoissante et qu'en me la rappelant de temps en temps, j'éprouvai de bien agréables sensations, sur lesquelles je ne veux pas insister, la matière étant par trop délicate.

Votre tante affectionnée,

SOPHIE M...

SCÈNE D'ÉCOLE

Charles était arrivé à l'école dans un état d'esprit passablement voisin du malaise, qui ne fut nullement diminué à l'aspect d'une respectable badine de bouleau et de quelques lanières de cuir fixées à un bâtonnet et qui étaient déposées sur le sofa.

Il savait que sa conduite avait été très mauvaise durant les vacances et que sa tante avait écrit à la maîtresse d'école pour se plaindre de lui, mais il espérait néanmoins encore que cette dernière hésiterait avant d'user du fouet à l'égard d'un aussi grand garçon que lui.

Il s'assit, néanmoins, tout tremblant ; chaque pas à la porte le remplissait de terreur.

A la fin il entendit un pas bien connu ; la porte s'ouvrit et la maîtresse entre, tenant dans sa main un immense roseau jonc.

De suite il voit que son sort est jeté ; mais il tombe, néanmoins, à genoux, implorant un pardon qu'il sait très bien qu'on ne lui accordera pas.

Elle le regarde froidement, sévèrement et avec résolution : « Toutes supplications sont inutiles ! dit-elle. Votre tante m'a fait connaître votre conduite scandaleuse pendant les vacances et avant peu vous aurez reçu une fustigation comme jamais gamin de votre trempe n'en aura goûté de sa vie. »

Elle retrousse ses manches pour donner plus de liberté à ses mouvements. Puis, cela fait, elle dit : « Levez-vous, Charles, il faut que je remplisse mon devoir ! »

Elle lui défait ses culottes, lui ordonne de s'étendre

*Elle lui défait ses culottes, lui ordonne de
s'étendre sur le canapé et soulève sa chemise, mettant ainsi son corps en mesure de
recevoir...... la correction annoncée.*

(Page 363).

sur le canapé et soulève sa chemise, mettant ainsi son corps en mesure de recevoir, sans entrave, la correction annoncée.

Après l'avoir brièvement sermonné, elle saisit le *martinet* et lui applique une fouettée en règle ; mais, trouvant qu'il ne se trouvait pas trop affecté de cela, elle saisit l'un des joncs, elle l'élève et le laisse retomber avec toute la puissance de son jeune bras.

Encore, et de nouveau, et encore ! Il crie, il supplie, il se tord, mais la verge poursuit son cours inexorable, faisant enfler la peau et ruisseler le sang.

De cette façon elle lui inflige bien trois douzaines de coups. La première douzaine par trois coups, faisant une pause ensuite ; ensuite par six coups, et, finalement, une douzaine de coups à la file, sans arrêt. C'est alors qu'il cède et donne libre cours à ses regrets de s'être mal conduit.

« Puisque vous exprimez des regrets, qui, j'espère, sont sincères, je veux vous laisser aller, mais il faut que je vous avertisse que j'ai encore quelque chose de sérieux à vous dire ; cependant, je veux vous donner le temps de vous remettre un peu. »

Ensuite elle le quitte.

Pendant son absence, sa douleur et sa préoccupation sont terribles. En dehors de la flagellation intempestive qui vient de lui être infligée, il a un secret pressentiment que quelque chose de terrible est en réserve à son intention.

Mais la voilà qui revient !

« Charles, votre tante m'a informé que vous avez à plusieurs reprises découché. C'est scandaleux pour un garçon aussi jeune et il faut que vous avouiez sans tergiverser où vous avez été. Faites bien attention maintenant ; vous prétendez que vous ne pouvez le dire... Mais il le faut ! Bien, je comptais employer des moyens débonnaires, mais comme ils ne répondent pas à mon attente, il faut que je voie ce qui résultera d'une autre fessée ! Et maintenant, pour la dernière fois, voulez-vous avouer ?... Non ?... Eh bien, monsieur, je veux vous fouetter jusqu'à ce que vous le fassiez ! »

Comme précédemment, elle retrousse ses manches ; ses pantalons sont défaits ; il est étendu sur le canapé et sa chemise est relevée. Elle lui offre une échappatoire, mais lui est obstiné.

Alors, elle prend le martinet et avec un bel entrain elle commence à le fouetter, mais comme il persiste dans son obstination, elle a recours à la verge.

La correction tourne maintenant au sérieux : les coups succèdent aux coups et dans tous les sens la verge laisse des marques.

A la longue, ne pouvant plus y résister, — il a reçu quatre douzaines de coups bien appliqués, — il avoue qu'il a été entraîné par une jeune fille habitant près de chez lui.

« Vous auriez mieux fait, dit-elle, d'avouer tout de suite. Vous auriez ainsi échappé à cette punition. Mais maintenant, recouchez-vous, monsieur, pour recevoir, en fin de compte, encore deux douzaines de coups pour votre obstination. »

Les dernières paroles de la maîtresse sont : « Je vous laisse maintenant, Charles ; j'ai suivi les instructions de votre tante et je vais l'informer que si vous vous conduisez de nouveau mal, elle n'aura qu'à vous envoyer à moi ! »

Et ainsi se termina une scène vécue.

UNE AUTRE SCÈNE D'ÉCOLE

Maître Henri, qui ruminait depuis quelque temps dans son esprit ce que pouvait bien lui réserver l'avenir le plus immédiat, est surpris par l'entrée de Miss Lily, armée d'une fantastique verge de bouleau.

« Mon Dieu ! mon Dieu ! bien sûr, Miss Lily, vous n'allez pas fouetter un grand garçon comme moi !

— Mais certainement, je le ferai, et ce, même très rigoureusement. Levez-vous, monsieur, et venez à moi. »

Il obéit.

Elle lui défait tranquillement et délibérément les pantalons, absolument inaccessible à ses tentatives pour lui démontrer qu'il n'est plus tout à fait un gamin.

Il est bientôt dépouillé de ses vêtements et allongé sur le sofa ; sa chemise est retroussée.

« Je m'en vais vous fouetter jusqu'à ce que vous me disiez où vous avez été, et en quelle compagnie, durant ces trois derniers jours où vous avez vagabondé ! »

Elle lui donne une douzaine de coups plutôt légers, puis lui permet de se lever, lui posant de nouveau la question relative à son absence. Il pleure mais ne veut pas parler. Une autre douzaine de coups, plus forts cette fois-ci, lui sont appliqués. Ensuite, une troisième, puis une quatrième douzaine, toujours plus forte, la dernière de toute la puissance de ses bras.

Mais lui rechigne toujours et refuse de répondre.

« Je vous ai donné quatre douzaines de coups, maître Henri. Je veux maintenant vous laisser à vos réflexions. J'espère qu'elles vous conduiront à de meilleurs sentiments et qu'elles vous décideront à confesser ce que je vous demande. »

Il est laissé seul avec ses douleurs cuisantes, son derrière tanné de fond en comble, la verge ayant sifflé dans tous les sens.

Il est anéanti rien qu'à la pensée d'une répétition de ce qui s'est passé, mais malgré cela, il est fermement décidé à ne rien avouer. Il ne sait pas à qui il a affaire et que, s'il est doué d'une bonne dose de détermination, il a rencontré quelqu'un qui lui rendrait des points.

Au bout d'un certain temps elle revient. Il se jette à ses genoux.

« J'espère, dit-elle, que c'est là un moment de repentir. Dites la vérité et vous vous épargnerez beaucoup de désagréments ! »

Mais lui, crie, supplie, il ne confesse pas.

De nouveau elle lui applique une douzaine de coups, augmentant de violence à chaque reprise.

A la longue, il n'y peut plus tenir et révèle qu'il a été débauché par une jeune fille.

« Je le savais, dit-elle, mais j'étais bien décidée à vous le faire avouer. Et maintenant, je veux terminer votre punition ; recouchez-vous ! »

Et de toute la vigueur de son jeune bras elle lui administre deux douzaines de coups complémentaires.

On entend le sifflement de la verge d'un bout à l'autre de l'école, chaque coup fait couler du sang et son derrière est réduit dans un état qui lui rappellera pendant de longues semaines Miss Lily et sa verge !

EXTRAIT

D'UNE LETTRE D'UNE JEUNE DAME

QUI VIT UNE FLAGELLATION

... En regardant à travers la fente dans le mur je vis un spectacle des plus extraordinaires.

Solidement attaché à une échelle placée perpendiculairement, au pied d'un lit lourd et massif, se trouvait un monsieur de belle apparence et dans la fleur de l'âge. Il était complètement nu de la ceinture jusqu'aux genoux. A une distance d'un mètre à peu près de lui, sur la gauche, se tenait une femme jeune, de bel aspect et élégamment vêtue.

Elle tenait, dans la main droite, une verge longue et flexible, faite avec une cravache de dame et ayant à son extrémité plusieurs lanières. Elle en fouetta avec une force et une précision remarquables les cuisses et les fesses de son ami. Chaque coup laissait sur sa peau une trace sanglante qui se distinguait facilement de l'autre bout de la chambre.

L'appartement était brillament éclairé, de sorte que tout pouvait être vu distinctement.

Les agissements du monsieur, ses appels, ses cris de grâce étaient réellement poignants et je me demandais comment elle pouvait avoir assez peu de cœur pour se livrer à un pareil exercice, lorsque soudain, à mon grand étonnement, la jeune femme, évidemment subjuguée par ses cris, jeta la cravache sur le lit, entoura son cou de ses bras et le couvrit de baisers. Et ce faisant, sa robe de velours noir vint croiser ses cuisses nues, et le contraste fut frappant, la peau du monsieur étant extraordinairement blanche et veloutée.

Elle s'en aperçut de suite et, se baissant, elle commença à appliquer son visage sur ses fesses en ayant soin de frotter en même temps les marques boursouflées avec la main.

Puis, à ma grande surprise, au bout de quelques minutes de ce travail caressant, elle saisit une autre verge et, reprenant sa place comme auparavant, elle recommença à le flageller cruellement.

Je ne pus y résister plus longtemps et m'éloignai, très étonnée de ce que j'avais vu.

LETTRE REÇUE PAR LAURA LOVEBIRCH [1]

Cher Monsieur,

J'ai reçu votre intéressante lettre. En retour et en guise de réponse, je ne puis mieux faire que de vous communiquer un extrait d'une lettre que j'ai reçue d'une jeune dame il y a quelques jours.

« J'habite avec ma mère qui est veuve, et quand je fais quelque chose qui lui déplaît, elle envoie chercher mon oncle afin qu'il me fouette. Je suis une jeune dame âgée de dix-sept ans, et malgré tout ce que cela peut avoir d'étrange, il n'en est pas moins vrai que j'ai été mise complétement à nu, qu'il m'a attachée au mur et qu'il m'a fouettée maintes fois. Je leur en suis reconnaissante maintenant, car je crois que le traitement si sévère que m'infligèrent mon oncle et ma mère me sauvèrent de ma perte.

« Ma mère a toujours été très rigoureuse envers

---

1. *Lovebirch* signifie en anglais ; Qui aime la verge de bouleau ; de *love*, aime ; *birch*, verge de bouleau.

moi, quoique bien intentionnée, et elle a toujours fermement cru aux vertus de la verge.

« Naturellement, elle m'a fouettée quand j'étais enfant. Mais je quittai la maison paternelle à l'âge de douze ans pour aller demeurer avec ma grand'mère où je devins très volontaire et très coquette.

« Il y a six mois de cela, à peu près, je rentrai chez ma mère. Je coiffais un chapeau dit à la *Gainsborough*, quelque peu scientifique, et j'avais coupé mes cheveux sur mon front.

« Ma mère fit des objections quant à ma toilette et m'informa qu'elle ne me permettrait pas de sortir dans cet accoutrement et qu'il me fallait me coiffer d'une autre façon.

« Je fus très insolente à l'égard de ma mère et je lui dis que je porterais ce qui me plairait, que j'irais où je voudrais, et je conclus en lui annonçant que je me rendrais à l'Aquarium le lendemain soir.

« Elle me répondit qu'aussi sûrement que je me rendrais où j'avais dit, elle me fouetterait d'importance quand je rentrerais. Je me contentai de rire en lui disant que je n'étais plus une enfant maintenant.

« Quand je rentrai, après mon escapade, elle ne me dit rien sur le moment, mais le lendemain matin je fus éveillée par son entrée dans ma chambre. Elle tenait une verge de bouleau et une cravache à la main et m'informa qu'elle allait me fouetter sévèrement. De plus, elle m'invita à lui tendre mes mains afin qu'elle pût les lier ensemble.

« Je refusai de le faire. Elle me cingla alors sur les épaules avec sa cravache que je lui arrachai des mains et que je brisai en lui disant que certainement je ne me laisserais plus frapper dorénavant.

« Elle me répondit qu'elle était cependant résolue de le faire et que je trouverais que je serais

25

bien fouettée pour lui avoir désobéi. Je me mis de nouveau à rire et il n'en fut plus question ce jour-là.

« Le lendemain matin, je fus réveillée par quelqu'un qui se tenait aux côtés de mon lit. On peut juger de ma surprise quand je vis devant moi mon oncle muni d'une baguette souple et d'une verge de bouleau.

« Il me dit que ma mère l'avait instruit de ma conduite et qu'il croyait de son devoir de faire respecter ses ordres.

« Il ajouta que, comme elle n'était pas assez forte pour me fouetter, elle avait manifesté le désir qu'il le fît en ses lieu et place.

« Il me retraça alors quelle avait été ma conduite et que, malgré tout ce que cela pouvait avoir de pénible pour lui, il était préférable que je fusse punie.

« Je promis alors de me corriger et demandai pardon, mais en vain.

« Il me répartit seulement que j'avais bien mérité une bonne fessée et qu'il avait fait un bon bout de chemin pour me l'administrer.

« Il sortit alors de sa poche un bâillon, un morceau de bois rond, avec, dans le centre, un trou pour laisser passer l'air et deux liens disposés de façon à permettre de les ramener derrière la tête pour le fixer. Il me fallait mettre cela dans la bouche pour étouffer mes cris. Mais j'étais bien résolue à ne pas l'introduire dans ma bouche, et, comme je refusais de lui laisser le faire, il saisit la baguette et m'en frappa rudement sur l'épaule. La douleur fut si vive que je m'écriai : « Oui, je veux mettre le bâillon ! »

« Alors mon oncle m'apposa cet instrument qui me maintenait la bouche ouverte, en me permettant de respirer sans me laisser cependant la latitude de parler.

« Ma mère et mon oncle me déshabillèrent alors complètement. Mon oncle me dit alors de lui donner mes mains, ce que je refusai de faire. Mais, de suite, la fatale baguette redescendit sur mes épaules. Incapable de résister à la douleur, je cédai et je tendis mes mains qu'il lia avec un mouchoir. Il me coucha alors sur le lit, et, se penchant au-dessus de moi, entoura ma taille de son bras gauche, de sa droite il m'appliqua une avalanche de tapes énergiques affirmant que cette précaution préliminaire avait pour unique but de me faire ressentir plus vivement la flagellation à laquelle il allait me soumettre ensuite.

« J'étais tellement humiliée que je savais à peine si j'étais encore en pleine possession de mes sens quand il eut terminé. Je croyais que ma fustigation était terminée, mais le pire devait encore se produire.

« M'ayant fait mettre sur le bord du lit, il fixa solidement mes poignets à un crochet sur le mur, de telle façon que je pouvais à peine toucher le sol de l'extrémité de mes pieds.

« Saisissant alors la verge de bouleau, il commença à me fouetter violemment avec. La douleur que je ressentis fut terrible. Je pouvais entendre la verge siffler dans l'air et retomber sur mon corps. Il me sembla que cela devait durer éternellement. Je ne pouvais parler, mais je pouvais sentir le sang ruisseler le long de mes cuisses, et, malgré toute ma douleur, je me rendais cependant compte que je n'avais que ce que je méritais.

« La fin de mon supplice arriva cependant et on me descendit. On me délia les mains, le bâillon fut retiré de ma bouche et l'on m'enferma dans ma chambre, après que mon oncle m'eût donné à entendre qu'il reviendrait et qu'il me fouetterait de nouveau dès que ma mère en exprimerait le désir.

« Cette fessée, dont je garderai à jamais le souvenir, sembla avoir changé mon caractère. Des épaules jusqu'aux mollets, soit par les effets de la baguette ou de la verge, ce n'étaient sur mon corps que traces brûlantes et boursouflures. Et cependant je savais que c'était de ma faute et que je l'avais mérité.

« Ma mère vint me voir à plusieurs reprises dans le courant de la journée. Je lui dis qu'à l'avenir je lui obéirais ; ma volonté était complètement brisée et depuis ce jour je m'assagis.

« Mon oncle a depuis eu souvent l'occasion de me fouetter, mais jamais aussi terriblement. Je puis donc affirmer que les fessées exercent une influence salutaire. »

Je désirerais connaître votre opinion en la matière. J'aimerais bien recevoir encore quelques extraits de l'*Académie de Flagellation* en ce qui a trait aux fessées. Je tiendrais également à en apprendre plus long sur les fessées données par le mari à sa femme.

Merci d'avoir détruit mes lettres.

Quand je punis, je frappe toujours à coups secs sur le derrière et les cuisses ; quand je flagelle seulement pour passer le temps, je frappe légèrement. En ce qui me concerne, une fessée me procure toujours d'agréables sensations, si les coups ne sont pas portés avec trop de force.

Mais il faut que je vous dise adieu en restant, votre bien sincère

FRANÇOISE.

LE PETIT DINER DU MAITRE D'ÉCOLE [1]

A l'époque où je dirigeais une école dans le North Riding [2] du Yorksire, je fus une fois invité à un « petit dîner », chez un maître d'école du voisinage que je ne connaissais que depuis peu. Il avait la réputation d'être un homme très instruit, d'un caractère aimable, mais ayant un goût très prononcé pour les verges et une imagination des plus versatiles pour en faire les applications les plus étranges. Il était veuf et son ménage était dirigé par une dame qui était connue sous le nom de *Mère Fouettard*, à cause de l'habileté dont elle faisait preuve dans leur confection.

A mon arrivée, je constatai qu'en dehors de moi deux autres pédagogues avaient été conviés. L'un, que je puis désigner comme le Dr S .., était le directeur d'un grand lycée dans la ville de B...t, qu'il dirigeait avec beaucoup d'habileté et en même temps de sévérité, et qui présentait cette particularité que les sous-maîtres avaient, comme leur directeur, le droit d'infliger des punitions corporelles et étaient encouragés par son exemple à pousser cette licence aussi loin que possible. Mais le résultat était généralement bon, car la plupart des jeunes gens réussissaient à se faire recevoir dans les Universités, et personne ne se souciait des cancres dont les postérieurs passaient de sous-maître en sous-maître pour venir finalement échouer sous le bras flagellant du Docteur lui-même qu'il affirmait hautement être

---

1. D'après Pisanus Fraxi, qui dit que cette pièce est inédite.
2. *North Riding*, circonscription du Nord

encore le plus vigoureux de l'école. L'autre invité,
que j'appellerai M. T..., était un jeune homme moins
âgé que moi, d'un extérieur des plus agréables, mais
auquel une taille frêle, la fraîcheur du teint et la
blonde chevelure bouclée donnaient presque une
apparence gamine. Il avait été précepteur dans une
famille aristocratique, ce qui lui avait permis de
monter une petite école avec une clientèle respectable, et la noble famille en question lui avait confié
ses enfants. Après les premières salutations, et avoir
parlé de la pluie et du beau temps, je demandai au
Docteur « s'il avait eu assez d'exercice à l'école en ce
jour humide ? » A quoi le Sage répondit : « Quinze
seulement, dont deux des bébés. »

Nous entrâmes dans la salle à manger. C'était une
pièce spacieuse, et, en promenant mes regards autour
de moi, je m'aperçus, qu'en dehors des lumières sur la
table, il y avait aux quatre coins de la chambre
quatre candélabres, qui paraisaient être soutenus par
quatre gamins, leurs faces tournées contre le mur,
leurs pantalons descendus jusqu'aux chevilles, et leurs
chemises relevées jusqu'aux épaules et retenues par
des épingles. Jamais je n'ai vu quatre postérieurs
aussi joufflus et aussi blancs. En regardant de plus
près, on voyait que leurs mains étaient attachées de
façon à sembler tenir les candélabres. Comme le
maître de céans ne fit aucune remarque sur ces
meubles de nouveau genre, et que les domestiques
ne s'en occupèrent guère si ce n'était pour leur envoyer sournoisement des coups de fourchette en passant, nous autres invités, de notre côté, ne soufflâmes
mot. Je remarquai pourtant que le docteur jetait de
temps en temps des yeux d'ogre sur un gamin qui
retournait la tête vers lui avec une expression de
terreur manifeste. La conversation roula à un moment

donné sur la sculpture ancienne, et, après le premier
service, notre amphytrion nous dit : « Je suis désireux
de colorer en rouge ces statues que voilà, si ces
messieurs veulent m'aider ». Et le domestique nous
présenta à chacun une longue poignée de verges
élastiques, garnies de centaines de boutons. Le docteur courut sus à celui de son choix qui hurla rai-
sonnablement à son approche. Pendant quelque temps
on n'entendit plus rien que le cinglement des verges
et les hurlements des victimes. Les postérieurs qui
nous avaient été confiés à moi et à M. T... ne furent
que frottés légèrement ; ceux qui incombaient à notre
hôte, avaient été bien rougis ; mais celui dévolu au
Docteur baignait dans le sang et nous eûmes assez
de difficulté à l'en arracher. Lorsqu'on eut détaché les
malheureux gamins, leur maître d'école les envoya
coucher, saluant leurs pénibles meurtrissures d'un
vigoureux coup de pied en disant que le lendemain
matin « il égaliserait les choses pour celui qui s'en
était le mieux tiré ». On peut s'imaginer que nous
nous remîmes à table pour attaquer avec un appétit
féroce nos perdreaux ; le Docteur S... broyait les os
de celui qu'il entamait comme si c'étaient ceux du
malheureux gamin qu'il venait de fouetter.

Rien d'extraordinaire ne se produisit jusqu'au
dessert ; alors quatre assiettes furent placées aux
quatre coins de la table, qui furent occupés par
quatre charmants gamins de douze à treize ans,
habillés de jaquettes bleues couleur bleu de ciel,
brodées d'argent et de pantalons blancs. Ces acolytes
ou Ganymédes, ou ce que vous voudrez, passaient
les fruits, les gâteaux et le vin, et acceptaient gaiement les portions qu'on leur allouait. Je les voyais
cependant jeter quelquefois un regard inquiet du côté
d'une longue boîte en carton, que notre hôte ouvrit à

un moment donné, en disant : « Voici des bonbons pour la confection desquels ma femme de ménage a acquis une juste renommée, » et ce disant, il sortit trois très élégants paquets de verges, liées au moyen de rubans bleus. Il confia alors le gamin le plus grand, son propre neveu, aux tendres soins du docteur, prit son second neveu à sa charge, confia les autres deux, ses propres enfants, à M. T.. et à moi-même. En un clin d'œil ils furent renversés sur nos genoux : pendant quelque temps nous nous contentâmes, en épicuriens, de les claquer sur les fesses bien tendues, avant de les détrousser, tandis que le lubrique docteur, ne pouvant modérer son impatience, en arriva de suite à la nudité, et s'escrimant de sa poignée de verges, eut bientôt usé son instrument jusqu'au manche, tandis que nous avions encore les gamins qui nous résistaient. La ménagère arriva sur ces entrefaites pour emmener les pauvres gamins, qui pleuraient et se lamentaient, et elle fut hautement complimentée par le docteur, qui dit : « qu'il ne s'était jamais servi d'un paquet de verges plus agréables ; qu'il ne s'en fatiguerait jamais s'il pouvait toujours en trouver de pareilles ; et ainsi de suite, jusqu'à ce qu'elle lui eût offert de lui en faire cadeau d'une douzaine, ce qu'il accepta, ajoutant « qu'il les réserverait pour ses propres enfants pendant les vacances. »

La conversation tourna maintenant sur le sujet de la flagellation. Notre amphytrion, un ancien élève d'Éton, parodiant la façon grotesque du docteur Keate, et M. T... imitant aussi les contorsions absurdes d'un camarade de collège à Winchester, qui faisait tant rire son maitre qu'il ne pouvait pas continuer à le fouetter. « Ah ! dit le docteur S..., aucune sorte de contorsions n'aurait arrêté le vieux

Keate, » mais il ajouta que ce serait très drôle de
s'imaginer ce que Keate aurait fait dans un cas semblable. « Je n'ai aucune objection », dit T..., et il aida
notre hôte à sortir un cheval de la remise. « J'aimerais essayer de ce cheval, dit-il, un gamin doit être
aussi bien là-dessus que dans son lit. » T... fut attaché
sur le cheval, ses culottes furent baissées et la représentation commença. Ses contorsions et ses grimaces
étaient tout ce qu'il y avait de plus grotesque; mais
il était évident, par les marques imprimées sur sa
peau, qu'il n'y avait aucune fiction dans le coups du
pseudo-docteur Keate. T... accepta d'abord quelques
coups comme faisant partie de la comédie, mais ils
continuèrent à pleuvoir et de plus en plus drus, si
bien qu'il prit un ton sérieux et insista pour être
descendu de cheval. Mais le docteur S..., représentant le docteur Keate, eut l'air de prendre toutes ces
remontrances comme faisant partie du programme, et
moi ainsi que notre hôte nous affectâmes de le croire
de même, en riant à chaudes larmes. « Enfin, malgré
tous mes efforts, dit le docteur S... je ne puis pas
mettre un terme à l'impudence de ce gaillard !... Le
laisser descendre ? En vérité, une belle idée ! Ah ! il
ne veut pas se soumettre ? il ne le veut pas ?... Eh
bien, c'est ce que nous verrons ! » Et, prenant une
nouvelle poignée de verges, il lui asséna cinq ou six
douzaines de coups jusqu'à ce que ses fesses se mirent
à saigner abondamment.

Je vis maintenant que la chose allait trop loin.
T... était furieux et de la douleur et de la farce ;
j'écartai donc le docteur, et, avec de nouvelles verges
en main, je criai : « C'est maintenant mon tour, est-ce
une farce, ou êtes-vous assez simple pour vous fâcher ? — Ce n'est pas une farce, me dit-il, comme
vous le trouverez à vos dépens. — Alors, lui dis-je,

faites ce que vous pouvez, en attendant je vais vous couper le derrière. » Il me regarda en face, et voyant que je parlais sérieusement, il me dit : « Oui, c'est une farce, mais elle est mauvaise : déliez-moi et je n'en dirai rien. » — Je lui déliai les mains, et après lui avoir essuyé le postérieur et l'avoir aidé à se remettre, il nous serra la main à tous et vint jouer au whist avec nous pendant le restant de la soirée. Mais c'était amusant de le voir de temps en temps porter la main à son derrière et se tromper de carte.

Espérons que cette aventure l'aura rendu pour l'avenir plus indulgent à l'égard des autres.

Les Corrections conjugales et domestiques

OU LA
QUESTION EST DÉBATTUE SI LES MARIS DOIVENT BATTRE LEURS FEMMES

Peu de questions revêtent une plus réelle importance que celle qui a trait à la correction corporelle dans le cercle familial. En cette époque si agitée par la question de l'émancipation des femmes et par la revendication de leurs droits agressifs, en raison de leur éducation supérieure ; par leur désir d'accaparer les fonctions remplies jusqu'à ce jour par des hommes, il nous semble que cette discussion présente un intérêt général.

Depuis longtemps il y a un pressentiment qui couve dans l'âme de l'homme qu'une crise est imminente. Ce qu'il y a de pire, c'est que jusqu'ici il n'y avait aucun moyen de s'y soustraire. Si vous discutez la question avec le « bas bleu » moderne, vous êtes perdu. Sa langue se meut avec beaucoup plus de rapidité que la vôtre, et son esprit naturellement logique, aiguisé par « l'instruction supérieure »,

réduira vos arguments à néant. Employez le sar-
casme, et elle vous répondra en ricanant. Employez
l'invective et elle vous jettera à la face tout le voca-
bulaire d'une Xantippe. Si vous menacez la femme
d'employer la force, elle vous défiera en invoquant la
loi ! Ayez recours à des larmes habilement produites,
son cœur cuirassé par les doctrines de Stuart Mill
n'aura pour vous qu'un rire moqueur. La « femme
moderne », en un mot, n'a en elle absolument aucune
crainte de l'homme. Toutes les étincelles de la pitié
féminine sont bannies de son cœur, de même que tout
sentiment de respect. La femme est non seulement
parvenue avec malice à se faire nourrir par l'homme,
mais maintenant elle l'évince des fonctions publiques
et elle le nargue par-dessus le marché. Depuis cinq
décades les hommes gémissent en silence sous un
fardeau lentement accumulé de souffrances, cherchant
anxieusement autour d'eux un moyen de salut.

En vain l'homme a-t-il cherché toutes les voies et
tous les moyens possibles pour reconquérir le terrain
perdu. Tous ses efforts ont été inutiles et, en fin de
compte, il s'en trouve plus mal qu'au début. « Tel
qu'un chien qui retourne à ce qu'il a vomi, ou le porc
qui se vautre dans sa fange », il s'est trouvé forcé de
retourner et de se soumettre à celle qui le torture, et
de reconnaître de nouveau la suprématie de sa tyrannie femelle.

Ce qui précède ne s'applique évidemment qu'à l'infortuné mortel affligé d'une virago savante. Le sort
de l'homme qu'un heureux hasard a gratifié d'une
compagne simple de la vieille école est tout autre.

Jeremy Taylor trace, de la femme de vieille école,
ce tableau d'une exquise finesse : « La bonne épouse
est le meilleur et le plus précieux des dons que le ciel
puisse faire à l'homme. Elle est pour lui un ange gar-

dien qui lui prodigue les bonnes grâces ; elle est son joyau, son dispensateur de vertus ; c'est un écrin à bijoux... Sa voix résonne à ses oreilles comme une douce musique ; son sourire lui est un gai rayon de soleil; son baiser est la meilleure sauvegarde de son innocence, et dans ses bras il trouve le plus sûr des refuges... Il y trouve la garantie de sa santé, le baume de longue vie. Son activité constitue la plus certaine de ses richesses et son économie la meilleure des sauvegardes... Ses seins lui offrent un asile où il vient se reposer dans l'oubli de ses soucis, et les prières de la bonne épouse sont certainement celles qui sont le plus promptement exaucées et qui ont, plus que d'autres, le don d'attirer les bénédictions du Ciel. »

Et nous pouvons ajouter, de notre côté, que ses vertus matérielles ne le cèdent en rien aux perfections morales dont elle est douée.

Sa vigoureuse compagne n'a qu'un souci, celui de lui faire des enfants, de montrer ses talents culinaires et de tenir son mari bien au chaud pendant les froides nuits de l'hiver. Quand il lui plaît de s'enivrer elle cherche à lui éviter tout accident ; et lorsque, pour un moment, il peut oublier « la femme de son cœur », et tourner ses yeux vers de la « chair étrangère », elle ferme les yeux sur ses peccadilles, sachant bien que ses propres charmes, bien supérieurs, le ramèneront vite à elle. S'il désire éprouver la force de ses muscles en l'absence d'hommes, c'est avec résignation qu'elle reçoit ses coups, et témoigne même de la gratitude pour cette preuve de véritable affection [1].

---

1. Alphonse Daudet a représenté, de magistrale façon, une scène de ce genre dans son *Sapho*. Nous en citons ce passage pour que des personnes qui ne réfléchissent point ne puissent supposer que nos remarques sont simplement pour plaisanter :

Aux injures elle répond par des sourires, et mesure
la profondeur de l'amour de son seigneur et maître à
la fréquence des châtiments qu'il lui inflige. Comme
ces mots peuvent paraître étranges à ceux qui n'ont
pas eu l'avantage d'avoir été élevés dans une famille
bien gouvernée, nous y ajoutons un extrait de lettres
écrites par une jeune épouse anglaise à son mari.
Elles nous ont été communiquées par le gentleman
qui les recevait de sa femme pendant une de ses
absences de chez lui.

LETTRES D'UNE JEUNE ÉPOUSE ANGLAISE
A SON MARI

« ... Je t'autorise à me réclamer tout ce que tu voudras, même si, comme tu le dis, cela peut être humiliant pour moi, parce que je comprends, et que je
voudrais bien, il me semble, goûter le plaisir de la
parfaite docilité en amour, une chose toute nouvelle
pour moi, parce que généralement, dans la vie ordinaire, la docilité et la soumission ont été jusqu'à
présent choses ignorées de moi. Mais avec toi je serais
heureuse de me soumettre à tous tes caprices, exécu-

— « Et puis le bouquet du bagne ! Depuis le temps que tu
vivais avec un honnête homme ...ça t'a semblé bon, hein ?...
Avez-vous dû vous en fourrer de ces caresses... Ah ! saleté !...
tiens !... »

« Elle vit venir le coup sans l'éviter, le reçut en pleine figure,
puis, avec un grondement sourd de douleur, de joie, de victoire,
elle sauta sur lui, l'empoigna à pleins bras : « M'ami, m'ami...,
tu m'aimes encore... » et ils roulèrent ensemble sur le lit. »

ter tes ordres, violer toutes les lois de la pudeur, me laisser caresser par toi comme tu le voudras et te rendre, après, caresse pour caresse, m'enivrer de ta présence, me rouler dans tes bras, me laisser fouetter, pincer, mordre même, si tu le veux. Oui, on peut jouir par ce sentiment exquis d'esclavage, et j'éprouverais un grand bonheur d'être matée. Je me rends compte de l'étrangeté de la souffrance avec ses jouissances latentes, que je crois être la seule volupté dont je puisse réellement me soucier.

« ... C'est pour moi un bonheur de me forcer à ne pas me révolter quand tu me fouetteras avec ta cravache, et la violence volontaire que je m'imposerai pour rester tranquille, me remuera délicieusement.

« ... J'essaie et m'efforce d'être soumise et obéissante. Je promets de ne jamais bouder ni être vexée, quelles que puissent être tes exactions, et de ne te rien cacher de ce que je puis penser et sentir. Je sens que pas une des caresses que tu m'ordonnes d'exécuter ou auxquelles tu m'ordonnes de me soumettre ne me répugne, surtout parce que je suis sûre de te plaire en me prêtant à tes caprices de volupté.

« ... Ta présence me procure une sensation de doux enivrement, relevé par les caresses autoritaires du mari et du maître que j'aime et auquel je m'abandonne entièrement sans résistance ni arrière-pensée, supprimant avec joie tous mes désirs personnels et ma personnalité en face de sa volonté et de sa force...

« Pour commencer, jamais plus je ne me révolterai contre toi. Je me soumettrai volontiers et avec amour à tes caresses, et je puis, je le confesse, quelquefois te désobéir exprès pour que tu me punisses et que tu me traites durement, de façon à ce que je me sente accablée par la force virile, me pliant, moi, frêle et débile, à être attachée et corrigée.

« J'aime que tu me presses dans tes bras et que tu me secoues et me meurtrisses. Et j'aime ressentir ta force.

« ... Maître adoré, use et abuse de mon entière et inépuisable bonne volonté. Humilie, tracasse, et abaisse-moi et je serai heureuse. Je suis fière de comprendre tes idées, parce que je t'aime et que je voudrais apprendre encore davantage ce dévouement passionné, qui ne trouve son bonheur que dans l'anéantissement volontaire de soi-même, dans la dégradation morale et physique de la femme pour l'homme qu'elle aime et auquel appartient son âme et son corps.

« ... C'est si stupide et banal d'être aimé d'un homme qui se sent obligé de satisfaire tous nos caprices et être ainsi l'esclave de la volonté d'une femme. Si tu te soumettais à mes caprices et ne savais pas me dominer et me forcer à accepter tes idées et tes goûts, je te mépriserais et je n'aurais aucun regret à être infidèle, parce que tu ne serais plus pour moi un mari, mais une sorte de nullité mécanique sans esprit, sans force morale et, par conséquent, indigne de tout amour.

« .. J'aime que tu me punisses pour manque d'obéissance. C'est un plaisir pour moi de me mettre de temps à autre un peu en révolte pour te forcer encore à être sévère, te mettre de mauvaise humeur pour ensuite obtenir ton pardon, en me soumettant. Pardonne-moi, je t'ai dit que plus jamais je ne me révolterai. Mais ceci n'est pas de la vraie rébellion. Tu sais que j'en suis incapable... »

On suppose généralement que les épouses anglaises ont le monopole de la patience et de la soumission,

Cela n'est pas strictement exact. Les dames françaises, tant notées pour leur fierté et leur force de caractère, peuvent aussi être apprivoisées et rendues obéissantes, lorsque leur compagnon de chaîne est doué d'une force de volonté supérieure. Nous avons vu beaucoup d'exemples de la sorte. Voici un extrait de la lettre d'une très vertueuse veuve française, qui correspondait avec un monsieur dans le but de conclure un mariage avec lui.

*
* *

Lettre de la Veuve Française

« Vous me parlez de corrections ; peu de femmes, j'en suis persuadée, n'en ont eu à supporter autant que moi, et je ne doute pas un seul instant que bien des esclaves ont senti et subi moins souvent que moi des corrections par le fouet.

« Pour le surplus, je n'ai pas besoin d'ajouter que c'est par les corrections corporelles, et seulement par les corrections corporelles que la femme atteindra ce degré de soumission et d'humilité qui la rend aussi soumise et aussi humble qu'une esclave, et encore faut-il que cette femme soit une cérébrale, une passionnée.

« En ce cas, la femme accepte avec jouissance le joug et sait s'y plier avec bonheur ; habituée à s'humilier devant l'homme aimé, elle s'humiliera toujours davantage, et ce qui, pour certaines femmes, serait une vie insupportable devient au contraire pour elle une existence de jouissance ; pour l'esprit et pour les nerfs, elle se donne toute entière, elle a fait le sacrifice de son moi, âme et corps elle appartient réellement à son maître, mari ou amant.

26

« Je connais mon caractère et mon tempérament, je n'aimerais pas un homme faible, un homme qui ne saurait pas me dominer, me dompter toute entière.

« Comme j'ai eu l'honneur de vous le dire, mon mari me flagellait souvent, mais presque toujours au fouet de chasse, ou au martinet, ou à la cravache, ou encore avec une corde. Je n'ai pas besoin de vous dire que, pour recevoir ces corrections corporelles, je me mettais absolument nue, à poil, comme il disait, les corrections m'étaient infligées sur toutes les parties du corps sans exception ; souvent, pendant plus de quinze jours j'en portais les traces.

« Habituellement je me mettais à genoux ou prosternée, face contre le plancher.

« Mais, avant de commencer la correction proprement dite, il me faisait, pour me servir de son expression, « la face ». C'est-à-dire qu'il commençait par me gifler d'importance, et par me tirer et me frotter les oreilles jusqu'au sang.

« Pendant toute la durée de la correction, je mettais mon amour-propre à ne point pousser un seul cri, ni une seule plainte et souvent cela l'horripilait.

« Souvent il me mettait en sang, j'en avais la fièvre, mais sous quelques caresses cela passait. »

*
* *

La jalousie — ce stimulant par excellence de l'amour — a souvent donné lieu à des scènes de fustigation ou de flagellation, au temps jadis comme de nos jours, et il en sera certainement ainsi jusqu'à la fin du monde.

Nous n'en voulons citer comme preuve que l'incident qui suit, cueilli dans le *Petit Parisien* du 2 mars 1898.

UN AMATEUR DE FAÏENCES

« Une fort désagréable mésaventure vient d'arriver ver à un rentier de la rue des Lombards, M. N..., qui, antiquaire passionné, s'est pris dernièrement d'un bel amour pour les anciennes faïences.

« Il cherchait de tous côtés certaines assiettes de Nevers qui, naturellement, demeuraient introuvables. Aussi quelle ne fut pas sa joie lorsqu'il lut, il y a quelques jours à la quatrième page d'un journal, une annonce ainsi conçue : « Vieilles assiettes de Rouen et de Nevers à vendre. S'adresser à Mme de R..., boulevard Saint-Marcel. »

« Triomphant, M. N... montra l'annonce à sa femme, prit un billet de 500 francs et partit visiter les faïences qu'il rêvait déjà éclatantes et rarissimes.

« Boulevard Saint-Marcel, il se trouva en présence d'une fort jolie femme d'une trentaine d'années qui le reçut d'une façon très aimable ; en fin de compte, on causa de tout autre chose que de vieilles assiettes et lorsque M. N... redescendit, son porte-monnaie se trouvait considérablement allégé ; mais de Rouen ou de Nevers, point !

« La violente odeur de patchouli et de musc qu'il exhalait parut singulière à Mme N... Ses questions adroites troublèrent son mari, qui ne put expliquer d'une façon plausible comment il avait dépensé les 150 francs qui lui manquaient.

« Bref, il finit par tout avouer, d'où fureur de Mme N... que trente ans de vie conjugale n'ont pas rendue indulgente, cris, pleurs et finalement scène effroyable qui se termina par des gifles.

« Exaspérée, Mme N... courut à son tour boulevard Saint-Marcel, se présenta chez Mme de R... qu'elle

empoigna d'une main vigoureuse et qu'elle traita, en
pleine rue, comme Gervaise traita Virginie en l'un
des chapitres les plus scabreux de l'*Asommoir*, cela
naturellement pour la plus grande joie des badauds.

« Les agents mirent fin au scandale en emmenant
les belligérantes au commissariat de police de la rue
Rubens, où Mme N... se vit dresser procès verbal pour
tapage sur la voie publique et coups et blessures volontaires. »

*
* *

Il y a nécessairement des cas où la dame, gâtée par
la nature, usurpe les droits de punition de son mari,
et, au lieu de se soumettre tranquillement au fouet,
essaie d'appliquer, ò sacrilège ! une correction corporelle à son seigneur et maître. Peut-il y avoir d'énormité plus coupable, crime plus contraire aux préceptes
de la Bible et au bon sens ? En lisant le *Petit Parisien*
du 30 novembre dernier, le paragraphe suivant tomba
sous nos yeux étonnés.

*
* *

ÉPOUX MAL ASSORTIS

Rien de plus dissemblable que les époux P... Alors
que le mari, employé de commerce, est d'un tempérament maladif et d'un naturel timide, sa femme, au
contraire, est une matrone au visage coloré, aux
formes opulentes, au verbe haut et à la main légère,
bien qu'habituée à manier le battoir de la blanchisseuse.

Auguste P... rentre-t-il avec quelque retard à l'heure

...rentre-t-il avec quelque retard à l'heure
du repas, sa femme lui fait une scène, laquelle se termine.... par une correction...

(Page 389).

du repas, sa femme lui fait une scène, laquelle se termine invariablement par une correction plus ou moins dure.

Le malheureux, dans les premiers temps, avait vainement tenté de réagir contre les empiétements de sa moitié, qui, après plusieurs pugilats en règles, était restée maîtresse de la situation et en abusait étrangement.

A diverses reprises, Auguste P... déserta le toit conjugal. Mais ces escapades ne furent jamais de longue durée, car sa femme parvint chaque fois à découvrir sa retraite et à le ramener au logis.

Hier, à la suite d'une scène nouvelle, P... abandonnait de nouveau le domicile conjugal, et bien décidé à ne pas reprendre la vie commune, se décidait, non point au figuré, à casser les vitres.

Après s'être livré à de copieuses libations dans le voisinage, Auguste P... était arrêté place de Vaugirard alors qu'il jetait des pierres dans les vitres d'une vespasienne.

Conduit au poste de police voisin, l'employé de commerce raconta son long martyre et termina par un éloquent plaidoyer :

— Je vous en supplie, disait-il au commissaire qui l'interrogeait, envoyez-moi au dépôt, c'est pour moi le seul moyen d'être débarrassé de ma femme.

Mais celle-ci ne tarda pas à connaître les intentions de son mari, qu'elle vint réclamer au poste.

Le délit n'étant pas grave et la casse étant payée, P... a été mis en liberté. Le magistrat a, toutefois, engagé la blanchisseuse à traiter son mari avec plus de ménagements.

Tiendra-t-elle sa promesse ?

LES CORRECTIONS CONJUGALES

En discutant la question de la correction conjugale, nous ne prétendons nullement être les premiers à en parler. Le sujet est aussi vieux que le monde. Le spirituel auteur de *History of The Rod* (Histoire de la Verge), dit très judicieusement : « Si nous devons accepter l'interprétation rabbinique du récit de la chute de l'homme, la flagellation comme discipline domestique a commencé dans le paradis terrestre, et la mère de toute l'humanité entière a été la première à appliquer les verges. Les Rabbins déclarent que lorsque Adam s'excusait, en disant que sa femme lui avait donné du fruit de l'arbre défendu et qu'il en avait mangé, il veut dire qu'elle le lui avait donné d'une façon palpable — de fait, qu'elle le lui avait inculqué d'une façon si énergique qu'il fut forcé de céder, et *l'avala pour de bon*, sans contrainte ; et nous savons que beaucoup de dames ont suivi son exemple, et ont assumé le droit de corriger leurs maris. Butler, dans son *Hudibras*, en donne un exemple remarquable :

Récemment une épouse, en grand courroux peut-être
N'a-t-elle point fessé son cher seigneur et maître ?
Et pour qu'il fut vraiment le chef de la maison
Elle tanna son derrière, sans rime ni raison !
Tout nu elle l'attacha, et avec sa quenouille
Elle fourbit son dos de même que ses c....,
Et quand elle comparut devant le magistrat

Qui d'habitude avait à juger de tels cas,
... Elle en sortit grandie et presque auréolée...

Le noble personnage en question n'était autre que
lord Munson, qui habitait Bury-Saint-Edmond, et
était un des juges du Roi. Sa dame, pour lui faire
comprendre jusqu'à quel point elle réprouvait sa conduite et qui était lasse d'user d'indulgence à son égard,
aidée de ses servantes, l'attacha à un lit, et le fouetta
d'importance jusqu'à ce qu'il eût promis de se mieux
conduire à l'avenir ; et, pour cet acte de salutaire discipline, milady Munson fut publiquement remerciée
par le juge devant la Cour.

D'autre part, la plupart des législateurs ont été particulièrement indulgents envers les hommes en matière
de discipline conjugale. Le cas a été souvent débattu
si un homme avait logiquement le droit de fustiger sa
femme, et ce point délicat a été tranché dans ce sens
que ce droit du mari dépend de la conduite et de l'humeur de sa femme. Steele fait remarquer dans le
Spectator qu'il y a des mégères si incontestablement
perverses qu'il faut à l'homme qui en a une de ce
genre en partage, une dose de philosophie peu ordinaire pour pouvoir vivre avec elle. Quand elles se
trouvent unies à des hommes de tempérament ardent
auxquels manquent le sang-froid et l'éducation, elles
récoltent souvent des coups. On a prétendu que la
femme a été créée pour être la compagne, l'aide de
l'homme, son ange tutélaire, et que son propre était
de se montrer bonne, paisible et rangée, et lorsqu'elle
est ainsi, elle accepte facilement l'autorité de son
mari et se soumet docilement à son gouvernement.
Quand, au contraire, elle est l'opposé de tout cela, le
besoin de verges se fait sentir, et on doit la traiter
d'après le conseil du poète :

Tu te verras forcé de lui flanquer des claques [1].
Et sans céder surtout au sentiment humain,
Saisis ce qui d'abord te viendra dans la main :
Que ce soit verge, corde ou bien une matraque
Ou même s'il le faut avec la bassinoire.
Si tu veux à la fin remporter la victoire
Il te faut la mater jusqu'à l'étendre à terre... :
Que ton cœur soit d'acier, que ton bras soit sévère ! ..

Un homme avait une femme passablement hargneuse. Il alla consulter l'oracle, et demanda ce qu'il fallait faire d'un vêtement infesté de mites.

« *Il faut l'épousseter*, répondit l'oracle.

— Et, ajouta l'homme, j'ai une femme qui est pleine de mauvaise humeur, ne devrait-elle pas être traitée de pareille façon ?

— Evidemment, fut la réponse : ÉPOUSSETEZ-LA JOURNELLEMENT. »

Si le conseil si sage du vieil oracle était plus généralement suivi, les épouses jouiraient d'une meilleure santé, et il y aurait moins d'escapades maritales. Les femmes comme les enfants ont besoin de corrections, et quelle vue plus adorable que celle de voir la femme aimée à genoux devant nous, et nous suppliant de ne point la fouetter ? Nous trouvons dans le *Long Examiner*, du 11 octobre 1856, un exemple de ce droit de châtier les femmes.

1.　　Thou wilt be constrained her head to punch
　　　And let not thine eye then spare her :
　　　Grasp the first weapon that comes to hand
　　　Horse-whip, or, cudgel, or walking stick.
　　　Or batter her well with the warming pan
　　　Dread not to fling her down on the earth,
　　　Nerve well thine arm, let thy heart be stout
　　　As iron, as brass, or stone, or steel.

« Les magistrats de Whitehaven ont eu à s'occuper récemment d'un grand nombre de plaintes portées pour voies de fait par des épouses contre leurs maris. A Whitehaven, il existe une secte de chrétiens pratiquants qui admettent au nombre de leurs doctrines le châtiment corporel des femmes, comme conforme aux commandements de Dieu. Le révérend George Bird, autrefois vicaire de Gumberworth, près de Hudderfield, s'y est établi, et a réuni autour de lui une nombreuse colonie de croyants. Or, ces jours derniers, on apprit qu'il professait comme doctrine, d'après les Ecritures, qu'un homme avait parfaitement le droit de battre sa femme. Il y a environ six semaines, un nommé James Scott, un membre de la congrégation du révérend Bird, fut cité devant les magistrats pour avoir brutalement battu sa femme qui avait refusé de fréquenter le même endroit de culte que lui. Devant les juges, Mme Scott déclara n'avoir aucun désir de faire punir son mari, pourvu qu'il s'engageât à ne plus la maltraiter à l'avenir. Lorsque les magistrats lui demandèrent de prendre cet engagement, il refusa, disant : « Dois-je obéir aux lois de Dieu ou à celles des hommes ? » Comme il persistait dans son refus, les magistrats le condamnèrent à un mois de prison avec travaux forcés. Depuis, le révérend M. Bird a donné une série de conférences au sujet de la condamnation de Scott. Il y maintenait que c'était le devoir d'un homme de gouverner sa maison, et que si sa femme refusait d'obéir à ses ordres, il était en droit d'après les lois de Dieu, de la battre pour la forcer à l'obéissance. »

Comme parmi nos lecteurs il pourrait s'en trouver auxquels cette immixtion de la Bible et de ses préceptes dans la flagellation domestique et conjugale, en raison même de l'étrangeté de la chose, pourrait à bon droit paraître invraisemblable, nous tenons à citer ici, très superficiellement et à titre documentaire, quelques-uns de ces passages du Livre Saint dans lesquels il est très explicitement prescrit aux hommes de ne pas se montrer trop parcimonieux, en matière de flagellation, à l'égard de leurs chères et tendres.

La bienveillance toute patriarcale de nos premiers ancêtres envers leurs épouses, bienveillance qui se traduisait le plus souvent par de saines bastonnades, a certainement dû faire naître le proverbe : *Qui aime bien, châtie bien !* à moins que ce ne fût précisément en vertu de ce proverbe qu'ils s'adonnaient à la pratique de la fustigation, laquelle avait le double avantage d'influer salutairement sur le moral des filles d'Ève et de procurer aux hommes un exercice éminemment hygiénique...

Nos lecteurs précités auraient donc grand tort de supposer un seul instant que nous cherchons ici à leur en imposer où à tabler sur leur crédulité en nous référant aux Écritures.

Le roi Salomon, qui compte parmi les plus fervents partisans des punitions corporelles, recommande l'usage des verges dès la plus tendre jeunesse à seule fin de garantir pour l'avenir une vie austère et honnête. Cela ne l'a pas empêché, d'ailleurs, de finir lui-même très mal.

Voici, d'ailleurs, quelques passages de la Bible, que nous reproduisons textuellement : — Le fou méprise le châtiment de son père, mais celui qui reçoit des coups deviendra sage : châtie ton fils tant qu'il y a encore de l'espoir, mais ne laisse pas ton âme s'entraîner jusqu'à l'assommer : ne crains pas de fustiger le profane afin d'assagir le fou... La castigation franche vaut mieux que l'amour clandestin ; les fustigations d'un ami sont sincères et bien intentionnées, mais les caresses d'un sycophante sont indignes ; le fouet marque la peau, mais une mauvaise langue brise les os et le reste.

Nous pourrions en citer encore pas mal, mais les passages qui précèdent suffisent amplement à donner une idée de l'esprit de ces prescriptions. Les anciens Hébreux se montraient, à l'égard de leurs épouses, d'une *générosité flagellatoire* digne de tous éloges, et le Coran nous enseigne que Job, le doyen des pauvres hères, a eu plusieurs fois l'avantage d'administrer à sa digne moitié des fessées *di primo cartello,* histoire de chasser le diable qui avait élu résidence dans son corps.

Mais continuons, en mentionnant le cas d'un ecclésiastique résidant à Londres qui se permit d'administrer à sa servante la correction qu'on inflige à un écolier ; et qui, lorsqu'il fut cité devant le magistrat pour ce fait, fit prononcer une éloquente harangue pour affirmer son droit d'agir comme il l'avait fait. Il en appela en même temps au public par la voie de la presse pour établir la légalité de la flagellation qu'il avait infligée.

Quelques gens stupides, nous le savons bien, trouveront nos observations extravagantes, même fantasques. D'autres, doués de plus de bon sens, reconnaîtront que nos raisonnements sont gouvernés par la logique et imbus de mobiles philanthropiques. Nous allons plus loin en affirmant que toute l'histoire de l'Angleterre, ainsi que le présent et l'expérience du passé, confirment la doctrine du « propre gouvernement de la femme par son mari. » Il a été démontré que parmi les droits que possédait le mari sur sa femme, pendant toute la période anglo-saxonne en Angleterre, était celui de la battre. Le droit civil permettait au mari, pour certaines infractions, de battre sa femme sévèrement avec des fouets et des bâtons, *flagellis et fustibus acriter verberare uxorem*, ou selon d'autres, d'infliger seulement un châtiment modéré, *modicam castigationem adhibere*. « Mais, comme dit Blackstone dans ses commentaires, chez nous, sous le règne plus policé de Charles II, on commençait à mettre en doute ce droit de correction, et aujourd'hui une femme est presque sûre d'être, de ce côté-là, « en sécurité. » Cependant, le bas peuple, toujours épris de l'ancien droit commun, continue à revendiquer et à exercer ses anciens privilèges. Les autorités ne sont pas d'accord sur ce qui constitue un « châtiment modéré », ou l'instrument avec lequel il doit être infligé. Une loi du Pays de Galles fixe la quantité raisonnable à *trois coups d'un manche à balai sur toute partie du corps excepté sur la tête* : et une autre loi règle la longueur du bâton à celle du bras du mari, et l'épaisseur à celle de son doigt du milieu. Une autre ordonnance dit qu'un homme peut légalement châtier sa femme avec un bâton pas plus gros que son pouce. Un époux avait l'habitude de dire à sa femme que, quoiqu'un mari ne pouvait pas légalement battre sa femme avec un bâton d'une certaine grosseur, il le pouvait en toute sécurité avec une badine ou avec la main. Quelques hommes, ne voulant pas être trop sévères, limitaient la grosseur du bâton à celle du petit doigt.

LA CORRECTION D'UNE FEMME JALOUSE

Le récit suivant émane d'un témoin de l'incident.

« Il y a environ une douzaine d'années de cela, un cas assez drôle de correction maritale s'est produit aux environs de Paris. Un écrivain de talent et bien connu

avait coutume d'offrir souvent une aimable hospitalité à ses nombreux amis, hommes de lettres, journa-
listes et artistes dans la jolie villa qu'il occupait à une
heure de distance de la capitale. Quelques années auparavant, il avait épousé une belle fille beaucoup plus
jeune que lui et qui ne brillait pas précisément par
l'intelligence. Cependant, malgré la disproportion
d'âge, la jeune femme était très attachée à son mari ;
mais elle était, par contre, horriblement jalouse, au
point d'imaginer que les amis qui venaient le visiter,
dont la plupart étaient des hommes de lettres émi-
nents, lui donnaient de mauvais conseils pour le détourner de ses devoirs, et que c'étaient eux qui le re-
tenaient à Paris lorsque parfois il lui arrivait de
rentrer tard. Elle prit donc la mauvaise habitude,
chaque fois qu'ils venaient dîner chez lui à la campagne, de leur adresser toutes sortes de reproches,
qui souvent frisaient même l'injure.

« Un jour qu'elle s'était oubliée plus que d'ordinaire
en insultant grossièrement un ami de vieille date très
estimé de la famille de son mari, celui-ci, qui était
d'une belle prestance et passablement vigoureux, à
bout de patience, la saisit tout à coup et, avant qu'elle
eût eu le temps de résister, la renversa sur ses genoux
et troussant prestement ses jupes, lui admnistra,
devant ses amis stupéfaits, une magistrale fessée,
comme on en donne à une enfant qui se conduit mal.
Alors il la lâcha, et la pauvre petite femme se sauva,
accablée de honte et de confusion.

« La leçon était sévère, mais elle porta ses fruits.
A partir de ce jour la petite dame devint une épouse
modèle, aimante et satisfaite, à tout jamais guérie de
sa jalousie et qui n'eut jamais plus la moindre envie
de faire des scènes aux amis qui venaient rendre visite
à son époux. »

CONSÉQUENCES DES CORRECTIONS CONJUGALES

La correction d'une épouse peut quelquefois entraîner des conséquences sérieuses, surtout si elle a été exercée d'une façon brutale.

Dans une ville de l'Allemagne du Sud, il y a quelques années de cela, vivait un docteur qui avait l'habitude de fouetter sa gentille petite femme pour les plus futiles motifs. Il était extrêmement jaloux et trouvait bon de pratiquer la flagellation si souvent sur le corps de sa femme qu'elle s'en plaignit à la fin à ses amis, et, suivant leurs avis, elle demanda et obtint le divorce.

Nous avons entendu parler d'un autre cas dans le même pays, où le mari n'infligeait pas la correction lui-même mais en confiait le soin aux autorités ecclésiastiques qui s'en acquittaient à merveille. Cette dame était très belle et avait, par suite, de nombreux admirateurs. Conformément à des instructions données par son mari, elle fut une nuit arrachée de son lit, enlevée de sa maison et conduite, dans une voiture fermée, dans un endroit qu'elle ne connaissait pas. Là, elle fut interrogée et on lui enjoignit de livrer les noms de ses adorateurs, et, comme elle persistait dans son refus de le faire, elle fut violemment fouettée avec des verges et ramenée quelques jours après chez son mari. Ses adorateurs se cotisèrent alors dans le but de lui offrir un riche cadeau pour récompenser sa fidélité et son silence. C'est de la même façon, avec moins de sévérité cependant, mais toujours avec les verges (quoique nous ne sachions pas que les maris aient sanctionné ou ordonné une telle opération) qu'un chanoine de Limbourg punissait les peccadilles des jolies femmes mariées qui venaient se confesser à lui. Naturellement, elles ne faisaient point de résistance et savaient endurer patiemment leur châtiment.

LA FUSTIGATION DÉSIRÉE

« La femme est en général d'un naturel bizarre et difficile à contenter. » Tandis que quelques-unes d'entre elles acceptent de fort mauvaise grâce une correction même méritée, d'autres ne se sentent véritablement à l'aise qu'après avoir reçu une bonne volée de coups. Le cas suivant peut servir d'illustration aux réflexions qui précèdent. Il faut parfois toute une série de corrections pour satisfaire au goût de ces dames, mais, dans le cas qui nous occupe, une seule application semble avoir amplement suffi pour calmer du coup l'ardent désir de la femme d'être fouettée.

Une dame de bonne famille avait épousé un jeune magistrat très riche et fort aimable et qui était aux petits soins pour elle. Il se rendait à ses moindres desirs ; elle était maîtresse absolue de la maison et on ne lui refusait rien ; son mari était absolument son esclave. Malgré tout le bonheur qu'aurait dû lui procurer cette continuelle lune de miel, la jeune femme devint tout à coup mélancolique et maussade ; là-dessus, le pauvre mari redoubla de prévenances et de caresses et la supplia presque à genoux de lui dire ce qu'elle avait. A la fin, en réponse à ses supplications, elle lui avoua qu'elle avait une envie tellement forte, irrésistible et extraordinaire, qu'elle aimait mieux mourir que l'avouer. Bien entendu, ceci ne fit qu'accroître le désir du mari de savoir quelle était cette envie afin de la satisfaire, si c'était possible, et, après plusieurs jours de prières et de supplications, elle avoua qu'elle avait envie d'une bonne fessée ! — Non pas de recevoir des coups de poing ou des coups de pied, mais d'être vigoureusement, vivement et radicalement fouettée avec des verges, de façon à complètement satisfaire cette absurde envie. Le mari la regarda d'un air étonné, croyant qu'elle avait perdu la raison : de sorte que, ne voulant pas satisfaire son caprice comme elle le désirait, il la fit mettre au lit comme s'il se fût agi chez elle d'une grave maladie. Un médecin fut appelé, qui, à l'étonnement du mari dérouté et absolument abasourdi, donna raison à la malade, lui ordonnant comme seul remède une vigoureuse application de verges sur cette partie de sa personne qui présentait en même temps le moindre danger et la plus ample surface. Le mari alors, se résignant pour ainsi dire à son sort, se décida à exécuter l'ordonnance du médecin, et, profitant un jour d'un accès de mauvaise humeur de sa femme, s'arma de verges et lui appliqua une volée bien sentie sur la région indiquée. A partir de ce moment, la jeune épouse fut parfaitement satisfaite et guérie.

CORRECTION D'UNE ÉPOUSE TROP GAIE

Il y avait autrefois une dame fort gaie qui avait l'habitude de rentrer chez elle à des heures absolument indues ; elle ne rêvait que bals et mascarades et ne faisait pas la moindre attention au chagrin mani-

...après plusieurs jours de prières et de
supplications, elle avoua qu'elle avait envie
d'une bonne fessée !...

(Page 400).

feste de son mari jusqu'à ce que, finalement, celui-ci fut tellement indigné de sa façon d'agir qu'il résolut de provoquer une explication catégorique. En conséquence, il lui dit un jour : « Ma chère amie, les journées ne sont-elles pas assez longues, pour que vous consacriez les nuits à vos plaisirs ? J'insiste pour que vous rentriez à la maison à la maison à une heure fixe et raisonnable, et, si vous n'obtempérez pas à cette injonction, j'ai un moyen tout à fait infaillible pour vous ramener à la raison ; et dans cette affaire je serai à la fois accusateur et juge. »

La belle dame, qui était d'avis que ses plaisirs n'avaient rien que d'innocent, ne prêta aucune attention à ces remontrances et rentra à la maison ce soir-là comme d'habitude, très tard, ne pensant pas un seul instant à la méthode de guérison infaillible que son mari lui réservait. Cependant, ce dernier, depuis quelques jours déjà, avait préparé à son intention une collection de tiges de bouleau vert, et, pour qu'elles puissent bien cingler madame, il les avait laissées tremper dans de la saumure. Il l'avait attendue ; il la prit dans ses bas, lui laissant croire que c'était pour plaisanter ; mais une vigoureuse volée de bois vert, bien apppliquée par le bras du mari indigné, eut le don de vite lui prouver le contraire.

Ce fut en vain qu'elle jeta de hauts cris, qu'elle appela au secours, c'est en vain qu'elle voulut résister aux étreintes de son mari ; il continua à la flageller jusqu'à ce qu'elle fût absolument matée.

Le lendemain, elle s'en plaignit très amèrement aux dames de sa connaissance qui ne firent que rire de cette aventure serio-comique. Enfin, redoutant une nouvelle fustigation, et, n'ayant pas le moindre désir d'essayer encore une fois du remède infaillible de son

27

mari, elle crut plus prudent de se taire et de réformer sa manière de vivre.

CELLES QUI SE REBIFFENT

Quoique la flagellation soit un remède des plus efficaces contre les tendances nerveuses et les irritations hystériques des jeunes filles, quelques-unes d'entre elles se prêtent de fort mauvaise grâce et regimbent contre le procédé.

Mme Roland protestait énergiquement contre l'indignité d'être fouettée et communique dans ses mémoires plusieurs anecdotes personnelles remarquables.

Son père, un homme très violent, avait l'habitude de la battre souvent pendant sa jeunesse ; plus d'une fois, elle lui avait mordu la cuisse sur laquelle il l'avait renversée pour la fouetter. Refusant de prendre un médicament, elle fut condamnée à être flagellée. Comme elle persistait dans son refus de le prendre, elle fut fouettée avec sévérité. Une autre fois, lorsqu'une punition du même genre devait lui être infligée, elle se montra féroce dans son opposition, et son père en fut irrité ; mais, voyant sa mère en pleurs, elle se soumit avec humilité et accepta la punition. Mais elle résolut de faire prévaloir sa volonté, — de mourir plutôt que de céder, — et jamais plus elle ne fut fouettée.

COUTUMES MATRIMONIALES EN RUSSIE

Dans l'empire du Czar, la flagellation commence dès le seuil de la vie conjugale, et se perpétue long-temps après la lune de miel. Quel bonheur pour le mari de pouvoir ainsi affirmer son autorité ! Combien soumise doit être l'épouse qui a de la sorte de bonne heure appris à marcher dans la voie de l'obéissance maritale ! Nous citons : — « Les coups rituels du fouet que la fiancée reçoit de son futur époux », — une coutume qui existe parmi toutes les nations slaves, et chez d'autres peuples indo-européens, — sont aujourd'hui aussi bien expliqués par les paroles mêmes que le mari prononce en administrant les coups, que par les chansons de ses camarades et par les commentaires des savants, comme symbolisant la sujétion de l'épouse à son mari. M. Soumzor donne une explication qui paraît très plausible du sens pri-mitif de ces coutumes. Il y trouve une analogie avec les coups rituels des *Luperci* pendant les *Lupercales* chez les anciens Romains, et les fouets mellifères d'Asvines qui symbolisaient la rosée de l'aube et celle du soir, causes de la fertilité des champs [1].

---

1. Voir Soumtzoī, *Sur les usages nupt.*, p. 94 ; Krauss, *Sitte und Brauch der Südslaven*, p. 485 ; Boïev, *K. Bratchno-mou pravou Bolgar* (*Sur les Us. jurid. Bulg.*), p. 40 ; Liebrecht, *Vülkerkunde*, pp. 376-377 ; Laumier, *Cérém. nupt.*, p. 91 ; Wood, *The Wedding Day*, II, p. 48, 118 : Dans le gouverne-ment de Kasan, parmi les Tcheremisses, la jeune épouse n'entre pas de suite dans la couche nuptiale ; elle y place seulement un pied pour le retirer ensuite. Ceci est répété trois fois jusqu'à ce que le chef du cortège lui donne trois coups de son fouet (Smirnoff, *Les Tcheremisses*, pp. 130-131).

Cette manière de voir est confirmée par les coutumes subsistant en beaucoup d'endroits, où le mari se contente d'éventer sa jeune épouse de tous les côtés avec un long fouet, ou bien il en frappe la voiture qui la porte, en tournant autour. On peut également reconnaître les conditions ci-dessus mentionnées dans la coutume qui s'est perpétuée dans la Russie Blanche, de faire lever les nouveaux époux de leur couche nuptiale à coups de fouet, comme de fait le fouet ou le bâton figure dans la plupart des cérémonies nuptiales.

LA FLAGELLATION DES SERVES EN RUSSIE

Le pouvoir despotique dont les propriétaires de domaines en Russie étaient autrefois investis est heureusement aboli. Les droits sur les serfs n'existent plus ; en pratique, cependant, le vieil état de choses subsiste encore dans beaucoups d'endroits. Espérons, cependant, que des cas comme celui relaté ci-dessous sont rares :

« Une belle jeune fille, dont le père était serf, était fiancée à un jeune homme de sa condition. Mais son seigneur désirait en faire sa maîtresse, et, parce qu'elle refusa de la façon la plus énergique à se commettre à cette dégradation, il résolut de la faire fouetter : elle fut donc accusée d'un méfait quelconque, et sur cette fausse accusation elle fut arrêtée

1. Soumtzor, *loc. cit.*, pp. 94-95.

et envoyée en prison, où, à porte close, elle fut mise
immédiatement nue et étendue sur un banc au bout
duquel se trouvaient deux trous dans lesquels on fit
passer ses bras : alors deux hommes lui tinrent la
tête et les pieds, tandis qu'un troisième la fouetta
jusqu'à ce qu'elle fût couverte de sang, et il lui
fallût plus tard près de trois mois pour se remettre. »

« *The Englishwoman in Russia* [1] » parle d'une
dame du plus haut rang, qui avait usé du privilège,
qu'a toute femme dans un bal masqué, de glisser
quelques mots dans l'oreille de l'Empereur ; elle en
avait profité pour risquer une suggestion un peu indiscrète. Ayant été suivie jusque chez elle par un mou-
chard, elle fut mandée le lendemain au bureau du
comte Orloff. A son arrivée, on lui indiqua une chaise,
où, s'étant assise, elle fut tranquillement interrogée.
Peu de temps après on la descendit doucement dans
une chambre inférieure, où elle fut vigoureusement
fouettée avec des verges par quelqu'un d'invisible
tout comme si elle avait été une petite fille. La
« *Englishwoman* » se porte garante de l'exactitude
de cette anecdote. Elle connaissait la dame en question, et l'histoire lui fut contée par une amie intime de
la famille.

LA FLAGELLATION D'UNE DAME
HAUT PLACÉE

On entend quelquefois de singulières histoires à
propos de l'extrême sans-gêne des agissements du
monde officiel russe. Voici le traitement terriblement

---

1. « *The Englishwoman in Russia* » (L'Anglaise en Russie)
un périodique.

indigne qui fut infligé à une dame russe et que Dieu merci, la préfecture de police de Paris n'a pas encore adopté.

Une dame de haute lignée, soupçonnée d'avoir trempé dans quelque affaire de trahison, fut mandée au bureau de la police secrète : lorsqu'elle y arriva et que la porte se fut refermée sur elle, on la pria poliment de s'avancer un peu plus, mais en ce faisant, une trappe s'ouvrant soudainement sous elle, elle y glissa jusqu'à ce qu'elle ne fût plus suspendue que par ses vêtements qui étaient restés accrochés sous ses bras. Elle resta dans cette position qui l'empêchait de faire le moindre mouvement, exposée librement aux coups de fouet qu'un exécuteur appelé dans ce but lui administra à tour de bras.

Il ne serait peut-être pas inutile de se servir de ce moyen un peu vif pour guérir à jamais une femme trop loquace, mais il nous semble qu'il serait plus convenable et plus décent d'appeler le mari ou même le frère ou le cousin, pour exécuter ce travail, que de le déléguer à un inconnu caché sous le plancher. Un député qui aurait l'audace de proposer de telles mesures de coercition pour des Françaises, ne garderait pas longtemps son mandat.

APRÈS LE BAL !

On prétend que la transition des larmes au rire et *vice-versa* est tellement rapide que l'on peut considérer la différence entre ces deux manifestations du tempérament humain comme si elle n'existait pas en réalité. Il y a cependant bien peu de gens qui aimeraient quitter la salle de bal et les plaisirs pour la chaise de flagellation ; de même il serait difficile de trouver beaucoup de galants hommes qui, après avoir prêté une oreille complaisante aux propos frivoles et peut-être irréfléchis que l'esprit folichon d'une beauté en verve lui aurait suggérés dans le tourbillonnement d'une valse, s'en serviraient sans retard pour faire ignominieusement fouetter l'imprudente. Bon nombre de grandes dames ont cependant été flagellées de cette façon et dans des circonstances analogues. De fait, on pourrait multiplier tant qu'on voudrait les exemples de ce genre. Il y a quelques années, un journal allemand annonçait que trois des plus belles femmes de Saint-Pétersbourg avaient été conduites directement d'un des bals de la Cour impériale, dans leurs propres carrosses, encore affublées de leurs belles toilettes de satin et de guipures, jusqu'au bureau de police, où, après avoir été hissées sur l'épaule d'un homme, leurs jupes relevées, elles furent vigoureusement fouettées avec des verges. Aucune explication ne leur fut données ; mais on les renvoya avec la recommandation très significative de ne donner à l'avenir plus aucun libre cours à leurs langues.

Au cours d'une autre soirée impériale, quelques jeunes dames, qui avaient bavardé un peu trop librement, furent poliment escortées jusqu'à un appartement éloigné, où, forcées de s'agenouiller, les coudes appuyés sur une ottomane, elles reçurent une bordée de claques administrées par la main vigoureuse d'une des femmes de charge du palais, avec leurs propres escarpins de satin, après quoi elles furent renvoyées chez elles.

La correction des femmes en Orient

LE TAUREAU ET L'ANE [1]

Il y avait une fois un marchand qui possédait une grande fortune et beaucoup d'esclaves et qui était riche en bétail et en chameaux ; il avait aussi une femme et de la famille et il habitait à la campagne, et il était très versé dans l'art d'être époux et il aimait l'agriculture. Or, Allah, le Très-Haut, l'avait doué de la faculté de comprendre le langage d'animaux et d'oiseaux de toute espèce, mais cela, sous peine de mort, pour lui, s'il divulguait à qui que ce soit ce don. Ainsi il garda le secret par pure peur. Il avait dans son étable un taureau et un âne, chacun desquels était attaché dans son propre compartiment, très près l'un de l'autre. Un jour que le marchand se trouvait assis près de là avec ses domestiques et ses enfants jouant autour de lui, il entendit le taureau dire à l'âne :

---

[1]. Ce conte est traduit de l'arabe avec toutes les originalités du style et les pléonasme qu'il comporte.

« Salut et santé à toi, ô père du réveil [1] ! Afin que tu jouisses de repos et de bien-être, tout, au-dessous de toi, est proprement balayé et fraîchement garni : des gens te servent et te nourrissent, et ta provende consiste en orge choisi, ta boisson est de l'eau de source pure, tandis que moi, — malheureuse créature, — je suis sorti au milieu de la nuit, alors qu'ils placent sur mon échine la charrue et quelque chose qu'ils appellent le joug et je me fatigue à creuser la terre depuis le point du jour jusqu'au coucher du soleil. Je suis forcé de faire plus que je ne puis et de supporter toutes sortes de mauvais traitements de nuit en nuit ; après quoi ils me ramènent, les côtes moulues, mon échine rompue, mes jambes flagellantes et mes yeux remplis de larmes. Ensuite ils me renferment dans l'aire et me jettent des haricots et de la paille écrasée, mêlée à de la poussière et à des impuretés. Et je couche dans le fumier, dans les ordures et les puanteurs, durant toute la nuit. Mais toi, tu es toujours couché à l'aise, sauf quand il arrive — et cela assez rarement — que le maître a quelque affaire et qu'il te monte jusqu'à la ville et retourne avec toi sans retard. Ainsi il se trouve que je suis travaillant et misérable tandis que toi tu prends tes aises et ton repos ; tu dors tandis que je suis sans sommeil ; j'ai encore faim quand tu te remplis à ta faim et je récolte du mépris tandis que tu gagnes des bontés. »

Lorsque le taureau eut fini de parler, l'âne se tourna vers lui et dit :

« O pauvre délaissé ! Il n'a pas menti celui qui t'a appelé tête de taureau, car toi, ô père d'un taureau, tu n'as ni prévoyance ni esprit d'invention ; tu es le

---

1. En arabe : « *Abù Yakȥan* », le réveilleur, parce que l'âne a l'habitude de braire à l'aube.

plus simple des simplets [1] et tu ne sais rien de bons conseillers. N'as-tu pas entendu la parole du Sage :

> Pour d'autres je supporte ces peines et ces travaux
> Et pour eux est le plaisir, pour moi le labeur ;
> Comme le blanchisseur qui noircit son front au soleil
> Pour blanchir la toile que d'autres porteront.

Mais toi, ô fou, tu es plein de zèle et tu te fatigues, tu t'échines devant le maître ; et tu peines, tu fatigues et te ruines pour le confort des autres. N'as-tu jamais entendu le dicton qui dit : « Personne pour guide et éloigne-toi bien loin du chemin ! » Tu pars à l'appel pour la prière du matin et tu ne retournes pas jusqu'au coucher du soleil ; et durant toute la sainte journée tu endures toutes sortes de misères ; ensemble des coups le labour et des injures. Maintenant écoute-moi, messire taureau ! Quand ils t'attachent à ton râtelier puant, tu laboures le sol avec ton front, tu rues avec tes pieds de derrière, tu frappes avec tes cornes et beugles fortement, de sorte qu'ils te croient content. Et quand ils te jettent ta pitance, tu te précipites dessus avec joie et te dépêche de remplir ta panse bien dodue. Mais, si tu veux accepter mon conseil, cela sera bien meilleur pour toi et tu mèneras une vie peut-être encore plus agréable que la mienne. Quand tu iras aux champs et qu'ils déposent sur ton cou la chose appelée *joug*, couche-toi et ne te relèves pas, malgré qu'ils te fustigeront avec désinvolture ; et si tu te relèves, recouche-toi une deuxième fois ; et quand ils te ramèneront au logis et qu'ils t'offriront tes haricots, recule en arrière et ne fais que sentir ta pitance

---

1. En arabe : *Balid*, un égyptianisme qui signifie *innocent, imbécile.*

retire-toi et ne la goûte pas et contente-toi de ta paille écrasée et de tes gausses ; et de cette façon feins d'être malade et ne cesse pas de faire cela pendant un jour ou deux ou même trois jours, tu auras ainsi du répit de tes peines et soucis.

Quand le taureau entendit ces paroles, il sut que l'âne était son ami et il remercia en disant : « juste est ton discours ! » et il pria que toutes les bénédictions lui fussent prodiguées et il cria : « O père Réveilleur, tu m'as consolé dans mes sentiments ! » (Maintenant [1], ô ma fille, le marchand comprit tout ce qui s'était passé entre eux.)

Le lendemain, le bouvier prit le taureau et, lui plaçant le trait de la charrue sur l'échine, le fit travailler comme de coutume ; mais le taureau se mit à faire le mauvais, conformément au conseil de l'âne, et le laboureur le battit jusqu'à ce que le joug se rompît et qu'il s'échappât ; mais l'homme le rattrappa et le tanna au point qu'il crut en mourir. Malgré cela il ne voulut faire rien autre que rester immobile et se laisser tomber jusqu'au soir. Alors le bouvier le conduisit à la maison et l'installa dans son étable. Mais il s'éloigna de son manger, et ne piaffa, ni ne rampa, ni ne beugla ni ne se comporta comme il avait l'habitude de faire ; ce qui fit que l'homme s'en étonna. Il lui apporta les haricots et les écausses, mais les renifla et se coucha aussi loin d'eux qu'il put et passa toute la nuit à jeuner. Le paysan vint le lendemain matin, et, voyant le râtelier plein de haricots, la paille écrasée intacte, et le taureau couché sur son dos dans une attitude peinée avec un ventre gonflé et étendu, il s'inquiéta de lui et dit : « Par Allah ! sûrement il

---

1. En arabe le wà (') est le signe de la parenthèse.

est devenu malade, et voilà la cause pourquoi il n'a
pas voulu labourer hier. »

Alors il se rendit auprès du marchand et lui rapporta:
« Oh ! mon maître, le taureau est souffrant ; il refusa
sa pitance hier soir, et de plus, il n'en a pas goûté
une miette ce matin. »

Maintenant, le marchand comprenait tout ce que
cela signifiait, parce qu'il avait surpris la conversation
entre le taureau et l'âne. En conséquence, il dit :
« Prends ce chenapan d'âne, place-lui le joug sur
l'échine et fais-lui faire le travail du taureau. » Là-
dessus le laboureur prit l'âne et le fit travailler durant
toute la sainte journée le même travail que le taureau ;
et, quand il manquait par faiblesse, il lui fit manger
du bâton jusqu'à ce que ses côtes fussent ramollies,
que ses reins furent renfoncés et que son échine fût
brisée par le joug ; et quand il revint au logis le soir,
il put à peine traîner ses jambes, ni en avant, ni en
arrière. Quant au taureau, il avait passé la journée
couché de tout son long et il avait mangé sa pitance
avec excellent appétit, et il ne cessa pas d'appeler des
bénédictions sur l'âne, pour son bon conseil, ignorant
ce qui lui était arrivé à cause de lui. De sorte que,
quand la nuit tomba et que l'âne retourna à l'étable,
le taureau se leva pour lui faire honneur et dit : « Que
de bonnes choses veuillent rendre ton cœur content,
ô père Réveillonneur ! Grâce à toi j'ai pu me reposer
toute la journée durant et j'ai mangé ma nourriture en
paix et tranquillité ! » Mais l'âne ne lui fit pas de
réponse, par dépit, par l'indicible fatigue endurée et
par suite des bastonnades reçues ; et il se repentit
avec la plus profonde sincérité ; et il se dit à lui-
même : « Ceci provient de la folie que j'ai commise
de donner un bon conseil. « Comme là scie dit : J'étais
dans la joie et dans le contentement, et rien que ma

franchise m'a procuré ce désastre. Mais je veux me souvenir de ma valeur innée et de la noblesse de mon naturel. Car, que dit le poète :

La magnifique couleur du Basilic [1] doit-elle disparaître
Quoique les pieds de l'Abeille eussent rampé sur le Basilic ?
Et quoique l'Araignée et la Mouche soient ses hôtes ?
Est-ce que le malheur doit s'attacher à la Maison Royale ?
Le Kauri [2], je suppose, peut avoir cours,
Mais faut-il pour cela que la goutte clair d'une perle perde
[sa valeur ?

Et maintenant il faut que je réfléchisse et que j'invente un tour pour lui, pour le remettre à sa place, sans cela il me faut mourir. » Puis, il se mit à son râtelier avec lassitude, tandis que le taureau le remerciait et le bénissait. Et de même ainsi, ô ma fille, dit le vizir, tu mourras par manque d'esprit. Pour cela, reste coite et ne dis rien et n'expose pas ta vie à une pareille épreuve, car par Allah ! je te donne le meilleur conseil qui émane de mon affection et de ma bienveillante sollicitude pour toi.

— Oh ! mon père, répondit-elle, il est nécessaire que je monte chez ce roi et que je sois mariée avec lui. — Et lui dit : « Ne fais pas cela. » Et elle répondit : « En vérité, je le veux. » Sur quoi il ajouta : « Si tu ne te tais pas et que tu ne restes pas tranquille, je veux faire avec toi-même ce que ce marchand fit avec sa femme ! — Et que fit-il avec sa femme ? demanda-t-elle.

---

1. Le Basilic, connu dans le Midi de la France sous le nom d'angélique, l'*herbe royale* si réputée en Orient.
2. En arabe : *Sadaf*. Petit coquillage blanc originaire des Maldives et servant de monnaie de billon.

— Sache donc, répondit le vizir, qu'après le retour de l'âne, le marchand sortit sur la terrasse qui formait le toit de sa maison, avec sa famille, car c'était par une nuit de clair de lune et la lune était dans son plein.

Or, la terrasse dominait l'étable et, comme il était assis là, avec ses enfants jouant autour de lui, le négociant entendit l'âne qui disait au taureau :

« Dis-moi, frère *Grand-Sourcil*, que comptes-tu faire demain ? »

Le taureau répondit :

« Quoi d'autre, sinon suivre ton conseil, ô Aliboron ? En effet, cela a été aussi bon que bon ce pouvait être et cela m'a procuré du répit et du repos. Je n'ai donc nulle envie d'en départir d'un cran, de sorte que, quand ils m'apporteront ma nourriture, je la refuserai et gonflerai mon ventre et simulerai la maladie. »

L'âne secoua la tête et dit :

« Garde-toi d'agir de la sorte, ô père d'un taureau ! »

Le taureau demanda :

« Pourquoi ? »

Et l'âne répondit :

« Sache que je suis sur le point de te donner le meilleur des conseils, car, en vérité, j'ai entendu notre patron dire au bouvier : « Si le taureau ne se lève pas de sa couche pour faire son travail aujourd'hui et qu'il se retire de sa pitance, conduis-le chez le boucher pour qu'il l'abatte et donne sa viande aux pauvres et façonne un peu de cuir avec sa peau. » Or, je crains pour toi en raison de cela. Donc, prends mon avis, avant qu'une calamité ne t'atteigne. Et quand ils t'apporteront ta nourriture, mange-la, lève-toi et laboure la terre, ou notre maître te fera certainement charcuter et qu'alors la paix soit avec toi ! »

Sa femme lui demanda : « De quoi ris-tu ?... » Et il lui répondit : « Je ris d'une chose secrète.... que je ne puis pas dire, si je ne veux pas mourir de malemort ».

(Page 415).

Sur ce, le taureau se leva, loua à haute voix et remercia l'âne et dit : « Demain je veux, avec docilité,
aller avec eux ! »

Et de suite il se mit à avaler toute sa pitance et alla
même jusqu'à lécher son râtelier.

(Tout ceci eut lieu et le propriétaire écoutait leurs
discours.)

Le lendemain matin, le commerçant et sa femme
se rendirent à l'étable et s'assirent, et le bouvier sur-
vint et fit avancer le taureau qui, apercevant son
maître, dressa sa queue et se mit à renifler, et se mit
à se trémousser avec tant de vivacité que le marchand
eut un éclat de rire et continua de rire jusqu'à ce qu'il
tombât à la renverse, sur son dos.

Sa femme lui demanda :

« — De quoi ris-tu avec un rire aussi bruyant que
cela ? »

Et il lui répondit :

« Je ris d'une chose secrète que j'ai entendue et vue
et que je ne puis pas dire, si je ne veux pas mourir de
malemort. »

Elle répliqua :

« A tout prix il faut que tu me la dévoiles, et que
tu me découvres la cause de ton rire, dût-il en résulter ta mort ! »

Mais lui répondit :

« Je ne puis pas révéler ce que les bêtes et les
oiseaux disent en leur langue de peur que je ne
meure ! »

Alors elle dit :

« Par Allah ! tu mens ! ce n'est là qu'une vaine
excuse : tu n'as ri de personne autre que de moi et
maintenant tu voudrais me cacher quelque chose.
Mais, par le Seigneur des Cieux ! à moins que tu
ne me dévoiles la cause, je ne veux pas cohabiter

plus longtemps avec toi : Je veux te quitter de suite ! »

Et elle s'assit et pleura. Sur quoi le marchand dit :
« Malheur à toi ! Que signifie ton pleurnichage ? Crains Allah et laisse ces paroles et ne pose plus de questions.

— Il faut que tu me dises la cause de tes rires, » dit-elle. — Et il répondit :

« Tu sais que quand je priai Allah de m'accorder le don de comprendre les langages des animaux et des oiseaux, j'ai fait un vœu de ne jamais révéler le secret à personne sous peine de mourir sur le coup.

— N'importe ! cria-t-elle, dis-moi quel secret s'est échangé entre l'âne et le taureau et meurs à l'heure même... »

Et elle ne cessa pas de l'importuner jusqu'à ce qu'il fût à bout et proprement exaspéré. Alors, il dit à la fin :

« Fais venir ton père et ta mère et nos fils et filles et des voisins tant que tu pourras !

Et ainsi elle fit ; et lui envoya chercher le Kasi[1] et ses assesseurs, dans l'intention de faire son testament, et de lui révéler, à elle, son secret, et de mourir de malemort. Car il l'aimait d'amour extrême, parce qu'elle était sa cousine, la fille du frère de son père et la mère de ses enfants, et il avait vécu avec elle une vie de cent vingt ans.

Alors, ayant réuni toute sa famille et les gens du voisinage il leur dit :

« Il y a avec moi une étrange histoire, et elle est

---

1. Le plus vieux cadi, un juge en matières religieuses. Les *Shuhûh* ou assesseurs sont des officiers du *Mahmakamak* ou cour du *Kazy*.

telle que si je révèle le secret à quiconque, je suis un homme mort ! »

Pour cela, chacun de ceux qui étaient présents dirent à la femme :

« Allah sur toi ! laisse là cette coupable obstination et reconnais les droits en cette matière, sans quoi, misérablement, ton époux et le père de tes enfants mourra ! »

Mais elle repartit :

« Je ne veux pas en démordre, jusqu'à ce qu'il me le dise, dût-il en advenir sa mort ! »

Alors ils cessèrent de la presser et le négociant se leva d'au milieu d'eux et se retira dans une construction, à l'écart, pour procéder à l'ablution de *Wuẓu* [1] et il se proposa de retourner ensuite parmi eux et de leur communiquer son secret et de mourir. Maintenant, Sheharazade, ma fille, ce marchand avait dans ses dépendances quelque chose comme cinquante poules avec un seul coq, et tandis qu'il s'apprêtait à prendre congé des siens, il entendit l'un de ses nombreux chiens de garde parler en ces termes et en sa propre langue, le coq qui battait des ailes, chantait à cœur-joie, sautant du dos d'une poule sur une autre et se trémoussant tout alentour :

« Oh ! Chanteclaire, comme ton esprit est mesquin et combien ta conduite est sans pudeur ! Que celui qui t'a élevé s'en trouve déconvenu [1] ! N'est-tu pas honteux de ta conduite en un jour comme celui-ci ?

— Et, demanda le Rougeaud, qu'est-il donc arrivé en ce jour ?

---

1. On trouvera l'explication de ce mot plus loin : il se purifia ainsi avant la mort.

1. Cette expression est plutôt chrétienne que mulsumane : un juron favori des Maltais est en effet le suivant : *Yahrak Kiddisak man rabba-K !* soit : Que brûlé soit le saint qui t'a élevé !

Ce à quoi le chien répondit :

« Ne sais-tu donc pas que notre maître est en ce jour en train de se préparer pour sa mort ? Sa femme est résolue à lui faire dévoiler le secret qui lui a été confié par Allah, et, du moment qu'il le fera, il devra sûrement mourir. Nous autres chiens sommes tous en deuil, mais toi, tu bas de tes ailes, tu claironnes du plus fort que tu peux et tu montes une poule après l'autre. Est-ce là une heure pour se divertir et s'amuser ? N'es-tu pas honteux de toi-même ?

— Alors, par Allah! dit le coq, notre maître est un impotent et un privé de bon sens : s'il ne peut pas se débrouiller avec une seule femme, sa vie ne mérite pas d'être prolongée. Or, moi. j'ai environ cinquante dames partenaires ; et il me plaît ceci et je veux cela, et je fais souffrir l'une des privations et j'emplis l'autre ; et, par suite de mon bon gouvernement, elles sont toutes bel et bien sous sa domination. Notre maître que voilà a des prétentions à être spirituel et sage et il n'a qu'une seule femme, et cependant il ne sait pas la diriger. »

Et le chien de demander :

« Alors, ô Coq! que devrait-il faire, notre maître, pour sortir nettement de cette impasse ?

— Il devrait se lever incontinent, répondit le coq, et prendre quelques pousses de ce mûrier que voilà, et lui donner une bonne tripotée, à lui faire cuire le dos et rôtir les côtes, jusqu'à ce qu'elle s'écrie : « Je me repens, ô mon seigneur ! Je ne veux plus te poser de question aussi longtemps que je vivrai ! » Puis il devrait la frapper derechef et à tour de bras ; et quand il aura fait cela, qu'il aille dormir tranquillement, exempt de soucis et joyeux de vivre. Mais voilà, ce maître que nous avons n'a ni bon sens, ni jugeotte.

— Maintenant, ma fille Sheharazade, continua le

Vizir, je veux te faire à toi ce que ce mari fit à son épouse. »

Et Sheharazade de dire :

« Et que fit-il ? »

Il répondit :

« Quand le marchand entendit les sages paroles que le coq avait dit au chien, il se leva à la hâte et se rendit dans la chambre de sa femme, après avoir coupé une brassée de tiges de mûrier, et il les y cacha, puis, s'adressant à elle il lui cria :

— Viens dans ce réduit, afin que je te communique le secret pendant que personne ne me voit, et que je meure ensuite. »

Elle entra avec lui et il ferma la porte, et s'abattit sur elle avec une si vigoureuse fouettée sur le dos et les épaules, les côtes, les bras et les jambes, tout en disant : « Poseras-tu jamais plus des questions sur ce qui ne te regarde pas ? » qu'elle en fut presque sans conscience.

Alors elle s'écria :

« Oh ! je suis de celles qui se repentent ! Par Allah ! je ne te poserai plus de questions et, réellement, je me repens sincèrement et complètement. »

Puis elle baisa sa main et ses pieds, et il la reconduisit hors de la chambre, soumise comme une épouse doit l'être.

Ses parents et toute la société se réjouirent, et la tristesse et le deuil se changèrent en joie et contentement.

C'est ainsi que la marchand apprit de son coq à discipliner sa famille, et lui et sa femme vécurent ensemble la plus heureuse des vies jusqu'à leur mort.

Une verge pour l'autre![1]

N'a guères que ung marchant de Tours, por festoier son curé et aultres gens de bien, acheta une grosse et belle lamproye ; si l'envoya à son hostel, et chargea très bien à sa femme de la mettre à point, ainsi qu'elle savoit bien faire : « Et faictes, dit-il, que le disner soit prest à douze heures, car je ameneray le curé et aucuns autres qu'il lui nomma. — Tout sera prest, dit-elle, amenez qui vous vouldrez. » Elle mist à point ung grant tas de beaux poissons ; et quand vint à la lamproye, elle la souhaita au cordelier, à son amy, et dist en soy mesme : « Ha, frère Bernard, que n'estez-vous ici ! Par ma foy, vous n'en partiriés jamais tant que eussiez tasté de la lamproye, ou se mieulx vous plaisoit, vous l'emporteriés en vostre chambre et ne fauldroye pas de vous y faire compaignie. » A très grant regret mettoit ceste bonne femme la main à ceste lamproye, voire pour son mary, et ne faisoit que penser comment son cordelier la pourroit avoir. Tant pensa et advisa qu'elle conclud de lui en-

1. Les *Cent Nouvelles nouvelles*. Nouvelle XXXVIII.

voyer par une vieille qui scavait de son secret, ce
qu'elle fist, et lui manda qu'elle viendra annuyt soupper et couchier avec luy. Quand maistre cordelier vit
celle belle lamproye et entendit la venue de sa dame,
pensez qu'il fut joyeuz et bien aise ; et dit a la vieille
que s'il peut finer de bon vin, que la lamproye ne
sera pas fraudée du droit qu'elle a, puis qu'on la
mengue. La vieille retourna de son messaige et dit sa
charge. Environ douze heures, vécy nostre marchant
venir, le curé et plusieurs aultres bons compaignons,
pour dévourer ceste lamproye qui estoit bien hors de
leur commandement. Quand ilz furent en l'ostel du
marchant, il les mena trestous en la cuisine pour veoir
cette grosse lampaoye dont il les vouloit festoyer ; et
appella sa femme, et lui dit : « Monstrez nous nostre
lamproye, je vueil savoir à ces gens si j'en eu bon
marchié. — Quelle lamproye ? dit-elle. — La lamproye que je vous fis bailler pour nostre disner, avec
cest autre poisson. — Je n'ay point veu de lamproye,
dit-elle ; je cuyde, moy, que vous songiez. Vécy une
carpe, deux brochets et je ne scay quel autre poisson ;
mais je ne vy aujourduy lamproye. — Comment, dit-
il, et pensez-vous que je soye yvre ? — Ma foy ouy,
dirent lors le curé et les autres, vous n'en pensiez pas
aujourduy mains. vous estes ung peu trop chiche pour
acheter lamproie maintenant. — Par dieu, dit la
femme, il se farse de vous, ou il a songé d'une lamproye, car seurement je ne vis de cest an lamproye. »
Et bon mary de soy courroucer, qui dit : « Vous avés
menty, paillarde ; vous l'avés mengée ou caichée
quelque part, je vous promez que oncque si chière
lamproye ne fut pour vous. » Puis se vira vers le curé
et les aultres et juroit la mort dieu et ung cent de ser-
mens, qu'il avoit baillié à sa femme une lamproye qui
lui avoit cousté ung franc. Et eulx, pour encore plus

le tourmenter et faire enraigier, faisoyent semblant de
le non croire, et tenoient termes comme s'ils fussent
mal contens, et disoient : « Nous estions priez de disner chés ung tel, et si avons tout laissié pour venir
icy, cuidant mengier de la lamproye, mais à ce que
nous voyons, elle ne nous fera jà mal. » L'oste, qui
enraigeoit tout vif, print ung baston, et marchoit vers
sa femme pour la trop bien frotter, se les autres ne
l'eussent retenu qui l'emmenèrent à force hors de son
hostel, et misdrent peine de le rapaiser le mieux qu'ils
scéurent, quant ilz le virent ainsi troublé. Puis qu'ilz
eurent failly à la lamproye, le curé mist la table et,
firent la meilleure chière qu'ils scéurent. La bonne
damoiselle à la lamproye manda l'une de ses voisines
qui veufve estoit, mais belle femme et en bon point
estoit elle, et la fit disner avecque elle. Et quand elle
vit son point, elle dist : Ma bonne voisine, il seroit
bien en vous de me faire ung singulier plaisir ; et se
tant vous vouliez faire pour moy, il vous seroit tellement desservi que vous en deveriez estre contente. —
Et que vous plaist il que face ? dit l'autre. — Je vous
diray, dit-elle, mon mary est si très ardant de ses be-
songnes que c'est une grant merveille ; et de fait, la
nuyt passée, il m'a tellement retournée que, pour ma
foy, je ne l'ouseroye bonnement annyt attendre. Si
vous prie que vous voulez tenir ma place, et se jamais
puis rien faire pour vous, vous me trouverez preste de
corps et de biens. La bonne voisine, pour lui faire
plaisir et service, fut bien contente de tenir son lieu,
dont elle fut largement et beaucoup merciée. Or devés
vous savoir que nostre marchant à la lamproye, quand
vint puis le disner, il fit très grosse et grande garnison de bonnes verges qu'il apporta secrètement en sa
maison, et aux piez de son lit il les caicha, pensant
que sa femme annuyt en sera trop bien servie. Il ne

scéut faire si secrètement que sa femme ne s'en don-
nast très bien garde, qui ne s'en pensa pas mains,
congnoissant assez par expérience la cruauté de son
mary, lequel ne souppa pas à l'ostel, mais tarda tant
dehors qu'il pensa bien qu'il la trouvera nue et couchée. Mais il faillit à son entreprise, car quant vint
sur le soir et tard, elle fist despouillier sa voisine et
couchier en sa place, en lui chargeant expressément
qu'elle ne respondist mot à son mary quand il viendra,
mais contreface la muette et la malade. Et si fist en-
cores plus, car elle estaignit le feu de léans, tant en
la cuisine comme en la chambre.

Et ce fait, à sa voisine chargea que tantost que son
mari sera levé matin, qu'elle s'en voise en sa maison ;
elle lui promist que si feroit elle. La voisine en ce
point logée et couchée, la vaillante femme s'en va
aux cordeliers pour mengier la lamproye et gaingnier
les pardons, comme assez avoit de coustume.

Tandiz qu'elle se festoyera léans, nous dirons du
marchant qui après soupper s'en vint en son hostel,
esprins de yre et de mautalent à cause de la lamproye. Et pour exécuter ce qu'en son par dedens avoit
conclud, il vint saisir ses verges et en sa main les
tint, cherchant par tout de la chandelle, dont il ne
scéut oncques recouvrer ; mesmes en la cheminée
faillit à feu trouver. Quand il vit ce, il se coucha sans
dire mot, et dormit jusques sur le jour qu'il se leva et
s'habilla, et print ses verges et batit la lieutenante de
sa femme en telle manière que à peu qu'il ne la cra-
venta, en lui ramentevant la lamproye, et la mist en
tel point qu'elle saignoit de tous coustez, mesmes les
draps du lit estoient tant sanglans qu'il sembloit que
un bœuf y fust mort ; mais la povre martire n'osoit
pas dire ung mot, ne monstrer le visaige. Ses verges
lui faillirent, et fut lassé, si s'en alla hors de son

hostel. Et la povre femme, qui s'attendoit d'estre
festoyée de l'amoureux jeu et gracieux passetemps,
s'en alla tost après en sa maison, plaindre son mal et
son martire, non pas sans menasser et bien mauldire
sa voisine. Tandis que le mary estoit allé dehors,
revint des cordeliers sa bonne femme qui trouva sa
chambre de verges toute jonchée, son lit dérompu et
froissié et les drapz tout ensanglantez. Si congn'eut
bien tantost que sa voisine avoit eu affaire de son
corps, comme elle pensoit bien ; et sans tarder ne
faire arrest refist son lit et d'aultres beaux draps et
frez le rempara, et sa chambre nettoya. Après vers sa
voisine s'en ala qu'elle trouva en piteux point ; et ne
fault pas dire qu'elle ne trouvast bien à qui parler.
Au plus tot qu'elle peut en son hostel s'en retourna,
et de tous poins se deshabilla, et on beau lit qu'elle
avoit très bien mis à point se coucha, et dormit très
bien jusques à ce que son mary retourna de la ville,
comme changié de son courroux, parce qu'il s'en
estoit vengié, et vint à sa femme qu'il trouva ou lit
faisant la dormeveille : Et qu'est cecy, ma damoiselle, dit-il, n'est-il pas temps de lever ? — Henry,
dit-elle, est-il jour ? Par mon serment je ne vous ay
pas ouy lever ; j'estoie entrée en ung songe qui m'a
tenue ainsi longuement. — Je crois, dit-il, que vous
songiez de la lamproye, ne faisiez pas ? Ce ne seroit
pas trop grand merveille, car je la vous ai bien
ramentéue à ce matin. — Par Dieu, dit-elle, il ne me
souvenoit de vous ne de vostre lamproye. — Comment, dit-il, l'avez-vous si tost oublié ? — Oublié,
dit-elle, ung songe ne me arreste rien. — Et à ce
songe, dit-il, de ceste poingnié de verges que j'ay
usée sur vous n'a pas deux heures. — Sur moi ? dit-
elle. — Voire vraiment sur vous, dit-il. Je scay bien
qu'il y perd largement et aux draps de nostre lit

avecques. — Par ma foy, beaux amis, dit-elle, je ne
scay que vous avez fait ou songié, mais quant à moy
il me souvient très bien qu'aujourd'hui, au matin,
vous me fistes de très bon appétit le jeu d'amours;
autre chose ne scay je, aussi bien povez vous avoir
songié de m'avoir fait autre chose, comme vous fistes
hyer de m'avoir baillé la lamproye. — Ce seroit une
étrange chose, dit-il, monstrez ung peu que je vous
voye. Elle osta et si reversa la couverture et toute
nue se montra; sans taiche ni blesseure quelconques.
Vit ausai les draps beaulx et blancs sans soullieure ni
taiche. Si fut plus esbahy que on ne vous sauroit
dire, et se print à muser et largement penser; et en
ce point longuement se tint. Mais toutesfoys assez
bonne pièce après il dist : Par mon serment, m'amie,
je vous cuydoie à ce matin avoir très fort batue
jusqu'au sang, mais maintenant je voy bien qu'il n'en
est rien, si ne scay qu'il m'est advenu. — Dea, dit-
elle, ostez-vous hors de ceste ymagination de baterie,
car vous ne me touchastes oncques, vous le povez
bien présentement veoir et appercevoir ; faictes votre
compte que vous l'avez songé comme vous fistes hier
de la lamproye. — Je congnois, dit-il lors, que vous
dictes vray; si vous requiers qu'il me soit pardonné,
car je scay bien que j'euz hier tort de vous dire vil-
lenie devant les estrangiers que je amenay céans. —
Il vous est légièrement pardonné, dit-elle, mais tou-
tesfois advisez bien que vous ne soyez plus si légier
ni si hastif en vos affaires, comme vous avés de coustume. — Non seray-je, dit-il, m'amie. Ainsi qu'avez
ouy, fut le marchant par sa femme trompé, cuidant
avoir songié d'avoir acheté la lamproye et fait le
surplus ou compte dessus escript et racompté.

La flagellation
dans le boudoir

Parmi les journaux anglais, le *Family Herald* n'est pas le seul qui se soit occupé de cette question. Le *Queen*, un journal fashionable, publié dans la grande métropole, a ouvert, il y a quelque sept ans de cela ses colonnes à une controverse sur ce sujet. Au début, les communications qu'on recevait ne roulaient que sur le mode le plus logique de corriger les petits enfants, et si cette punition devait être ou non tolérée dans la *Nursery* ; mais, avec le temps, beaucoup de lettres arrivaient qui parlaient de la punition corporelle d'enfants beaucoup plus grands. Nous n'avons pas besoin de les citer, elles étaient exactement semblables à celles qui avaient déjà paru dans le *Family Herald*. Un grand nombre de ces lettres étaient tellement invraisemblables que nous présumons que la communication burlesque suivante signée B. était destinée à jeter le ridicule sur la polémique qui, entre parenthèses, fut arrêtée par le directeur :

« Je pense que l'exposition publique et la punition de filles adultes devrait être légalement prohibée.

Fouetter un enfant de sept à huit ans est une chose plausible, il n'en est pas de même d'une fustigation telle que vos correspondants la décrivent. Il y a à peine quelques mois de cela, leurs dires rencontraient chez moi la plus parfaite incrédulité. Mais une aventure récente est venue en tous points confirmer ce qu'ils avançaient.

« Je suis célibataire. Il y a bien des années, ma sœur unique mourut, me léguant sa fille pour que je l'élève. Ma nièce n'a que dix-huit ans ; c'est une jeune fille modeste et bien élevée, comme j'en connais peu. Jusqu'au mois de septembre dernier, elle fréquentait un collège de jeunes filles de premier rang à Londres, où l'on était très satisfait d'elle. Elle était toujours la première de sa classe. A cette époque, je choisis pour résidence une petite ville charmante sur les bords de la Tamise. Ma nièce, qui aime l'étude, manifesta le désir de suivre certain cours dans une grande école privée du voisinage et un arrangement à cet effet fut conclu entre moi et la directrice de l'établissement.

« Un samedi après midi, au commencement de décembre, revenant de Londres à l'heure du dîner, ma vieille femme de ménage vint à moi la figure toute bouleversée. Elle me dit que sa jeune maîtresse était rentrée de l'école à moitié folle, et s'était enfermée dans sa chambre. La vieille servante avait pu néanmoins se faire admettre, et avait appris ce qui s'était passé.

« Le matin, à l'école, il y avait eu un cours de composition anglaise, par un professeur occasionnel. Ce monsieur qui traitait assez superficiellement son sujet avait attribué le vers :

Des millions de mortels, nous vivons isolés !

à M. Tennyson. Comme je m'occupe de littérature,
ma nièce avait lu beaucoup plus que bien des jeunes
filles de son âge ; de suite elle corrigea donc l'erreur
en disant que le vers en question était de Matthew
Arnold. Une sous-maîtresse qui se trouvait dans la
salle lui dit ouvertement de ne point contredire, ni
d'interrompre, et lorsque la conférence fut terminée
un mauvais point lui fut noté dans le registre. C'est
la coutume de cette maîtresse d'école d'infliger des
punitions corporelles pour tout mauvais point qui
dépasse une certaine importance, et ma nièce avait
vu encore deux des plus jeunes filles corrigées, mais
comme elle ne venait que certains jours de la
semaine, elle ignorait que cette discipline s'appliquait aussi bien aux grandes demoislles.

« A sa surprise, au moment de s'en aller après les
leçons, elle fut appelée dans la salle d'études. Là
elle apprit avec stupeur et indignation qu'elle allait
être fouettée pour avoir été insolente à l'égard d'un
professeur. Ce fut inutilement qu'elle protesta et implora. La résistance fut vaine contre la force : elle fut
maintenue en travers d'un pupitre, ses vêtements
furent entièrement relevés pour découvrir le bas de sa
personne et la directrice la cingla de douze forts
coups de verge.

« Je suis un Irlandais et vous pouvez vous imager
l'indignation qu'un tel outrage commis sur une jeune
fille modeste, qui est actuellement sur le point de se
marier, fit naître en moi. Je conçus alors un plan que
je communiquai le soir même aux femmes de trois de
mes amis qui l'approuvèrent sans réserve. J'eus beaucoup de peine à décider ma nièce à retourner à l'école.
Mais nous étions aux approches de la Noël et elle y
retourna quand même. Elle n'eut pas à subir d'autre
affront si ce n'est que de temps à autre quelques

jeunes élèves la plaisantaient à propos du châtiment qui lui avait été infligé. Dans les premiers jours de janvier, j'envoyai un mot poli à la directrice de l'établissement, l'invitant à déjeuner chez moi, et y recevoir ce qui lui était dû. Elle vint, et fut introduite dans la bibliothèque, où les trois dames mariées déjà mentionnées l'attendaient. L'ayant invitée à s'assoir, je lui dis ce que je pensais de sa conduite ; je désirais éviter l'esclandre public qui résulterait de poursuites en justice, ajoutant, qu'avec l'approbation dès trois dames présentes, je la punirais comme elle avait puni ma nièce. Il y eut, naturellement, une scène orageuse, mais finalement, elle dut se soumettre. Je m'étais rendu à cheval jusqu'à Eton et là je m'étais procuré une bonne verge chez l'homme qui les fabrique pour le collège. Il va sans dire que très consciencieusement je la traitai absolument et dans les moindres détails comme l'avait été ma nièce ; je lui administrai une vingtaine de coups, dont l'état de son épiderme attestait pleinement l'énergie.

« Elle était d'ailleurs parfaitement capable de les supporter, étant une femme de quarante ans, non mariée, grande et fortement bâtie. Ma nièce refusa d'assister à cette punition, mais je forçai ensuite la femme à lui faire d'humbles excuses. J'ai depuis entendu dire qu'elle avait l'intention d'abandonner son école et de quitter le voisinage. »

On aurait pu supposer que les discussions dans le *Family Herald* et dans le *Queen* auraient épuisé le sujet du bouleau à l'usage de jeunes filles, mais qu'il ne l'était pas, ressort du fait qu'une controverse sur la flagellation domestique surgit dans une revue populaire, il y a quelques années. *Birches in the Boudoir* [1]

---

[1]. La verge de bouleau dans le boudoir.

était le titre sous lequel parut un article dans la *Saturday Review*, dans lequel étaient critiquées les lettres qui avaient paru dans le *Englishwoman's Domestic Magazine*, un périodique féminin. Après avoir fait quelques remarques très satiriques sur la correspondance en question, le *Saturday Review* conclut en demandant : « Est-il possible que d'ici peu, les seuls êtres qui seront fouettés en Europe, à part les bestiaux, seront les criminels anglais et les jeunes filles anglaises ? Ou bien, toute cette correspondance extraordinaire ne serait-elle qu'imaginaire ? Ne serait-ce donc rien de plus qu'une vulgaire fumisterie ? »

Le directeur de l'*Englishowman's Domestic Magazine* assure qu'il n'a publié qu'une petite portion de ce qu'il avait reçu au sujet de la flagellation de jeunes filles ; quelques-unes de ces communications, en effet, étant impropres à être rendues publiques. Voici une de ces lettres textuellement reproduite : — « Je viens justement de lire dans votre admirable revue les observations de vos correspondants sur l'importante question du châtiment corporel pour enfants et comme j'ai quelque expérience en la matière, je vous demanderai de vouloir bien me permettre de placer un mot. Je puis dire qu'à la suite de la mort de ma femme, il y a environ trois ans, je fus laissé seul avec la charge d'élever tout seul mes enfants, deux filles et quatre garçons. J'ai envoyé ces derniers en pension, et je pris une gouvernante pour surveiller l'éducation des jeunes filles, qui, jusqu'à l'année dernière, avaient été soigneusement élevées dans mon système opposé au châtiment corporel ; mais leurs progrès furent si peu satisfaisants, et leur conduite en général laissait tellement à désirer que, cédant aux sollicitations réitérées de leur institutrice, je donnai mon consentement à ce qu'on eût recours à l'application des verges. On s'en procura donc une, et, sur l'avis de la gouvernante, elle fut faite de lanières de cuir doux et souple, émincé à l'extrémité, qu'elle m'assurait devoir produire une douleur intense sur la peau sans grandement nuire au corps. On en fit l'application pour la première fois quand les jeunes filles furent surprises au moment où elles dérobaient de petites sommes d'argent, et après que je les eus examinées et que je me fus convaincu de leur culpabilité. J'ordonnai à l'institutrice de leur infliger à chacune une sévère correction qui devait leur être administrée dans leur chambre immédiatement après la prière du soir. C'est l'aînée qui fut d'abord amenée dans son boudoir et préparée pour l'opération, et, de là, conduite par l'institutrice dans le salon où elle lui administra de suite la discipline. Ce fut alors le tour de la plus jeune également fustigée avec soin. Ces corrections furent infligées *supra dorsum nudum*, les délinquantes se trouvant étroitement attachées à une ottomane pendant l'opération, à la conclusion de laquelle elles durent baiser le fouet et remercier la gouvernante qui leur donna alors la permission de se retirer. Depuis ce fait, je constatai une amélioration sensible dans leur conduite, et le progrès qu'elles ont accompli dans leurs études a été de tous points satisfaisant. Près de neuf mois se sont écoulés depuis que l'une d'elles a dû être corrigée, quoique de temps en temps, on applique le fouet aux paumes de leurs mains quand elles sont négligentes, et pour qu'elles ne l'oublient pas. Je l'ai aussi employé avec bon effet, et je le trouve beaucoup plus efficace que les verges qui, parfois, peuvent beaucoup nuire au corps après une application sévère. Ceci n'est pas à redouter lorsqu'on emploie le fouet à lanières de cuir, tandis que la douleur subie par le patient est bien plus aiguë ; et c'est ce qui me semble devoir être le but de toute correction corporelle : Il faut que le souvenir en subsiste longtemps ! Pour conclure, je recommanderai à vos correspondants de se procurer un fouet tel que je viens de le décrire, et ils trouveront que, après s'en être servis vigoureusement une ou deux fois, leurs enfants deviendront parfaitement dociles. »

Le récit suivant, sur la façon dont la discipline était administrée dans une école de demoiselles, a été résumé d'après un vieux journal. Les pratiques auxquelles on réfère sont évidemment assez vieilles, puisqu'elles remontent à 1836, date de la publication du journal en question.

« L'école de Mme de Berros était la plus belle institution du genre dans la ville de la Havane. Elle était très aristocratique, et les prix d'admission passaient à juste titre pour exorbitants ; aucune senorita n'y était admise si elle ne pouvait payer 5,000 francs par an. Comme on n'y recevait que trente-deux élèves, il fallait de grandes influences pour obtenir l'admission dans cette institution. C'était une école de perfectionnement dans toute l'acception du terme. Aucune demoiselle n'y était admise avant l'âge de quatorze ans, et le cours complet d'instruction comprenait une période de trois années. Comme j'ai eu l'avantage de terminer mon éducation dans l'établissement de Mme de Berros, je raconterai, aussi brièvement que possible, comment la discipline y était observée ; les cérémonies étaient d'étiquette usuelle dans la maison.

« Comme j'avais dû attendre assez longtemps qu'une place fût vacante, j'avais dépassé l'âge convenu quand j'y fus admise — un fait que mes tuteurs avaient été obligés de cacher à Madame, attendu que la règle très stricte était qu'aucune jeune fille au-dessus de quatorze ans n'y pouvait être admise. Il y avait beaucoup de

parents qui employaient quelques petites fraudes de
ce genre pour obtenir l'admission de leurs enfants ; et
j'ai connu une demoiselle, un peu frêle de constitution,
qui avait dépassé l'âge de dix-sept ans au moment de
son entrée, et que j'ai vu fouetter par Mme de Berros,
le jour même où elle entrait dans sa dix-neuvième
année. Mme de Berros, bien entendu, ne reconnaissait
que l'âge nominal de ses élèves, et n'était pas supposée être au courant des petites manœuvres des parents.
Tous les parents connaissaient les règlements de
l'école et savaient que la flagellation était une des punitions les plus communes ; mais, de fait, à cette
époque, ce genre de punition était si répandu dans
chaque maison que même des jeunes dames et des gentilshommes avaient à subir le fouet, et Madame ex-
cellait dans cet exercice.

« Chaque pensionnaire était obligée d'apporter un
trousseau très riche : des dessous en dentelle, et, en
fait de linge, tout ce qu'il y avait de plus fin ; des pantoufles en satin de couleurs différentes et des souliers
en maroquin noir, d'autres pantoufles pour la chambre
à coucher, etc. ; de même, des bas de soie et des dentelles de texture très fine, des jupons richement ornés,
des robes de chambre très élégantes, ainsi qu'une
grande quantité de gants pour compléter les fourni-
tures. Je fus amenée à l'école par ma tante et Madame
nous reçut dans un salon très élégant ; je fus obligée
de lui faire une révérence jusqu'à terre lors de ma présentation, et alors conduite par une des sous-maîtresses,
on me dirigea sur la première salle pour y être
présentée à mes futures compagnes.

« L'école était installée dans un très large et élégant
château qui avait été construit pour le gouverneur de
la cité. Il se composait de quatre salons de réception
ainsi que de plusieurs autres salons moins grands et de

boudoirs ; le tout était richement meublé. Chaque série de huit élèves occupait un salon à part avec chambre à coucher, salles d'études, boudoirs, etc. ; Madame elle-même occupait le principal salon dans lequel se tenaient toutes les semaines des soirées dansantes auxquelles prenaient part les élèves et au cours desquelles avaient lieu ce que nous appelions les « flagellations d'état. »

« Je n'avais pas été une heure ou deux dans la maison que j'avais déjà appris ce qui m'était réservé. Des novices, cependant, échappaient longtemps avant d'être fouettées en grande cérémonie. Quoique c'est peut-être anticiper quelque peu, je puis mentionner qu'une fois on m'envoya au boudoir de Madame lui porter le terrible livre noir dans lequel était inscrit mon premier délit. Madame était vêtue d'un peignoir de cachemire, et avait un air terriblement imposant. Il me fallait faire une révérence très profonde pour lui présenter le livre, et, après que Madame y eut jeté un coup d'œil elle sonna et pria sa servante de préparer le fouet pour moi. Oh ! comme je tremblais ! La jeune femme me dépouilla de ma robe et de mes jupes et alors, relevant mes dessous, me laissa exposée devant Madame. J'aurais voulu disparaître sous terre, mais, après avoir enduré une longue et sévère admonition, je fus, à mon grand soulagement, relâchée sans avoir reçu le fouet.

« La première flagellation publique dont je fus témoin était celle d'une très belle et très accomplie jeune personne ; mais ni sa beauté, ni ses talents, ne pouvaient la sauver de la discipline habituelle de la maison — le fouet universel, qui ne connaissait pas le respect dû aux personnes, comme chaque jeune fille qui avait terminé son éducation chez Madame le savait fort bien. Je n'avais pas été bien longtemps dans la maison que je vis cette jeune demoiselle se raidissant sous les verges vigoureusement appliquées par la directrice. Cette élève étant une personne de haute famille, d'une disposition très altière, qui négligeait l'étiquette de la maison, ce qui constituait aux yeux de Madame une faute tout à fait impardonnable. Ayant, dans la même journée, oublié à trois reprises de faire la révérence en entrant dans ce que nous avions l'habitude d'appeler le salon de présence, Mme de Berros en fut tellement offusquée qu'elle résolut de fouetter la délinquante sur-le-champ, quoique ce n'était pas l'heure habituelle ; elle ne permit pas non plus à Mlle B*** de changer sa toilette, ce qui se faisait cependant d'ordinaire.

« La flagellation que je vais décrire eut lieu tout de suite après le souper, alors que nous étions assemblées pour danser pendant une heure dans le salon bleu. Voyant que son élève était plus hautaine que jamais, Madame avait évidemment résolu de la fouetter ; donc, l'appelant devant elle, elle lui fit un petit discours sur son arrogance et son manque de courtoisie, concluant en lui disant tranquillement : « Dorothée, je me vois obligée de vous fouetter encore une fois. » Mme de Berros frappa alors dans ses mains, et deux servantes, qui se trouvaient toujours sur le qui-vive dans l'antichambre entrèrent et firent leur révérence. « Apportez-moi des verges », dit Madame à l'une d'elles. « Préparez Mlle B*** », fit-elle à l'autre. La coupable ne changea même pas de couleur et, paraissant savoir que toute résistance serait inutile, se résigna de suite à son sort. La servante ayant apporté une longue verge faite de tiges très minces, la présenta à Madame sur un plateau, faisant la révérence, et se mit ensuite à aider sa camarade à dévêtir la délinquante. Ayant de nouveau fait une révérence à

Madame et baisé l'instrument du supplice — une cérémonie qui n'était jamais omise à l'occasion d'une flagellation — une des bonnes hissa M¹¹ᵉ B*** docilement sur son épaule, se retournant à peu de distance de Madame. Comme c'était la première fois que je devais assister à une scène de ce genre, j'éprouvai un ensemble d'émotions qu'il m'est impossible de décrire.

« Tout étant prêt, Madame, donnant de l'essor à son bras, fit tomber les verges doucement sur la coupable, qui, sur-le-champ, poussa une exclamation comme si on l'avait plongée dans un bain froid. Une douzaine de coups environ, également doux, suivirent, et alors Madame, comme si elle était animée par l'exercice termina d'une façon qui fit venir les larmes aux yeux de la malheureuse patiente. Etant alors remise sur un divan, ses mains furent déliées, et alors après s'être mise à genoux et avoir embrassé le fouet, M¹¹ᵉ B*** se retira en faisant une profonde révérence, la servante qui attendait lui portant ses vêtements dans l'antichambre. »

Beaucoup d'autres exemples et descriptions de la discipline appliquée aux élèves des écoles de jeunes filles, ici et dans d'autres pays, pourraient bien être ajoutés, mais comme elles ont toutes une grande ressemblance, nous n'avons pas besoin d'étendre davantage ce chapitre en les citant.

LA VEUVE ET SON VALET.

« Le passage suivant, dit Pisanus Fraxi, que j'extrais des *Mémoires de John Bell, domestique,* LONDRES, 1791 [1], est encore plus à propos :

« La place que j'occupai ensuite était dans la maison d'une veuve de grande famille, très riche et dont l'entourage se composait uniquement de deux nièces âgées de moins de vingt ans et d'un jeune neveu d'une douzaine d'années. Ma nouvelle maîtresse avait dû être fort belle autrefois, et quand j'entrai à son service elle était encore très bien de sa personne. Lorsqu'elle m'engagea, elle me dit qu'elle s'attendait à ce que je l'aide en toutes choses et en toutes circonstances où elle pourrait avoir besoin de mes services. Je lui promis de suite de me plier à tous ses ordres. Ce qu'elle entendait par *toutes choses* me fut bientôt expliqué, car le lendemain matin, lorsque je lui apportai son déjeuner, elle me demanda si je n'avais jamais été domestique dans une école, où j'aurais aidé à fouetter les enfants ? Je lui répondis que non, mais que j'avais souvent à fouetter mon frère alors que je lui apprenais à lire. Une demi-heure après son neveu se heurta contre moi pendant que je portais une assiette qui tomba et fut brisée. « Maintenant, John, dit-elle, tenez ce garçon ferme, tandis que je

---

1. Je n'ai vu ni l'un ni l'autre de ces deux volumes, m'étant servi seulement de quelques extraits manuscrits qui m'ont été fournis par un ami qui s'intéressait spécialement à tout ce qui concernait la flagellation.

vais quérir de bonnes verges pour son imprudent
derrière ». Elle eut tôt fait de sortir les verges d'une
armoire, et, me les tendant, elle dit : « Asseyez-vous,
et fouettez-le comme vous le faisiez pour votre frère. »
Je ne mis pas beaucoup de temps à détrousser le
gamin et à lui administrer une bonne correction, ma
maîtresse regardant tout le temps avec une satisfaction très évidente. « Très bien, dit-elle, vous voyez
ce qu'il faut à ce garçon, et vous pourrez le lui appliquer chaque fois qu'il l'aura mérité, mais en ma
présence seulement, retenez-le bien. » Je m'aperçus
alors qu'elle avait une violente passion pour voir
fouetter les enfants, mais je dois avouer que mon
étonnement fut excessif, quand, le même soir, après
le thé, elle m'ordonna de renouveler l'opération avec
ses deux nièces. De fait, c'était une chose assez
étrange de voir des jeunes demoiselles de bonne maison flagellées par un valet, et d'avoir leurs blanches
cuisses en contact avec ses culottes de peluche écarlate. Lorsque ma maîtresse s'aperçut que j'hésitais,
elle me regarda sévèrement en me criant : « A l'instant même, sur ce sopha, ou vous quitterez la place
séance tenante ». Et, troussant les jupons de l'aînée,
et fixant sa chemise en haut avec une épingle, elle la
poussa de mon côté. Je la couchai doucement sur mes
genoux, et, tout en faisant semblant d'employer la
violence, je ne fis que la chatouiller si doucement
qu'elle fut bientôt debout plus effrayée que meurtrie.
Il n'en était pas de même pour la sœur cadette, qui
était petite et grosse, avec une vilaine et méchante
figure, mais des fesses magnifiques, lesquelles, je
l'avoue avec honte, je cinglai vigoureusement avec
des sentiments bien différents de ceux dont j'étais
animé en opérant sur sa sœur plus gracile et bien autrement belle. Une deuxième et plus légère flagella-

tion du gamin terminait les récréations de la journée.
Il n'est point nécessaire que j'entre dans le détail
complet des différentes manières que j'employai pour
exécuter mes fonctions si nouvelles et imprévues pour
moi. Le matin Madame aimait voir fouetter les
enfants, pendant qu'elle travaillait, comptant en
même temps les coups donnés et ses points de couture.
Le soir, cette distraction lui plaisait tandis qu'elle
prenait son thé, qu'elle buvait en le savourant avec
délices, en même temps qu'elle disait tranquillement :
« Un peu plus sur la fesse droite, s'il vous plaît, John !
— c'est bien comme cela ! » Mais cette occupation me
prit tellement de temps qu'il me fallait l'aide d'un
page pour accomplir ma besogne. D'abord ma maîtresse s'y était absolument refusée, mais lorsque je
lui eus observé que le page aurait probablement lui-
même besoin de beaucoup de corrections, elle se laissa
persuader. Donc, je choisis un gamin dans la maison
des pauvres, solide et râblé, et qui, m'assura le
directeur de l'établissement, pouvait supporter une
forte dose de corrections. Je le faisais coucher dans ma
chambre pour m'assurer qu'il serait toujours propre,
et son postérieur toujours en état d'être présenté
devant une dame. Comme il n'était pas commode à
tenir, je proposai à Madame de faire planter quatre
crampons de fer dans le mur du salon, auxquels on
l'attacherait en aigle déployé. Ces crampons étaient
cachés à la vue, les deux d'en haut par des tableaux,
ceux d'en bas par un escabeau. Vous pouvez bien
supposer qu'un solide gamin de quinze ans habitué à
recevoir des coups, fournissait bien plus d'occasions à
ma maîtresse de satisfaire sa passion préférée que
ses nièces et son neveu ensemble.

« Mais ces scènes, en ce qui me concernait, devaient
bientôt avoir une fin. Ma maîtresse, malgré son goût

dépravé pour la flagellation, était, en dehors de cela, un ange de vertu, et ayant découvert qu'il existait une tendre liaison entre moi et sa gentille femme de chambre, elle nous mit tous les deux sans cérémonie à la porte, quoique cela devait la gêner elle-même considérablement. J'ignore comment elle s'est arrangée plus tard, car la nouvelle place que je trouvai était dans un quartier fort éloigné. J'ai cependant appris plus tard que mes deux jeunes élèves, ayant personnellement des fortunes considérables, avaient fait de beaux mariages. Je les ai souvent vu passer dans leurs carosses, dans les rues de Londres, et je pensais que leurs maris ne devaient guère se douter de la part que j'avais prise à leur éducation. »

*
* *

Sur un des sièges du sanctuaire de l'église de la Sainte-Trinité, à Stratford-on-Avon, se trouve une sculpture sur bois représentant un mari en train d'administrer un peu plus qu'un *modicam castigationem* à son épouse qui s'y trouve représentée dans une situation aussi nouvelle qu'évidemment pénible.

Où le droit de correction conjugale est négligé par le mari, quoi de plus naturel que ce droit soit délégué par lui à d'autres ? Lorsqu'une femme est livrée à ses propres idées, elle manifeste fréquemment beaucoup de mauvaise humeur et de vanité d'esprit dont seule une bonne flagellation pourrait la corriger. La nature a donné ce droit au mari ; mais s'il néglige son devoir, et que d'autres le suppléent, aucune protestation hypocrite ne pourrait être élevée au point de vue de l'inconvenance. Des gamins qui, dans leur jeunesse, n'ont pas été corrigés à la maison, tombent souvent plus tard sous le chat à neuf queues de par la justice.

Des jeunes filles, arrivés jusqu'à l'âge adulte, deviennent perverses alors que quelques coups de fouet hygiéniques, à la maison, auraient dirigé leurs pieds errants dans le droit chemin. La marquise de Tresnel a été fouettée d'une façon indécente sur la voie publique, alors que la fustigation, qui aurait bridé son esprit altier, aurait pu avoir été pratiquée bien des années plus tôt par son mari légal. On rapporte une bonne histoire des apprentis savetiers de Linlithgow, en Écosse, qui est renommé comme centre de fabrication de bottes et de souliers, industrie dans laquelle un nombre considérable d'apprentis étaient autrefois employés. Grand nombre de ces gamins étaient des enfants abandonnés, et beaucoup parmi eux avaient été déjà pas mal disciplinés par leurs patronnes de façon tout à fait orthodoxe ; de fait, les bonnes dames de Linlithgow étaient très expertes dans le maniement de la courroie : une bonne dame était particulièrement habile à ce manège, au point qu'elle pouvait détrousser et polir une demi-douzaine des apprentis de son mari en moins de dix minutes ! D'autres dames de la même ville étaient également renommées pour ce talent particulier. Cependant, au bout d'un certain temps, quelques-uns de ces gamins commencèrent à se plaindre d'être si souvent renversés sur les genoux de leur patronne. Ils se réunirent de temps en temps et échangèrent leurs doléances, et finalement résolurent de prendre un jour leur revanche ; et c'est ce qu'ils firent. On savait que quatre des patrons devaient partir bientôt pour affaires particulières à Édimbourg ; et comme c'était justement les maîtres des gamins qui avaient le plus souvent à subir les étrivières administrées par leurs épouses, le jour de ce départ fut choisi par les conjurés pour être celui de la revanche. A un moment donné, les maîtresses de ces gamins si malmenés furent saisies chacune en sa maison, et, après avoir été convenablement apprêtées par des mains bénévoles, on leur administra une bonne dose « d'huile de courroie, » comme on l'appelait alors, chaque gamin y contribuant par quelques coups pour sa part. De terribles menaces de vengeance se firent entendre, mais lorsqu'on apprit que plus d'une patronne avait eu à subir semblable sort, la prudence imposa le silence, et ce ne fut que quelque temps après que les patrons vinrent à savoir comment leurs femmes avaient été houspillées pendant leur absence.

On rapporte une histoire semblable sur les apprentis tisseurs de Kilmarnock. Les patronnes, dans cette ville, nous assure-t-on, fouettaient bien plus que les maris et à chaque instant mettaient leurs apprentis sur leurs genoux pour la moindre peccadille.

Pour qu'il n'y ait pas de malentendu sur notre opinion, nous dirons que nous ne soutenons pas la fustigation en général et indiscriminée. Nous espérons bien que le moment n'arrivera jamais où le gamin fouettera sa mère, le père sa bru, et le frère sa sœur ou sa vieille tante. Il y a des circonstances où une telle action est admissible, mais ces circonstances ne se présentent que rarement ; nous devons trembler à la pensée des terribles accidents qui pourraient arriver si la fustigation universelle devenait à la mode. Heureusement que la loi a prévu de telles éventualités : Un chapelier d'un village dans le Bedfordshire, qui avait pris l'habitude de fouetter les jeunes filles employées à son service, fut, un jour, à son grand étonnement, condamné à *six mois d'emprisonnement* pour avoir indécemment fouetté une jeune bonne. On raconte aussi l'histoire toute récente d'une enfant trouvée qui devint comtesse pour avoir été fouettée par sa patronne qui fabriquait des chaussures pour dames : La jeune fille avait été envoyée chez une dame de haut rang lui porter des escarpins de bal, et avait montré tant de gaucherie dans l'essayage que la dame en fut grandement offusquée. Elle envoya son fils porter un petit mot d'elle à la patronne, menaçant de lui retirer sa clientèle, ce qui la mit en telle fureur qu'elle commença de suite à punir cette fille avant même que le messager ait eu le temps de se retirer. Ce jeune homme, frappé des beautés cachées qui lui étaient ainsi révélées, s'occupa de lui faire donner de l'instruction, et, plus tard, en fit sa femme ; et le mari ayant hérité du titre, elle devint *madame la Comtesse* ! Les patronnes avaient autrefois le droit, qui n'existe plus de nos temps dégénérés, de fouetter les femelles employées à leur service. Les filles employées par les couturières, modistes, corsetières, et autres travaux pour dames, étaient toutes susceptibles d'être fouettées et beaucoup d'entre elles l'avaient été d'une façon très sérieuse pendant leur apprentissage.

Une modiste très en vogue à Londres, il y a cent ans était notée pour la grande sévérité qu'elle déployait, comme patronne. C'est à Paris, qu'elle avait appris à se servir du fouet alors qu'elle était soubrette dans une grande famille.

Cependant, la correction des jeunes filles par le fouet peut être menée très loin. Les pratiques sadiques révélées par le célèbre *Cas Defert* peuvent encore être rappelées par ceux qui vivaient en France sous le règne de Napoléon III. Cette affaire était tellement extraordinaire, et d'une atrocité si particulière, que le compte-rendu de ce procès ressemble plutôt à un chapitre de *Justinius*, qu'à un événement possible à notre époque. Le 3 décembre 1859, les époux Nicolas et Rose Defert, habitant le village de Ripon, canton de Ville-sur-

Tourbe, étaient amenés devant la Cour d'assises de la Marne, et condamnés aux *travaux forcés à perpétuité*, pour avoir fouetté et autrement maltraité leur fille, Adeline, âgée de dix-sept ans.

Voici le compte-rendu de ce procès que nous extrayons de « *la Presse* » du 17 décembre 1859 :

Chaque jour, matin et soir, Adeline était fouettée sur les reins et sur les cuisses, à nu, avec un martinet. Il est même arrivé que son père l'a suspendue par les poignets au plafond, et, dans cette situation, après lui avoir préalablement relevé les vêtements, il lui appliquait sur toutes les parties du corps de nombreux coups de martinet.

Enfin un soir, au mois de mars, les accusés la firent venir dans un fournil, situé derrière la cuisine. Là, Defert l'attacha solidement avec des cordes sur un établi, sa poitrine et son ventre étaient fixés contre le bois ; puis il prit dans un brasier, qu'il avait préparé, des charbons ardents, et les promenant sur les jambes de sa fille, il la brûlait çà et là par places, renouvelant les charbons à mesure qu'ils s'éteignaient. Déjà il l'avait brûlée au cou par le même procédé...

Le lendemain soir, elle fut de nouveau liée sur l'établi, flagellée avec le martinet, et, quand ce premier supplice fut fini, sa mère entra armée d'un bâton, à l'un des bouts duquel était enroulé un linge imbibé d'acide nitrique, et, à l'aide de cette espèce d'éponge, elle baignait lentement les plaies produites par les brûlures de la veille...

On ne flagellait pas seulement ses plaies vives avec un martinet, on frappait aussi les chairs sanglantes avec une planchette garnie de clous. Dès le lendemain, on lui infligeait ce supplice ; bien plus, sa mère lui brûlait la fesse droite en y tenant apposées, jusqu'à leur entière combustion, des allumettes enflammées, après quoi elle arrosait la blessure d'acide nitrique.

Defert tenait à sa fille des propos grossiers, cyniques, et il avait essayé de l'initier, dans des conversations significatives, à la connaissance de tout un ordre d'idées qu'il eût dû lui cacher soigneusement. Il avait même tenté des attouchements sur sa personne ; mais là s'arrêtent les révélations d'Adelina, qui a refusé de s'expliquer davantage à cet égard. Toutefois, il est certain que sa mère a été informée par elle de tout ce qui s'était passé.

Quoi qu'il en soit, il lui était réservé de subir un nouvel outrage et un nouveau supplice. Un soir, au mois d'avril, ses frères étaient couchés ou occupés ailleurs, les accusés la firent déshabiller dans la cuisine ; quand elle fut demi-nue, on la coucha par terre sur les reins ; l'un de ses pieds fut attaché à une table, l'autre à la poignée de la serrure d'une porte : elle avait ainsi les jambes écartées et relevées. Alors son père lui introduisit de force un morceau de bois dans les organes sexuels et l'y maintint pendant plusieurs minutes ; sa mère, elle, assistait son mari et l'avait aidé dans les préparatifs de ce crime. Le morceau de bois, une baguette de sureau, a été retrouvé. Le médecin avait pu constater les étranges désordres que cet acte de barbarie avait apportés dans l'organe. Il en avait soupçonné la cause, en raison même de la nature des ravages qu'il avait observés. Les aveux d'Adelina ont, à la fin, expliqué les conjectures.

La Flagellation

des apprenties

UN CAS DE FLAGELLATION DOMESTIQUE

En Angleterre, pendant très longtemps, les jeunes apprenties qui provenaient la plupart du temps des orphelinats qui les confiaient aux soins des entrepreneurs de couture, des modistes, des tailleuses, etc., etc., étaient fréquemment flagellées, et ce, parfois, avec la dernière violence. Il était d'un usage courant de leur infliger des punitions corporelles pour les moindres manquements. Un fait entre beaucoup suffira à illustrer cette coutume quelque peu arbitraire.

Il s'agit du cas d'une certaine mère Brownrigg, qui fut pendue à Londres pour avoir fouetté jusqu'à les faire succomber sous les coups, deux de ses apprenties, qu'elle avait coutume, après chaque fustigation, d'enfermer dans sa cave à charbon.

Cette aimable personne, qui vivait sous le règne du roi Georges III, exerçait la profession de garde-malade accoucheuse dans un hôpital, mais, à côté de cela, elle exploitait pour son propre compte une maison *hospitalière* privée, pour les personnes qu'une *position intéressante* obligeait d'avoir recours à ses bons et naturellement intéressés offices.

La mère Brownrigg était une chrétienne fervente : elle affectait, du moins, un zèle très louable dans l'accomplissement de ses devoirs religieux et ses voisins la prenaient pour un modèle de femme, active, travailleuse, sobre, bref, recommandable en tous points.

Elle avait auprès d'elle, en qualité d'apprenties, trois orphelines. — Mary Mitchell, Mary Jones et Mary Clifford. Ces orphelines sortant des asiles communaux n'étaient pas, à cette époque, il faut le dire, des modèles de vertu, et les cas n'étaient pas rares où la plus grande sévérité s'imposait aux personnes qui avaient pris charge de leur éducation, pour les empêcher de mal tourner. La mère Brownrigg se chargea d'inculquer à ses trois apprenties les bons principes d'après une méthode spéciale et singulièrement énergique. Les débats en apprirent long à ce propos. Ainsi il fut prouvé qu'elle battait les filles *comme un marchand des quatre saisons frénétiquement ivre battrait son baudet.*

Il lui arrivait souvent d'étendre Mary Jones sur deux chaises de cuisine et de lui tanner le derrière nu jusqu'à ce qu'elle n'eût plus la force de soulever le bras. Le corps de la pauvre enfant ne fut bientôt plus qu'une vaste plaie : sa tête, ses épaules, son dos et ses cuisses étaient couverts d'ecchymoses. Un beau jour, ayant réussi à s'enfuir, elle retourna à l'Orphelinat où elle fut accueillie et soignée. Les administrateurs de l'asile écrivirent à M. Brownrigg en le menaçant de poursuites, mais ce dernier ne tint aucun compte de la missive. Cependant, la mère Brownrigg consacrait toute son attention et ses prévenances aux deux autres apprenties. Mary Mitchel tenta à son tour de s'évader, mais elle fut rejointe par un fils de M. Brownrigg qui la ramena *au bercail*. Mary Clifford était fustigée presque continuellement soit avec un bâton, soit avec un manche à balai ou encore avec une cravache. On la faisait dormir dans la cave au charbon avec quelques fétus de paille en guise de lit et du pain sec et de l'eau pour toute nourriture. Quand elles avaient déchiré leurs habits, les deux fillettes étaient attachées toutes nues pendant plusieurs jours. Quand parfois la mère Brownrigg, épuisée, n'en pouvait plus après avoir, à tour de bras, fustigé les pauvres créatures, son fils aîné la remplaçait et continuait l'œuvre si dignement commencée. Un jour, Mary Clifford fut attachée à cinq reprises différentes et battue cruellement avec le manche d'un fouet. Mais alors les voisins intervinrent et les autorités furent informées de ce qui se passait. M. Brownrigg fut arrêté ; la jeune fille transportée à l'hôpital dans un état alarmant, y mourut quelques jours plus tard ; quant à Mme Brownrigg, elle s'était enfuie avec son fils. Pendant plus d'un mois, ils réussirent à se soustraire aux recherches de la police qui, finalement, les dénicha et les conduisit en prison. Le procès qui s'ensuivit se termina par la condamnation du père et du fils à six mois de prison, tandis que la mère Brownrigg — la sainte et digne femme — dut expier sous la hart l'affection toute maternelle dont elle avait fait preuve à l'encontre de ses pupilles.

Elle fut exécutée à Tyburn en 1776 [1].

---

1. Le lieu des exécutions capitales à cette époque.

*
* *

Un écrivain de cette époque eut l'audace de rédiger une apologie de cette atroce mégère, et d'entreprendre la défense de la fustigation en toute circonstance [1]. Nous reproduisons quelques-unes de ses observations qui peuvent spécialement se rapporter à la cause en question, et d'après lesquelles il paraît qu'à cette époque la coutume de fouetter les ouvrières apprenties était assez généralement répandue :

« J'ai cru, dit cet écrivain cynique, rendre service à mes concitoyens et au public en formulant les affirmations suivantes :

« *Primo.* — Que Mme Brownrigg n'a pas été exécutée pour avoir simplement fouetté d'importance ses ouvrières prises en faute.

« *Secundo.* — Que la mort de Mary Clifford, survenant après sa correction, n'a rien en elle-même de nature à empêcher les parents, tuteurs, patrons et patronnes, maîtres et maîtresses d'écoles, d'user de toutes les sortes de correction, que permettent les bonnes vieilles coutumes de ce pays, et qui servent essentiellement à maintenir la paix et le bon ordre dans la communauté.

D'abord. — Il saute aux yeux de tout homme raisonnable que Mme Brownrigg n'a été que la victime de sa propre imprudence. Elle aurait pu fouetter ses ouvrières tant qu'il lui plaisait, et même plus, et personne n'y aurait trouvé à redire, si elle les avait bien

---

1. Mrs Brownrigg's case fairly considered, adressed to the Citizens of London, by ONE OF THEMSELVES, London, MDCCLXVII.

nourries, convenablement logées, et traitées en général avec bienveillance, quand elle ne les corrigeait pas
leur prodiguant les soins nécessaires pour guérir leurs
meurtrissures et prendre soin de leur santé en général. Sa négligence à leur égard après l'infliction des
corrections est surprenante. Sinon par humanité, elle
aurait dû, au moins par bon goût, préférer avoir en
face d'elle une peau propre et saine à flageller, plutôt
qu'une chair corrompue et ulcérée : cela est absolument sans excuse. Dans toutes les écoles de filles
bien gérées, les postérieurs sont parés aussi régulièrement et proprement que le sont les élèves elles-
mêmes. Quand un malandrin a reçu les étrivières
attaché à l'arrière d'une charrette, ou qu'un soldat
subit la peine du fouet, on lui prodigue les meilleurs
soins médicaux pour activer sa guérison. Un bon
maître ou maîtresse d'école consciencieux doit avoir
sous sa main de la toile et de l'onguent en même
temps que des verges, et quoiqu'il puisse quelquefois
être nécessaire de revoir un derrière avant que les
marques de la dernière correction aient disparu,
(autrement on pourrait produire un *podex* meurtri
comme excuse de toute incartade) il n'en est pas
moins vrai qu'alors la répétition de la punition
devrait être accompagnée d'un redoublement de
soins. Le témoignage du chirurgien de l'hôpital où
Mary Clifford avait été amenée, portait « que les
blessures qu'elle avait subies en flagellation, *faute
de soins convenables,* avaient occasionné sa mort. »
Il n'y a pas de doute que si elle avait eu des soins
humains et habiles après ses six flagellations, elle
se serait portée tout aussi bien après qu'avant :
quoique, cependant, six fouettages consécutifs dans
une seule journée semblent un peu dépasser la mesure ; il est vrai qu'il nous est difficile d'établir une

opinion sans savoir quelle était l'importance de chaque correction, et les différentes causes qui l'avaient provoquée. Le tout n'a peut-être pas en tout comporté trois douzaines de coups de fouet, et nous nous rappelons dans nos souvenirs de collège avoir vu un camarade, aujourd'hui conseiller municipal, qui avait été fouetté dix fois jusqu'à ce qu'il eût confessé avoir dit un mensonge ; c'est peut-être à ces dix fustigations consécutives qu'il doit d'être resté par la suite un très honnête homme : mais pendant trois jours il était entre les mains des médecins, et il avait fort triste mine quand il était retourné à l'école.

« D'un autre côté, Mary Jones, une autre apprentie ouvrière, ne semble pas avoir trop souffert de ses punitions, infligées d'une façon à la fois commode et ingénieuse. On mettait deux chaises par terre dans la cuisine, de façon à ce qu'elles se maintinssent l'une l'autre : la fille était solidement attachée sur leurs dossiers, soit nue ou avec ses jupons relevés sur sa tête, et elle y recevait sa ration, une méthode à la fois commode et intelligente et qui sera certainement adoptée dans beaucoup de ménages dès qu'elle sera mieux connue.

« La décision du jury dans le cas de John Brownrigg prouve également qu'il n'attribuait pas la mort de la jeune fille aux corrections qu'elle avait reçues. En effet, ce jeune homme, soit par amour du sport ou par affection pour sa mère (qui était très aimée de ses quinze enfants auxquels cependant elle n'épargnait point les verges), prit souvent une large part à la castigation des apprenties ouvrières. Il fut néanmoins acquitté. Il avait cependant plusieurs fois fouetté Mary Mitchell *con gusto*...

« Une fois, après l'avoir liée toute nue à un piton, pour avoir dérobé quelques noix, il s'était vigoureusement servi d'une cravache. Ne négligeant pas non plus Mary Clifford, la fouettant un jour jusqu'à n'en plus pouvoir pour avoir négligé de border un lit, et une autre fois, quand sa mère avait épuisé ses forces à battre sa victime, il vint y ajouter encore une vingtaine de coups.

« Je suis persuadé que tout ceci aurait bien été accepté comme une chose naturelle par des filles sortant d'un asile de l'Assistance publique, et qui, tombées dans une famille un peu dure, reçoivent les premiers éléments de leur éducation imprimés sur leurs postérieurs d'une façon un peu vive. Mais cette femme stupide, non contente de les battre cruellement, enfermait ses ouvrières dans des caves infectes, les laissait manquer de nourriture, les frappait sur la tête avec des bâtons et autres objets durs, et laissait les meurtrissures qu'elle leur avait infligées sur la tête et sur le corps s'envenimer et putréfier. C'est pour cela qu'elle a été pendue et sa famille déshonorée. Mais ceci ne doit pas être confondu avec une juste discipline. Cette cruauté et cette férocité n'ont rien de commun avec l'honnête satisfaction avec laquelle le patron, le maître d'école, et même le père, applique la verge ou le fouet sur les postérieurs du précoce galopin, et imprime ses leçons de morale en caractères bien rouges sur la personne du délinquant. Il est évident que la Providence a implanté cet instinct dans l'âme humaine, afin de combattre la partialité trop excessive de l'affection paternelle et l'indifférence endormie qui laisserait les jeunes gens soumis à nos soins croupir dans l'oisiveté, dans l'ignorance et le vice. Les qualités de la verge sont définies dans un autre sens par l'immortel Shakespeare :

« Cela bénit celui qui donne et celui qui reçoit. »

« J'arrive maintenant à ma deuxième affirmation,

c'est-à-dire que le seul fait de la mort de Mary Clif-
fort ne devrait en aucune façon limiter la somme de
flagellation à administrer dans nos écoles et dans
nos foyers. On ne doit pas priver les Londoniens du
plaisir de voir la fustigation d'un coquin attaché à la
queue d'une charrette le long des rues, parce que, de
temps en temps, un malandrin, atteint d'une fièvre de
geôle, meurt avant que les traces des coups qu'il a
reçus n'aient entièrement disparu. »

Les Punitions Corporelles
d'Outre-Manche

DANS L'ARMÉE ET DANS LA MARINE

Dans l'antiquité les esclaves et prisonniers de guerre étaient traités à coups de fouet. Les Égyptiens, les Grecs, les Romains, et, après eux, les Vénitiens employaient ce moyen pour faire produire, à ceux qu'ils avaient asservis, les monuments et les ouvrages gigantesques qu'ils destinaient à la perpétuation de leurs gloires nationales.

Plus tard, aiguillonnés par la cupidité, les hommes s'armèrent de la férule pour tirer de leurs esclaves le plus de labeur possible, le plus de sueur, afin de pouvoir au moyen de ce labeur et de cette sueur transformée en or, goûter dans une plus large mesure les plaisirs et les joies de ce monde.

Ils frappaient des hommes adultes qui étaient leurs esclaves, c'est-à-dire leur propriété, leur chose...

Mais que dire de ces champions de la civilisation qui ont maintenu dans l'échafaudage de leurs lois, les peines corporelles à l'égard d'hommes libres, d'hommes qui n'ont même pas, au point de vue purement moral, mérité de pareils châtiments dont l'effet démoralisant et avilissant n'aboutit, en général, qu'à l'effondrement de leur dignité innée ?

Si l'on peut admettre dans une certaine mesure que des forçats, l'écume de l'humanité, des monstres à face humaine, chez lesquels tout sentiment noble, toute dignité ont disparu, soient traités en parias, fouettés, châtiés corporellement, on ne saurait admettre que des soldats et des marins, au service de la Patrie, pour laquelle ils doivent à tout moment être prêts à verser leur sang, soient traités de la même façon, pour des fautes commises dans le service, fautes parfois même légères.

Et cependant, quoique cela puisse paraître invraisemblable, en notre fin de siècle ultra civilisée, il existe encore une nation européenne, une nation qui se flatte de marcher en tête dans la voie du progrès, qui a conservé dans son armée et dans sa marine la peine du fouet et qui l'applique fréquemment avec une révoltante brutalité.

Cette nation, c'est la Grande-Bretagne et l'Irlande...

En Allemagne, le fouet est parfois appliqué dans les prisons, mais son usage est absolument arbitraire, le code pénal n'en admettant en aucune façon le principe. En Italie, dès 1866, les châtiments corporels étaient supprimés. En Espagne même, au pays de Torquemada, le règne de la férule a fait son temps.

En France, personne ne l'ignore, il y a beau temps que le *chat* ne fonctionne plus ; il y avait cependant joué un grand rôle dans la discipline militaire et marine.

Aujourd'hui, comme au temps où les galères du roi

voguaient sur les océans, sous l'impulsion des bras vigoureux de ceux que la société avait rejetés de son sein, la libre Albion réserve à ses défenseurs attitrés pris en faute, la peine infamante que les autres nations ont abolie comme barbare, cruelle et, par-dessus tout, inhumaine

Le *chat à neuf queues*, l'instrument de torture ignoble, digne du règne d'un Néron, d'un Caligula ou d'un Ivan le Terrible, est encore en grande faveur chez nos voisins et les cas sont encore fréquents où ce traitement indigne, qui mérite d'être stigmatisé, est infligé à des hommes, qui le sont dans toute l'acception du terme, c'est-à-dire qui ont atteint depuis longtemps l'âge de raison.

Dans la marine anglaise, les exemples de fustigation sont nombreux et d'une fréquence déplorable. Les marins condamnés à recevoir le *chat* ne sont plus, comme autrefois, attachés à un mât : on les fixe, dans une position de crucifiés, à des agrès présentant plus de surface. Inutile d'insister sur les douleurs physiques et les peines morales qu'endurent les malheureux ainsi martyrisés.

Pour donner une idée approximative de toute l'horreur qui réside dans cette barbare coutume, nous redonnons ici deux chapitres d'un ouvrage très cucieux et intéressant publié à Londres, en 1897, sous le titre de *Scarlet and Steel* [1]. C'est un roman vécu.

« — C'était par une après-midi de février ; le temps était froid, mais il y avait déjà dans l'air ce frissonnement de printemps qui fait circuler plus rapidement le sang dans les veines et réveille d'ardents désirs de

---

1. *Écarlate et Acier* : allusions aux jaquettes rouges des soldats anglais.

liberté, de lumière, d'amour et de toutes ces choses qui rendent la vie agréable. Une brise du nord-ouest tapotait, de ses doigts chargés de pétales, venant du jardin du gardien-chef, contre les vitres de Sholto; le soleil vint et lui sourit, lui apportant un fort, un tendre souvenir des premières fleurs de l'année dans le jardin clos de murs à Thornhaugh et fit que son esprit se révolta à l'aspect de la froide contrainte qui l'entourait.

Il arpenta sa cellule fiévreusement [1] et mangea peu à déjeuner et encore moins à dîner. Après ce dernier, repas, il fut informé par Boucher [2], qui avait l'air d'un homme réprimant avec difficulté le plaisir que lui procurait la perspective d'une délicieuse plaisanterie, « que le docteur le demandait. » Et en conséquence il fut conduit vers le docteur qui le tapota, ausculta, poignit un peu avec un air de pince-sans-rire, et le renvoya sans rien dire, sauf qu'il fit un signe de tête au gardien de l'infirmerie qui se tenait gravement tout près de là.

Boucher et un autre gardien réapparurent en lui adressant un bref commandement : « Chez le *visiteur* [3] maintenant, n° 22 ! » puis, le prenant entre eux,

---

1. Il s'agit d'un jeune homme de très bonne famille, une tête brûlée, qui s'est enrôlé au service de la Reine et que quelques frasques ont exposé à la sévérité des règlements militaires en vigueur dans le Royaume-Uni.

2. Individu qui avait pris le soldat en grippe et en avait fait son souffre-douleur.

3. *Visiteur* équivaut en Angleterre à l'inspecteur en France. Ce sont des personnes qui visitent les prisons, sans recevoir pour cela la moindre rétribution. Ils n'ont qu'un mandat officiel qui leur accorde toutes les prérogatives qui se rattachent à leurs fonctions.

le conduisirent en bas, par des couloirs qu'il ne connaissait pas.

Il eut comme une intuition qu'un exercice renforcé l'attendait et il se risqua à demander : « Où me conduit-on ? »

Boucher répondit sarcastiquement : « Vous allez voir! » tandis que l'autre n'eût qu'une grimace incertaine que ni parut pas à Sholto, dénuée de quelque compassion.

On le fit avancer rapidement ; par intervalles il surprenait au passage quelques rayons de soleil et quelques bouffées d'air. Il remarqua avec grand étonnement que toutes les cellules devant lesquelles ils passaient étaient fermées 'et que l'on n'apercevait aucun prisonnier...

Sholto et son escorte tournèrent rapidement un coin et entrèrent dans la chambre de réception dont la porte se referma sur eux. Il se trouva en présence du major, de hussards, le gardien-chef, le docteur, Martin et encore un autre officier.

Il ressentit un élan d'inquiétude alarmée à l'aspect de ce déploiement inusité de hauts personnages, songeant vaguement que peut-être son procès allait recommencer ou que Boucher, l'instigateur, avait été démasqué. Il s'était arrêté interdit et rempli d'appréhension en présence de ces gros bonnets et le Visiteur commença à lire quelques phrases solennelles, si terribles qu'elles eurent pour lui tout d'abord très peu de sens, quoique le chiffre *six* le frappât particulièrement.

« Six coups avec le *chat !* »

Puis un signal bref fut donné ; ses bras furent brusquement saisis, on le retourna et il fut poussé vers une partie de la salle qui, jusque-là, s'était trouvée derrière lui. Là se détachait une sorte de cadre en fer, de sept à huit pieds de hauteur, formé de deux tiges montantes barrées dans le haut par une autre tige de fer. Au-dessous se trouvait une autre barre en forme de croix, et, pour supporter le tout, une grosse tige de fer ; de plus, une série de courroies.

Lorsque ses yeux écarquillés aperçurent cela, Boucher se mit avec empressement à le débarrasser de sa jaquette et de sa chemise, de façon à ce que les épaules et son dos se trouvèrent à nu, tandis que ses autres gardiens le maintinrent solidement et que Martin, s'avançant, lui passa un linge autour de son cou et un autre autour de ses cuisses.

Ils le hissèrent, implacablement silencieux, sans résistance, hébété qu'il était de surprise, sur l'appareil. Ils se mirent à lui lier solidement les mains ensemble, à les élever au-dessus de sa tête — ce qui le souleva en même temps, — au moyen d'une autre courroie et à les fixer à la barre du haut.

Puis, les chevilles, les coudes et les genoux furent également attachés solidement aux montants, sa poitrine s'appuyant sur la barre de traverse en bois, de manière à ce qu'il lui fût impossible de faire un mouvement. Il perçut, comme en un rêve, la voix du major, murmurant avec dégoût : « Par Dieu ! Je ne savais pas que c'était comme cela ! » et un rire diabolique et étouffé de Boucher. Il vit un grand gardien se placer tout près de lui présenter et soulever en une attitude d'apprêt un instrument bizarre, — un bâton long de deux à trois pieds, armé au bout de neuf queues, dont chacune était garnie de trois nœuds en corde de fouet.

Alors, et alors seulement, il se rendit compte que là, devant ces sept hommes, il se trouvait lié, à moitié nu, prêt à être fouetté comme un chien.

En présence de cette honte, son courage l'aban-

donna et, avec l'instinctif sentiment qu'inspire toute
extrémité, il s'écria, les lèvres sèches, la voix rauque :
« Oh ! monsieur ! ne le faites pas ! Monsieur ! si vous
êtes un homme, ayez pitié ! » Sa voix s'abaissa jusqu'à un murmure pitoyable, presque larmoyant : « Ne
me faites pas fouetter comme un chien ! je ne l'ai pas
mérité. J'ai été mauvais, — mais je veux demander
pardon, — tout, seulement pas cette honte effroyable !
Monsieur ! et ici il supplia avec plus de chaleur,
parce que son oreille avait perçu une exclamation
compatissante derrière lui — pour l'amour de Dieu !
épargnez-moi cela ! Vous êtes un galant homme. Je le
fus aussi une fois. Aidez-moi ! Sauvez-moi ! »

Il entendit, comme une vision, tandis qu'il se con-
torsionnait désespérément, la voix du major disant
avec animation : « J'ai le pouvoir de pardonner,
n'est-ce pas ? » Il vit le gros gardien lever son bras ;
il y eut dans l'air le sifflement du fouet et le bruit,
plus lamentable, qu'il produisit en s'abattant sur sa
chair nue. Il sentit le premier coup luisant, qui fit se
contracter chaque nerf dans son corps ; il hurla fort,
parce que cela sembla lui arracher l'âme, lui enlever
sa virilité, son honneur, sa décence.

« Oh ! dit-il, en hoquetant plus faiblement, grâce !
grâce ! ne me brisez pas le cœur ! »

Comme il parlait, les lanières retombèrent pour la
deuxième fois.

Alors le major s'avança et dit impérieusement, d'une
seule haleine : « Que je sois pendu si je puis supporter
cela ! Ce n'est pas une punition, c'est de la torture !
N... de D..., descendez-moi l'homme ! la peine lui est
remise ! »

Ce Boucher, qui n'est qu'une brute humaine,
voyant que sa victime lui échappait pour cette fois,
mit tout en œuvre pour exaspérer le prisonnier. Il

réussit si bien dans son infernale machination que Sholto, poussé à bout, hors de lui-même, se laisse aller à des actes de violence sur le mobilier de sa cellule, qu'il réduit en miettes. Boucher ne demandait que cela ; le prétexte était tout trouvé pour faire condamner de nouveau son souffre-douleur, et, avec une audace imperturbable, il affirme que le prisonnier s'est livré à des voies de fait sur sa personne.

Le conseil de discipline se réunit ; le coupable est entendu, puis reconduit dans sa cellule de pénitence en attendant son verdict. Voici, d'ailleurs, la scène qui suit, telle qu'elle est décrite dans le livre :

«... A un moment donné, Wilkins et Brown apparurent à la porte de sa cellule.

« Maintenant, n° 22, le docteur vous demande en bas ! » dirent-ils.

Il poussa un soupir angoissé et demanda, les lèvres pales : « Pourquoi ?... Pourquoi faire ?... »

Les deux hommes échangèrent un regard mais ne répondirent pas. Brown sortit une paire de menottes. Sholto eut involontairement un mouvement de recul ; la terreur se lisait dans ses yeux ; une sueur froide perla sur son front.

« Pourquoi ? ce n'est pas nécessaire cela... pourquoi voudriez-vous ? » — Ses phrases entrecoupées ne rencontrèrent que du mutisme.

« Nous ne pouvons pas rester ici à causer. Tendez vos mains. »

Sholto, passivement, se laissa mettre les menottes. Tandis que l'on procédait à cette opération, il s'informa, avec un sentiment de malaise, de la cause de l'absence de son bourreau.

« Pourquoi Boucher n'est-il pas là ? »

Les deux hommes se regardèrent l'un et l'autre.

« Oh ! il y a un autre travail aujourd'hui, dit

Wilkins avèc une insouciance affectée. Ça y est ! c'est prêt ! »

Les trois hommes se dirigèrent en bas, à travers des couloirs, vers la chambre du docteur. Sholto avait déjà une fois fait ce trajet et accompagné de même façon. Il commença à fixer l'un et l'autre de ses conducteurs, les yeux dilatés par la terreur, à frissonner en plein soleil ; il sentit son cœur, lourd comme du plomb, descendre dans les talons.

« Marchez un peu plus vite ! dit Wilkins, le docteur attend !

— Je... je ne puis pas ! » Il se retourna avec affolement vers cet homme qui lui avait témoigné quelque sympathie : « Laissez-moi retourner, je ne suis pas en état... » Mais on ne le laissa pas s'arrêter.

« Allons, venez, ne flanchez pas ! » dit Brown. Ils pressèrent un peu le pas. Alors, claquant des dents, il hasarda la question suprême :

« Est-ce qu'ils vont... me... fouetter ?

— Nous ne savons pas ! répondit Wilkins comme ils venaient d'arriver à la porte du Docteur, qui les reçut avec une exclamation d'impatience.

— Allons, dépêchez-vous. Déshabillez-vous, voulez-vous ? »

Ils débarrassèrent Sholto de ses menottes et Martin qui se tenait à l'ordre, assista le malheureux dont les doigts tremblants n'arrivaient que difficilement à défaire son uniforme. Ses yeux paraissaient être devenus le double de leur grandeur naturelle, son pouls battait furieusement dans ses poignets, tandis que des gouttes de sueur glacée coulaient le long de ses joues et de son cou. Avec des accents de désespéré il fit un appel au docteur qui, le maintenant par une main lourde, tandis que Martin lui tenait l'autre, l'auscultait nonchalamment.

« Monsieur, est-ce qu'il vont me fouetter ? Vraiment, monsieur, je ne suis pas en état de le supporter ! Je n'ai pas dormi depuis des nuits — j'avais des névralgies — et mon cœur, — oh, il me fait souffrir ! »

Le médecin, continuant son examen, dit tranquillement :

« Très bien ! Il n'y a absolument rien !

— Mais — monsieur, — je suis malade !

— N'essayez pas cela avec moi. Je n'aime pas un homme qui essaye de tirer des carottes... Je vous répète, ajouta-t-il d'un air plutôt ennuyé, — il n'y a absolument rien de dérangé chez vous, si ce ne sont vos nerfs. »

Son oreille se trouvait en ce moment juste sous l'omoplate de Sholto qui entendit sa voix résonner sourdement :

« Si vous deviez être fouetté, — et je ne dis pas que vous le serez — cela ne vous ferait pas de mal.

— Avez-vous jamais été fouetté, monsieur ? demanda Sholto d'une voix étouffée.

— Ne soyez pas impudent, monsieur. Mettez-lui ses habits. Ah, vraiment ! des névralgies !! Des farces, tout cela. Bien vrai ! j'ai connu un gaillard à peine la moitié grand comme vous et qui ne bronchait pas d'un cheveu : un garçon faible... et vous mesurez six pieds et trois ou quatre pouces et vous êtes solide comme un bloc de marbre. Très bien ; emmenez-le ! »

On lui remit les menottes et il fut conduit, faible et malade, tremblant de tous ses membres, dans la chambre voisine, — la même où il avait été précédemment.

Il vit d'un seul regard atterré le cadre de fer, les entraves et le *chat*, prêts à servir et Boucher, avec un

horrible sourire de satisfaction, luttant avec le besoin
de conserver son air de dignité officielle.

On le mit en présence du visiteur, du gardien-chef
et du docteur comme auparavant. Son cœur bon-
dissait dans sa poitrine, puis s'arrêta soudain pour
entendre prononcer, comme la fois précédente également, sa sentence, de la même voix antipathique...

« Quinze coups avec le *chat*. »

Lorsque la dernière phrase : « Sentence approuvée
et confirmée — l'officier général commandant » eut
été prononcée, on se saisit fermement de lui et on
lui ôta les menottes. Ensuite, ils le dépouillèrent et
l'attachèrent comme la première fois, tandis qu'il se
débattait vainement, tandis que la sueur coulait à flot
le long de ses membres frémissants, et ses yeux, tout
noirs d'épouvante, hors des orbites, erraient d'un
visage à l'autre. Son regard tomba finalement sur
Boucher et ce fut pour lui le comble du martyre ; car,
dans la main soulevée de ce dernier, — cette main
dont Sholto ne connaissait que trop bien le pouvoir
torturant, il aperçut... le *chat !*

— Oh Dieu ! murmura-t-il. Est-ce vous qui... ? »

La réponse lui arriva sous forme d'une violente
cinglée de l'instrument de torture ; le bruit si particulier des lanières tombant sur la chair nue suivit, et,
malgré toutes ses résolutions, Sholto ne réussit à
réprimer un cri ; il avait cependant tenté de le retenir
énergiquement.

« Un ! » dit la voix, d'une froideur officielle, du
gardien-chef.

Flac !... le fouet retomba une deuxième fois. C'était
entre les mains de Boucher un instrument bien plus
redoutable qu'entre celles du vieux gardien Meuzies,
qui, malheureusement s'était trouvé empêché. Mais
les assistants ne pouvaient certainement pas apprécier

« La vue de ce corps à moitié nu, convulsé
et frémissant, la chair zébrée de rouge, de
pourpre en longues raies..... n'avait rien
d'attrayant et encore moins d'humain ».

(Page 465).

cette différence et Boucher s'excusa ensuite en disant qu'il ne connaissait pas sa propre force et que son désir avait été de faire de son mieux.

Les coups se succédèrent régulièrement, comptés au fur et à mesure par le gardien-chef. Vers le milieu, la victime sentit quelque chose ruisseler le long de son corps. Wilkins et Brown échangèrent quelques regards et le premier fixa avec insistance et une expression pas très sympathique, tandis que Sholto haletait et grognait faiblement en prononçant, — comme le font ceux qui sont torturés, non pas des phrases suivies, mais une succession péniblement impressionnante de « Oh, ne le faites pas ! — Oh ! arrêtez ! — Oh ! — Oh ! — Oh ! Dieu ! — Oh ! Enfer ! »

Sa théologie s'embrouillait et il donna un démenti à sa propre déclaration à l'aumonier [1] en s'écriant : « Oh ! Christ ! »

Mais la punition suivait son cours, et la vue de ce corps à moitié nu, convulsé et frémissant, la chair zébrée de rouge, de pourpre en longues raies, qui augmentaient à chaque coup, sous les pleins rayons du soleil, n'avait certainement rien de bien attrayant, et encore moins d'humain.

Pendant les derniers coups, Sholto était soudainement devenu silencieux. Le médecin fit un pas en avant et scruta d'un regard professionnel la victime : il vit, par la tension des muscles, qu'il ne s'était pas évanoui. Il jeta un regard souçonneux sur Boucher, qui s'était laissé entraîner et avait, à la fin, mis un peu trop d'ardeur dans l'accomplissement de sa besogne.

---

1. Il avait déclaré ne pas croire au Christ et en sa mission sur terre.

« Quatorze ! »

Sholto eut un léger tressaillement.

« Quinze ! »

Il ne bougea pas. Le gardien-chef et les autres personnes s'apprêtèrent à partir.

Les yeux de Sholto, injectés de sang, brillants de souffrance, s'attachèrent fiévreusement sur la main dans laquelle Boucher tenait encore le fouet. Mais il se contint jusqu'à ce que la dernière entrave lui eût été enlevée..... »

Mais là ne devaient pas s'arrêter les tortures infligées au malheureux Sholto. On pourra en juger par la description suivante qui est faite d'une nouvelle scène de flagellation, avec les verges, cette fois, après une autre infamie du tortionnaire Boucher.

«... On força Sholto de descendre, il était pâle comme un mort, le cœur gonflé d'une haine féroce, et il se trouva, pour la première fois, dans la salle où on le mit en présence des deux mêmes *visiteurs* qui l'avaient condamné précédemment. L'un était un petit officier du génie royal dont la dignité eût été plus grande si son cœur eût été assez grand pour étouffer en lui l'affectation et la frivolité qui se manifestaient chez lui à l'aspect de la torture supportée par un autre.

Sholto, solidement maintenu par ses gardiens, se tenait la tête haute, — il ne la tint jamais plus par la suite aussi haut que ça, — et son cœur dans la bouche [1], écoutant machinalement la lecture de sa sentence. Il s'attendait à une dose plus élevée que la précédente. Il dressa l'oreille au chiffre *vingt-cinq*. Mais il crut avoir mal entendu ce qui suivit, jusqu'au

---

1. Prêt à parler librement.

moment où il vit le sourire moqueur qui se jouait sur les lèvres du petit officier du génie.

« Vingt-cinq coups — avec la verge de bouleau ! » Comme en un rêve, il perçut le colloque fait à mi-voix, la demande et la réponse.

« Est-ce que cela fait aussi mal que le chat ?

— Mais peut-être que non, quoique cela soit diablement salé tout de même. Elles sont conservées dans de la saumure, vous savez !

— La verge dans l'eau salée, hein ? »

Un cri étouffé et une nouvelle question...

« Est-ce que cela laisse des traces ?

— Oui, comme une éruption...

— Appliquées sur les épaules nues ?..

— Non, sur une partie moins honorable. »

Et les deux se mirent à rire doucement. L'auditeur frissonnant du dialogue se mordit les lèvres d'indignation, dans son impuissance, lorsque la conversation prit fin sur ces mots, prononcés d'un ton dégagé et badin : « Ces gaillards le craignent plus que le chat, d'après ce que l'on m'a dit ! »

Et une voix donna l'ordre de procéder.

Le sang qui avait afflué au visage de Sholto fit place à une pâleur extrême ; il laissa retomber sa tête sur sa poitrine, mais, malgré cela, il continua à lutter avec une résignation désespérée contre ses gardiens et un cri d'effroi suffoqué s'échappa de sa gorge.

« Oh ! non, monsieur, ne faites pas cela ! Cette infamie ! Oh Dieu ! — il avait rencontré ces regards sans pitié et s'était tourné des hommes vers son Créateur — oh ! mon Dieu ! — il serait tombé à genoux s'il n'avait pas été maintenu de force, — Dieu tout-puissant ! Ne permets pas que cette indignité me soit infligée devant eux tous ! Je ne puis, — oh ! je ne puis ! »

Et il continuait de se débattre tandis qu'on le traînait à travers la salle.

Il aperçut le visage de Boucher et sentit sa main pendant qu'il aidait les autres à le déshabiller. Pas un mot de ce qui se murmurait, même très doucement, autour de lui, ne lui échappait. Et il entendit :

« La chevauchée du poney, M. Sholto ! »

Et il se trouva forcé de prendre une position mi-agenouillée, mi-couchée sur un meuble de bois de forme allongée appelé facétieusement le *poney* et qui suivait exactement les ondulations du corps. Il s'y trouva solidement lié par les genoux, les jambes et la taille, ses bras descendus en angle droit, si solidement attachés que le moindre mouvement lui était devenu impossible. Sa tête était repliée sur l'extrémité du chevalet et ses parties postérieures étaient mises à découvert comme l'avait dit le petit officier du génie.

La vue de cet homme ligotté, en prostration, palpitant, — Dieu fit l'homme à son image ! — à moitié nu, la tête branlante, les doigts crispés ; à ses côtés le robuste bourreau, prêt à agir, — cette vue n'était certainement pas pour faire honneur ni à l'inventeur, ni aux metteurs en pratique de ce supplice.

« Pourquoi ne gueule-t-il pas ? » se demandait l'insatiable Boucher en s'efforçant de se rapprocher de son souffre-douleur désespéré. Mais Sholto avait renoncé à faire appel à la pitié : il ne s'y attendait d'ailleurs plus, sa dernière et suprême humiliation semblait lui arracher le cœur de la poitrine. Il était là, muet, en agonie ; et, quand le premier coup descendit sur lui, il n'eût pour toute réponse qu'un frisson qui le secoua comme une vague glaciale, et un afflux de sang, — la honte qui lui montait aux joues creuses.

L'officier du génie regardait d'un regard curieux à

travers son lorgnon ; le visage du directeur était implacable — quelque chose dans la voix de la victime avait touché les cordes sensibles de son cœur. L'autre *visiteur* — qui assistait pour la première fois à l'application des verges, — eut un grognement de dégoût et se retourna.

Le gardien-chef, très calme, comptait les coups qu'infligeait Menzie. Le bruit, moitié sifflant, moitié raclant de la brassée de verges salées et aiguës, produit par ce bras vigoureux, se mêlait aux rumeurs vagues du faubourg ; à part cela, le silence était complet.

Les coups se succédaient rapidement pour permettre de respirer. La tête de Sholto se mouvait sans relâche ; les gardiens se tenaient alentour immobiles. Les yeux de Boucher allaient de la verge levée à la chair frissonnante qui était maintenant sombre, d'un sombre rougeâtre.

La victime tressaillait faiblement quand les coups s'abattaient en cadence et les veines de son bras se gonflaient, violâtres. Le sang, arrêté dans sa circulation par les coups tombant drus, battait terriblement dans ses tempes et son cœur était près d'éclater. Les coups, répétés sur la surface maintenant endurcie, tombaient toujours en une vigoureuse cinglée.

Une fois, il poussa un grognement sourd, mais il le réprima de suite. Vers le milieu de la correction un mot brutal tomba, doucement, mais distinctement, de ses lèvres enfiévrées — ce fut le premier de ce genre que Sholto eût jamais prononcé, mais ce ne devait malheureusement pas être le dernier. Il n'en appela plus à Dieu ni aux hommes pour lui venir en aide ; mais pendant quelque temps, une syllabe ou deux comme la première était prononcée par cette douce voix de gentilhomme — un langage qui avait souvent frappé ses oreilles mais qu'il n'avait jamais pu se décider à adopter jusqu'alors. Mais la verge l'inspirait à sa façon. La dégradation gagnait son âme à travers sa chair.

Le petit officier du génie fronça les sourcils et dit : « Voilà que nous avons trouvé le véritable homme, l'homme tel qu'il est. » Et Boucher ricana de contentement ; mais le restant des spectateurs fut quelque peu déconcerté. Peu à peu, aux syllabes succédèrent quelques gémissements, puis le silence, puis une immobilité cadavérique. Le docteur s'avança et lui tâta le pouls ; il ne s'était pas évanoui, quoique ses muscles détendus fussent flasques, et ses yeux renfoncés et éteints.

« Vingt-quatre !

« Vingt-cinq ! »

Les *visiteurs* partirent et, auparavant, l'officier du génie s'arrêta un instant pour jeter un coup d'œil curieux sur les résultats de sa propre sentence... »

Et voilà comment en Angleterre sont encore traités de nos jours les soldats et les marins au service de la Reine !

De Gustibus
Non est Disputandum

Maintenant que nous avons placé sous les yeux de nos lecteurs un historique très complet de la Flagellation sous toutes les formes ; que nous avons, avec grand soin, recueilli et incorporé dans l'ensemble de notre ouvrage — que nous pouvons sans crainte considérer comme le plus important et le plus complet du genre, qui ait été publié jusqu'à ce jour en France, — tout ce qui, à un point de vue quelconque, historique, documentaire ou anecdotique, pouvait se rapporter à notre sujet et à ses dérivatifs, il nous reste à tirer une conclusion, une moralité que nous nous efforcerons de formuler dans le sens que nos lecteurs auront eux-mêmes adopté.

Il existe bien un proverbe latin qui dit : *De gustibus non est disputandum* et l'on pourrait nous taxer de présomption si nous voulions affirmer que tous nos lecteurs seront du même avis que nous, en ce qui concerne la flagellation et les pratiques qui s'y rattachent.

Mais il n'en est pas moins vrai que, de nos jours,
en France, où la flagellation, quoi qu'on en dise, n'a
jamais été bien en vogue, elle est complètement
tombée en désuétude et que bien rares sont ceux qu'un
fanatisme religieux digne d'une autre époque, pousse
encore à se livrer en cachette ou à l'ombre des couvents à ces castigations barbares dont l'efficacité n'a
jamais pu être bien prouvée. D'autre part, les cerveaux maladifs des névrosés en quête de jouissances
anormales, les manies bizarres de ceux qu'une fièvre
érotique talonne d'une façon absolument chronique,
ne sauraient fournir un argument sérieux aux écrivains anglais qui, adeptes fervents de la flagellation,
voient, dans certains cas connus, une preuve de l'existence de la flagellomanie chez nous.

La France est un pays où, de tous temps, la brutalité n'a pas trouvé droit de cité. Les mœurs violentes
ne s'y sont implantées que difficilement et d'une façon
passagère, et alors seulement qu'elles étaient provoquées par les passions politiques ou bien par le fanatisme religieux : jamais elles n'ont pu être introduites
au foyer familial et même à l'école, elles n'ont pas été
mises en pratique avec cette révoltante obstination et
cet acharnement qui se retrouve dans tous les épi-
sodes de la castigation domestique et scolaire dans les
Îles Britanniques, et ce, en dépit des affirmations de
quelques écrivains d'Outre-Manche qui ont placé le
théâtre des exploits de certains de leurs héros et
héroïnes sur le territoire français, en commettant
cependant la maladresse, en de très nombreux cas,
d'affubler les acteurs de leurs scènes de flagellation
— scolaire ou orgiaque — de noms anglais très ca-
ractéristiques. En bien peu de cas les noms sont
français ou peuvent se traduire dans notre langue
d'une façon quelque peu sensée.

Mais ceci ne veut pas dire que nous n'ayons pas eu, chez nous comme ailleurs, des flagellants de toutes catégories, depuis la secte fanatique dont les membres s'imaginaient sérieusement gagner le Paradis, au moyen de mortifications corporelles ; depuis les clandestines associations qui voilaient avec la religion des passions inavouables et des lubricités écœurantes, jusqu'à ceux que la cruauté seule, un abject désir de faire souffrir, de voir souffrir, stimulait dans leurs violentes ardeurs et jusqu'à ceux encore qu'un érotisme tout pur entraînait vers ces pratiques dans lesquelles les plaisirs sexuels seuls étaient recherchés avidement. Mais, dans ce dernier cas, la flagellation n'était certainement qu'un moyen pour atteindre le but que les amateurs de coups de verge plus ou moins cérémonieusement appliqués se proposaient : Un luxe de mise en scène étrange, une progression lente dans les phases de l'opération, la suggestivité des vêtements adoptés, la lascivité des poses, tout contribuait à produire une surexcitation de l'imagination qui amenait fatalement un assouvissement des instincts sensuels mis en ébullition.

Et comme il existe toujours de ces êtres hystériques que des excès de toute sorte ont prématurément usés, ou que des affections héréditaires ont doués d'un système nerveux anormal, que seules les plus âpres jouissances peuvent calmer et qui sont, pour ainsi dire, dominés par une *fringale* de volupté quasi perpétuelle, comme plus nous avançons dans notre époque de progrès à outrance, le nombre de ces créatures ira toujours en augmentant, nous pouvons d'ores et déjà affirmer et conclure qu'à ce point de vue là, la flagellation, au lieu de se perdre, ne fera que gagner du terrain et qu'elle a bien des chances de se répandre, sous des formes plus variées, plus compliquées. Nous n'en voulons pour preuve que les nombreuses annonces figurant dans les journaux mondains de Paris, de Londres, de Berlin et de Vienne et dans lesquelles des *Masseuses* offrent leurs bons services. Et qui dit, en la circonstance, *Masseuses* dit *Flagellantes* et le reste...

Au point de vue du fanatisme religieux, la flagellation est encore en honneur dans quelques pays d'Europe à l'heure où nous écrivons : Il existe en effet en Russie plusieurs sectes qui se meurtrissent le corps, dans l'espoir d'aller plus sûrement au ciel[1].

En Turquie, nous avons les *derviches tourneurs*, une autre catégorie de fous du même calibre qui se mettent en sang au moyen de lanières de cuir, pour complaire à Allah et à son Prophète. Mais en France aussi il existe encore des Flagellantes — les hommes en sont revenus depuis longtemps — qui se fustigent pour obtenir la rémission de leurs péchés, bien souvent imaginaires. Ce sont quelques rares individus du monde laïque d'abord, puis certaines religieuses, — principalement des Béguines, pauvres filles simplistes, à l'esprit borné, — des estropiées au point de vue intellectuel, en un mot, qui, au fond de leurs étroites cellules, ont encore recours à la discipline, parce qu'elles sont dominées par la ferme persuasion qu'elles ne pourront jamais obtenir leur salut si elles n'ont pas passé par les tortures et les

---

1. Le fanatisme religieux en certaines provinces de l'empire russe est si développé que le gouvernement s'est vu et se voit encore assez fréquemment obligé d'intervenir avec la plus grande sévérité. On se souvient, d'ailleurs, des faits tout récents publiés au sujet des *envoûteurs*, qui croyaient conquérir l'éternel bonheur en se faisant enterrer et emmurer tout vivants. (Note de l'éditeur).

souffrances qu'a endurées leur divin fiancé, — Jésus-
Christ !

Les femmes européennes, civilisées, sont indubitablement plus *rouées* de nos jours : jadis, elles étaient
plus rouées... de coups par leurs seigneurs et maîtres.
Autrefois, quand la femme ne passait aux yeux du
mari que pour un *utile dulci*, elle n'était pas toujours traitée avec beaucoup de délicatesse et de galants
égards : Martin Bâton jouait dans les ménages un
rôle qui n'était nullement effacé, et, dans l'humble
hutte au toit de chaume comme au castel orgueilleux
du seigneur, il intervenait fréquemment entre les
époux, — au détriment de la femme la plupart du
temps...

Les époux de nos jours ont-ils changé ? Les hommes
sont-ils devenus meilleurs ou les femmes plus sages ?
Quien sabe ? disent les Espagnols. Le fait est que
les femmes sont de nos jours *moins* battues qu'autrefois, et si nous disons moins, c'est qu'il ne nous est
pas possible de dire qu'elles ne le sont plus, car,
aujourd'hui comme au temps jadis, il y a des époux
mal assortis, en désaccord, des hommes grincheux et
des femmes coléreuses et des maris ivrognes, et quand
on a appris le matin que le charretier du coin a *servi
une danse* à sa chère et tendre épouse avec le manche
de son fouet, on est informé le soir que le prince Un
Tel, de sang impérial, s'il vous plaît, a cravaché, avec
une belle désinvolture, sa noble et volage conjointe,
de royale extraction...

Plus le monde se fait vieux, plus les choses se ressemblent sur ce point en matière conjugale ..

Les époux désunis se battront toujours comme
plâtre, réciproquement, tant qu'ils s'aimeront suffisamment pour bien se châtier, chacun selon ses mérites, car, le vieux dicton : « Qui aime bien, châtie

bien » est, à notre connaissance, toujours en vogue. Quand les coups pleuvront trop drus de part et d'autre et que l'Amour, saisi d'effroi, aura pris son vol vers d'autres régions plus pacifiques, alors, dame, cela changera ; les femmes d'aujourd'hui ont tôt fait de se soustraire à la férule de leurs tyrans et, *vice versa*, les hommes aux arguments par trop frappants de leurs Xantippes : le progrès nous a gratifiés de cette belle institution dont M. Naquet, en France, s'est fait le champion : le divorce.

Mais, dans certains pays, le divorce n'existe pas, et alors cela ne va pas sans inconvénients. Seulement, il faut bien avouer que le rôle de la femme est devenu bien plus important en notre fin de siècle, et que les hommes, en général, lui témoignent plus d'égards et plus d'estime qu'autrefois : ne parlons pas de l'amour, parce que, nous l'avons dit déjà, c'est souvent la trop grande ou violente affection qui provoque précisément la bastonnade.

Il nous en coûte, évidemment, de faire ces constatations ; mais, comme il nous reste l'espoir de voir, avec le temps, la galanterie masculine se raffiner de plus en plus, — pourrions-nous de même pouvoir compter sur une galanterie égale de la part de nos irascibles épouses ? — nous conseillons à messieurs les maris qui trouvent absolument indispensable de corriger leurs compagnes qui n'auront pas été tout à fait sages, d'entrer franchement dans la voie des réformes, de faire le premier pas dans la modération et de reléguer *Martin Bâton* et *Martinet* au grenier pour ne plus s'inspirer, à l'avenir, que de l'exemple de ce galant mari, que, d'une façon si magistrale, nous présente le fameux tableau du Corrège et qui laisse à l'Amour armé de fleurs le soin de châtier, comme elle le mérite, la belle pécheresse...

Au point de vue de la fustigation domestique, il est
établi qu'elle n'est plus guère pratiquée en Europe
sur les membres étrangers à la famille, tels que
domestiques, petites bonnes, grooms ou apprentis.
Des lois protectrices sont intervenues dans presque toutes les contrées civilisées et le droit de
castigation a été enlevé même en Angleterre aux
personnes qui emploient de jeunes serviteurs, des
bonnes ou des apprentis, même quand ces derniers
sortent d'un orphelinat et deviennent, dans une certaine mesure, des enfants adoptifs de ceux qui les
accueillent.

Il se produit encore, néanmoins, des cas de castigation domestique de nos jours : mais alors on peut être
certain que l'opinion publique s'en émeut et que les
autorités ont tôt fait de mettre le holà. Deux cas se
sont produits tout récémemment à un très court intervalle. Nous les mentionnons en passant : c'est,
d'abord, celui d'un pasteur en Suisse qui fouettait
régulièrement sa bonne parce qu'elle avait un peu la
la tête à l'envers et faisait un peu trop de bêtises ;
puis, le cas d'une dame de Londres qui, tout dernièrement, a été jugée et condamnée pour avoir fustigé
sa bonne au point que la pauvrette en mourut à
l'hôpital où on l'avait transportée.

La fustigation à l'école — le grand dada des Anglais des siècles derniers et même d'un passé encore
très peu éloigné — n'est plus de mise aujourd'hui
dans nos écoles publiques et n'est pratiquée que bien
rarement dans des établissements privés. Nous
sommes cependant obligés d'en excepter les écoles
congréganistes, où les religieuses, aussi bien que les
prêtres enseignants, ont conservé les usages chers à
Torquemada et à ses fidèles continuateurs de l'Inquisition. Plusieurs procès scandaleux nous ont révélé

les moyens de torture employés dans les séminaires et les écoles des Frères.

Nous n'insistons pas. Les parents français ont toujours été très jaloux de leur prérogatives paternelles et n'ont jamais bien franchement voulu admettre, dans un sens général et illimité, le droit de châtiment corporel pour les enseignants à l'égard de leurs élèves. Nous parlons naturellement dans un sens général. Il y a des exceptions partout.

Et même à la maison, la fustigation des enfants n'a pas joui en France de la faveur qu'elle a rencontrée chez les peuples d'origine saxonne, comme les Anglais, les Allemands et les Suisses.

En France, c'est la taloche qui prime tout, ou bien la petite fessée anodine, sur le cucu nu du petit délinquant. Il est rare qu'un grand garçon soit fouetté chez nous avec le cérémonial décrit dans cet ouvrage et usité en Angleterre. Et quand cela arrive, par hasard, les parents ne prennent pas la peine de descendre d'abord les culottes...

Mais il y a encore quelque chose qui, en France fait de nos petits citoyens des êtres privilégiés en matière de correction corporelle. Les parents aiment leurs enfants avec une tendresse beaucoup plus indulgente que les parents dans d'autres pays, 'mais cette tendresse ne leur servirait évidemment pas à grand'chose, ne les protégerait certainement pas contre les coups quelque peu sévères, si elle n'était divisée entre le père et la mère, et par suite, créant deux influences contraires, n'arrivait à neutraliser les effets. Dans huit ménages sur dix, en effet, quand il y a plusieurs enfants, le père a ses favoris et la mère les siens : « Gare si papa punit un peu trop le préféré de maman, et gare à maman, si elle tire un peu plus fort que de juste les oreilles au Benjamin de papa ! »

En conclusion, nous ne sommes pas en France de bien. grands admirateurs du système anglais. Notre but n'est pas de moraliser les enfants par la terreur ; nous ne voulons pas que la crainte des châtiments corporels et de la douleur physique qu'ils peuvent provoquer, retienne seule nos enfants de mal faire et leur inculque l'amour de l'étude et du travail.

A notre point de vue, c'est là un moyen barbare et cruel dans l'efficacité duquel nous nous refusons à croire. Pour nous, il est bien préférable, sans renoncer absolument dans les cas graves — qui se produisent rarement — à une bonne raclée quand un petit chenapan l'a absolument méritée et qu'elle s'impose, de ne jamais employer les moyens violents, pour punir des peccadilles ou des fautes du genre de celles que peut commettre tout enfant. On ne récolte que ce que l'on sème, et, si les coups sévères et les mauvais traitements font naître chez l'enfant une crainte salutaire, s'ils laissent dans son esprit· et dans sa mémoire un souvenir cuisant et toujours présent, ils infiltrent également dans son jeune cœur, comme du fiel, le ressentiment après chaque correction et bien souvent aussi... la haine, quand la punition est imméritée.

Notre système d'éducation, celui que nous voudrions voir adopter, puise sa principale force dans la confiance que nous voulons faire naître chez les enfants. Nous ne voulons pas que, pareils à un chien que l'on fouette et qui vient ensuite, obéissant, vous lécher la main qui l'a frappé, obéissant par crainte, — naturellement, de voir se renouveler la correction, — nos enfants nous craignent et rampent soumis à nos pieds, pour devenir ensuite hargneux comme la bête maltraitée.

C'est au cœur de notre jeunesse que nous voulons parler... C'est à leurs sentiments élevés que nous voulons faire appel, — c'est leur générosité innée que nous voulons stimuler et leur amour-propre que nous voulons mettre en jeu.

Nous leur enseignons dès leur jeune âge qu'ils sont des hommes libres, qu'ils ne sont pas esclaves : Ne les traitons donc pas comme ces esclaves qui vivaient sous la perpétuelle menace du fouet et devenaient des êtres abrutis, tombant au rang des bêtes de somme.

Prenons nos enfants par les sentiments : soyons fermes, énergiques cependant, mais ne soyons pas cruels, et que la brutalité soit une parole dont le sens leur échappe à jamais. Quand ils ont fauté, humilions-les, faisons-les souffrir moralement, plaçons-les sous l'empire de la honte que nous nous efforcerons de faire naître chez eux en leur démontrant l'indignité de leur conduite. Et quand cela ne suffira pas, punissons-les en les prenant par leurs faibles, par leurs petites passions d'enfants, privons-les de ce qui leur est le plus cher, de leurs joujoux, de leurs sucreries s'ils sont gourmands, ou de toute autre chose à laquelle ils attacheront beaucoup de prix.

Et quand, en désespoir de cause, il nous faudra quand même recourir à la fessée, alors faisons-le avec modération chez les grands enfants, et d'une façon tout à fait anodine chez les bébés : ayons toujours présente à l'esprit le petit poëme qui se trouve dans le corps de ce livret qui nous apprend la mésaventure qui arriva à ce petit polisson de Cupidon, qui, se trouvant un jour à faire l'école buissonnière, rencontra une jeune bergère qu'il blessa au cœur d'une de ses flèches les plus acérées. La belle, pour le punir, s'empara de lui, l'attacha à un pêcher en fleurs et, après avoir, avec des branches toutes fleuries de roses, façonné une verge, elle le fustigea d'importance. Et Cupidon en eut plus de peur que de mal.

Comme la gentille bergère agit avec Çupidon, agissons aussi envers nos bambins trop folâtres : Châtions-les bénévolement, avec douceur, fustigeons-les avec des roses, car, — au fond, — nos bébés ne sont-ils pas nos Amours ?...

SUPPLÉMENT

---·◦·---

LA FLAGELLATION

DANS

NOTRE SOCIÉTÉ ACTUELLE

Note de l'Editeur

Les articles qui suivent n'ont pas paru dans la première édition du présent ouvrage.

C'est le résumé aussi fidèle que possible, de tout ce qu'on a pu voir dans les journaux, périodiques, romans écrits ces dernières années et touchant de près à notre ouvrage.

La grande quantité de matières élaborées à ce sujet montre bien que la question préoccupe nombre de littérateurs, chercheurs ou simples curieux.

Nous nous sommes efforcés de rechercher tout ce qui a été dit à ce sujet, surtout en ce qui concerne l'époque à laquelle nous vivons, pour ne pas être traités de visionnaires — pour ne pas dire plus ; nos documents peuvent être facilement vérifiés, nous n'avançons rien qui ne soit scrupuleusement contrôlé par des plumes autorisées, rien qui ne puisse être constaté, pas plus que nous ne voudrions publier quoi que ce soit qui blesse la morale ou porte atteinte aux bonnes mœurs.

D'autres ont, avant nous, fouillé l'existence humaine jusque dans ses infimes détails. D'autres n'ont pas craint de soulever le voile qui cache la pourriture sociale, le vice inhérent à notre race, les tares d'une société qui se vante d'être supérieure à toutes. Ne craignons pas à notre tour, de montrer à nu, dans toute sa hideur, une des tares qui a de tout temps existé et qui va peut être en augmentant, quoiqu'elle soit dissimulée sous une hypocrisie de convention.

Chez la Masseuse

MASSAGE. *M*^{me} *X...,* *rue* ***,* *n*° ***

De 2 heures à 4, le Mercredi excepté.
Prix modérés. Maison de confiance.

Attiré par cette annonce à la 4° page d'un des nombreux journaux qualifiés par le monde où l'on s'ennuie, Monsieur X***, désireux d'éprouver les bienfaits d'un traitement dont on lui a vanté l'énergie, se met en relations directes avec un de ces établissements.

Sa bonne étoile le conduit-elle dans un établissement sérieux, il ne peut que recommander à d'autres, l'efficacité d'une méthode qui l'a guéri, ou soulagé.

Mais que nos lecteurs, avant de s'engager dans ces sortes d'aventures, jettent les yeux sur les lettes suivantes, écrites par une *masseuse* des plus expérimentées, établie en plein centre aristocratique de Paris, et ils seront pleinement édifiés sur ce qui se trame à l'ombre du boudoir dans les maisons de massage.

*
* *

« Je vous adresse, nous écrit l'aimable correspondant qui nous a communiqué ces lettres, quatre lettres de Madame Alice de N***, Rue..... à Paris. La dernière a été mise à la poste à Paris, le 24 novembre 1898.

« Cette dame est allée ensuite habiter rue....., j'ai cessé, depuis, d'avoir de ses nouvelles, n'ayant pas reçu de réponse à mes deux dernières lettres.

« Le point de départ de cette correspondance avait été le paragraphe relatif aux Masseuses, pages 497 et 498 de votre *Etude sur la flagellation* (1). A ce moment, les journaux *Fin-de-Siècle*, le *Journal* (dans les Petites Annonces des mercredi et samedi) avaient des annonces spéciales, sous la rubrique MASSAGE. Mis en éveil par la lecture du dernier paragraphe de la page 494 de votre ouvrage, j'avais écrit à diverses personnes pour leur demander des détails sur leur méthode de massage. Une seule m'a répondu, et ce sont ses lettres que je vous envoie. »

Voici donc, dans l'ordre de réception, les lettres dont parle notre correspondant. Elles ont été écrites en réponse à des demandes qu'il est facile de deviner, sans les avoir sous les yeux.

*
* *

Paris...

Monsieur,

Il m'est impossible de vous donner, par correspondance, tous les détails que vous me demandez sur la méthode de massage que je fais subir à mes *patients*. Nul doute qu'ils vous intéresseraient beaucoup et vous causeraient, à distance, une voluptueuse impression, avant-goût des jouis-

---

(1) La première édition du présent volume.

sances physiques que vous trouverez chez moi, si vous y
venez ; mais il est dans mes principes de ne rien accorder
sur de vagues promesses et le temps que j'emploie à écrire
est pour moi d'un certain prix. J'espère donc que vous
comprendrez ma réserve et le moyen de me décider à en
sortir. Au surplus, je compte bien vous recevoir lors de
votre prochain voyage à Paris, et ajouter l'hommage de
votre soumission absolue à tous ceux que j'ai l'habitude
de recevoir... avec les verges et le martinet qui constituent
un excellent moyen de traiter les hommes comme ils le
méritent.

N.

*
* *

Paris, jeudi...

L'impertinence de vos prétentions et l'espèce de bravade
que vous manifestez, (à distance) à l'égard des traitements
que vous subirez ici, me font regretter de ne vous avoir
pas sous la main, sous le martinet, sous les verges et sous
la cravache pour vous donner, en une leçon et en plusieurs
coups, les détails que vous demandez si minutieux sur
l'application de ma méthode. Apprenez, pour mieux comprendre la sévérité de celle-ci, que j'ai été, très-jeune encore, il y a dix ans (j'en avais seize) chargée par une famille
anglaise de l'éducation d'un enfant de douze ans, dont le
caractère était des plus difficiles. Les extrêmes rigueurs
m'étaient permises et même recommandées, et ce fut avec
une certaine appréhension que je me disposai, un jour,
à user de la fessée contre mon élève indiscipliné. Je lui
ordonnai de se déculotter lui-même : ce qu'il fit en pleurant. Mes premiers coups furent très indécis, marquant
mon inexpérience du procédé. Mais, fait étrange, plus je
frappais et plus je sentais se glisser dans tout mon être un
âpre, cruel et à la fois voluptueux désir de lui faire mal,

de lui causer de la souffrance, d'exciter ses cris. Instinct
pervers ? Goûts sadiques ? Je ne sais ; mais, lorsque le joli
derrière blanc et rose de mon petit martyr laissa voir les
traces bleues et boursoufflées de la corde par laquelle
j'avais remplacé mes mains trop douces ; lorsque je vis le
sang apparaître en gouttelettes à certains endroits, un
frisson me secoua que je n'avais jamais éprouvé ; tout mon
être se fondit dans une jouissance ineffable, inconnue de
moi jusqu'alors : J'appris ensuite que je venais de goûter
le bonheur suprême, celui que donnent les savantes
caresses d'amour ! Et qu'y avait-il d'amour dans mon cas ?
A partir de ce moment, je saisis les moindres prétextes
pour amener la correction de mon élève. Je le déculottais
moi-même, le couchais, le ventre sur mes genoux ou sur
le parquet, et le martinet dont je m'étais muni à son intention ne cessait de flageller que lorsque mon bras était
las ! — J'employais cette méthode depuis plus d'un an
lorsque je m'aperçus, un jour . . . .
. . . . ? . . . .
. . . .
Le petit sournois, sans en rien dire, en était arrivé à aimer
et à provoquer les coups ! — Je vous dirai une autre fois
comment, à partir de cette découverte, mon système
d'éducation devint pour lui et pour moi un moyen de relations trop précoces dont nous sûmes garder le secret, à
l'instant où le sang giclait sous la lanière tressée devenue
nécessaire après l'insuffisance du fouet et des verges, je le
prenais, fou de désir . . . ., et je sus si
peu modérer cette frénésie qu'un an après, *il n'était plus !*
— Ce fut pour moi, cette aventure, un renseignement qui
devait m'être utile. Je compris que le devoir, la fonction
de *la femme* était de châtier cruellement *l'homme* et de lui
faire expier, par avance, par un petit supplice bien raffiné,
les faveurs qu'il demande, auxquelles il aspire avec son
inconsciente impudence. Je m'aperçus, par la suite, que,

loin de nuire à l'état général de leur santé, la flagellation
et les coups, activant la circulation du sang, leur étaient
d'une excellente hygiène. Cette observation, jointe à mon
éloignement naturel pour le « *contact pénétrant* » de
l'homme, me décida à ne jamais accueillir d'une autre manière ceux que ma beauté ou quelque autre charme de
mon sexe provoquerait à m'offrir leurs hommages. Il va
sans dire que j'ai, peu à peu, perfectionné ma méthode
primitive. — Je vous expliquerai dans une autre lettre et
en m'arrêtant, comme il conviendra, à chaque détail, le
cérémonial des séances auxquelles j'admets les fidèles de
mon culte (dont les frais, pour chacun, sont fixés à cinquante francs, afin qu'un vil métal ne souille pas le temple). Vous avez soulevé le voile d'Isis. Les Egyptiens en
mouraient : plus heureux, mille fois, que vous qui aurez
désormais à en souffrir beaucoup. Hier encore, vous pou-
viez reculer, reprendre la route banale mais large et facile
des sensations connues ; et la destinée, maîtresse de tout,
se sert d'un sentiment vil pour vous porter à mes pieds :
la curiosité! — Pendant que ma femme de chambre, esclave
femelle accroupie sur une peau de bête, me lisait, au pied
du lit, votre lettre, je rêvais déjà de vous tenir, pantelant,
soumis, absolument dompté, entre mes doigts pinçant vos
chairs nues, et *sous moi*, pour mieux attiser sur vos lèvres
un feu qu'aucune faveur n'éteindra! Ce rêve sera, bientôt
sans doute, une réalité un peu dure pour vous; quoiqu'il
en doive être, je vous ordonne de relire, à genoux et nu,
la présente lettre, sans permettre à aucune partie de vous-
même, la moindre irrévérence.

Tout sur vous
Votre inexorable maîtresse

N.

*
* *

Paris, Jeudi.

(Lisez *à genoux* et *nu*).

Après m'être fait lire par mon esclave blanche les pages
où se manifestent, avec une docilité dont je vous récom-
penserai, votre désir de franchir bientôt le seuil du temple,
votre ambition d'avancer, de ramper, dussent vos genoux
en être meurtris, jusqu'à l'initiation définitive au vrai culte
de la femme, j'ai pris vis-à-vis de moi-même l'engagement
d'accepter vos hommages et de vous instruire sur la manière dont j'exige que l'on me les présente, que vous me
les présentiez.

Aussitôt introduit par une femme à laquelle il remet la
dernière enveloppe reçue de moi, le futur martyr, dépouillé par elle de ses vêtements inférieurs, attend, dans
un coin du salon, en la pénombre qui sied à l'accomplissement des « mystères », que je daigne lui apparaître. Ses
méditations peuvent, alors, porter sur l'emploi réservé
aux objets qui l'entourent : verges desséchées après immer-
sion dans du vinaigre ; martinets de lanières tressées ; cravaches si finement menaçantes

> « Objets chéris,
> « Joujous cinglants »
>   etc...

sans oublier les épines et orties qui montrent leurs mille
petites dents cruellement aigues.

Si le résultat de ces méditations n'est pas un refroidisse-
ment de sa belle ardeur, une défaillance de sa Foi de
néophyte, ce frisson de peur que les héros eux-mêmes
connaissent parait-il, avant le combat, s'*il* ne me supplie

pas de lui permettre une retraite momentanée, c'est qu'*il* est mûr pour le joug de ma discipline, digne déjà de subir, par la main et la volonté de la Femme, exclusivement et infiniment *adorée*, les souffrances que son fanatisme convertira en délicieuses voluptés.

Alors commence mon Office : sur le derrière *nu* du sujet mon martinet ébauche une légère esquisse de tons roses. C'est la mise en mouvement du sang qui, tout à l'heure, roulera impétueusement sous la colère des verges, sous le sifflement de la cravache et l'*éperon* de mes pieds impatients. Le moindre cri est aussitôt réprimé par un coup plus violent ; tout signe de révolte, tout indice d'*irrespectueux désir* entraîne, *pour le membre coupable*, un châtiment immédiat.

Cet heureux supplice continue jusqu'au moment suprême ou la nature, plus forte que la craintive obéissance de l'esclave adorateur, va produire l'explosion de sa jouissance intime. Alors, montée sur lui comme sur une bête de somme, sans crainte de souiller mes belles nudités au contact de son corps de satyre, je l'*éperonne* jusqu'à ce que le sang s'échappe en même temps que... le reste ; et c'est dans l'extase de sa pamoison, dans l'anéantissement de tout son être sous ma toute-puissante force que je *le* laisse, l'abandonnant, jusqu'à un autre Office, aux soins d'une sous-prêtresse.

Tel est, résumé dans ses grandes lignes, l'accueil qui vous attend ici. Je vous accorderai, si vous vous en montrez digne dans une lettre *moins tardive que la dernière*, une analyse plus minutieuse de mes sensations personnelles pendant ce sacrifice, grandiose en son genre, de l'homme à la *Femme*. Quoiqu'il en soit, sachez que, dès votre premier pas du portail vers l'Autel, toute chimère devra s'effacer devant cette double réalité : *Moi*, maîtresse-souveraine de votre corps ; *vous, rien*.

N.

*
* *

Paris, jeudi.

J'ai eu, un moment, l'intention de vous laisser quelque
temps, sans réponse, pour vous punir de l'état de révolte
dans lequel vous a mis, de votre propre aveu, un mot qui,
écrit par *moi*, devait vous laisser aussi soumis, aussi résigné
que tout autre plus injurieux encore... selon vous. Vous
oubliez, esclave trop frémissant, que c'est avec un fouet
que je vous écris et que l'épithète la plus cinglante, la plus
susceptible de vous faire saigner, est précisément celle que
je suis tentée de vous appliquer sans merci. Il est donc
vrai qu'un mot a failli mettre en déroute toute cette légion
de serments de vassalité, de promesses d'obéissance passive ; d'abnégation absolue de vous-même ? Leur valeur
m'en semble vraiment bien diminuée, et je me suis deman-
dée si je prendrais la peine de les rallier, d'accepter encore
leurs offres devenues sujettes à caution, ou si je ne les
laisserais pas se perdre, avec vous-même, dans l'oubli, ou
mieux dans l'inconnu d'où vous êtes à peine sorti pour
moi. Afin d'en finir avec toute trace de cette rébellion
(dont je me souviendrai seulement en temps et lieu), et
comme vos définitions sentaient un peu le dictionnaire,
j'ai chargé mon esclave blanche d'en consulter un des plus
académiques, et voici ce qu'elle y a lu, en regard du mot
torpille. « Au figuré : *Condition obscure* » — Or, n'est-ce
pas, le plus souvent, *au figuré*, que nous parlons ensemble
des « mystères » de ce culte auquel vous voulez sacrifier
et ne considérez-vous point comme un homme enviable
l'*état le plus obscur* aux pieds de la *Femme deïfiée ?*

Le hasard de la lecture a mis aussi sous ses yeux, le mot
que vous écrivez toujours : *inexhorable*, et, si peu *Française* que vous me supposiez (avec quelque impertinence)

je suis tout-à-fait décidée à rester, vis-à-vis de vous comme de tout autre fidèle, inexorable... sans h. Voilà qui vous apprendra à faire du purisme dans votre esclavage !

Il va sans dire que tout cela ne remplace, ni dans mes desseins ni dans mes goûts, le traitement rigoureux auquel je tiens, plus que jamais, à soumettre votre pauvre corps si orgueilleusement *pensant*. L'attitude dans laquelle le montre votre vignette est bien celle que je lui imposerai dès votre présentation et après que vous serez parvenu jusqu'à mes pieds triomphants par un long rampement au milieu d'épines fraîches. Il faudra qu'à chaque pas de ce calvaire, stimulé, relevé de vos défaillances par les coups de cordes, de verges et de fouet d'une initiée, vous chantiez un hosannah de reconnaissance, le regard fixé sur mon corps nu, où vous n'atteindrez que pour mieux sentir l'impitoyable cruauté de mon joug ; et sachez bien qu'à chaque marque aussi de votre « docilité » sous ma radieuse toute-puissance, à chacun de vos cris de souffrance ou de désir désespéré, mon être tout entier s'élèvera progressivement vers le bonheur suprême, jusqu'à l'instant où, saturé de voluptés à la vue de vos chairs meurtries et lamentables, il s'abandonnera au frisson final pendant lequel s'achèvera votre supplice d'initiation.

Nouveau Jean-Jacques d'une autre Margot, je ne sais pas si vous apprécierez aussi bien que lui les avantages d'une sévère éducation sous la volonté d'une « maîtresse », moi je suis sûre, en ce qui me concerne, d'éprouver les joies les plus délicieuses à vous rompre tout-à-fait, à vous briser, à anéantir en vous, vis-à-vis de moi du moins, ce levain de dignité virile que j'ai retrouvé, avec indignation, dans votre dernier envoi. Esclave de vos passions, plus belles, après tout, que les mille préjugés dans lesquels tant de prétendus sages traînent une vie ignorante, j'exige que vous le soyez également, aveuglément, sans la moindre réserve, de *Celle* qui daignera se prêter à les satisfaire, à en provoquer d'autres, et que vous acceptiez tout d'*Elle*, moralement et matériellement : c'est le seul moyen pour vous de mériter l'initiation complète à laquelle vous aspirez.

A bientôt.   N.

*
* *

Nous avons dû, dans les lettres ci-dessus, supprimer quelques passages par trop lascifs, que la bienséance ne nous permet pas de publier.

Mais que le malheureux qui se laisse prendre par ces créatures se méfie. Ses pérégrinations se termineront parfois chez le Commissaire de police, comme le héros de cet entrefilet, paru dans *le Journal* du 13 juin 1900 :

Depuis quelques jours à Paris à l'occasion de l'Exposition, M. Jabolot, originaire de la Creuse, se trouvait, hier après-midi, à la terrasse d'un grand établissement du faubourg Montmartre, lorsqu'il se lia soudain d'amitié avec un jeune homme pâle, assis auprès de lui.

En veine de confidences, M. Jabolot raconta à son voisin comment il s'y était pris pour visiter les plus beaux monuments de la capitale et finalement il ajouta :

— Il n'y a qu'une chose qui m'ennuie, c'est que l'on se fatigue beaucoup trop vite à ce « métier-là », et je vais être obligé de me reposer pendant plusieurs jours tant je suis brisé, moulu, anéanti.

— Qu'à cela ne tienne, répliqua le trop complaisant voisin, allez donc de ma part chez Mme F..., masseuse, rue Notre-Dame-de-Lorette, et vous m'en direz des nouvelles...

M. Jabolot ne se le fit pas dire deux fois, mais on juge de sa stupéfaction lorsqu'il lui fut donné de se rendre compte des exercices variés auxquels se livrait la prétendue masseuse.

D'abord par quelques protestations timides, ensuite par des cris aigus, le provincial manifesta ses sentiments, et finalement, ne se retira que pour aller déposer une plainte entre les mains du commissaire de police.

A la suite de cette affaire, une perquisition a été opérée au domicile de Mme F. ., où l'on a saisi différents objets, dont il ne sied de donner la description.

Et Mme F..., a pris le chemin du Dépôt.

LE MASSAGE A LONDRES

La France n'a d'ailleurs pas le *privilége* de ces établissements. Nos voisins d'Outre-Manche n'ont rien à nous envier. Voici d'ailleurs, tel que l'a raconté le *Reynolds Newspaper*, dans son numéro du 23 octobre 1900, le dernier scandale arrivé dans une maison de Massage.

Cet article, paru sous le titre de *Scandale causé par un établissement de massage; Nos révélations sont confirmées; La blonde et la noire; Condamnation d'un misérable*, a causé une profonde impression dans le public. Le voici :

M. Curtis-Bennett a récemment engagé une poursuite sensationnelle au tribunal de police à Marylebone. Peu de temps avant, la disposition du nouvel acte concernant la suppression de la pratique de certains hommes, qui vivent du gain de femmes immorales, avait force de loi, et une condamnation fut enregistrée.

La personne assise sur le banc des accusés était un homme bien mis, en habit de couleur. Cet homme se

33

fit inscrire sous le nom de Jacques Davis, âgé de 32 ans, habitant 120, Marylebone-road, et déclara être domestique dans un établissement de bains. Il fut d'abord accusé à la suite d'une déposition déclarant qu'il avait illégalement attaqué et battu Sophie Ella Cheshire, et à une époque subséquente, il fut de nouveau accusé d'après la première section du nouvel acte, pour « avoir vécu sciemment ou en partie du gain de la prostitution ».

M. Palmer, qui poursuivit, dit que sous l'adresse ci-dessus mentionnée le prisonnier avait tenu une maison connue comme établissement de massage et annoncée comme : « Institution de bains pour le traitement du rhumatisme, de la goutte, de la sciatique et de la névralgie, au moyen de fumigation, de bains, du massage et de la discipline, etc, » La plaignante dit au tribunal que les femmes employées dans l'institution comme gardes-malades, avaient été pour la plupart des domestiques au service du prévenu. Il avait ensuite profité d'elles et en avait fait des gardes-malades, comme elles étaient pourvues de l'uniforme porté ordinairement par les personnes qui exercent cette profession. Pour le massage on avait des prix depuis 10 shellings 6 pence, mais le témoin soutint devant le tribunal que souvent des agents de change et des messieurs riches venaient, qui payaient jusqu'à trois ou quatre livres sterling. Tout cet argent appartenait naturellement au prévenu. On pouvait facilement voir pourquoi ils payaient si largement. Le prévenu n'avait jamais gagné un shelling, excepté par ces moyens immoraux, tandis que la plaignante avait économisé une somme d'argent en travaillant pour un magasin de modes. Le bail du local en question était fait au nom du prévenu, mais les meubles appartenaient à la plaignante. A l'occasion de l'arrestation du prévenu on trouva parmi les nombreuses lettres une qui portait :

Cher Monsieur Davis,

« Je ne puis venir aujourd'hui ayant un engagement. Je regrette d'avoir été dehors quand vous êtes venu. J'aimerais vous voir ; veuillez donc vous hâter de venir à 4 h. 30 ; apportez le fouet. »

Le juge de paix mentionna la description de cet établissement et le terme « discipline ». Dans la lettre on s'était servie du terme « fouet ».

Sophie Ella Cheshire dit qu'elle connaissait le prisonnier depuis trois ans et qu'elle avait vécu maritalement avec lui. Elle avait gagné son pain comme teneuse de livres et modiste, dépensant tout son argent pour le prévenu. Elle le quitta le jour de Noël dernier, parce qu'il vivait maritalement avec une domestique dans la même maison. Il la décida à retourner chez lui à Pâques, et après avoir payé le loyer, elle fit transporter ses meubles dans la maison de l'accusé. Là il y avait des prostituées, qui avaient été des domestiques et avec lesquelles il avait été intime, pour en faire ensuite des gardes-malades. Le prix ordinaire que l'on demandait aux malades était d'une demi-guinée, mais elle assura que les femmes descendaient quelquefois avec deux ou trois livres sterling qu'elles donnaient au prévenu.

M. Palmer : « Les femmes recevraient-elles une partie du gain ? »

— Oui, on leur donnait une commission.

— Ces femmes étaient-elles des prostituées ?

— Oui, elles étaient des prostituées.

Le juge de paix : « Le massage avait lieu dans une chambre à coucher, occupée seulement par la garde-malade et le monsieur. »

La plaignante continua et dit que le prisonnier avait amené une autre femme le lundi précédent. Elle lui en remontra lorsqu'il l'attaqua, lui pocha les yeux et lui fit sortir trois dents.

M. Palmer : « A-t-il » jamais gagné quelque argent ?

— Non, pas un penny.

— A-t-il vécu de ce que vous lui avez donné et du gain de ces femmes ?

— Exactement. »

Interrogée contradictoirement, la plaignante dit qu'elle avait tenu l'Hôtel de Richmond, dans Gray's-Inn-road, lorsqu'elle fit la connaissance du prévenu. Ensuite elle accepta une situation de caissière et de modiste dans une maison de commerce dans Hanover-Square. Elle déclare ne pas avoir bu et titubé. Il l'avait maltraitée chaque jour. Elle prétendit être une femme très respectable.

Le sergent de ville Butler, 170 D, mentionna le mandat d'arrêt et la mise en arrestation du prévenu à l'institution dans Marylebone-road. Il démentit l'accusation concernant les voies de fait. Ce fut, d'après lui, le résultat de la jalousie de la plaignante, qui voyait des femmes venir chez lui dans un but professionnel. Au bureau de police on trouva sur lui un grand nombre de lettres, toutes de femmes.

Pour la défense M. Hill appela Maud Edwards, une femme blonde et élégamment mise, qui déclara être mariée et habiter 3, Northumberland-mansions. Elle n'avait pas vu la plaignante le soir en question, mais l'avait connue depuis un an. La plaignante avait eu un enfant illégitime. Elle était ivre neuf jours sur dix.

Interrogée contradictoirement Maud Edwards dit qu'elle n'avait pas habité dans Marylebone-road, mais qu'elle y avait seulement fait des visites.

« Etes-vous une des gardes-malades ?

— Non.

— Pourquoi y allez-vous alors ?

— J'y vais quand on est à court de gardes-malades.

— Quand on est à court d'une dame, je suppose ?

— Oui.

— Vous y allez pour recevoir des messieurs ?

— Oui, quand il y a un malade qui désire des fumigations.

— Y allez-vous servir des messieurs dans un but immoral ?

— Non.

— Que savez-vous en fait de massage ?

— Rien.

— Quelle discipline donnez-vous ?

— Eh bien, c'est un traitement.

— Bien, mais quelle sorte de traitement ? Est-ce le fouet ?

— Oui, c'est la flagellation, naturellement. » (Sensation).

M. Curtis-Bennet : « Ah ! vous n'avez pas besoin de donner de plus amples détails. On voit très bien ce que c'est que cette maison. »

Il demanda à la police si elle avait l'intention de poursuivre l'affaire, et l'inspecteur Wale répondit que la maison avait été surveillée.

Par ordre du juge de paix le prévenu fut ensuite accusé d'après le nouvel acte. Après quoi, on rappela Maud Edwards comme témoin et on l'interrogea une seconde fois. Elle prétendit qu'on ne lui avait jamais donné plus d'une demi-guinée. Elle était souvent seule dans une chambre avec des messieurs.

L'inspecteur Wale dit qu'il avait souvent vu Maud Edwards habillée en garde-malade au premier étage à la fenêtre qui donne sur la rue. Elle portait une robe voyante, blanche et rose, avec des plis et garnie de dendelles, et se montrait évidemment dans le but d'attirer des messieurs. On s'était plaint auprès de l'assemblée de la commune et auprès de la police, en disant que cette maison était un bordel, et il était du même avis.

M. Curtis-Bennet remarqua que c'était un cas extrêmement sérieux. Le prévenu avait rendu à la plaignante la vie misérable. Il était parfaitement clair que cette maison, annoncée dans certains journaux comme établissement de massage, était en réalité un bordel. Quelques-unes des lettres que l'on trouva sur le prisonnier et qu'il avait écrites lui-même prouvèrent qu'il avait attiré des jeunes filles à Londres, en promettant de payer leurs frais de voyage et de les rendre heureuses. On ne pourrait imaginer un état de choses plus horrible. Le prévenu avait joué le rôle d'un scélérat. Deux jours avant un acte, ayant heureusement force de loi, avait permis de juger le prisonnier comme fripon et vagabond, ce qu'il était réellement. Il était curieux que la première poursuite d'après cet acte devait avoir lieu à Marylebone, lorsqu'un état de choses choquant existait dans un district voisin. Heureusement pour la justice le prévenu était resté à Londres tandis que d'autres coupables avaient probablement quitté la ville. Il fut condamné à six mois de travaux forcés pour les voies de fait et à trois mois pour la seconde accusation, en tout à neuf mois de travaux forcés.

Les femmes,
le fouet et le baiser.

OÙ L'ON VOIT QUE L'ÉLÉMENT FÉMININ
EST MÊLÉ A TOUTES CHOSES

UNE CRAVACHE POUR UNE FEMME

Des accusations d'une conduite inhumaine furent
alléguées hier au tribunal des coroners à Battersea,
lorsque M. Braxton Hicks fit une enquête au corps
d'Ella Elise Newton, âgée de vingt-huit ans, qu'on
croyait avoir succombé aux suites de la violence de
son mari

Celui-ci, Jean Newton, est camionneur au service
de Messieurs Fremlin Frères, à Maidstone, et habite
72, Beaufoy-road, à Battersea. Auparavant il était
dans le district occidental de la police de Yorkshire, à
Wyke, et fut conduit devant le tribunal lors de son
séjour dans la prison de Holloway, où on l'a renvoyé,
accusé d'avoir causé la mort de sa femme.

La déposition des personnes qui habitent à côté de
la défunte porte à croire que la femme était sujette à

un système de maltraitement brutal par son mari, qui, dit-on, la battait constamment avec une courroie ou une canne. Il y avait fréquemment des querelles et des cris continuels pendant que l'homme « donnait des coups de fouet » à sa femme, paraît-il. Madame Bradbury dit que la défunte fut battue pendant quarante minutes, il y avait huit jours samedi. Mademoiselle Bradbury déposa que les cris de la femme étaient « choquants ». La propriétaire de la maison dans laquelle habitait la défunte dit que la pauvre femme était toute meurtrie. Une fois elle avait vu Newton donner des coups de cravache à sa femme.

L'enquête fut ajournée. (Juin 1899.)

UNE ANCIENNE LOI CONTRE LE BAISER

Le baiser doit être supprimé à Bridgeport, (Connecticut), où l'on va remettre en vigueur une loi contre le baiser, passée sous le règne du roi Charles II. On l'a trouvée parmi les lois oubliées de l'Etat de Connecticut, qui n'ont pas été abrogées. Elle prescrit pour les personnes surprises s'embrassant en public des coups de fouet administrés sur le dos nu, savoir quarante pour l'homme et trente pour la femme. On remet la loi en vigueur parce que les citoyens de Newhaven se plaignent des étudiants du collège Yale qui embrassent publiquement dans la rue les jeunes filles, blessant ainsi la morale de la ville.

Voilà une règle qui n'aurait que peu de chance d'être suivie à Paris !

LA FEMME ET LE FOUET

Les femmes sont de charmantes et délicieuses créatures, et depuis que dans mon dernier panégyrique en leur honneur j'ai avoué que ceux de mes amis mariés qui fouettent leurs femmes sont plus heureux que ceux qui ne le font pas, certaines dames de ma connaissance se sont quelque peu échauffées et m'ont promis d'un air tout à fait décidé qu'elles me tueraient si je les frappais. Je ne désire pas du tout frapper les charmantes et délicieuses créatures : en effet, j'ai à m'occuper de mes propres affaires : et si, comme je présume, on ne les fouette pas, c'est leur malheur, et je n'y suis pour rien. Mais je ne veux pas avoir l'air d'avoir traité à la légère un sujet si important, et je crois faire mon possible pour le bonheur de l'humanité et de la femme, en exposant d'une manière plus détaillée les avantages qui résultent pour les deux sexes de la flagellation des femmes.

C'est la coutume la plus ancienne de l'humanité, et son adoption marque la séparation définitive de l'homme des animaux qui périssent. Les esquisses du troglodyte attestent son immense antiquité, et les hiéroglyphes des Egyptiens la mettent en rapport avec les temps historiques. L'aphorisme « Heureuse la femme qui a été bien fouettée » est aussi certainement le premier résultat de la méditation des Aryas, comme cet autre : « Ni les personnes douces, ni les vêtements donnés avec prodigalité, mais la verge de jasmin assure la paix à une maison », est le premier résultat de la méditation des jésuites. C'était un usage honoré dans l'âge d'or, le matin même de l'existence du monde ; il a distingué les peuples forts

des peuples faibles à travers les différents âges de
l'histoire ; il a illustré les périodes les plus glorieuses
dans les annales des empires ; il a été la réalisation
remarquable des progrès rares et passagers de l'esprit
humain.

C'est un fait banal pour l'étudiant de l'histoire que
la ruine des peuples par le gouvernement des femmes,
et il pourra vous dire exactement quel degré de supériorité ou de décadence les nations ont atteint, en
vous constatant le rapport des hommes qui battent
leurs femmes — consciencieusement, non pas brutalement ou légèrement — avec la catégorie entière des
hommes mariés, et il vous dira aussi en quelle proportion ils augmentent ou diminuent. Une nation s'élève
très lentement au plus haut degré de civilisation conforme au caractère national, et pendant toute la durée
de son avancement l'usage de la flagellation des
femmes augmente continuellement. Mais une fois
qu'elle a atteint le plus haut point, une lassitude générale s'empare des hommes et se communique lentement
à toutes les facultés intellectuelles, jusqu'à ce qu'ils
commencent même à fouetter leurs femmes d'un zèle
moins consciencieux. Petit à petit l'accomplissement
de ce devoir autrefois si agréable et presque sacré
devient de plus en plus un effort ; l'homme sentimental
se révolte contre la flagellation et la discrédite ;
l'habitude fatale et corruptrice de prendre au sérieux
les charmantes et délicieuses créatures gâte bientôt
l'esprit national ; et la nation court à sa ruine.

Nous autres anglais, nous respectons en effet très
peu l'homme qui néglige de consulter avec le fouet
les meilleurs intérêts de sa femme ; mais je crains que
dans l'empire britannique le nombre des hommes qui
battent consciencieusement leurs femmes ne soit pas
aussi grand qu'autrefois. Cependant il y en a plus

qu'il n'y en avait il y a quelques ans. Ceux qui,
comme moi, peuvent se rappeler les horreurs du siècle
de Gladstone — culminant dans l'apothéose de la
coquine et dans les femmes exaltées qui parcouraient
l'Angleterre et prêchaient un évangile insensé d'effé-
miner les hommes par la flagellation — savent que
l'on a fouetté très peu de femmes en ce temps-là. Le
pays tomba au pouvoir « des pauvres gens insi-
gnifiants », que l'on rencontre journellement et qui
alimentent l'esprit en lisant les journaux ; on oublia
les bonnes expériences en recherchant stupidement
quelque chose de nouveau et de vilain ; faibles et insi-
pides, les hommes n'avaient pas d'énergie, et la
femme les réduisit à la soumission, jusqu'à ce qu'ils
se dégradassent réellement en se prosternant devant
elle dans la poussière comme devant un fétiche, et un
nombre d'esprits turbulents imposa à la majorité générale la coutume monstrueuse de se passer du fouet et
de gâter la femme ; et dans des saturnales sentimen-
tales on oublia la maxime qui fut la base de la grandeur de la race anglo-saxonne :

> « Un noyer, une femme, un chien,
> Plus on les bat, plus ils marchent bien. »

Je suis heureux de penser que nous sommes dans
une réaction contre ces extravagances. La majorité
du public, en effet, continue toujours à s'instruire en
lisant les journaux, l'homme sentimental se récrie, et
la femme non fouettée gagne le dessus ; mais l'homme
raisonnable est retourné au bon usage de ses ancêtres
et ne fait pas plus attention à elle qu'à une mouche
qui bourdonne autour de lui. Cependant comme depuis
quelque temps la coutume de fouetter sa femme est
tombée en désuétude, l'inexpérience empêche sa réin-
troduction en règle ; et c'est aux hommes qui n'ont pas

l'expérience, que je m'adresse. Car cet ancien et honorable châtiment ne doit pas être appliqué légèrement,
comme les jeunes maris étourdis s'imaginent. Je suis
vraiment d'avis qu'il vaut mieux ne pas battre une
femme du tout que de la battre à la légère. Les femmes
sont de charmantes et délicieuses créatures, mais elles
sont fragiles et d'une sensibilité fragile ; et il n'y a
rien de plus humiliant pour une noble femme que de
subir un châtiment disproportionné. Elle ne fait pas
beaucoup attention à ce qu'elle soit battue pour une
bonne ou pour une mauvaise raison — les raisons
ne lui disent rien — mais elle ne peut supporter des
demi-mesures, et elle a le droit de demander qu'on la
fouette proprement, si l'on veut la fouetter. Une tendresse de cœur complètement déplacée fait croire au
nouveau marié que quelques coups de fouet répondent au but — quelquefois sans doute, dans les premiers temps de son affection extravagante, il n'a pas
le cœur d'en infliger plus. Il lui faut prendre courage, devenir dur, et se fortifier par la pensée que
l'habitude, et l'habitude seule, lui apprendra à
accomplir son devoir sans douleur. Qu'il flagelle sa
femme proprement, c'est-à-dire, aussi insensiblement
que possible sans faire violence à ses sentiments.
Quelques coups de fouet ne font qu'exciter l'esprit
turbulent et révoltant de la femme, ils blessent son
orgueil sans encourager son affection dévouée ; tandis
qu'une femme qui a été proprement fouettée, de
manière à ce que le souvenir de la flagellation lui
reste pour quinze jours, s'attachera à son mari, pourvu
qu'elle soit un peu intelligente, et s'abandonnera à
lui d'une manière sublime, dont la femme non fouettée
ne serait jamais capable ; au moins elle aura toujours
pour lui ce respect profond qui est la seule et vraie
garantie du bonheur conjugal.

Quant au meilleur instrument pour vous assurer le dévouement passionné de votre femme, je ne connais rien qui puisse être comparé à un fouet bien pesé à manche d'argent ; l'argent satisfait le goût de l'élégance qui prédomine chez la femme, et flatte si agréablement son importance personnelle, qu'elle se plaira sûrement à le polir et à le tenir brillant. Le rigoriste, naturellement, qui s'en tient pédantesquement à la règle du pouce de la loi anglaise, se servira d'une canne. Mais aucun mari, dont la sensibilité esthétique a été proprement cultivée, peut endurer les meurtrissures disgracieuses que cause une canne ; et cette atteinte portée à sa sensibilité peut avoir pour conséquence qu'il néglige de consulter les meilleurs intérêts de sa femme. Cependant un garçon réellement gentil se sommettrait à l'incommodité d'adopter les bottes garnies de clous du maçon, et donnerait des coups de pied à sa femme, pour la raison que notre siècle est un siècle démocratique, plutôt que de se servir d'une canne qui fait des meurtrissures, pour la raison que la loi anglaise ne permet pas qu'elle soit plus grosse que le pouce, tandis qu'un fouet qui ne fait que couper, est aussi approprié à son but. Nous sommes cependant esclaves des circonstances ; et il peut très bien vous arriver qu'à l'occasion d'une promenade à la campagne il y a une divergence d'opinion si sérieuse entre vous et votre femme, que vous ne pouvez attendre jusqu'à ce que vous soyez rentré, mais qu'il vous faut régler l'affaire immédiatement. Avec la perspective d'une pareille circonstance imprévue, l'on fait donc bien d'avoir une canne légère, et d'en tirer le meilleur parti, en faisant des efforts de supporter en homme les résultats fâcheux de ce châtiment.

Mais l'attitude que vous devriez prendre et la disposition que vous devriez montrer en fouettant votre

femme, sont bien plus importantes que l'instrument.
Quelques hommes adoptent un air insouciant et gai,
d'autres la tenue sinistre du scélérat sur la scène,
d'autres encore un air de sévérité froide De tout cela
l'air refrogné du mélodrame est le plus conforme au
but. Un air gai blesse profondément l'orgueil naturel
d'une femme, en ce qu'il regarde sa flagellation
comme une affaire de peu d'importance; et vous ne
voulez pas porter atteinte aux sentiments de votre
femme en la fouettant. Mais la sévérité froide et raisonnable est fatale, si vous avez l'intention d'assurer
le dévouement passionné de votre femme. Une femme
ne peut entendre raison, et elle est excessivement
humiliée et terrifiée de voir que vous êtes doué de
raison en ce que cette dernière vous place trop haut
au-dessus d'elle. Il vaut mieux que vous feigniez
être emporté d'une colère furieuse quand vous la
fouettez; car comme elle agit elle-même toujours
d'après l'émotion du moment, elle comprendra facilement et vous pardonnera une action qui paraît provenir de votre passion. Ensuite il y a aussi un trait de
faiblesse dans une colère furieuse ; et après tout elle
vons aime à cause de vos faiblesses, elles vous rap-
prochent d'elle. Avec sa charmante et délicieuse disposition et sa bizarre imagination, elle verra dans
votre violence une preuve irréfutable de votre amour
pour elle, et loin d'être honteuse de son châtiment,
elle s'en glorifiera. D'ailleurs, comme vous avez agi
sous l'influence d'une passion indomptable, la réconciliation peut très facilement avoir lieu — vous lui
assurerez que vous n'étiez pas responsable de ce que
vous aviez fait, en lui expliquant clairement qu'une
offense de son côté excitera à un même degré un
accès d'irresponsabilité du vôtre.

Quant à la fréquence de la flagellation, il serait

ridicule d'établir une loi fixe ; évidemment elle varie
avec la femme. Il y a des femmes d'une insensibilité
qui a besoin d'être constamment adoucie, tandis
qu'avec d'autres une flagellation occasionnelle suffit
pour longtemps. J'ai, en effet, raison de supposer
qu'il y a des femmes qui n'ont pas besoin du tout
d'être fouettées, et je prétends seulement apprécier et
protéger la meilleure qualité de cette charmante et
délicieuse créature, de la femme de capacité moyenne.
Outre elle il y a la bonne femme qui, comme nous
savons, vaut mieux que des rubis et qui est aussi bien
plus rare.

EDGAR JEPSON.

LA COMTESSE DE MARTEL ET LE FOUET

Chaque quotidien a tenté d'expliquer à sa façon
l'aventure dont fut victime tout dernièrement Mᵐᵉ la
Comtesse de Martel, mais une autre explication
quelque peu fantastique de cet attentat a été obtenue
par l'INDÉPENDANCE BELGE, par une « source
spéciale. » Selon cette version le vrai motif de la prise
de « Gyp » était celui d'infliger une peine sommaire
à la célèbre femme-auteur pour avoir diffamé dans
un de ses récents romans la femme d'un auteur distingué. L'affaire fut exécutée selon les rigoureuses
traditions des « Dames des Halles ». « Gyp » ne fut
pas conduite dans une maison vide, mais au château
d'une amie en dehors de Paris. Là on la confronta à
trois hommes, y compris le mari offensé, et comme

elle refusa de rétracter, on lui administra une flagellation en règle, puis elle fut mise en liberté. Le correspondant de l'INDÉPENDANCE dit que le mari
offensé était auteur dramatique et journaliste et, « un
bon bourgeois. » Quant à son identité, il laisse ceux
qui sont familiers avec les cercles littéraires français,
libres de s'en tenir à leur conclusion personnelle.

(Sous toutes réserves, bien entendu).

LA DAME PATRIOTIQUE

OU « LE FOUET PRIME LE DROIT »

Une dame furieuse et extrêmement patriotique a
reproché à l'honorable M. Watt, directeur général
des postes de Victoria d'avoir des sympathies pour
les Boers et lui a donné des coups de cravache. Un
huissier de son département avait voulu joindre le
régiment impérial de l'Australie pour aller affronter
l'ennemi, mais le directeur général des postes ne put
y consentir. Ce refus rendit furieuse la dame. Pendant quelque temps elle attendit devant la salle dans
laquelle était assemblé le conseil des ministres à Melbourne, et ensuite elle fit dire à M. Watt, qu'elle
désirait lui parler d'une affaire très urgente. Le ministre sortit galamment mais imprudemment, salua la
dame, lui demanda l'objet de sa visite, apprit que
M. Schreiner du Cap avait été dénoncé comme traître
pour moins qu'il n'avait fait, et au moment où il

allait se retirer au sein du conseil des ministres, la dame lui administra trois coups de cravache ; elle avait sorti cette dernière des plis de sa jupe. L'incident a causé quelque amusement à Melbourne.

LA CANNE QUI FRAPPA LA REINE [1]

Combien de personnes aimeraient à devenir possesseur de la canne même avec laquelle un certain Robert Pate attaque la Reine d'Angleterre en 1850 ! Il y aura foule sans doute à la vente, où cette intéressante relique sera exposée, et on est curieux de savoir à quel prix elle se vendra, et qui en sera acquéreur.

L'article, une canne à pomme d'or, sera vendue chez Messieurs Stevens, dans leurs salles de vente, le 8 janvier prochain (1900).

Le lieutenant Pate — car l'auteur de l'attentat avait été au service de Sa Majesté dans un des régiments les plus distingués — n'avait, autant qu'on a jamais cherché à connaître le fond de l'affaire, aucun motif de commettre cette violence, et la pitié nous oblige à l'attribuer à quelque égarement temporaire d'esprit.

La Reine, agissant comme toujours selon son bon cœur, intervint pour prévenir la flagellation à laquelle l'accusé fut condamné outre une déportation de sept ans dans une de nos colonies qui était destinée aux condamnés à cette époque-là, la terre de Van Dié-

---

(1) Article paru en 1899.

men — maintenant appelée Tasmanie. On lui fit donc grâce dé la flagellation.

Pate subit dûment son jugement, et une petite fortune qu'il amassa ensuite, le mit à l'aise. Il mourut en 1895.

L'outrage fut commis lorsque Sa Majesté quitta Cambridge House, où elle avait fait une visite non officielle. Quoique le coup ne fût pas dangereux, il suffit à marquer à vie le corps de la Reine.

CHATIMENT D'UNE FEMME :

« DEUX COUPS DE CANNE »

Jean le Fleming, commis à la Bourse, habitant 46, Cathles-road, à Balham, fut cité devant le tribunal du sud-ouest, par sa femme qui demanda une séparation par cause de cruauté. La plaignante dit qu'ils s'étaient mariés au mois de novembre, et elle avait été forcée de le quitter au mois d'avril à cause de sa cruauté. Il l'avait continuellement maltraitée, et lui avait donné des coups de canne, comme si elle était une méchante enfant.

Le défenseur : « Je l'ai châtiée trois fois avec la canne. » Le défenseur se plaignit de l'inexactitude de la déposition de sa femme. Il raconta qu'une nuit elle avait quitté son lit et qu'elle allait sortir simplement en déshabillé lorsqu'il lui demanda où elle allait. Elle répondit qu'elle voulait chercher de l'eau. Il lui dit qu'il lui donnerait des coups de canne si elle ne mettait pas d'autres vêtements. Elle refusa, et lorsqu'elle revint il lui donna deux coups de canne.

M. Garrelt renvoya la citation (*Daily Chronicle*, 23 mai 1900)

En Afrique

ATROCITÉS AU CONGO

DES FEMMES

DÉSHABILLÉES ET FOUETTÉES

PAR ORDRE D'UN GOUVERNEUR

Rotterdam, (3 juillet 1900).

Le bruit court maintenant que la mutinerie récente qui éclata au fort de Shinkakassa, près de Boma, était directement due à l'abominable traitement que le gouverneur du fort a fait subir aux femmes des soldats dans le fort.

Selon une information privée et authentique du Congo, il paraît que les femmes de ces soldats furent forcées à faire beaucoup d'ouvrages manuels pénibles dans le fort et aux abords sans être payées. A plusieurs reprises les femmes avaient refusé de faire l'ouvrage qu'on leur demandait, et par ordre du gouverneur du fort on les avait attachées, déshabillées et fouettées jusqu'à ce que le sang coulât. Lorsque ces cruautés se répétèrent pendant quelque temps, les soldats se décidèrent à se révolter à la première occasion, ce qu'ils firent. L'incident tout entier de l'infortunée garnison du fort de Shinka-kassa est un des plus noirs de l'histoire de l'Etat. Maintenant ils ont tous été exterminés — poursuivis et fusillés lorsqu'ils furent à portée de la vue, ou emprisonnés et exécutés à Boma, attachés à la bouche d'un canon et tués par des pelotons en présence des huissiers et des habitants belges de Boma, qui assistèrent à la boucherie en habits de gala par ordre du gouverneur régnant et admirèrent le massacre.

PERSPECTIVE DE PAIX [1]

UN BOER NEUTRE TUÉ A COUPS DE FOUET

Cape-Town, le 15 août.

Le général Prinsloo est arrivé ici de Bethléem. Il a déclaré qu'il était très fatigué de la guerre et que la perspective de la paix lui serait très agréable. La conduite de M. Kruger a scandalisé la majorité des Boers.

(1) Le « Daily Chronicle » jeudi, 16 août 1900.

Les autorités militaires reconnaissent maintenant
qu'on ne peut laisser les Boers dans leurs fermes sous
le serment de la neutralité pendant que des troupes
de maraudeurs infestent encore le pays. Un Boer qui
agitait le drapeau blanc sur sa maison, a été récemment tué par les coups de fouet d'une bande de maraudeurs boers qui visita sa ferme. Ces maraudeurs
se composent en grande partie d'étrangers, surtout
d'Irlandais, d'Allemands et d'Italiens. Pendant les
prochains trois mois on s'occupera probablement de
l'extinction de ces guérillas, mais la guerre elle-même
sera terminée, aussitôt qu'on aura pris De Wet et
Delarey. Botha se rendra alors. Maintenant les Boers
sont à court de munitions de guerre. (Correspondance
spéciale de Reuter.)

En Egypte [1]

L'ALMÉE FOUETTÉE ET MUTILÉE

Le petit-fils de Mehemet-Ali, successeur de son oncle Ibrahim, avait, comme ce dernier, des instincts sauvages. Mais il savait mieux les dérober au public et leur laissait rarement franchir les portes de sa demeure. Il ne régnait pas encore quand il se signala par un acte dont j'ai connu, dans un de mes voyages en Egypte, l'infortunée victime.

Elle s'appelait Safia-Bint-Hadji Steta. C'était la plus célèbre almée du Caire par sa danse, son chant et sa beauté. Le jeune prince s'avisa de la faire venir dans son harem et de l'y retenir de force. Habituée à une vie indépendante, elle s'échappe du palais changé pour elle en prison. Sur l'ordre du puissant geôlier, elle est appréhendée par la police et ramenée au harem.

---

[1] Extraits de : Nubar-Pacha devant l'Histoire, par Alexandre Holyński, citoyen des Etats-Unis d'Amérique.

« Tu auras, lui dit Abbas, la liberté après laquelle tu soupires, mais auparavant il faut que je t'imprime une marque de mon souvenir.» Là-dessus, il commande aux eunuques de la déshabiller et de l'étendre à ses pieds. D'une main inexorable, il lui applique lui-même deux cents coups de courbatch, et sur les chairs palpitantes de la partie la plus charnue il découpa avec un poignard une tranche de viande fraîche, à l'exemple des Abyssiniens qui font par gourmandise la même opération à leurs vaches vivantes. Dans ce triste état, l'almée rapportée chez elle se guérit, mais en conservant pour le reste de ses jours la trace profonde et indélébile des amours du barbare [1].

*
* *

Saïd, dans le milieu où il s'éleva [2], apprit à parler français dès son enfance, acquit les manières d'un civilisé, se montre souvent bon, humain, généreux. Mais en même temps, il était enclin à d'étranges fureurs et apporte au Suétone, qui racontera sa vie césarienne, un contingent d'atroces insanités, comme la plupart des membres de sa famille.

Il passait une revue. Avisant un trompette dont le maintien laissait à désirer au point de vue de la discipline, il lui applique en guise de réprimande un si vigoureux coup de poing dans l'œil qu'il l'étend raide mort.

Une autre fois, irrité contre un bey de sa suite, il

---

(1) Ce monstre périt la cinquième année de son règne, assassiné en cours d'une orgie, à l'instigation de sa tante.

(*Note de l'Éditeur.*)

(2) Extrait du même ouvrage.

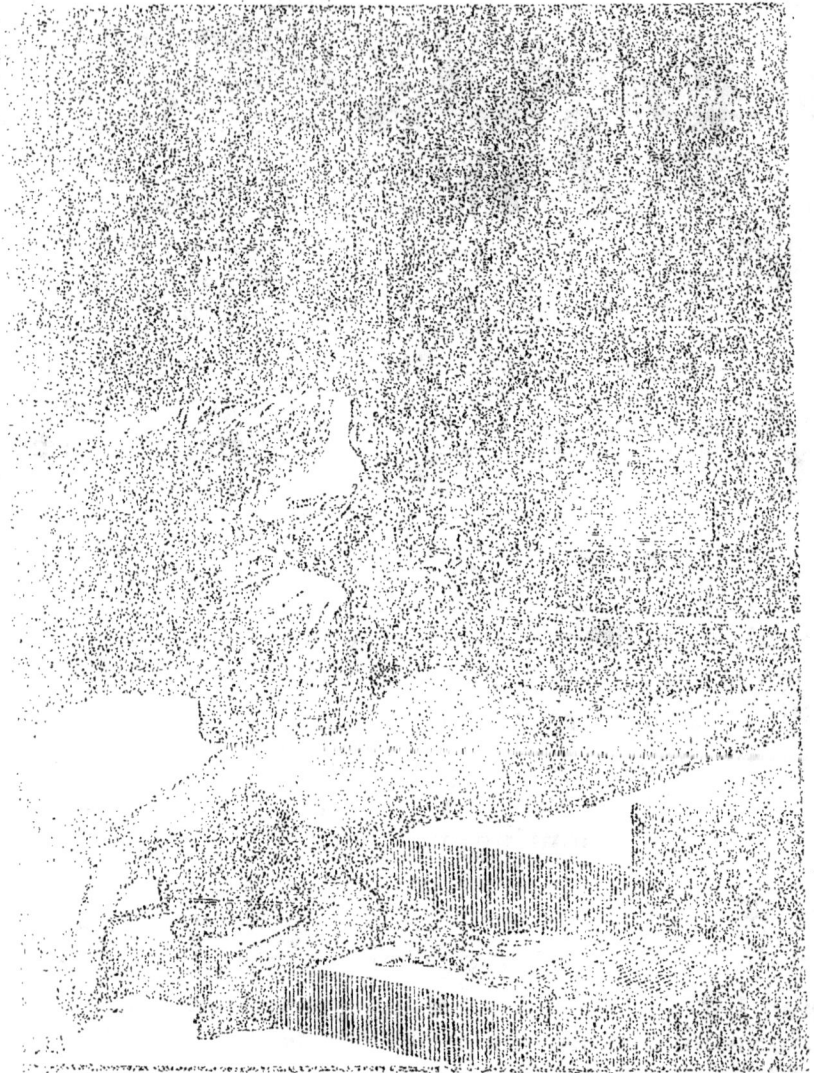

...et sur les chairs palpitantes de la partie
la plus charnue, il découpa avec son poignard une tranche de viande.

(Page 520).

lui administre lui-même une volée de coups de bâtons

On lui rapporte que quelques Cheikhs de la Mosquée El-Azhar ont hautement flétri certaine de ses habitudes, fréquente chez les musulmans, quoique fortement réprouvée par le Coran ; il fait atteler sa voiture, tombe comme la foudre au milieu du sanctuaire, se fait amener les Cheickhs signalés pour leur intempérance de langue et leur inflige à chacun une rude bastonnade.

Deux traits odieux souillent encore sa mémoire :

Dans une parade, deux canonniers avaient été trop lents à tirer le canon ; il ordonne de les attacher à la bouche de ce même canon, commande de faire feu, et, d'un air satisfait, regarde s'accomplir l'affreux châtiment qui met en pièces les deux créatures humaines.

L'autre trait est difficile à raconter.

Après avoir introduit un jeune homme dans son harem, auprès d'une esclave, pour s'attribuer les honneurs d'une fausse paternité, Saïd le fit assassiner afin qu'il ne révélât pas le secret d'une impuissance dont l'accusait hautement son unique épouse, la princesse Tadj.

Les nègres aussi !...

NÈGRES ET BOERS

A Monsieur l'éditeur de la « REVIEW OF THE WEEK »

(12 mai 1900.)

Monsieur,

J'ai lu votre article sur les Boers fouettant des négresses autour de Mafeking. Je vous serais obligé si vous vouliez me laisser dire un mot ou deux. Nous ne pouvons nous blanchir en noircissant les Boers ; et il est également vrai que deux peuples noircis ne peuvent en blanchir un. Les Boers ont été terriblement cruels pour les indigènes, mais nous avons agi de même. Vous vous souvenez peut-être que deux aborigènes (femmes) furent fouettées à mort en Australie, il y a environ deux ans. Il y a beaucoup de cas pareils. Des jurys composés d'Anglais ont fréquemment refusé de condamner des hommes blancs

pour avoir fouetté à mort des indigènes. Je suppose
que le secrétaire de la Société de protection des aborigènes a des rapports sur ces atrocités. — J'ai l'honneur d'être votre, etc.,

B. S.

CRUAUTÉS CONTRE LES INDIGÈNES

Vrybourg, le 30 mai 1899.

Les indigènes sont très irrités contre les Hollan-
dais, [1] par suite de très durs traitements qu'ils en ont
reçus. Un « garçon » qui apporta une lettre d'une
femme à Vrybourg, reçut vingt-cinq coups de fouet.
Un autre « garçon », reçut quinze coups de fouet pour
avoir sympathisé avec lui. Un Bassouto estropié qui
avait été interprète du gouvernement depuis plusieurs
années, fut interrogé sur le séjour du bétail. La question fut accompagnée d'un mauvais coup de sjam-
bok[2] à travers la figure, coup qui fit couler le sang.
Il fut emprisonné pour huit jours, ayant refusé de
revenir lorsqu'il fut assigné, et reçut dix coups de
fouet. Des cas semblables sont trop nombreux pour
être mentionnés. On a trouvé au bureau de police le
fouet dont se servaient les Boers. Il se compose de
beaucoup de cordes, qui ont été bien nouées et salées.
REUTER, *correspondant spécial.*

(1) Les Boers.
(2) Fouet.

A TRAVERS

LES JOURNAUX ET LES LIVRES

A travers les Journaux
et les Livres.

QUESTIONS IMPORTANTES

A Monsieur l'éditeur de la « Society[1] »

Monsieur,

Les lettres reproduites dans les colonnes de votre journal, me font penser que je pourrais me procurer des renseignements sur quelques célèbres flagellations du passé et aussi dans les pays étrangers, par l'entremise de vos correspondants.

On a quelquefois fouetté des demoiselles d'honneur en France comme en Russie. De quelle manière ? Que sait-on spécialement sur la flagellation de Mlle de Lineuil, sous Catherine de Médicis, et de Mlles Elmpt et Buturlin sous Catherine II de Russie ? A-t-on fouetté

---

(1) Important périodique anglais.

d'autres dames en même temps que Mlle de Limeuil, et a-t-on conservé leurs noms ?

Y a-t-il quelqu'un parmi les lecteurs qui puisse donner les faits sur la flagellation de Mme de Liancourt par les domestiques de la marquise de Tresnel ? Quel était le nom de demoiselle de cette dame, quel âge avait-elle, et était-ce une aïeule du duc de Liancourt, très connu peu de temps avant la révolution française? Et sur quels faits se base l'histoire de la flagellation de la comtesse de Rosen par les domestiques de Mme Du Barry ?

En France beaucoup de femmes ont été fouettées et marquées au siècle dernier. Au moyen de quel instrument et sur quelle partie du corps leur a-t-on administré des coups de fouet ? Sait-on si une autre dame a été punie de cette manière, excepté la comtesse de la Motte ? Et y a-t-il une dame ou femme bien connue qui ait subi cette peine du temps de la révolution, excepté Théroigne de Méricourt ? Les renseignements dans le *Registre annuel* de 1792, sur le maltraitement que les troupes françaises à Orchies firent subir à Mlle Nash, une anglaise, signifient-ils qu'elle fut fouettée ? Qui était Mlle Nash, qu'est-ce qui l'amena à Orchies, et quelle fut son histoire subséquente ?

Lorsque Doris Ritter, qu'on croyait être la maîtresse du prince de Prusse (plus tard Frédéric le Grand) fut fouettée en public par ordre du roi, de quelle manière la peine fut-elle infligée ?

Y a-t-il un lecteur qui sache les noms de quelques-unes des dames russes, qui, dit-on, furent fouettées à la manière des écoliers pendant le règne de l'empereur Nicolas ? Cooper constate dans son *Histoire de la Verge* (ouvrage qui paraît être très peu positif) qu'une d'entre elles était une dame appartenant à la noblesse et qu'elle fut fouettée publiquement, mais il n'en donne pas le nom. A-t-on fouetté de cette manière des dames polonaises, et sait-on leurs noms ?

Comment Mme Maderspach fut-elle fouettée en Hongrie ou plutôt en Transylvanie, en 1847 ? Et peut-on donner quelques renseignements sur une demoiselle, fille d'un surintendant calviniste (appelée, je crois, Hebner ou Hubner) qui fut condamnée à être fouettée publiquement selon l'information que nous donne M. Tissot. De quelle manière s'est-on servi de la canne autrichienne pour fouetter deux jeunes filles (cantatrices), appelées Galli et Conti, qui subirent la peine parce qu'elles avaient causé une émeute à Milan en 1849 ? Et connaît-on les noms d'autres dames italiennes qui subirent la peine ? Sans doute quelques-unes des victimes vivent encore. Les deux jeunes filles fouettées à Milan ont moins de soixante-dix ans, si elles vivent.

Une bonne, appelée Marie Cadman, qui avait été fouettée comme un écolier par son maître, le révérend Zacharie Brigton, le poursuivit en justice, et l'on dit qu'elle a réussi. Y a-t-il un rapport de ce procès ? Ce fut, je pense, du temps de la république. Quand on fouettait en Angleterre des femmes condamnées, la peine fut-elle toujours infligée au-dessus de la taille ? Et l'a-t-on jamais infligée à des dames ou restreinte à des femmes de basse origine ?

Les histoires sur la flagellation comme discipline de pénitence, d'après lesquelles la dame aurait reçu les coups de fouet comme un garçon, sont-elles basées en un cas quelconque sur des preuves réelles ?

A quel sujet a-t-on fouetté des femmes en Espagne et dans les Etats espagnols en Amérique ? Y a-t-il eu des dames parmi les victimes, ou a-t-on réservé ordinairement à des femmes esclaves la flagellation admi-

nistrée à la personne exposée ? Y avait-il un fond de
vérité dans les histoires sur la flagellation de dames
chiliennes par les Balmacédistes à l'occasion de la
dernière guerre ?

Que sait-on sur la discipline de nos jours dans les
écoles de jeunes filles en France et en Allemagne [1] ?

LA FLAGELLATION REMPLAÇANT

L'EMPRISONNEMENT[2]

Quant à la punition de garçons au-dessous de seize
ans, il reste à considérer en quoi la flagellation peut
remplacer avec succès l'emprisonnement. Il faut se
rappeler que c'est une punition considérablement répandue et administrée sous la loi actuelle. D'après le
rapport de la statistique criminelle de 1897, 2.840
jeunes garçons ont été condamnés à être fouettés par
des tribunaux de juridiction sommaire. Dans la plupart des cas qui furent punis par des coups de fouet,
on avait prouvé aux délinquants leurs délits, tels que
simple larcin, vol accompli à une personne, dommage
malicieux, vol de fruits, de fleurs, etc. Il est difficile
de constater (écrit le révérend W. D. Morrison, ex-
aumônier de prison, dans un article sur *Les Châti-*

---

(1) Nos lecteurs verront que presque tous ces points ont été
traités dans le présent ouvrage, et dans *Curiosités et Anecdotes
sur la flagellation.*

(2) En Angleterre.

ments corporels, publié dans la livraison du LAW MAGAZINE qui est en circulation) la portée des coups de fouet comme remède efficace pour ces délits contre la propriété. Chez le public l'opinion prédomine considérablement sur ce que la flagellation est un remède excellent et efficace. Mais il n'est pas facile de trouver une vraie base pour cette opinion qui s'est profondément enracinée. On aurait bien fait de s'assurer de ce que deviennent les deux ou trois mille garçons que l'on fouette maintenant d'année en année sous la loi actuelle. Nous voulons savoir combien de ces garçons sont cités devant les juges de paix, une seconde ou une troisième fois, combien commettent après de nouveaux délits et doivent être emprisonnés ou confiés à des maisons de correction et à des écoles industrielles Si le nombre des garçons jugés pour de nouveaux délits est petit, alors cette circonstance prouverait l'utilité de la flagellation comme peine dans le code criminel. Mais on ne s'est pas encore assuré de ces faits élémentaires et essentiels. Nous marchons en avant dans l'obscurité. Sans doute nous faisons des lois avec les meilleures intentions, mais sans les baser sur des faits réels, et les lois que l'on fait d'après ces principes, ne sont pas très satisfaisantes. (*Reynold's Newspaper*, 17 mai 1900).

L'UTILITÉ DU FOUET

Un homme qui portait l'uniforme de fontainier, s'adressa à M. Bennett, à Marylebone [1], pour procéder contre le principal d'une certaine école commu-

---

(1) A Londres.

nale, qui, comme prétendait-il, avait donné à son fils des coups de canne sur la tête.

Le juge de paix : « Où sont les marques : » Le sergent de ville Butler, fait la déposition suivante : « Le garçon a une meurtrissure grave derrière l'oreille. »

Le requérant : « Il y a aussi une bosse d'un côté de la tête et on l'a fouetté à travers le siège. [1] »

Le juge de paix : « Eh bien, il faut frapper les garçons. Cela n'est rien. Je suppose que le garçon l'a mérité. Il est probable que ce fut un accident que le garçon causa en se tortillant, et il serait absurde de dire qu'il ne faut pas frapper un garçon convenablement, il vous faut leur donner des coups de canne quelquefois. On leur donne des coups de canne quand ils viennent ici. »

UNE SOCIÉTÉ FORMÉE DANS LE BUT DE LYNCHER

UN MOYEN DE CONSERVER DES MŒURS PURES

Les Ispravitenis, ou police rurale, dans les districts les plus éloignés des mines d'or de Taiga en Sibérie, viennent de découvrir une remarquable société secrète parmi les mineurs de cette région. La disparition continuelle et mystérieuse de personnes de mauvaise vie, principalement parmi les indigènes de la tribu des Staratellis, qui sont connus pour leur penchant à s'approprier de l'argent par des procédés frauduleux,

---

(1) Le derrière.

éveilla d'abord des soupçons. Même à l'heure actuelle cette disparition continue, en dépit de la vigilance la plus scrupuleuse de la police. Quelquefois les victimes reçoivent d'abord un avis au moyen d'une prise nocturne, où on leur bande les yeux, les attache et les fouette. Tout cela est fait par des bourreaux masqués. Il paraît qu'une des règles de l'association secrète est celle de ne pas tolérer près des mines d'or la présence de femmes de réputation douteuse, pour éviter des différends et des scandales sociaux. On n'exécute pas souvent la peine de mort à l'égard d'une femme, même si elle a la plus mauvaise réputation, mais si elle néglige l'avis de quitter l'endroit, on la prend, la déshabille, la fouette, et par un moyen quelconque on la conduit secrétement en dehors de la colonie, et alors on lui bande les yeux et la bâillonne. Quand le pouvoir exécutif du tribunal de lynch désire faire remarquer un cas de punition, il fait exposer en quelque lieu visible la tête séparée du corps ou un membre de la victime. Le correspondant de la DAILY NEWS à Odessa, qui a envoyé cet article, dit que sans doute ce tribunal vehmique en Sibérie tire son origine de la nonchalance et de la corruption de la police, dont plusieurs membres ont également disparu. La police admet que le tribunal secret a réussi à créer un sentiment très élevé d'honnêteté, de moralité et d'ordre social parmi les mineurs de Taiga.

AU COUVENT

Dans un de ses romans gaulois et satiriques où s'essaya d'abord sa verve, notre excellent ami, l'habile écrivain Hector France raconte, avec le talent qu'on lui connaît, une scène de flagellation.

Mgr de Ratisky, un des personnages les plus curieux de ce *Péché de sœur Cunégonde* qui valut à son auteur autant de haine parmi les cléricaux que ses *Nuits de Londres* lui en valurent parmi les anglais, Mgr de Ratisky, disons-nous, mène vers la mère supérieure d'un couvent qu'il a fondé une petite fille coupable, d'après lui, d'un gros mensonge.

Ils traversent de longs corridors, et... mais laissons parler le délicieux ironiste qu'est Hector de France, et citons le passage en question. Il mérite d'être lu.

*
* *

...En passant devant une porte sur laquelle était écrit le nom de *sœur Sainte-Irène*, on entendit le bruit de ce que Rabelais nomme une *cinglade*, mais une cinglade timide et molle, suivie de petits gémissements.

— Restez-là, dit Monseigneur à la petite fille, en s'arrêtant et frappant trois coups. Peut-on entrer ? ajouta-t-il.

— Je me meurtris aux épines de la mortification, répondit une voix plaintive.

— Quelle mortification ?

— Je me flagelle.

— Eh ! ma sœur, dit le directeur en poussant la porte qu'il referma sur lui, c'est sur la chair qu'il faut frapper, ma sœur ! la chair ! la misérable chair ! avez-vous le cordon de *Marie-Jésus-Joseph* ?

— Oui, monseigneur, le voici.

— Allons, plus haut, retroussez votre tunique de lin !

Et presque aussitôt, la petite fille terrifiée entendit les cinglements de la corde devenir plus stridents, et à chaque coup s'accentuer les plaintes.

— Invoquez le nom de Jésus, dit le prélat, et les épines de la mortificatinn se changeront pour vous en feuilles de roses.

— Oh ! doux Jésus ! dit la sœur.

— Les morsures de la flagellation se tourneront en suaves blandices.

— Oh ! doux Jésus !

— Les souffrances du martyre en jubilation.

— Oh ! doux Jésus !

— Les angoisses de l'agonie se transformeront en céleste béatitude.

— Oh ! doux Jésus ! Grâce, monseigneur ! vous frappez trop fort.

— « Alors Ponce Pilate, après avoir fouetté Jésus, le livra aux Juifs pour être crucifié. » C'est en mémoire de cet acte que notre sainte patronne Elisabeth de Hongrie livrait sa chair à la flagellation et la sainte ne se plaignait pas de la violence du pieux Conrad. Elle disait à chaque coup : « Plus fort, très cher père Conrad, plus fort. » Aussi elle est assise à la droite du Père.

— Plus fort, monseigneur ! frappez sur ma misérable chair. Oh ! doux Jésus ! Aïe ! Aïe !

— Le sol est durci sous la lourde pression de vos péchés, il faut frapper, ma fille pour pouvoir enfoncer la racine de vertu.

— Oh ! doux Jésus ! Quelles délices ! oh ! doux

Jésus ! monseigneur ! Oui... enfoncez... la... racine...
de vertu... Oh ! Joies du Paradis !

— Vous avez gagné 645 jours d'indulgence plénière,
agenouillez-vous, priez et réjouissez-vous.

— Réjouissons-nous ! J'ai vu la rosée tombée du
ciel, j'ai vu la chaste nuée d'où le juste est sorti, j'ai
vu le désiré, j'ai vu le rejeton de David, j'ai vu le fils
de la Vierge, j'ai vu le Messie, j'ai vu Emmanuel, j'ai
vu Jéhovah, notre juste ; c'est mon Jésus ! Il va bientôt
venir. Oh ! joies du paradis !

— *Amen !* Le voici, ma sœur.

— Jésus ! Marie ! Joseph !

— Courbez plus bas la tête, ma fille

— Ah ! doux Jésus ! l'esprit saint est en moi !

Et la petite fille qui écoutait toute tremblante, n'entendit plus que des soupirs étouffés. Sans doute, la
sœur Sainte-Irène, touchée par l'onction intérieure de
la grâce, demeurait plongée dans la contemplation
des perfections infinies et noyée dans une amoureuse
union avec le fils du Père Eternel... ou avec son ministre, Mgr de Ratisky... Mystère... [1]

Voici une petite aventure racontée d'une façon fort
spirituelle par Jules Moineaux, dans ses *Tribunaux
Gomiques*. Le fait ne laisse pas d'être original, e
nous avons tout lieu de croire qu'il s'est produi

---

(1) Hector France. — *Le Péché de Sœur Cunégond*
ch. LXXVI.

maintes fois. Les héros sont types que tous nous avons pu rencontrer, et dont les mœurs... intimes sont toujours fort intéressantes :

UNE CORRECTION HUMILIANTE

Un outrage public à la pudeur est une chose scabreuse, toujours difficile à raconter, excepté pour M. Zola qui l'aborde dans l'*Assommoir* .. nous allions dire : de front, c'est l'opposé, disons donc qu'il l'a abordé à l'endroit de la grande Virginie... et encore, non, c'est à son envers, vous voyez que nous n'en pouvons pas sortir, et nous ne chercherons pas autrement à expliquer la correction infligée en pleine halle à une vieille marchande des quatre saisons par une des dames de ce marché, nous bornant à dire que c'est la même scène que celle de Gervaise et de la grande Virginie.

Et voilà comment Mme Henri est devant la police correctionnelle pour outrage public à la pudeur, sur la plainte de la mère Riveaudet,

— Ah ! Messieurs, ah ! Messieurs, dit cette brave dame tout émue, je n'en suis pas encore revenue, pensez donc que je ne suis plus habituée à çà, qui ne m'est pas arrivé à partir de ma première communion, en 1830, à la Révolution, qu'à ce moment-là, je me rappelle même qu'il y avait Lafayette qui passait devant chez nous, sur son cheval blanc.

M. le Président. — Oh ! Lafayette est bien étranger à l'affaire. Si vous voulez bien nous faire connaître...

La plaignante. — C'était pour vous dire...

M. le Président. — Dites-nous seulement ce dont vous vous plaignez.

La plaignante. — Monsieur, si vous aviez la bonté de me permettre de vous dire çà à l'oreille, vu que, devant le monde, on va rire comme c'était là-bas, à la halle, et que ce n'est pas agréable pour une femme de mon âge et de mes cheveux.

M. le Président. — Le tribunal ne peut pas entendre de dépositions confidentielles.

M. le Président, toutefois, pour épargner à la bonne dame un embarras bien légitime, lui pose des questions suffisamment intelligibles pour laisser comprendre ce dont il s'agit.

La plaignante. — C'est çà. oui, Monsieur, comme quand j'étais petite fille, dont je vous dis : pas depuis la révolution de 1830, et qu'à ce moment-là on criait dans la rue : Vive Lafayette ! Vive Lafayette ! que c'est comme çà que je n'ai jamais oublié ce grand général.

M. le Président. — Pourquoi la femme Henri vous a-t-elle frappée ?

La plaignante. — Monsieur, parce que ayant été élevée comme le jour de Lafayette, que c'est la bonne manière qu'on doit élever les enfants, j'ai élevé ma fille comme çà, dont sa fille à elle, c'est la même chose et que des fois elle me dit : « M'man, gardez donc la petite aujourd'hui, moi je peux pas. » Alors, je garde la petite, que je suis sa grand'mère et que je l'élève bien, lui faisant des remontrances, soit par la douceur, sait avec ce qui me tombe sous la main. Pour lors, qu'elle était avec moi, au carreau des halles et que, m'ayant pris une botte de poireaux qu'elle l'a fichue à la figure d'un petit gamin qui s'en est mis à pleurer, je l'ai retroussée et j'ai fait, de la botte de poireaux, censément comme qui dirait un martinet, que la petite

criait comme un blaireau, c'est donc de là que toutes
les marchandes se sont mises à m'agonir et que
Mme Henri a dit « faut lui en faire autant, à cette
vieille-ci, à cette vieille-là « et messieurs que ça a duré
plus de trois heures.

Le Président. — Trois heures !

La plaignante. — C'est peut-être exagéré, mais
toujours bien dix minutes, à l'œil de toute la halle,
qu'il faut bien avoir peu de retenue.

La prévenue. — Vous devriez bien en avoir, vous
la mère Riveaudet, de la retenue, en fait de boire des
liqueurs fortes. Messieurs, j'ai mon neveu qui est pompier à Pantin, qu'il était là et qui vous dira tout
comme c'est arrivé et que Madame avait bu ferme.

Le pompier est introduit et s'avance à la barre en
comprimant avec peine un rire qui paraît vouloir
éclater.

M. le Président. — Levez la main.

Le pompier (avec un effort pour ne pas rire).
— Oh! lever la main... pas comme... ma tante...

Après beaucoup d'efforts, le pompier finit par prêter
serment et donner ses nom, âge et qualité.

M. le Président. — Dites ce que vous savez.

Le pompier. — Ce qu'on a ri !..... hi hi hi hi...

M. le Président. — Voyons, voyons nous ne
sommes pas à la halle.

Le pompier. — Non, mais c'était trop drôle... hi..
hi... excusez! je fais tout mon possibe... V'là comme
c'est venu : la mère Riveaudet... hi hi hi hi... fouettait
sa petite fille... alors, ma tante... hi hi... vu que la
vieille avait bu... hi hi hi hi... alors ma tante... vu que
la vieille lui disait des grossieretés... alors... hi hi ..
(*Ici le témoin éclate*). Non, c'est trop drôle, dit-il, je
ne pourrai jamais.

M. le Président. — Alors, allez vous asseoir.

Le pompier va s'asseoir en donnant un libre cours à son hilarité contenue.

Le second témoin, qui a une fluxion, dont la bouche est horriblement contournée et qui porte un bandeau cherche, lui aussi, à déposer avec calme, mais il n'y réussit pas plus que le pompier, et le rire d'un homme affligé d'une fluxion est une chose d'une gaieté tellement irrésistible, que sur l'ordre de M. le Président, le témoin comme le précédent, va s'asseoir, sans avoir fait avancer l'affaire d'un pas.

Heureusement, un agent attiré par le bruit et témoin de la fin de la scène, s'avance à la barre.

— Je ne suis arrivé qu'à la fin, dit-il, mais je vais dire ce que j'ai vu.

Le pompier (*de sa place*). — Oh! ce qu'il a vu. (*Rires dans l'auditoire*).

La plaignante. — Vous entendez, c'est la chose de ce qu'il a vu qui fait rire.

Bref, la prévenue avouant le fait et alléguant comme excuse les injures que lui a adressées la plaignante, le tribunal l'a condamnée à 100 francs d'amende.

Quelqu'un qui aurait dit à Lafayette que son souvenir serait invoqué, à propos d'une pareille affaire, aurait bien surpris ce brave en cheveux blancs.

QUASIMODO

S'il est un plaisir qui vaille celui de lire un bel ouvrage c'est sans contredit celui de le relire et nous manquons rarement de le goûter.

Le charme est d'autant plus grand quand on y découvre des passages qui vous intéressent mais aujourd'hui vous captivent parce qu'ils s'accordent à vos préoccupations du moment.

C'est ainsi qu'en préparant des notes pour cet ouvrage, nous eûmes l'occasion de relire Notre-Dame de Paris et d'y retrouver la description si colorée et si palpitante d'intérêt que Victor Hugo y fait de QUASIMODO.

Nos lecteurs ne nous en voudrons pas de la leur mettre sous les yeux :

. . . .

Ce fut un fou rire dans la foule quand on vit à nu la bosse de Quasimodo, sa poitrine de chameau, ses épaules calleuses et velues. Pendant toute cette gaieté, un homme à la livrée de la ville, de courte taille et de robuste mine, monta sur la plate-forme et vint se placer près du patient.

Son nom circula bien vite dans l'assistance, C'était maître Pierrat Torterue, tourmenteur-juré du Châtelet.

Il commença par déposer sur un angle du pilori un tablier noir dont la capsule supérieure était pleine de sable rouge qu'elle laissait fuir dans le récipient inférieur ; puis il ôta son surtout mi-partie, et l'on vit pendre à sa main droite un fouet mince et effilé de longues lanières blanches, luisantes, noueuses, tressées, armées d'ongles de métal. De la main gauche il repliait négligemment sa chemise autour de son bras droit, jusqu'à l'aisselle.

. . . .

Enfin le tourmenteur frappa du pied. La roue se mit à tourner. Quasimodo chancela sous les liens. La stupeur qui se peignit brusquement sur sa face difforme fit redoubler à l'entour les éclats de rire.

Tout à coup, au moment où la roue dans sa révolution présenta à maitre Pierrat le dos monstrueux de Quasimodo, maître Pierrat leva le bras ; les fines lanières sifflèrent aigrement dans l'air comme une poignée de couleuvres, et retombèrent avec furie sur les épaules du misérable.

Quasimodo sauta sur lui-même comme réveillé en sursaut.

Il commençait à comprendre. Il se tordit dans ses liens ; une violente contraction de surprise et de douleur décomposa les muscles de sa face : mais il ne jeta pas un soupir. Seulement il tourna la tête en arrière, à droite, puis à gauche, en la balançant comme fait un taureau piqué au flanc par un taon.

Un second coup suivit le premier, puis un troisième, et un autre, et un autre, et toujours.

La roue ne cessait pas de tourner ni les coups de pleuvoir, bientôt le sang jaillit, on le vit ruisseler par mille filets sur les noires épaules du bossu ; et les grêles lanières, dans leur rotation qui déchirait l'air, l'éparpillaient en gouttes dans la foule.

Quasimodo avait repris, en apparence du moins, son impassibilité première. Il avait essayé, d'abord sourdement et sans grande secousse intérieure, de rompre ses liens. On avait vu son œil s'allumer, ses muscles se raidir, ses membres se ramasser, et les courroies et les chaînes se tendre. L'effort était puissant, prodigieux, désespéré ; mais les vieilles chaînes de la prévôté résistèrent. Elles craquèrent, et voilà tout.

Quasimodo retomba épuisé. La stupeur fit place, sur ses traits, à un sentiment d'amer et profond découragement.

Il ferma son œil unique, laissa tomber sa tête sur sa poitrine, et fit le mort.

Dès lors il ne bougea plus. Rien ne put lui arracher

un mouvement. Ni son sang qui ne cessait de couler, ni les coups qui redoublaient de furie, ni la colère du tourmenteur qui s'excitait lui-même et s'enivrait de l'exécution, ni le bruit des horribles lanières plus acérées et plus sifflantes.....

Enfin un huissier du Châtelet vêtu de noir, monté sur un cheval noir, en station à côté de l'échelle depuis le commencement de l'exécution, étendit sa baguette d'ébène vers le sablier.

Le tourmenteur s'arrêta. La roue s'arrêta. L'œil de Quasimodo se rouvrit lentement.

La flagellation était finie. Deux valets du tourmenteur juré lavèrent les épaules saignantes du patient, les frottèrent de je ne sais quel onguent qui ferma sur le champ toutes les plaies et lui jetèrent sur le dos une sorte de pagne jaune taillé en chassuble... Cependant Pierrat Torterue faisait dégoutter sur le pavé les lanières rouges et gorgées de sang.

On le mit à genoux sur la planche circulaire, il s'y laissa mettre.

On le dépouilla de chemise et de pourpoint jusqu'à la ceinture : il se laissa faire. On l'enchevêtra sous un nouveau système de courroies et d'ardillons, il se laissa boucler et ficeler.

Seulement de temps à autre il soufflait bruyamment, comme un veau dont la tête pend et ballotte au rebord de la charrette du boucher.

LE MÉDECIN MIRACULEUX [1]

Où Molière a-t-il puisé la donnée du *Médecin malgré lui* ?

En 1888, M. Edme Le Blant dans une séance de l'Académie des Inscriptions et Belles-Lettres, a lu un apologue extrait des œuvres inédites de Jacques de Vitry (mort·cardinal-évêque de Frascati en 1244), apologue qui contient le germe de la comédie de Molière. Il s'agit d'une femme qui se querelle avec son mari et que celui-ci finit par frapper vigoureusement. Elle se mit alors à réfléchir, cherchant comment elle pourrait se venger. Ayant appris que le roi était gravement malade, elle alla voir les serviteurs du prince et leur dit : « Mon mari est un grand médecin, mais il s'en cache et ne consent à donner des soins que lorsqu'on le menace ou qu'on le frappe. »

L'homme fut conduit devant le roi et on le supplia de le guérir. Comme il s'excusait en disant : « Je ne suis pas médecin, » les serviteurs répétèrent ce que leur avait dit la femme. Ordre leur fut donné de frapper fortement et, comme on n'en pouvait rien tirer, on redoubla les coups et finalement on le jeta dehors. Ce fut ainsi que la méchante femme parvint à faire battre son mari.

Molière a peut-être connu cet apologue de Jacques de Vitry ; mais il était, comme La Fontaine, grand amateur de récits traditionnels du peuple. N'y avait-il

---

(1) *Revue du Nivernais*, nᵒ 11, 1900.

pas *pris* directement son *Médecin malgré lui ?* La donnée de sa comédie se trouve encore aujourd'hui dans un conte que l'auteur de ces lignes, explorateur de longue date des traditions orales en Nivernais, a recueilli chez les paysans de cette contrée.

Le voici tel qu'il a été entendu sans modification, tout simplement dépouillé du parler nivernais :

Il y avait un roi qui était resté veuf avec une fille unique. Il aimait cette enfant plus que lui-même et, comme elle était en âge de se marier, il invitait souvent les princes des pays voisins à des festins suivis de réjouissances. Un de ces grands dîners fut remarquable surtout par le poisson qu'on y servit. Il s'y trouvait des carpes, des brochets, des saumons comme on n'en avait jamais vu. Tout le monde en mangea beaucoup, et la princesse comme tout le monde. Malheureusement une grosse arrête lui resta dans le gosier, et le repas, commencé dans la joie, se termina, avant le dessert, dans les lamentations ; car, en dépit de tous les efforts, de tous les moyens employés, on ne put déloger l'arête.

La princesse souffrait mort et passion. Les médecins de la cour mandèrent leurs confrères les plus savants ; il en vint même de l'Angleterre, mais aucun ne put guérir la malade et l'avis général fut qu'une opération dangereuse et délicate devait être tentée sans trop attendre.

Le bruit se répandit dans tout le pays qu'on allait couper la gorge à la princesse. Comme elle était universellement aimée, il y eut grande désolation jusqu'au fond des provinces. Dans un village des plus reculés vivait une pauvre vieille femme qui, entendant parler de la triste situation de la fille du roi, en fut très émue et pensa dans sa simplicité à l'aller voir... Elle se mit en route avec son bâton et un demi-pain

dans sa besace, arriva péniblement au château du roi
et sollicita la faveur d'être admise en présence de la
princesse.

Les gardes la repoussèrent d'abord, mais le roi, qui
était bon pour les petits, voulut qu'elle entrât dans la
chambre. Elle s'agenouilla aussitôt, se mit en prières,
puis demanda s'il était vrai que les médecins devaient
ouvrir la gorge à la malade.

— Hélas ! oui ! dit le roi, c'est trop vrai, par malheur !

— Eh bien ! vos médecins ne valent pas ceux de chez
nous. Nous en avons de plus sûrs, qui pansent par
secret. Ils n'ont même pas besoin, pour guérir, de toucher le malade et, s'ils étaient ici, la princesse s'en
trouverait bien.

Le roi n'attacha pas grande importance aux propos
de la bonne vieille. Cependant, lorsqu'elle fut partie,
ses paroles lui revinrent à la mémoire et, ne sachant
à qui se vouer, il eut l'idée de faire venir un de ces
médecins de village dont elle lui avait parlé. Il donna
donc l'ordre à deux de ses gens de monter à cheval
et d'aller en quérir un dans le hameau de la vieille
femme.

Or, dans ce hameau, demeurait un couple qui faisait beaucoup jaser. L'homme, déjà âgé, avait épousé
une toute jeune fille. Elle était coquette, il était avare,
si bien que la paix ne resta pas longtemps entre eux,
la pauvre femme était battue plus souvent qu'à son
tour. Les envoyés du roi, entrant dans le village,
virent cette femme qui s'essuyait les yeux sur le pas
de sa porte l'air triste et souffrant. Son mari venait de
la bâtonner, avant de s'en aller travailler à sa vigne.

« Vous paraissez malade ? dit un des cavaliers en
s'approchant de la jeune femme.

— Je le suis plus encore que j'en ai l'air, messieurs.

— Et quel est le médecin qui vous traite?

—Celui qui me traite?... Regardez de ce côté, le voici là-bas qui entre dans sa vigne.

— Est-ce un bon médecin? Nous venons en chercher un de la part du roi et peut-être celui-ci fera-t-il notre affaire?

—C'est un médecin... excellent, messieurs, dit la femme après un instant de réflexion. Elle eut une pensée qui la fit sourire. Excellent, reprit-elle, mais bien capricieux aussi : il ne veut rien faire à moins d'être battu, battu et rebattu.

— Voilà qui est bon à savoir. Merci. Nous agirons en conséquence.

— Ce médecin-là fera bien notre affaire, dit l'un des cavaliers à l'autre. »

Et tous deux prirent le chemin de la vigne où l'homme, habit bas, était déjà à la besogne.

« Monsieur le médecin! crièrent-ils en arrivant, monsieur le médecin.., nous venons de la part du roi pour vous quérir pour sa fille qui est très malade.

— Hé! messieurs que voulez-vous que j'y fasse?... Vous vous trompez, je ne suis pas médecin.

— Ne lanternons pas, le temps presse! Voici un cheval pour vous, enfourchez-le, et en route!

— Mais, je vous répète, que je ne suis pas médecin.

— Allons, dit un des cavaliers, cette femme avait raison. Il faut qu'il soit battu. Charge-toi de ce soin.

L'autre tomba à bras raccourci sur le pauvre homme qui, roué de coups, finit par crier :

—Laissez-moi! laissez-moi! Je ferai ce que je pourrai. »

Et, un moment après, il partit avec eux dans la direction du palais.

Le roi les attendait en grande impatience. Il les

vit venir de loin et accourut à la rencontre du médecin.

« Ah! monsieur, lui dit-il, descendez vite de cheval, et suivez-moi. Ma fille est très malade.

— Mais je ne suis pas médecin, monsieur le roi! criait le paysan. Je ne comprends rien à ce qui se passe!

— Sire, dit un des hommes il n'avoue qu'il est médecin que lorsqu'il est battu. On nous a prévenus de cette fantaisie

— Eh bien! battez-le, puisqu'il le faut. »

Aussitôt le pauvre diable se trouva entre les deux hommes comme entre l'enclume et le marteau. Les coups pleuvaient comme grêle.

« Arrêtez, arrêtez! Je serai médecin! Oui je serai médecin... Je ferai ce que je pourrai!

— Tous ces gens-là sont des fous dangereux, se disait-il en suivant le roi dans la chambre de la princesse, qui souffrait et se plaignait beaucoup. Je n'ai qu'un moyen de sortir de là, c'est de mécontenter tout de suite la malade, qui me fera renvoyer. »

Il demanda donc à rester seul avec elle et commença alors à danser avec ses gros sabots et son bonnet de coton. Il fit la roue, le *châgne dret*, la bouscule. Et la princesse, voyant le villageois, laid comme un singe, gambader de la sorte, se livrer à ces grimaces et contorsions, bien loin de s'en fâcher, fut prise, malgré ses souffrances, d'un tel rire subit et convulsif que l'arête sortit violemment de sa gorge.

Se sentant tout à coup guérie, elle se mit à frapper dans ses mains en redoublant de rire, si bien que le roi, de la chambre voisine, entendit ce bruit joyeux et accourut.

« Ah! que je suis heureuse! s'écria la princesse, Ce médecin m'a sauvée sans même me toucher!

...et commença alors à danser avec ses gros
sabots et son bonnet de coton....

(Page 548).

— Mon ami, votre fortune est faite, dit le roi. Vous resterez ici tant qu'il vous plaira et je n'aurai rien à vous refuser.»

Dans tous les coins du royaume, on sut bientôt comment la princesse avait été guérie. De tous côtés, les malades et les infirmes affluèrent dans la capitale pour voir le *médecin miraculeux*. Un jour, ils se massèrent dans la cour du palais, réclamant guérison à cor et à cri : le roi dut leur promettre de venir, le lendemain matin, avec le grand homme qu'ils attendaient. Avant le soleil levé, ils étaient là, plus de huit cents, de tout sexe et de tout âge.

« Mon ami, dit le roi au vigneron, voici des malades qui demandent vos soins. Avec votre savoir, il vous sera facile de les guérir.

— Sire, comment voulez-vous que je fasse? Je ne suis pas médecin. Si la princesse est guérie, c'est le bon Dieu qui l'a voulu ; je ne sais pas...

— Décidément, se dit le roi, il ne fera rien sans être battu. Et, se tournant vers ses gardes :

— Approchez et battez-le à tour de bras! »

Le pauvre villageois ne tarda pas à crier merci.

« Retirez-vous!... Assez!... Je serai médecin tant que vous voudrez.

Une idée lui était venue.

— Sire, donnez l'ordre d'apporter ici un cent de fagots et autant de paille.

Le roi donna l'ordre qui fut promptement exécuté.

— Bien ! maintenant qu'on dresse les fagots et la paille en forme de bûcher et qu'on y mette le feu.

Quand la flamme commença à pétiller, le *Médecin miraculeux* fit ranger tous les malades autour du feu et, s'approchant d'un jeune homme qui se tenait en geignant au premier rang :

« Vous me semblez bien malade, mon ami ?

— Oui, monsieur le médecin, j'ai un grand mal de tête ; c'est peut-être moi qui souffre le plus de tous ceux qui sont ici.

— Très bien. Pour guérir tous les autres, reprit-il en haussant la voix, il faut que je jette dans le feu le plus malade. Approchez-vous donc, mon ami, puisque c'est vous... »

Le jeune homme courait déjà comme un perdu, en criant :

« Je ne suis pas le plus malade ! Je me sens mieux !

— A un autre, alors ! »

En un clin d'œil, la bande s'ébranlant s'enfuit à toutes jambes.

« Nous ne sommes plus malades ! nous ne sommes plus malades ! »

Le roi et les spectateurs, qui n'avaient pas entendu les paroles du villageois, voyant tous les malades devenus subitement alertes et ingambes, firent une ovation à ce *Médecin miraculeux*. Il rentra triomphalement au palais, où le roi lui promit de nouveau telle récompense qu'il demanderait.

Cependant le prétendu médecin se disait en lui-même : « Je m'en suis tiré cette fois, mais ce sera demain à recommencer et tout cela finira mal... Au diable la récompense que le roi me promet ! J'aime mieux sauver ma peau et retourner chez nous. »

Le soir même, il s'esquiva ; il arriva au village de bon matin. Sa femme prenait l'air sur le seuil de la porte. Elle était heureuse comme jamais et se félicitait de la ruse qui l'avait débarrassée de son mari. Pourvu, pensait-elle qu'il ne revienne pas ! Tout à coup elle l'aperçut au coin de la rue, courant droit à elle.

« Ah ! gémit-elle, je suis perdue ! »

Au même moment, son homme la saisissait et l'embrassait en lui disant :

« Me voici de retour ! oh ! ma pauvre femme, si tu savais comme j'ai été battu ! »

La bonne pièce ne put s'empêcher de sourire en se détournant :

« Comment mon homme, tu as été battu ?

— Oui, je l'ai été, et j'en connais le prix !... Aussi je te promets de ne plus jamais te battre. »

Et il tint sa promesse : le ménage vécut dès lors en parfaite tranquillité.

Conté par Marie Briffault, à Montigny-aux-Amognes (Nièvre).

ACHILLE MILLIEN

SOUS LE FOUET

Le puissant écrivain Sacher-Masoch, donne dans *Die Messalin en Wiens*, les deux chapitres qui suivent :

De grands hommes et des femmes spirituelles m'ont dit de tous côtés, dans des critiques, dans des lettres, que ma « Vénus en fourrures »[1] traite une anomalie, qu'elle excite plutôt un intérêt pathologique qu'un intérêt poétique. J'avoue que je m'attendais à tout autre reproche, excepté à celui-ci. Après avoir traité dans une série de nouvelles, l'amour, les différents aspects typiques sous lesquels il se manifeste, je ne pouvais faire le précieux et passer sur l'amour purement physique. mais une fois entré dans ce sujet, je découvris aussitôt un second problème,

(1) Le legs de Caïn, nouvelles de Sacher Masoch.
Première partie, l'Amour.

qui n'a pas encore été résolu, la relation intime entre la volupté et la cruauté.

L'action que j'ai mise en rapport avec ce problème dans ma « Vénus en fourrures », est peut-être très bizarre ; le contrat, par lequel un homme instruit devient de nos jours volontairement et pour tout de bon l'esclave de sa bien-aimée, est anormal ; beaucoup de scènes et de tournures sont anormales, mais la quintessence de l'histoire est normale, car c'est une loi de la nature qui n'a pas encore été expliquée, mais qui est établie, la loi que la volupté engendre la cruauté et vice versa. Justement dans la nature tendre et sensuelle de la femme ce fait est très ordinaire, quoiqu'il ne se manifeste pas toujours d'une manière si fantastique que chez mon héroïne.

On m'a aussi reproché les fourrures que je mets à mon héroïne, et pourtant elles sont l'attribut normal de la souveraineté et de la beauté, de la tyrannie, de la volupté et de la cruauté.

D'ailleurs ma « Vénus en fourrures » est entièrement fondée sur des faits, et voici comment : d'une série d'histoires vraies s'est développée mon histoire poétique — ma nouvelle. Je veux en raconter une aujourd'hui qui doit tout spécialement illustrer la vérité, que la femme est bonne quand elle aime et sait qu'on l'aime, mais cruelle quand elle n'aime pas, mais se sait aimée.

L'héroïne de mon histoire est maintenant à Vienne et une des plus belles femmes de l'aristocratie autrichienne. Il va sans dire que je n'ose ni trahir son nom, ni même faire une allusion, mais au lieu du nom je donnerai son portrait, et je le ferai aussi vrai et fidèle que possible.

C'est une baronne, et aujourd'hui encore elle est jeune et belle ; lorsque cette histoire se passa, elle était plus jeune de cinq ans environ et — non-seulement en comparaison avec d'autres femmes — mais en général la femme la plus séduisante, que l'imagination d'un poète puisse inventer, que le pinceau d'un Makart puisse peindre.

Elle était idéale jusqu'à ses petits orteils roses, jusqu'aux bouts de ses plus petits cheveux, qui flottaient légèrement sur son front olympien toujours serein. Les proportions s'accordant à la perfection, elle n'était ni grande ni petite, en même temps svelte et forte ; elle avait les formes d'une statue grecque et la tête plastique et piquante en même temps d'une marquise du temps du rococo, d'une Pompadour, et dans cette figure admirable elle avait deux yeux verts d'une expression qu'on ne peut décrire, une tendresse démoniaque et une froideur glaciale en même temps, les yeux d'un sphinx ; et une forêt de cheveux noirs qui tombaient sur la nuque et le dos, car c'était en été, à la campagne près de Vienne, et elle était toujours très décolletée.

Mais le plus ravissant de cette femme était sa démarche ; elle marchait avec esprit, avec toute la poésie de la volupté ; le cœur battait à chacun quand il la voyait marcher pour la première fois.

Et elle pouvait aimer, aimer comme une lionne, et elle aimait un homme, que le bonheur de la posséder rendait fou, qui ne demandait qu'à être son esclave et y voyait la suprême béatitude.

Une sainte nuit d'amour il était à ses pieds et la supplia dans une extase extrême : « Maltraite-moi, pour que je puisse supporter mon bonheur ; sois méchante avec moi, donne-moi des coups de pied au lieu de baisers. »

La belle femme regarda son amant de ses yeux verts ; ce fut un regard étrange, glacial et pourtant languis-

sant ; alors elle alla prendre une superbe et large jaquette de satin rouge, richement garnie d'hermine
princière, la passa lentement, et prit un fouet de sa
table de toilette, un long fouet à manche court, avec
lequel elle punissait d'habitude son grand dogue.

« Tu le veux, dit-elle, je te fouetterai donc.

— Fouette-moi s'écria l'amant, toujours à genoux,
je t'en supplie.

— Mais d'abord je t'attacherai, pour que tu ne
puisses te défendre.

— Moi me défendre, quelle idée te prend ?

— Assez, je le veux, décida la belle femme, et sans
demander plus loin, elle détacha le gros cordon de
soie, avec lequel sa jaquette de fourrures était ceinte,
et attacha à l'homme qui était à genoux devant elle,
les mains sur le dos comme à un délinquant.

« Eh bien, — fouette-moi, s'écria l'homme, ivre de
volupté. »

Elle rit, leva le bras et le frappa d'un coup violent
sur le dos ; mais un moment après elle jeta le fouet
et mit tendrement les bras autour de son cou.

« T'ai-je fait mal ? lui demanda-t-elle d'un air sou-
cieux, pardonne-moi, je suis une créature affreuse.

— Fouette-moi toujours, si cela te fait plaisir,
répondit l'amant.

— Mais cela ne me fait aucun plaisir.

— Je te supplie, fouette-moi, s'écria-t-il.

— Je ne puis, je t'aime trop, répondit la baronne
en détachant le cordon — mais je voudrais fouetter un
homme que je n'aime pas, ce serait une jouissance. »

Quelques jours après cette scène étrange, les deux
amoureux se firent photographier en souvenir de cet
évènement, la baronne dans sa jaquette de fourrures
reposant sur une ottomane, le fouet à la main et
l'adorateur à ses pieds. La photographie était aussi

— Je te supplie, fouette-moi, s'écria-t-il.
— Je ne puis, je t'aime trop, répondit la baronne.... mais je voudrais fouetter un homme que je n'aime pas, ce serait une jouissance.

(Page 554).

originale que ravissante, et lorsque quelque temps après l'esclave de la belle femme eut un ami et que celui vit par hasard la photographie, tous ses sens en furent tellement affectés et son imagination juvénile et surexcitée s'enflamma tellement, qu'il envia à son ami non seulement la belle femme dans la jaquette de fourrure princière, mais même les coups de fouet de sa petite main blanche.

Le hasard voulut que la baronne, qui n'était ni prude ni sérieuse, frappa en ce moment avec son ombrelle à la fenêtre de son esclave — car celui-ci habitait au rez-de-chaussée — ce fut le signal d'une promenade.

Son adorateur courut avec son jeune ami dans la rue et profita de l'occasion pour présenter le nouveau fanatique à la femme entourée de tant d'hommages et habituée à la victoire. L'impression que la beauté vivante fit sur lui, surpassa celle de la photographie : le pauvre jeune enthousiaste marcha comme dans un rêve fébrile à coté de la déesse aimable qui lui sourit, comme dans un rêve fébrile, il prit le thé chez elle le même soir, et comme dans un rêve fébrile il monta dans le train pour retourner à Vienne.

Mais il revint bientôt, et cette fois il descendit chez son ami heureux ; il commença par lui confesser franchement sa passion pour la baronne et finit par déclarer son amour à celle-ci même. La baronne sourit.

Là-dessus le jeune fanatique parla de la photographie étrange, de l'impression enivrante qu'elle avait faite sur lui.

« Mais cette photographie est un mensonge, termina-t-il.

— Comment ? s'écria la dame.

— Mon ami est à vos pieds comme un esclave, et

ceci est pour le moins une phrase, car je suppose que
le fouet n'a jamais été employé.

— Si ! — La baronne sourit de nouveau.

— Vous l'avez fouetté ! s'écria le fiévreux.

— Certainement.

— Et vous éprouvez une jouissance en fouettant un
homme ?

— Un homme qui m'aime ? — Certainement !
répondit la belle femme ; dans ses yeux il y avait
quelque chose de malin.

— Eh bien, fouettez-moi ! »

La baronne regarda le jeune fanatique pendant un
moment ; alors elle sourit, mais cette fois de manière
à montrer ses superbes dents.

« Mais si je fouette, je fouette sérieusement,
dit-elle, et en présence de notre ami.

— En présence de tout le monde, si vous voulez,
répondit le fou, mais mettez à cette occasion votre
jaquette de fourrures. »

A ce moment l'adorateur entra. Elle lui expliqua
tout en peu de mots et disparut alors, pour revenir
bientôt dans sa jaquette de fourrures rouge et garnie
d'hermine, avec une longue queue de satin blanc, les
cheveux entrelacés de perles, et tenant à la main des
cordes et le fouet.

« Je vous attacherai », dit-elle.

Le jeune fanatique tendit les mains.

« Pas comme cela ». La belle femme lui attacha
d'une vitesse incroyable les mains sur le dos, puis les
pieds, de sorte qu'il restât debout, sans pouvoir
bouger, et alors elle l'attacha à la croisée. « Voilà »,
dit-elle ensuite en souriant mystérieusement, retroussa
la large manche de sa jaquette garnie d'hermine et
regarda sa victime un moment avec une joie
cruelle.

Et maintenant elle se mit à fouetter ; à chaque coup le fanatique fit un mouvement subit, mais il était homme et ne fit pas entendre le moindre soupir, ne demanda pas même grâce lorsque son sang coula déjà sous le fouet de la belle femme, qui le fouettait toujours sans pitié, jusqu'à ce qu'elle était fatiguée elle-même.

Alors elle jeta le fouet, donna un baiser à son amant et s'étendit sur les coussins de velours de sa luxurieuse ottomane.

Et la pointe ?

L'homme, qu'elle avait fouetté, était désormais son esclave, mais elle — elle ne se donna bientôt pas même la peine de le fouetter.

DÉBACLE

L'amour est plus fort que la mort, et par conséquent aussi plus fort que la plus grande débâcle.

Un jeune et assez agréable fils de Palestine, un des barons de l'almanach du Ghétto, qui après la dernière bataille des nations à la bourse avait quitté le champ couvert de blessures, fréquentait depuis ce temps très souvent l'exposition universelle de Vienne, dans l'intention de se distraire et de se consoler par le changement et les attractions variées. Un jour il rencontra dans la section russe un jeune couple de l'almanach de Gotha, qui possédait des armes très anciennes, mais dont les revenus n'étaient que très modestes.

Cette dernière circonstance encouragea à plusieurs

reprises le lion de la bourse, à faire en cachette des propositions à la charmante petite femme, des propositions qui auraient enchanté une actrice, mais qui devaient offenser une honnête femme. La baronne de Gotha éprouva quelque chose comme de la haine pour l'homme du Ghétto, et sa jolie petite tête songea depuis longtemps à la vengeance.

L'homme de la bourse qui était sérieusement, même passionnément épris de la jeune femme, se rapprocha d'elle aussi dans le palais de l'exposition, et le hasard le favorisa, car le mari de la petite femme se sauva, pressentant un malheur, lorsqu'il la vit s'arrêter en extase devant la vitrine d'un fourreur russe.

« Regardez donc cette jolie fourrure, » s'écria la baronne, et ses yeux noirs brillèrent de joie, je veux l'avoir.

Mais alors son regard tomba sur la petite carte où le prix était marqué.

« Quatre mille roubles, lut-elle comme pétrifiée, cela fait environ six mille florins

— Sans doute, constata le baron de la bourse, mais qu'est-ce que c'est ? Une somme qui ne vaut pas la peine d'être mentionnée, quand on a une si charmante femme.

— Mais mon mari ne pourrait.

— Soyez donc moins cruelle, chuchota l'homme du Ghétto à la jeune femme, et permettez-moi, de mettre cette fourrure de zibeline à vos pieds.

— Vous plaisantez.

— Non, je...

— Je veux dire, vous plaisantez, comme je ne puis croire que vous voulez m'insulter.

— Mais Madame la baronne, je vous aime.

— Une raison de plus pour ne pas me fâcher.

— Mais,

— Oh ! je suis furieuse, murmura la petite femme énergique, je pourrais vous fouetter, comme Vénus en fourrures a fouetté son esclave.

— Laissez-moi être votre esclave, insista le baron de la bourse, et je souffrirai tout de vous. Oui, dans cette fourrure de zibeline, le fouet à la main, vous seriez en effet la plus belle personnification de l'héroïne cruelle de cette histoire-là. »

La baronne regarda l'homme pendant un instant, en souriant mystérieusement.

« Vous vous laisserez donc fouetter par moi, si je réalise votre désir ? lui demanda-t-elle.

— Avec plaisir.

— Bien, fit-elle d'un air décidé, je vous donnerai vingt-cinq coup de fouet et après ces vingt-cinq coups, je vous accorderai votre prière.

— Vous êtes sérieuse ?

— Je le suis. »

L'homme du Ghétto saisit la main de la baronne et la pressa tendrement sur ses lèvres. « Quand puis-je venir ?

— Demain soir à huit heures.

— Et je pourrai apporter la fourrure et le fouet ?

— Non, j'y pourvoierai moi-même. »

Le lendemain soir le lion de la bourse amoureux arriva à huit heures précises chez la charmante petite aristocrate et la trouva seule dans son boudoir enveloppée dans une pelisse de couleur foncée et reposant sur une ottomane, la petite main jouait avec un fouet.

L'homme du Ghétto lui baisa la main.

« Vous savez notre convention, commença la petite femme.

— Sans doute, répondit le baron de la bourse, je vous permets de me donner vingt-cinq coups de fouet, et après le vingt-cinquième vous accorderez ma prière.

— Bien, mais je vous attacherai les mains, dit la dame. »

L'amoureux se laisse tranquillement attacher les mains sur le dos par la nouvelle Dalila et se met à genoux, comme elle le désire. Alors elle lève le bras et lui donne un coup de fouet violent.

« Mais cela fait diablement mal », s'écrie-t-il.

— Mais cela doit faire mal, dit-elle en se moquant de lui et le fouette sans pitié. Le pauvre fou gémit enfin de douleur, mais la pensée que chaque coup le rapproche de son bonheur, le console.

Après le vingt-quatrième coup la petite femme jette le fouet,

« Il n'y en a que vingt-quatre, dit le délinquant fouetté.

— Oh ! je le sais, dit-elle en riant, mais je vous fais grâce du vingt-cinquième.

— Donc vous êtes à moi, s'écrie l'homme de la bourse enchanté, vous êtes à moi seul !

— Quelle idée vous prend ?

— Ne m'avez-vous pas fouetté ?

— Sans doute, mais je vous ai promis de réaliser votre désir après le vingt-cinquième coup, et vous n'en avez reçu que vingt-quatre, s'écrie la petite femme vertueuse, j'ai des témoins. »

Elle écarte la portière, et son mari, suivi de deux messieurs, entre en souriant de la chambre voisine. Un moment l'homme de la bourse reste agenouillé devant la belle femme, sans dire mot, alors il soupire et dit mélancoliquement ce mot significatif :

« Débâcle ! »

UNE PRINCESSE AUTOCRATE [1]

LA CAGE DE FER

Irène Ivanowna, princesse Khoumine, avait été frappée d'apoplexie foudroyante, alors qu'elle se rendait, en toilette de cour, au Kremlin, pour y saluer le grand-duc Paul, de passage à Moscou.

La noble dame, ramenée du palais impérial à son hôtel, était morte pendant le trajet ; et, pour obéir aux ordres de l'héritier de l'impératrice Catherine, un de ses chambellans avait accompagné la princesse, étendue sur les coussins de sa voiture, jusque dans la cour de l'hôtel. Là, personne n'avait répondu à l'appel du personnage officiel. La maison était abandonnée. Les domestiques avaient profité d'une absence qu'ils supposaient devoir être de longue durée, pour aller se divertir dans les cabarets voisins. Irène Ivanowna était une maîtresse impérieuse et tyrannique, qui n'accordait jamais un quart d'heure de liberté à ses gens.

Le cocher et les heiduques de la princesse durent, sur l'injonction du chambellan, descendre le corps de la voiture et le monter jusqu'à la chambre à coucher où ils le laissèrent sur le lit.

Cependant le bruit de cette mort subite s'était répandu dans la ville. La domesticité, craignant de recevoir le châtiment de sa négligence, ne reparut pas à l'hôtel ; mais la famille de la princesse s'y présenta,

(1) Extrait du *Journal des Voyages*, numéro 153. (5 novembre 1899).

comme elle s'y trouvait autorisée par les coutumes du pays. Irène Ivanowna, restée veuve et sans enfant, dans un âge déjà fort avancé, ne s'était guère montrée plus tendre pour ses parents que pour ses domestiques. C'étaient des cousins pauvres, de naissance obscure, qu'elle recevait peu et mal, quand elle ne les consignait pas à sa porte.

La mort les ramenait donc dans le palais dont les richesses devaient désormais leur appartenir. Mais il leur fallait dissimuler leur satisfaction et témoigner, au contraire, suivant les rites, d'une profonde douleur. Rangés en cercle autour du lit, ils poussaient des cris effroyables, s'arrachaient les cheveux et déchiraient leurs vêtements

Ce tribut payé à la piété familiale, ils changèrent soudain d'attitude, toujours pour se conformer aux usages. Ils se retournèrent vers la morte et lui adressèrent, l'un après l'autre les plus amers reproches. Ils lui représentèrent tous les torts qu'elle avait eus envers eux ; et ce fut bien juste si ces récriminations ne se terminèrent pas par des injures. Il est permis de croire que ces parents pauvres, tenus à l'écart par la plus méchante et la plus avaricieuse des femmes, parlaient alors en toute sincérité.

Des popes et des pleureuses étaient venus pour les apprêts funèbres.

Le corps fut placé dans un cercueil d'ébène, tel qu'il était, c'est-à-dire revêtu du costume d'apparat sous lequel la princesse s'était présentée au Kremlin. Son front fut couvert d'un bandeau de satin, large de quatre doigts, où se lisait cette inscription : « Dieu saint, Dieu fort, Dieu immortel, ayez pitié de nous » ; et quand les bras de la défunte furent croisés sur la poitrine, un des popes glissa dans la main droite le passeport traditionnel, certifiant que la morte avait rempli tous ses devoirs religieux et reçu tous les sacrements. Puis des cierges, disposés autour du cercueil et dans la chambre, furent allumés pendant que les pleureuses priaient agenouillées et que les popes chantaient à voix basse les hymnes de la dernière heure.

Vers le milieu de la nuit, cette ferveur de dévotion se calma, et le murmure des femmes répondit plus faiblement à la psalmodie des prêtres. Une des pleureuses cessa même de prier et d'un geste réclama le silence. Il lui semblait entendre des plaintes et des gémissements. Un pope s'effara :

« C'est peut-être l'âme de la princesse qui s'indigne de nos défaillances, » dit-il en pâlissant.

Un souffle de terreur passa sur tous ces fronts courbés par la prière.

Les popes, aussi superstitieux que craintifs, s'étaient déjà rapprochés de la porte, comme pour prévenir par une fuite rapide le retour offensif de l'esprit. Mais une femme, de solide stature et d'aspect résolu, arrêta ce mouvement de retraite par une judicieuse observation :

— Écoutons, du moins.

Dans le silence qui suivit ce sage conseil, les plaintes et les gémissements arrivaient plus distincts ; c'étaient des phrases entrecoupées, des mots étouffés par une sorte de râle.

« J'ai faim !... de l'air !... grâce !.. pitié ! »

Cet appel désespéré partait, en notes sourdes, du mur qui faisait face au cercueil. La pleureuse y marcha sans hésiter, cherchant des yeux et des mains sur la paroi les traces d'une porte, d'une ouverture quelconque. Sous ces pressions répétées, un ressort invisible, déplaçant la cloison, démasqua un grand trou noir où s'enchâssait exactement une cage munie de barreaux en fer. A la lueur des cierges qui l'illumina

d'une vive clarté, apparut un petit homme, maigre et
chétif, à la face si pâle, si ravagée, qu'il était impossible de déterminer son âge. Il était assis sur un
banc très bas, attaché à l'un des barreaux par une
chaîne d'acier qui faisait plusieurs fois le tour de son
corps.

Au milieu de la cage se trouvait le mobilier sommaire nécessaire à tout prisonnier.

Surpris par la brusque irruption de la lumière qui
l'aveuglait, le malheureux s'était instinctivement rejeté
en arrière, puis instinctivement aussi, sous l'aiguillon
de la faim et de la soif, il s'était levé tout chancelant
et, s'accrochant aux barreaux, il recommençait sa
lamentable supplication :

« Du pain... de l'eau... »

Dans une salle voisine était dressée la table, où les
popes et les pleureuses venaient tour à tour restaurer
leurs forces entre deux chants funèbres. Un des prêtres
sortit et revint tout aussitôt avec du pain et une bou-
teille de *kwass* qu'il tendit au prisonnier. Celui-ci,
passant les bras à travers les barreaux, saisit les ali-
ments d'un geste rappelant beaucoup moins l'homme
que le singe et les porta avidement à ses lèvres. Ses
yeux brillèrent d'une joie sauvage dès qu'il eut
absorbé une gorgée de *kwass*.

« Ah ! fit-il, il y a si longtemps... si longtemps...
j'en avais perdu le goût. »

Le corps de la princesse était abandonné ; et ceux
qui devaient le veiller se pressaient autour de la cage
accablant l'homme de questions. Ils voulaient l'arracher à son horrible prison et lui demandaient le secret
du cadenas qui en condamnait l'entrée.

« Là ! » répondit-il.

Et il désignait du doigt un grand crucifix d'argent
fixé au-dessus d'une toilette psyché. Une clef était

suspendue à l'une des branches de la croix. Elle ouvrit le cadenas.

L'homme sortit d'un pas lourd et incertain, emmenant avec lui la chaîne qui lui ceignait le corps, le dos voûté, l'œil inquiet, les mains tremblantes. Ses libérateurs s'écartèrent devant lui ; et son regard rencontra, reposant sur le satin blanc du cercueil, le masque parcheminé de la princesse.

Le misérable détourna brusquement la tête comme pour se soustraire à une effroyable vision ; une agitation fébrile s'empara de tous ses membres ; une sueur froide lui perla sur la figure, et de sa gorge sortirent des imprécations inintelligibles, où revenaient sans cesse d'énergiques refus :

« Non, non, je ne veux pas... je ne travaillerai plus.»

A ces cris d'épouvante, que ponctuaient de stridents éclats de rire, succéda une période de convulsions épileptiques suivie d'un abattement profond.

Grâce aux soins qui lui furent prodigués, le prisonnier reprit peu à peu connaissance. Délivré de la chaîne qui le retenait à la cage, il s'essayait à marcher avec l'incertitude inquiète du détenu qu'un hasard inespéré fait sortir du cachot où il se croyait enseveli pour toujours. Mais, chaque fois qu'il revenait devant le cercueil, ses traits se contractaient affreusement ; et il semblait qu'il fût sous le coup d'une nouvelle crise.

Pour en prévenir le retour, un pope le fit asseoir loin de l'image abhorrée ; et, après l'avoir persuadé que le sommeil de la princesse n'était pas momentané, mais éternel, il obtint de l'infortuné qu'il révélât les causes et le mystère de sa terrible réclusion.

Il s'appelait Pierre Zouboff ; il était né dans un village de la Petite Russie qui appartenait à Irène Ivanowna. De constitution faible et délicate, il n'avait pu, à l'âge adulte, prendre sa part des travaux des champs ; mais comme il ne manquait ni d'intelligence, ni d'adresse, sa maîtresse avait chargé son premier valet de chambre de le dresser au service. Bien stylé par son entraîneur, — car les serfs, à cette époque, n'étaient guère mieux traités que des bêtes de somme, — Pierre était devenu un habile coiffeur : aussi eut-il l'insigne honneur d'être admis à la toilette d'Irène Ivanowna.

Cette grande dame, qui devait à la situation officielle de son mari, le prince Khoumine, d'être reçue à la cour, était d'un orgueil démesuré. Elle avait le culte exagéré de sa personne ; et malgré qu'elle eût dépassé depuis longtemps les limites de l'âge mûr, elle n'avait pas encore renoncé à ses prétentions mondaines. Elle avait recours aux artifices de la coquetterie la plus raffinée pour dissimuler sa décrépitude et restaurer les ruines de ses charmes surannés. Malheur à qui ne l'eût pas secondée dans cette œuvre laborieuse ! Irène était capricieuse, violente, vindicative : elle n'eût pas reculé devant un crime pour assouvir sa haine ; et le droit de vie et de mort, que la noblesse russe exerçait alors sur ses esclaves, ne pouvait qu'encourager les instincts cruels de la princesse.

Le premier valet de chambre initia Pierre Zouboff aux secrets de la toilette d'Irène. Dès lors, le jeune coiffeur fut consigné dans l'intérieur du palais ; il dut éviter toutes relations avec les autres domestiques et observer la plus grande discrétion sous peine des châtiments les plus sévères. Bientôt il remplaça son éducateur dont la main hésitante, trop lente au gré de la princesse, accommodait mal l'édifice compliqué de sa coiffure. Mais Pierre était jeune, impatient et bavard ; le servage lui pesait et le secret professionnel lui semblait plus lourd encore. Un jour, il eut l'imprudence de laisser pressentir ses velléités de révolte, Sa maîtresse le regarda dans les yeux, sans dire un mot ; mais, le surlendemain, quand il entra chez la princesse, il aperçut dans l'encadrement du mur une cage de fer dont la porte était ouverte.

« Entre, » lui dit sèchement Irène Ivanowna en lui désignant d'un geste l'étroite cellule.

Pierre voulut s'enfuir ; mais déjà la princesse, qui, malgré son âge, était souple et vigoureuse, avait saisi au collet le chétif garçon, et s'armant d'une cravache à la portée de sa main, elle l'avait longuement et rudement fouaillé, malgré ses larmes, ses cris et ses supplications. Quand elle fut lasse de frapper, elle répéta une seconde fois :

« Entre ! »

Et l'infortuné, roué de coups, brisé et dompté, rampa jusqu'à la cage : là, sa maîtresse, lui passant au corps une ceinture de fer, la rattacha aux barreaux de la cellule par une chaîne d'acier assez longue pour qu'elle se repliât plusieurs fois autour des reins du prisonnier. Puis, Irène referma vivement la porte de la cage et fit jouer un ressort qui ramenait le panneau mobile de la cloison.

Un éclair de triomphe insolent s'alluma dans la fauve prunelle de la grande dame. La femme venait d'affirmer sa supériorité tyrannique sur l'homme, en même temps que la mondaine s'assurait contre la révélation possible des pratiques de sa mystérieuse coquetterie. Irène Ivanowna, devenue complètement chauve, portait une perruque, qui était d'ailleurs un chef-d'œuvre de l'art ; et elle se persuadait que personne ne connaissait cette particularité de sa toilette. La séquestration du serviteur à qui ses fonctions domestiques avaient appris un tel secret, pouvait seule en prévenir la divulgation.

Le soir, Pierre fut tiré de sa cage pour coiffer la princesse invitée à un grand bal. Aussitôt son travail terminé, il dut rentrer dans sa prison.

Cette claustration dura près de cinq années, féconde en incidents, marquée de privations ou de tortures, suivant les caprices de sa maîtresse ou les révoltes de l'esclave. Deux fois par jour, Pierre remplissait son office de coiffeur. S'il avait l'imprudence de se ralentir, ou la maladresse de compromettre l'agrément d'une boucle par trop de précipitation, Irène, armée d'une grosse et lourde règle, en frappait à plusieurs reprises les doigts du coupable. Celui-ci, malgré la terreur que lui inspirait son bourreau, s'échappait parfois en plaintes et même en imprécations. Pour le punir, la princesse lui retenait la maigre pitance de pain noir qu'il recevait chaque matin et le cinglait de coups de fouet.

Pendant les trois dernières années de sa vie, le prince Khoumine assista fréquemment à ces abominables exécutions. Il y resta toujours indifférent : que lui importaient, à ce grand seigneur, la vie et la liberté d'un serf ?

Un autre témoin de ces scènes tragiques était une femme de chambre d'Irène, serve elle-même, d'origine kalmouke, une sorte de colosse, qui obéissait aveuglément à tous les ordres et à toutes les fantaisies de sa maîtresse, — le seul être qui eût peut-être jamais aimé un tel monstre.

Car on ne saurait donner un autre nom à cette Irène Ivanowna qui, pour la satisfaction de sa grotesque et criminelle coquetterie, avait conduit jusqu'aux dernières limites de l'abjection et de la misère, « une créature de Dieu », comme dit la relation, aujourd'hui ignorée, où nous avons découvert ce véridique récit.

. . . .

Quand le chambellan, qui avait réglé le service funèbre de la princesse Khoumine, revint au palais de la défunte pour y donner de nouveaux ordres, il recueillit, de la bouche même de Pierre Zouboff, les détails de cette odieuse séquestration. Il en référa immédiatement au grand-duc Paul. Celui-ci, qui, à l'exemple de son aïeule, n'eut jamais une tendresse excessive pour l'humanité en général et les serfs en particulier, n'aimait pas cependant, chez ses futurs sujets, l'ébruitement de scandales en contradiction si flagrante avec les principes philosophiques dont se targuait alors le gouvernement russe. Sûr de n'être pas désavoué par l'impératrice Catherine, Paul ordonna d'envoyer le coiffeur à cent lieues de Moscou, dans une petite ville, où il toucherait une pension de la couronne, avec défense expresse de jamais parler de sa tragique aventure.

Pierre partit le jour même pour sa nouvelle résidence. Mais il survécut de peu à la princesse Koumine. Sa trop longue et trop dure captivité avait tari en lui les sources de l'existence. Bien qu'il n'eût pas encore vingt-six ans, il avait le masque d'un vieillard : ses cheveux étaient tout blancs et ses jambes débiles pouvaient à peine le soutenir.

Quand il sentit s'approcher la mort, il ne voulut pas emporter son secret dans la tombe, malgré les peines qu'il pouvait encourir du fait de son indiscrétion. Il prit pour confident un émigré français qui lui avait témoigné quelque intérêt et qui rapporta le fait dans un de ses ouvrages, après s'être assuré, à des sources certaines, de son authenticité.

HENRY DURWARD.

La Flagellation

en Australie

C'est d'après les souvenirs d'un émigrant australien que nous tracerons ici l'effrayant tableau des punitions infligées aux condamnés que l'Angleterre envoie dans ces parages.

Nous transcrirons ses paroles, suffisamment éloquentes dans leur simplicité.

« Avant de commencer, dit-il au chapitre II de son livre, le récit de mes aventures, il est nécessaire que je parle au lecteur des circonstances dans lesquelles il me fût donné de connaître le système employé en Australie pour le maintien de la discipline parmi les *convicts* ». Un gentleman que diverses infortunes avaient réduit à la condition de surveillant dans une ferme après son arrivée dans la colonie, jouissant d'une situation prospère, déjeunait un jour avec moi dans la salle commune d'un hôtel. Comme je lisais à ce moment certains rapports de police dans la « Sydney Gazette » notre conversation tomba sur la discipline des *convicts*. Ce gentleman vit encore, bien que très âgé. Sa persévérance et son honnêteté lui firent acquérir plus tard une situation très lucrative que lui procura son patron, un commerçant de Sydney. Les

avantages qu'il a dû en recueillir, lui permettraient
sans doute de laisser sa famille à l'abri de besoin. Je
note ces détails pour établir le bien fondé de ma
confiance en cet homme, quand bien même je n'aurais pas eu plus haut la confirmation de ses paroles,
d'après mes propres observations.

« Vous devez être étonné, cher Monsieur, me dit-il,
de ce que vous lisez au sujet des prisonniers : bien
des gens sont étonnés de même, quand ils viennent
ici pour la première fois. Mais vous verrez dans ce
pays bien des choses auprès desquelles celles
contées par la Sydney Gazette ne sont plus que des
jeux d'enfants.

— Vous ne voulez pas dire, lui répondis-je, que je
verrai pire que l'affaire dont je viens de lire les
détails ? Il s'agit d'un seul délit que l'on a trouvé le
moyen de rendre triple, de le rendre passible de trois
procès différents, de trois jugements et de trois punitions. Un homme s'enivre, on lui vole ses vêtements
et il n'ose reparaître chez son maître.

On l'arrête, on le juge une première fois pour
ivresse, une seconde fois pour la disparition de ses
vêtements, une troisième fois pour s'être caché.

Et on vient de le condamner, au total, à cent coups
du « Chat à neuf queues, » ce qui, en réalité, équivaut à trois cents. »

— Eh bien, répliqua le gentleman, j'ai connu un
cas semblable où le même délit fut assimilé à cinq et
fit octroyer au coupable cinq condamnations Il
s'agissait d'un « gouvernant servant » appartenant à
un magistrat, mon voisin.

L'homme, comme celui dont vous venez de lire
l'affaire, avait acheté une goutte de liqueur à un marchand ambulant ; le fils de son maître, un jeune
homme très insolent, commença à l'injurier et à le

menacer ; l'homme répondit : un policier fut envoyé à sa poursuite, il le renversa et s'enfuit. Il prit sa course vers les bois, et, en passant près de sa hutte, y ramassa pour se sustenter en route, environ trois morceaux d'un gâteau qu'il venait peu d'instant auparavant de cuire au four. Le jeune maître le fit arrêter et poursuivre pour son ivresse, son insolence, vol (le vol du morceau de pain, car les rations sont considérées comme propriété du maître), et évasion. Le magistrat fit témoigner le policier au sujet des voies de fait dont celui-ci se prétendit victime et il prononça la sentence suivante : vingt-cinq coups pour l'ivresse, vingt-cinq pour l'insolence, cinquante pour l'évasion, six mois de travaux forcés pour vol du pain et trois mois pour voies de fait sur un officier de paix.

La flagellation que ce malheureux reçut avant de partir aux mines l'épouvanta, et s'étant vu condamner de nouveau à ce supplice pour un mince délit commis pendant son séjour dans le bagne, il réussit à s'échapper avant l'exécution, gagna les bois, se joignit à une bande des *bushrangers* armés et commit avec eux plusieurs vols. On finit par le prendre, les armes à la main ; il fut pendu.

Cet homme était d'un naturel pacifique, c'était un travailleur, un honnête homme, mais il ne pouvait supporter la flagellation et aimait la liqueur. Le crime qu'il avait commis et qui l'avait conduit au bagne, était bien léger, c'était le seul, sans doute, dont il s'était rendu coupable.

Cet homme a été assassiné. Et il y en a eu des centaines et des centaines et il y en a encore chaque année dans cette contrée maudite. Pourtant le système pénitentiaire est un peu moins cruel que par le passé. Depuis l'arrivée du Dr Wardle et du jeune M. Wendworth qui se sont mis à surveiller le gouvernement et les magistrats, on ne voit plus d'horribles choses.

— Depuis combien de temps êtes-vous ici, monsieur ? demandai-je au gentleman.

— Depuis une vingtaine d'années, j'ai vu de mes yeux bien des choses qui m'ont fait ajouter foi à celles que l'on m'a contées. J'ai vu des prisonniers, après leur libération. La flagellation est ici chose si commune que personne ne songe à s'en étonner, au contraire. J'ai vu souvent de jeunes enfants, en manière de jeu, pratiquer ce sport cruel sur un objet quelconque, un arbre par exemple et cela paraissait grandement les divertir. J'ai sous mes ordres en ce moment, un homme qui, dans le cours de cinq années, reçut 2.600 coups du « chat à neuf queues » ; son crime le plus grand avait été de se montrer insolent vis-à-vis de ses maîtres.

Il faut dire que cet homme est très excitable, et quand son sang bout, vous ne l'empêcheriez pas de dire ce qu'il pense, même s'il risquait, en le disant, d'être pendu. Depuis que je l'ai à mon service, il n'a jamais reçu de coups de fouet et cela parce que je ne tiens aucun compte de la vivacité de ses paroles.

Ce qui fait que cet homme ferait pour moi l'impossible.

Il y a quelques années, un homme mourut pendant qu'on le flagellait ; naturellement l'affaire fut étouffée.

Croyez que ce que je vous raconte, n'est qu'une pâle image des horreurs dont j'ai été témoin. Dans le *Courthouse* de Bathurt ou je dus me rendre un jour pour reconnaître un homme que l'on supposait évadé d'une des fermes dont j'avais la garde, je fus obligé de passer près des triangles sur lesquels on venait pendant plusieurs heures de suite de fouetter des prisonniers. Je vis alors se promener dans la cour un de ces malheureux, le sang dégouttait par son pantalon, sur ses souliers.

Un chien léchait le sang dont les triangles étaient couverts ; je vis même sur le sol des lambeaux de chair humaine qu'avaient arrachés les lanières. Ce qui me montra la rage avec laquelle les bourreaux avaient frappé, ce fut près de ces triangles, dans la terre, un grand trou que leurs pieds avaient creusé, tandis qu'ils piétinaient et tournaient sur place pour donner à leurs coups plus de violence et d'élan.

On avait infligé aux patients cent coups de verge, avec un intervalle de près d'une demi-minute entre chaque coup, ce qui fit durer le supplice près d'une heure.

La journée avait été assez chaude pour faire s'évanouir un homme qui se serait tenu dans la cour pendant ce laps de temps, et ce supplice eut lieu au plus fort de la chaleur.

Il y avait, du reste, deux bourreaux qui se relayaient.

Quand ils eurent terminé leur cruelle besogne, ils étaient couverts de sang comme des bouchers. Je vous raconte là un fait que j'ai vu de mes yeux ; l'horreur d'un tel spectacle est en effet si grande que j'en croirais à peine un témoin véridique si je n'y avais assisté moi-même.

Il faut ajouter que malheureusement ces faits se renouvellent fréquemment. Bien des magistrats ont recours à la flagellation pour contraindre aux aveux les personnes soupçonnées d'un méfait quelconque. Tout récemment un homme reçut pendant plusieurs jours consécutifs cinquante coups de verge à chaque comparution devant le juge. Cette torture lui fut infligée pour le contraindre à confesser un vol.

Je concède que dans bien des cas le soupçon qui plane sur une certaine catégorie de criminels est amplement justifié, mais il faut avouer que ce soupçon peut, dans d'autres cas, ne reposer sur aucun fondement sérieux. Je connais de pauvres diables qui sont restés infirmes pour toute leur vie à la suite d'une cruelle flagellation et ce qui est le plus grave pour des délits bien minces, méritant à peine une simple réprimande.

*
* *

J'eus l'occasion, ayant à m'entretenir avec un officier des établissement de Plains, d'observer par moi-même le caractère de nos institutions pénales dans le New South Wales. L'officier que je désirais voir se trouvait au Court-House quand je vins frapper à son cottage. Je me rendis donc au tribunal. Au moment ou j'y entrai, un homme allait être fouetté pour s'être rendu coupable d'un vol.

On avait cependant reconnu que ce vol était dû à la faim après que le malheureux avait subi trois jours de jeûne.

Sa misérable pitance lui avait été volée et, quand il eut souffert la faim aussi longtemps que les forces lui permirent, il traversa la rivière à la nage pendant la nuit, entra dans la maison d'un colon et lui prit un peu de grain.

Un autre malheureux venait également d'être condamné à recevoir vingt-coups pour paresse dans le travail.

Bien étrange reproche à faire à un homme qui venait d'être malade et alité pendant un mois. Avant ces deux hommes, un nombre de patients reçurent chacun leurs vingt-cinq coups, sous l'inculpation de désobéissance.

Leur désobéissance consistait en ceci : leur maigre ration ne leur ayant pas été distribuée en temps voulu, ils avaient refusé d'aller au travail avant d'avoir mangé. J'essayerais, en vain, de peindre les regards qu'ils échangeaient entre eux au sortir du tribunal ou ils venaient d'entendre leur sentence ; on y lisait la surprise et l'épouvante, l'indignation et le désespoir ; on les poussait dans la cour de la prison, le constable qui les suivait par derrière y rentra également et laissa la porte entr'ouver:e.

J'entendis l'homme chargé de l'exécution dire : « Quel est le premier ? » Une seconde ou deux se passèrent.

Puis j'entendis la réponse et je crus reconnaître la voix d'un jeune Ecossais. « Voici ; c'est moi qui suis le premier, ch..... mais je jure bien que j'aurai ta peau un jour ou l'autre, quand je devrais être pendu. »

Il y eut un moment un moment de silence, puis j'entendis le bruit effrayant de la verge sur la chair, et le constable qui comptait un, deux, trois, quatre, etc. J'entendais aussi les *hiss* du fouetteur, qui faisait une pause après chaque coup pour faire endurer à sa victime le maximum de souffrance. Mais il n'y eut pas un cri, pas un gémissement, pas un seul appel à la pitié. Il n'y avait pas longtemps que j'attendais, mais j'en avais entendu et vu plus que je ne pouvais supporter. Mon cœur battait horriblement et sans attendre l'officier que j'avais fait demander, je m'enfuis en toute hâte de ce lieu d'abomination légale.

J'ai souvent entendu les gens de Sydney exprimer leur étonnement et leur horreur à propos d'assassinats commis par des prisonniers sur la personne de leurs gardiens, mais depuis ce jour, je n'ai pas eu de peine à en comprendre les motifs.

————

LES BATTEURS DE BUISSONS [1]

PAR HARRY B. VOGEL

Auteur de *Maori Maid* (Une jeune fille Maorie), etc.

Un jour de chaleur torride dans la lointaine Tasmanie, il y a près de cinquante ans, deux condamnés assignés à un colon comme travailleurs, marchaient lentement derrière un troupeau de bœufs qui descendaient le long d'une côte pour se diriger vers une crique où l'on pourrait faire la halte de midi. L'aîné des deux était encore relativement jeune. Sa taille élevée, sa puissante carrure, toute sa personne indiquait à première vue qu'il devait être d'une force herculéenne. En dépit de sa peau tannée et de son apparence grossière, c'était un bel homme et avec ce je ne sais quoi de particulier et d'inexplicable qui, même dans des circonstances aussi dégradantes, faisait supposer que ce déporté avait été un gentleman autrefois.

(1) Publié par un *Magazine anglais*.

Chose étrange, l'on aurait pu en dire autant de son compagnon, qui était plus jeune que lui.

Il importe très peu de savoir en quoi ces deux hommes avaient transgressé la loi et pour quelle raison ils furent condamnés à l'horreur de la déportation. Nous ne ferions que mettre deux anciennes familles anglaises en présence de tristes souvenirs. Laissons plutôt leurs histoires dans les ténèbres de ce qui s'est passé il y a près de cinquante ans. Il suffit de dire que le plus jeune des deux avait fait tourner la roue de la fortune par quelque acte d'indiscrétion, quelque folle et violente tentation, et ainsi Edouard O'Dare le jeune docteur irlandais, qui était si généreux, si gai et si heureux de vivre, attendit un jour le vaisseau qui devait emmener les condamnés aux extrémités de la terre.

Ce qui était arrivé à lui, était aussi arrivé à l'autre — que l'on appelait Jack Garnet — avec la différence que le jugement de ce dernier était plus sévère. L'exigence des circonstances avait graduellement fait des amis de ces deux hommes. Ils s'étaient évités d'abord sur le vaisseau infernal qui les avait conduits à la colonie, et puis dans la chaleur brûlante et horrible de Port-Arthur. Tous les deux étant des gentlemen condamnés, un reste d'orgueil leur avait imposé un violent préjudice, jusqu'à ce que l'on crût généralement qu'ils se détestaient. Peut-être était-ce cette circonstance qui amena leur assignation au colonel Rice comme travailleurs. Le résultat fut contraire à l'attente générale, car loin de leur pays natal, dans les districts solitaires et isolés de la ferme, ils avaient appris à connaître et à s'aimer.

Les deux hommes descendaient négligemment et à pas lents la colline et s'approchaient de la crique. Enfin ils se trouvèrent devant un bouquet d'arbres seaux, et là ils allumèrent un feu et préparèrent leur repas, laissant les bœufs brouter dans la plaine et le long de la rive.

Leur dîner était extrêmement maigre. Ils avaient l'habitude de rester assis et de fumer après ce repas. C'était du reste la seule grande consolation de leur triste situation.

Tout à coup Garnet se jeta en avant et regarda dans le buisson.

« Qu'est-ce que c'est que cela ? » s'écria-t-il.

Tous les deux se levèrent brusquement et écoutèrent ; leurs oreilles fines distinguèrent le fracas de branches. Un moment après un homme sortit du buisson et se trouva en face d'eux.

C'était un individu de taille moyenne, à la mine hagarde et usé par l'âge. Les condamnés le reconnurent aussitôt. Tous les deux poussèrent un cri de surprise, ce qui fit sourire le nouveau venu, connu généralement sous le nom de Winzy Nolans. Il s'assit tranquillement sur un bloc de bois près de la cendre qui fumait encore.

« Vous êtes étonnés de me voir, eh ?... Vous en avez l'air, eh... ? Naturellement vous êtes surpris, comme eux qui m'ont perdu de vue », et du pouce de la main gauche il indiqua la direction pardessus son épaule.

— Mais comment se fait-il que vous sortez de ce buisson ? lui demanda O'Dare.

— En circonvenant. Je circonviens. Dans des circonstances ordinaires je serais allé à pied jusqu'à ce que j'eusse vu un cheval, alors j'aurais continué mon chemin à cheval. Mais une évasion n'est pas une circonstance ordinaire, et il m'a fallu circonvenir. Y a-t-il encore quelque chose à manger, compagnons ?

« Un peu, malheureusement très peu. Il y a encore du thé, et dans ce paquet-là vous trouverez un peu de gâteau. »

« J'ai faim. Je n'ai pas mangé depuis hier matin. Vous voyez que je me tiens caché, jusqu'à ce que je puisse me reposer sans crainte », et tout en leur donnant ces explications, l'homme dévora plus qu'il ne mangea le morceau de gâteau sec qu'il avait sorti du paquet. « Vous voyez, c'est comme cela. Par hasard j'ai eu la chance de perdre les petits ornements qui pendillaient autour de mes chevilles, et de m'en débarrasser dans les broussailles de la nouvelle route que nous faisons et où nous travaillons lorsque je fis tout à coup mes adieux. Et je n'ai pas pleuré du tout non plus. Je m'arrêtai subitement pour rire, j'y étais forcé. Le vieux Reconlight, aux cheveux roux, vous vous souvenez de lui, était de garde de mon côté. Je m'étais avancé de côté, et il marcha vers moi et dit : « Que faites-vous par ici, paresseux, flaneur ? »

« Laissez-moi tranquille », dis-je.

« Comment ! »

« Je veux — je veux — ».

« Laissez-moi tranquille », répétai-je.

« Insubordonné ! » dit-il, et il s'emporta et mania son fusil. Mais il ne le mania pas assez vite, il s'en fallut beaucoup, car je le tournai contre lui et le renversai Alors je défis les chaînes, et je me sauvai. I tira un coup de fusil, mais la balle atteignit un arbre et la poudre seule se déposa sur moi ; mais la poudre ne fait pas de mal, et je me dirigeai vers l'ouest J'arrivai au Cap Buller, au-delà des braddok, où j'empruntai un habillement complet, sans en demander la permission, et me voici. »

« Mais ils vous poursuivent ? » s'écria O'Dare.

Nolans rit.

« Assurément. Une demi-douzaine ou une cinquantaine d'eux au moins. Mais ils ne m'ont pas encore, et ils ne m'auront pas — ils ne m'auront pas vivant. »

« Ils vous préféreraient sans doute vivant, mais ils seront satisfaits de vous avoir mort », dit Garnet lentement.

« Il est très probable, mais ils n'ont encore fait ni l'un ni l'autre. Oh ! je ne suis pas un imbécile, qui n'ait pas de but en faisant mille détours dans ce district. Peut-être ils me prendront et m'enfermeront, peut-être ils ne le pourront pas ; mais je vais leur jouer un tour d'abord. Je veux « marcher contre eux » et leur faire payer les coups de fouet que j'ai reçus. Dites, compagnons », ajouta-t-il regardant Garnet, « voulez-vous me joindre ? Vous avez une excellente tête. Je me connais bien par ici et même de l'autre côté, en Victoria, s'il ne s'agissait que de cela ; mais je ne puis être commandant. Procurons-nous des chevaux, des fusils et des munitions, et si vous voulez être notre maître, nous mènerons joyeuse vie. Dites, compagnon, voulez-vous ? »

« Non ! Non ! s'écria O'Dare.

« Ce n'est pas à vous que j'ai demandé » répondit Nolans, « je vous connais. Vous avez l'espoir d'être libéré un jour. Mais lui ne l'a pas, n'est-ce pas compagnon ? Qu'il réponde pour lui-même », ajouta-t-il, lorsque O'Dare se leva brusquement et s'approcha de son ami.

Garnet était assis silencieux et indécis, appuyant sa tête sur ses deux mains.

« Ne le faites pas, pour l'amour de Dieu, ne le faites pas, Jack », chuchota O'Dare, « c'est... »

« Chut !... » l'interrompit une exclamation perçante de Nolans, « faites attention à vous ! » et rapide comme l'éclair il disparut dans le buisson.

Un instant les deux hommes regardèrent dans la direction qu'il avait prise. Ils entendirent du bruit, et aussitôt ils jetèrent un coup d'œil rapide à travers la petite plaine le long de la crique. Une troupe de cinq cavaliers s'approcha lentement.

« La police », murmura O'Dare, et le pressentiment inquiétant d'un danger imminent ne le quitta plus. Une heure plus tôt ni lui ni son camarade n'auraient eu à redouter l'approche des agents de police armés — quoiqu'ils auraient sans doute été étonnés de les voir. Mais maintenant ils avaient agi contrairement à la loi. Ils n'avaient pas seulement vu un forçat échappé, mais ils lui avaient parlé, il avait mangé les restes de leur dîner et ils l'avaient laissé repartir sans faire un effort pour l'arrêter. La possibilité que la police n'avait pas vu cet homme, était leur seul espoir.

« Eh ! dit le chef de la troupe, approchez-vous tous deux. Avez-vous vu quelqu'un par ici aujourd'hui ? »

Il y eut une pause, comme si aucun des deux hommes ne savait si c'était à lui que l'on avait posé la question.

« Entendez-vous ? s'écria l'agent de police, un individu grossier, à la barbe rousse. Vous, là ! continua-t-il, en s'adressant à O'Dare, avez-vous vu quelqu'un par ici aujourd'hui ?

— Non, monsieur, répondit O'Dare.

— Hum, murmura l'agent de police, évidemment très peu satisfait de la réponse, et vous ?

— Je n'ai vu personne excepté mon compagnon, répliqua Garnet.

L'agent de police sembla réfléchir un moment.

« Vous êtes assignés à un colon comme travailleurs, tous les deux, n'est-ce pas ? »

« Oui, monsieur, nous sommes assignés au colonel Rice, à Gencoon », répondit Garnet.

« Eh bien, vous mentez tous les deux. Vous avez vu l'homme, et vous l'aidez. Vous êtes ses complices. Entendez-vous ? Encore une fois, quelle direction a-t-il prise ? Vous, là, quelle direction a-t-il prise ? »

« Je ne le sais pas. Je n'ai vu personne, donc, je ne sais rien », répondit O'Dare.

« Je jure qu'il y a eu plus de deux hommes ici », dit l'agent de police, mettant pied à terre et fouillant l'endroit où ils avaient allumé un feu. « Que quelques-uns de vous examinent cette partie du buisson », continua-t-il.

Tout à coup Garnet aperçut dans l'herbe près du bloc de bois sur lequel Nolans avait été assis, une pipe montée en argent, que le forçat avait évidemment volée en même temps que les habits qu'il portait. Dans la précipitation de la fuite, Nolans l'avait laissée tomber. L'agent de police la verrait-il ? Si le malheur le voulait ainsi, rien ne pouvait les sauver des galères et d'une flagellation, tandis que dans le cas contraire il y avait quelque espoir pour eux de l'échapper belle.

L'officier de police fouilla et examina l'herbe, pour trouver une trace de la troisième personne. Il se douta bien de son absence subite. De plus en plus il se rapprocha de l'indice fatal et Garnet retint son haleine en voyant le talon éperonné écraser l'herbe à deux doigts de la pipe. Certainement l'agent de police l'avait vue. Il la regarda directement et pourtant..... Il s'avança d'un ou de deux pas et lorsqu'il tourna le dos à l'objet traître, Garnet respira.

« Misérables que vous êtes ! » s'écria tout à coup
l'officier de police. Il était à bout de patience. « Vous
avez vu l'homme et vous ne voulez pas le dire. Eh
bien, quelques coups de fouet vous délieront les
langues, mes chers amis, et vous ne sauverez pas
votre homme. Encore une fois, quel chemin a-t-il
pris ? »

Ni Garnet ni O'Dare ne répondirent et la question
fut répétée et accompagnée d'un violent jurement.

« Je n'ai vu personne », dit Garnet.

« Ni moi non plus, » ajouta son compagnon.

Il y avait quelque chose dans le ton d'O'Dare qui
excita encore plus la colère de l'agent de police.

« Vous ne l'avez pas vu, hein ? Eh bien, vous
pouvez venir à Patlands avec moi. Venez ici, Davies,
et attachez leurs poignets, et puis — ah ! vous
résistez ? » ajouta-t-il, voyant O'Dare, qui avait cédé
pour un instant à l'impulsion fatale de la résistance,
en débarrassant son poignet, que l'agent de police
avait saisi.

« Non, non », s'écria-t-il piteusement. « O mon
Dieu, aide-moi ! » murmura-t-il.

Ce jeune homme, à qui l'espoir d'être libéré un
jour avait souri, et qui comptait les heures qu'il
aurait encore à souffrir, venait de provoquer son
jugement. A part le soupçon d'avoir aidé un forçat
échappé, il était maintenant coupable du crime
presque aussi odieux de la résistance.

L'officier de police apprécia la situation.

« Vous résistez, hein ? » s'écria-t-il, et saisissant sa
grosse cravache, il administra un coup à O'Dare à
travers la figure et les épaules.

Garnet s'avança, excité par ce coup poltron.

« Brute ! » s'écria-t-il, et il donna à l'agent de
police un coup violent sous la mâchoire. L'homme

chancela en arrière et faisant un faux pas, tomba lourdement par terre. Rapide comme l'éclair, O'Dare se tourna vers l'agent de police qui le tenait, et se dégagea. Mais avant qu'il pût bouger, l'autre en était venu aux mains avec son adversaire, et les deux s'engagèrent dans un combat corps à corps. Garnet, allant au secours de son ami, donna des coups à l'agent de police, mais il fut attaqué à son tour par les deux autres hommes. Tout fort qu'il était, un coup porté de derrière l'assourdit, et un instant après les deux malheureux étaient par terre, les bras garrottés des deux côtés, les chemises déchirées et les figures barbouillées de sueur et de sang.

Pendant ce temps, l'officier de police s'était levé, et en se mettant sur pied, il avait aperçu la pipe de Nolans. Il se précipita sur elle en poussant un cri.

« Ah! que vous ai-je dit! Voici votre pipe et voilà la vôtre. A qui est donc celle-ci, eh? Il a été ici, et vous l'avez aidé et encouragé à s'évader, au lieu de l'arrêter. Oh! messieurs, mes chers amis, mes précieux compagnons! Je ne voudrais pas être à votre place demain à la même heure! Venez! Levez-vous, allons, allons », répéta-t-il en donnant des coups de pied aux misérables. « J'aurai soin que vous soyez coffrés et en sûreté avant que le soleil se couche. »

Il tint parole, et le soir même on les enferma dans la petite cabane en bois qui représentait la prison à Patlands. Le lendemain matin on les conduisit de bonne heure devant le magistrat, et l'officier de police raconta les incidents du jour précédent, en ajoutant divers détails qu'il inventa au préjudice des prisonniers. Son accusation fut très longue, et chaque fois qu'il la répéta, les deux déportés furent déclarés coupables. Pour avoir résisté à la police, ils devaient recevoir cinquante coups de fouet, et le magistrat les

condamna aux galères pour un an, tandis que pour
avoir aidé et encouragé un forçat échappé, ils devaient
être jugés, et probablement condamnés à une déportation de sept ans dans la colonie pénale de Botany-Bay.

Garnet entendit son jugement avec indifférence,
mais O'Dare était comme foudroyé. Cette sentence
était si terrible pour lui. Au premier moment il ne
pensa pas à l'horreur imminente de la flagellation,
mais il comprit qu'il n'y avait plus d'espoir pour lui
d'être jamais libéré. Il lui faudrait donc souffrir une
seconde fois tout ce qu'il avait supporté depuis sa
première condamnation ; et non seulement cela, mais
il y aurait maintenant aussi les charges accablantes
contre sa réputation qui le désigneraient comme
forçat dangereux. Il poussa un profond soupir et serra
les dents dans l'agonie de son désespoir.

La voix de Garnet l'éveilla enfin.

« N'importe, mon ami, vous verrez que tout finira
bien, mais je souhaite que Dieu soit avec vous pendant l'heure prochaine. »

Des agents grossiers emmenèrent les prisonniers,
et l'on fit immédiatement les préparations pour administrer les coups de fouet que le juge avait ordonnés.
Au fond de la cour de la prison, il y avait quelques
grands et minces gommiers, et ce fut là que l'on conduisit les deux malheureux.

« Enlevez vos chemises, » dit l'officier de police, et
chacun obéit, voyant bien que toute résistance serait
inutile.

« Commencez par le plus grand », continua l'officier et les hommes s'emparèrent de Garnet. On le
plaça devant un arbre, la tête tournée vers le tronc,
et on attacha ses bras autour du tronc, tandis qu'on
passa des cordes autour de ses chevilles, et autour du
pied de l'arbre.

Le « flagellateur » (pour lui donner sa désignation officielle) passa avec ses doigts par les brins de cordes du fouet et mesura la distance. Il y eut une pause horrible, un silence affreux. Alors l'officier de police donna l'ordre :

« Un ! »

L'homme fit claquer le fouet, et les cordes sifflèrent et tombèrent d'un bruit sourd sur le dos brun et les larges épaules du condamné. Lorsque le flagellateur retira le fouet, l'on put voir de longs et livides sillons tracés sur la peau et la tendre chair trembla convulsivement. Mais le malheureux ne remua pas même les lèvres.

« Deux ! »

De nouveau les sangles écorchèrent le dos du prisonnier ; çà et là les premières blessures et les nouvelles se croisèrent, et de gouttes de sang écarlate jaillirent et se réunirent aussitôt en de petits flots.

Mais l'homme ne poussa pas même un soupir.

Chaque fois l'ordre fut répété et aussitôt la chair déchirée et lacérée trembla et devint une masse saignante et palpitante. Graduellement l'homme interrompit à chaque coup le silence par des soupirs tremblants, et en dépit de son orgueil et de sa colère il finit par pousser des cris d'agonie. Ses cris devinrent des injures horribles et des malédictions violentes, qui se répétèrent chaque fois. Ce ne furent plus que des gémissements et des cris renouvelés à chaque coup.

Tout fort et déterminé qu'il était, Garnet avait perdu connaissance avant que les cinquante coups de fouet aient été administrés.

Quant à O'Dare, son supplice suivit immédiatement celui de Garnet. On accorda un repos au flagellateur, qui était cependant capable de procéder à l'exécution de la seconde sentence avec la même énergie infatigable qu'il avait montrée en administrant les premiers cinquante coups de fouet. O'Dare ne sentit plus les derniers dix ou douze coups, et ils n'eurent que l'effet de lacérer la chair déchirée et meurtrie du jeune homme. Il avait perdu connaissance, et lorsqu'on le détacha, il resta évanoui pendant une heure entière. Enfin, l'on transporta les deux malheureux de nouveau dans leur triste et désagréable cellule et les y déposa saignants et faibles.

Quatre ou cinq jours passèrent avant que leur voyage à Port-Arthur fût commencé. Pendant tout ce temps on n'avait pas pu saisir Nolans, quoique plus d'une fois il eût prouvé à la police qu'il avait joint la liste des batteurs de buissons armés, qui infestaient la colonie. Cependant on crut qu'il n'était pas nécessaire d'attendre sa reprise, et un matin de bonne heure on fit monter Garnet et O'Dare dans une légère charrette pour les conduire à Port-Arthur.

Les deux prisonniers étaient encore raides et souffraient de leurs blessures. On leur avait mis les menottes et de lourds fers. Le siège de la charrette était occupé par un agent de police bien armé, tandis qu'un autre gardien de la paix à cheval suivait de près la charrette.

Au-delà du gué à travers le Gordon River la route fit un grand détour et alla en montant. A gauche se trouvait le Mount Mercer, tandis qu'à droite les arbrisseaux et les broussailles étaient particulièrement épais. C'était un endroit trompeur, car au-delà de la crête le pays était en réalité à découvert à une distance de plusieurs lieues, et s'étendait à l'ouest jusques au-delà du Jane's Peak vers le Table Moutain et la Weasel Plain.

En montant la colline, la jument, qui était attelée à la charrette, se mit à marcher au pas à mi-chemin,

L'agent de police qui suivait à cheval avait jeté les rênes par-dessus son bras gauche et était occupé à allumer sa pipe. Lorsqu'il eut fini, il mit la boîte d'allumettes dans sa poche.

Tout à coup une bouffée de fumée sortit du buisson qui se trouvait à la même hauteur que le véhicule, et la détonation d'un fusil se fit entendre. D'un cri rauque l'agent de police qui était à cheval, jeta les bras en l'air et se pencha lentement en avant ; puis il retomba en arrière et glissa par terre d'un bruit sourd. Effrayé par le coup de fusil et la chute de son maître, le cheval s'emporta. Un instant après il s'emballa d'un galop épouvantable, laissant la charrette derrière lui et traînant dans la poussière de la route raboteuse le cadavre du malheureux dont les pieds étaient encore serrés dans les étriers.

Pendant ce temps l'autre agent de police s'était retourné en entendant le coup de fusil. Il avait vu la chute de son compagnon, et là-dessus il se pencha en avant et fouetta son cheval, non seulement dans l'intention de sauver sa vie, mais aussi pour empêcher une évasion des prisonniers.

Les deux hommes assis au fond de la charrette s'étaient levés au moment où ils avaient entendu la détonation, mais Garnet posa aussitôt sa main sur l'épaule du jeune homme.

« Baissez-vous, baissez-vous ; pour l'amour de Dieu ne vous levez pas ! » se hâta-t-il de chuchoter.

Comme il parlait, une seconde détonation, rapide comme la foudre se fit entendre. Un bourdonnement retentit au-dessus de leurs têtes, et une balle atteignit l'agent de police, en faisant un bruit sourd. L'homme se pencha et lorsque la charrette cahota sur une pierre, il tomba par terre et se cramponna convulsivement à la route raboteuse, avec ses ongles.

Heureusement pour les deux prisonniers les rênes étaient emmêlés dans les mains du mourant, et le cheval était forcé de s'arrêter. Garnet et son compagnon abandonnèrent leur position gênante, et, en se levant, ils aperçurent un individu qui portait un fusil et qui sortait du buisson pour courir dans la direction de la charrette.

C'était Nolans — ils le reconnurent du premier coup d'œil. Lorsqu'il s'approcha du cadavre de l'agent de police, il se pencha sur lui et le tourna sur le dos

« Il ne dérangera plus personne et ne poursuivra plus des hommes comme s'ils étaient des animaux, s'écria le forçat échappé. « Vous avez cru que c'en était fait de vous, eh ? » ajouta-il, s'approchant de la charrette. « Vous n'avez pas compté sur Wingy Nolans, eh ? Eh bien, vous voyez, je n'ai pas oublié que vous ne m'avez pas trahi ce jour là. Oh ! Je ne l'ai pas oublié, et je ne suis pas un homme non plus qui en serait capable »

« Voilà, capitaine, voilà une lime pour que vous puissiez vous débarrasser de vos ornements, et moi je vais faire partir les vôtres, » ajouta-t-il, en s'adressant à O'Dare.

Il y eut un silence de quelques minutes, interrompu seulement par le grattage des limes qui entrèrent rapidement dans les rivets avec lesquels les chaînes étaient attachées aux chevilles des prisonniers.

Vous voyez « continua Wingy, la chose s'est passé comme cela, je n'ai pas pu vous aider avant la flagellation, il n'y avait pas la possibilité, mais j'ai réussi à me procurer des munitions, et j'ai quelques chevaux derrière la montée. Il me semble qu'il faudra maintenant des hommes plus habiles que ceux de la police pour nous prendre dans ces districts. Dites, capitaine il n'y a pas beaucoup de choix à présent, eh ? J'ai

« marché contre eux », et je vais compléter les arrangements par des communications télégraphiques dans les buissons et par des vivres. Mais il nous faut un maître, et si vous voulez être maître, capitaine, j'irai où vous irez et je m'attacherai à vous, je vous le promets. »

« Etes-vous sérieux ? » demanda Garnet, en sortant le dernier rivet du lien qui entourait la cheville. »

« Certainement ! »

« Dans ce cas j'accepte votre proposition, Wingy ; je veux risquer le jeu. Advienne ce que pourra, excepté que l'on ne me prenne jamais vivant. Je « marcherai contre eux », et je ferai payer à quelques-uns d'entre eux ce qu'ils m'ont fait souffrir ! »

« Je vous joins, Jack, mon ami, » dit O'Dare tranquillement, lorsqu'il jeta les lourds fers loin de lui dans le buisson au bord de la route.

« Vous avez raison, monsieur, » s'écria Nolans, « je le savais bien. Vous ne pourriez pas demander davantage. Nous voilà les trois plus courageux et les plns braves des batteurs de buissons.

« Eh bien, eh bien, nous n'avons pas de temps à perdre, du moment que nous nous accordons, » dit Garnet. Donnez-moi un coup de main ici, » ajouta-t-il, s'adressant à Nolans, et les deux soulevèrent le cadavre de l'agent de police du bord de la route et le portèrent dans le buisson. Puis ils conduirent la charrette jusqu'à la crête de la colline, comme Nolans leur indiqua, et, tournant à droite, ils poussèrent le véhicule dans les broussailles. Là ils déharnachèrent la jument et la dételèrent.

Les trois chevaux, qui étaient attachés à un grand arbre, n'étaient pas des meilleurs. Mais c'était toujours des chevaux, et ils paraissaient être robustes et forts. Les trois hommes les sortirent aussitôt du buisson.

« Eh bien, notre entreprise sera probablement une rude expérience pour nous trois, dit Garnet ; nous changeons la vie d'un chien pour celle d'un « dingoe » (chien sauvage indigène). Au lieu d'être enchaînés, nous serons poursuivis. C'est très sérieux, » ajouta-t-il, riant brusquement, et il s'avança vers son cheval et serra les sangles. Puis il mesura les étriers, les allongea d'un ou de deux trous et sauta en selle. Les autres le suivirent, et les trois hommes descendirent au petit galop la longue pente.

UN AGENT QUI REFUSE DE FOUETTER [1]

Le refus de cet agent de Bendiga (Australie) de fouetter un petit garçon suivant l'usage est seulement le second qui se soit produit à ce sujet. Le premier s'était passé à Castlemaine il y a environ deux ans, quand le tribunal local condamna un adolescent à être fouetté. L'agent en question refusa donc de s'exécuter, mais le sergent télégraphia au commissaire central qu'un citadin sans scrupules était entré en lice, s'offrant de fouetter convenablement l'enfant pour la somme de vingt shellings (25 francs). On trouva ce prix excessif, et le commissaire s'arrangea en faisant prêter serment à l'homme sans pitié, en qualité d'agent de police pour la durée de trois jours au salaire de six shellings (7 fr. 50) par jour, et ainsi l'amateur en flagellation se trouva frustré de deux shellings (2 fr. 50) par l'astucieux chef de police.

---

(1) Dans le courant de l'année 1899.

La Flagellation

en Amérique

Delaware est à l'heure atuelle le seul des Etats-Unis dans lequel la flagellation soit une punition légale. On ne l'inflige qu'aux hommes, toujours sur les épaules et la partie supérieure du dos. Cette sorte de punition est très fréquemment administrée.

En Virginie l'on soutient une loi nouvelle autorisant la flagellation des personnes qui ne peuvent payer les amendes dans les tribunaux secondaires. Si la loi était valable, elle s'appliquerait aussi aux femmes. Un homme a été fouetté, d'après cette loi, sur le dos nu. En même temps on avait condamné une jeune femme, mais le juge de paix la lâcha, avant qu'on lui eût retiré les vêtements, et se contenta de la réprimander.

La flagellation est très ordinaire dans toutes sortes de prisons, de maisons de correction et de homes ou asiles, dans toutes les parties du pays. Je crois qu'elle est infligée le plus souvent à des garçons, ensuite à des fillettes jusqu'à, disons, 14 ans. C'est cependant une punition très ordinaire pour les jeunes filles et les femmes de tous les âges, mais plutôt rare — quoique quelquefois employée — pour les hommes d'un certain âge. Dans les journaux on trouve presque constamment des « exposés » de flagellations infligées à des femmes et à des jeunes filles dans l'une ou l'autre section du pays. La flagellation est furieusement condamnée, furieusement soutenue, constamment défendue et invariablement rétablie tôt ou tard, avec ou sans autorisation. En ce moment justement, il y a des disputes acharnées à New-York et à New-Jersey, au sujet de son application dans les maisons de correction destinées aux femmes et appartenant à ces deux États : elles sont situées respectivement dans les cités de Hudson et de Trenton. On l'a abolie dans la première, et depuis ce temps les détenues sont dans un état hystérique et déréglé, « brisant tout », d'après le terme technique ; elles ruinent les meubles et attaquent le personnel de la maison ; c'est un vrai pandémonium. Le jour même que j'écris ces lignes, le directeurs de l'institution tiennent séance pour délibérer sur la restitution de la correction appliquée sur le siège comme peine culminante pour une mauvaise conduite.

Là où l'on inflige la flagellation on l'administre à ce que je pense, de la manière suivante à des femmes et à des jeunes filles :

Hommes.	3 cas sur	10	
Femmes.	7 » »	10	
Sur le dos	2 » »	10	
Sur le siège	8 » »	10	
Sur la peau nue . . .	9 » »	10	*(dans les deux catégories*
Avec une pièce d'ha-			*ci-dessus mentionnées*
billement.	1 » »	10	*l'on garde un drap*
			une chemise ou u
			pantalon.)

Au poteau. . . . . . . 1 cas sur 10
Sur un banc ou une
  table. . . . . 8 » » 10
Autrement. . . . . . 1 » » 10 (*à travers les genoux,
                          au lit ou tenus par
                          des assistants*).

Secrètement. . . . . 5 » » 10
Publiquement. . . . 5 » » 10 (*c'est-à-dire devant d'au-
                          tres détenus*).

Avec le fouet em-
  ployé en Amérique
  pour les nègres . . 4 » » 10 (*en bois mince ou en
                          cuir dur*).

Avec le « martinet ». 4 » » 10 (*formé de cordes ou de
                          cuir, de tan ou de
                          joncs.*

Avec la canne ou les
  verges. . . . . 2 » » 10
Avec le fouet . . . . 1 » » 10
Avec la main ou au
  moyen d'un autre
  instrument . . . . 1 » » 10 (*on a enregistré des
                          pantoufles, des brosses
                          à cheveux, des cour-
                          roies, des cordes, des
                          tubes élastiques, et les
                          courroies de ma-
                          chines*).

Personnes sévère-
  ment marquées . . 7 » » 10 (*blessures et meurtris-
                          sures*).

Personnes marquées
  d'une manière per-
  manente 1/10 . . . 1 » » 10
Le sang coulait dans 2 » » 10
Légère punition. . . 1 » » 10

    La flagellation de femmes détenues dans les camps
en Géorgie et à la presqu'île de Floride a causé un

grand scandale. On l'inflige toujours sur le derrière nu
La victime est quelquefois entièrement ou presqu
nue. Souvent ce sont des « conducteurs » noirs qu
l'administrent même à des femmes blanches, ceper
dant toujours par ordre de quelque officier blanc. O
croit que la flagellation est liée intimement ave
l'abus sexuel des femmes par les officiers qui en sor
chargés.

La flagellation d'après la loi de lynch est admini
trée par « des hommes aux masques blancs ». On e
tend parler de cette punition dans quelques parti
isolées du pays, mais pendant de longues années el
était infligée systématiquement dans quelques di
tricts en Indiana. Les victimes étaient des femmes
des hommes, généralement accusés de conduite dér
glée. A peu près soixante-quinze pour cent de c
victimes étaient des hommes. Ordinairement on l
enlevait la nuit de leurs maisons, les déshabilla
complètement et les attachait à des arbres. On l
fouettait partout, mais principalement sur le dos
les épaules, au moyen d'une branche de noy
blanc. La flagellation était terriblement sévère, •
donnait 100 coups et plus.

On enlevait — et enlève quelquefois — aussi l
femmes de leurs maisons pendant la nuit, mais
leur a toujours permis de garder une chemise ou u
robe de chambre. On les attache à des arbi
comme les hommes, ou on les met sur la souche d'
arbre abattu, sur une auge de cheval renversée ou s
une autre couche appropriée à ce but. On les foue
ou on les a presque toujours fouettées sur le derriè
en soulevant le seul vêtement en neuf cas sur dix
moins et en appliquant les coups sur la chair nu
Parfois on se sert d'une branche d'un noyer blai
mais souvent un bardeau (une longue planche min

en bois dur) la remplace. Cet instrument meurtrit et fait souffrir sans blesser la peau. Beaucoup de femmes de fermiers ont reçu cinquante à cent coups sur le siège nu en présence de quarante ou cinquante hommes, et l'exposition fut complétée par les torches de pin des hommes aux masques blancs.

La flagellation n'est pas rare dans les familles ; cependant il y a ordinairement une limite à l'âge de quatorze ans, spécialement pour les fillettes. A la police ou devant d'autres tribunaux se présentent néanmoins des cas qui prouvent que parfois des parents appliquent même à de jeunes femmes entre vingt et trente ans une correction sur le siège. On a enregistré dans ces dernières années plus d'un cas, où une demoiselle, qui s'était mariée secrètement, fut reconduite à la maison et accueillie avec une bonne application d'une pantoufle ou d'une brosse à cheveux sur la partie postérieure de son corps. Les dépositions dans les cas de divorce prouvent aussi de temps en temps que les maris adoptent assez souvent cette même méthode de discipline, cependant il faut remarquer que l'arme choisie est généralement la paume de la forte main droite, appliquée sur les attractions arrondies de leurs épouses, qui rougissent. Je distingue naturellement ces cas des maltraitements de femmes, qui ont lieu journellement. Je ne fais allusion qu'à des cas de châtiments en règle à la manière du bon vieux temps.

Je termine par les titres des chapitres ou sections que j'ai écrits, il y a un ou deux ans à peu près, comme charpente d'un livre sur la flagellation des femmes en Amérique, qu'une idée joviale m'a porté à publier :

DES CROISÉES
ARMÉES DE GROSSES CRAVACHES
OU
UN DOCTEUR DU TEXAS ATTAQUÉ
PAR DES FEMMES QUI S'OPPOSENT AU
TRAFIC DES LIQUEURS

Un certain nombre de femmes ont entrepris une croisade contre le trafic des liqueurs à Ladonia, au Texas. Elles commencèrent par visiter des dépôts de marchandises froides et d'autres magasins, qu'on supposait vendre du whiskey et de la bière, et organisèrent des réunions religieuses. Ensuite elles allèrent voir le docteur J. M. Hancock et le prièrent d'aller régulièrement à l'église. Il répondit qu'il consulterait son opinion personnelle à ce sujet, et alors elles essayèrent de le décider à assister dix soirs de suite aux réunions religieuses, mais il ne voulut pas promettre. Plus tard, dans la semaine elles lui donnèrent l'ordre péremptoire de quitter la ville. Dans la soirée du 20 mars il fit sa malle et aller à la station pour partir en chemin de fer. Pendant qu'il attendait, 15 femmes entrèrent, armées de grosses cravaches, et se mirent à lui administrer des coups de toutes leurs forces. Sa figure, ses mains et son cou étaient terriblement lacérés, et un torrent de sang coula de ses blessures. Après l'avoir fouetté, les femmes rentrèrent. Le docteur Hancock insista à partir, mais ses amis ne voulurent pas le laisser quitter la ville, et déclarèrent qu'ils tueraient le premier homme ou la première femme qui attente-

rait de nouveau à sa personne. Il ne partit pas.
Ladonia est une ville qui a son droit de suffrage local,
et le crime du docteur consistait en des ordonnances
pour du whiskey qu'il avait données. Les femmes
qui l'ont fouetté sont remarquables pour leur zèle
religieux.

FOUETTÉ PAR SA FEMME

MADAME GUILLAUME MARTIN
A SAN-BERNADINO, EN CALIFORNIE
DONNE UNE LEÇON A SON ÉPOUX

Guillaume Martin à San-Bernadino, en Californie,
recueillit l'autre jour une succession de 800 dollars,
et après avoir mis le legs en sûreté, il prit 80 dollars,
pour aller s'amuser. Il mit toute la nuit à « faire une
tournée », et rentra alors pour déjeuner. Les voisins
qui s'étaient levés de bonne heure virent Mme Martin
conduisant son mari vers la grange. Ce dernier est
plutôt petit de taille, tandis que sa femme est robuste.
Elle attacha le coupable par les pouces à un poteau,
de manière à ce qu'il se fît du mal à mesure qu'il
tirait. Ensuite elle prit un fouet, avec lequel elle battit
son mari sur le dos et les épaules, et continua même
de lui donner des coups lorsqu'il la pria de cesser et
lui fit toutes sortes de promesses de se conduire mieux
à l'avenir. Elle ne parut pas en être touchée, et continua de le fouetter jusqu'à ce que les coups l'eussent
rendu calme et soumis. Alors elle le détacha et le
conduisit à la maison.

UNE GRÈVE A SAINT-LOUIS

The Sun, grand quotidien de New-York publiait, dans son numéro du 10 juin 1900, l'article qui suit, sous le titre général de : *Etat de choses épouvantable dans la cité de l'ouest.*

Sept personnes tuées, grand nombre de blessés. — Attentats contre la propriété et emploi de la dynamite. — L'outrage le plus affreux a été celui de déshabiller complétement dans les rues des femmes que l'on avait vues dans les wagons qui sillonnent la cité. — Scènes terribles qui déshonorent une communauté civilisée. — On estime que la grève lui a coûté plus de 20,000,000 de dollars. — Le gouverneur refuse d'intervenir pour rétablir l'ordre.

Saint-Louis, le 9 juin. — On estime maintenant que le commerce de la cité a éprouvé un dommage de plus de 20,000,000 de dollars par la grande grève des employés des wagons qui a commencé le 8 mai. Pour le moment il n'y a aucune espérance de calmer le trouble, en dépit des efforts que font les hommes d'affaires pour amener un arbitrage : les grévistes soutiennent leur demande concernant le rétablissement et la reconnaissance légitime de leur union, tandis que la compagnie des chemins de fer dit qu'elle ne veut ni renvoyer les hommes qui ont pris les places des grévistes, ni forcer aucun de ses employés à s'associer à l'union. En dépit de tous les efforts, la stagnation des affaires continue.

C'est le commencement d'un règne de terreur, et quoique défendue par la protection de la police, la compagnie des chemins de fer n'a pu opérer sur toutes ses lignes. Les troupes régulières de la police ont été renforcées par un landsturm de 2,500 hommes, convoqués par le shérif, mais manœuvrant uniquement sous les ordres du chef de police. La majorité insiste à décider le gouverneur à la convocation de la milice d'Etat, et dans ce cas le nombre des forces valables s'élèverait à 6,000 hommes y compris la police régulière de la cité. Hier, le chef de police, Campbell, dit que la situation était plus sérieuse qu'elle ne l'avait jamais été pendant la grève. Aujourd'hui il a modifié ses paroles en disant que la police et le landsturm peuvent contrôler la situation.

La politique entre aussi dans la question. Depuis le commencement de la grève sept hommes ont été tués sur-le-champ, cinq autres sont à l'hôpital, et l'on croit qu'ils sont mortellement blessés, soixante-quinze ont été blessés par des balles et 150 par des projectiles de toutes sortes, tandis que cinq tentatives manifestes ont été faites de faire sauter des wagons de la Transit-compagnie, et l'on a jeté une bombe dans un établissement de machines ; les fenêtres ont été cassées et les murs fracassés. Jeudi soir on a fait marcher, après 6 heures, le premier wagon depuis le commencement de la grève. Il y eut très peu de voyageurs.

On a peur de monter dans les wagons. Si les voyageurs sont des commerçants on les boycotte. Si on ne peut les atteindre de cette manière on les attaque, ou l'on fait peur aux femmes qui appartiennent à leurs familles. A moins que la milice ne soit convoquée, la Transit-compagnie pourrait aussi bien livrer les rues à la tombée de la nuit.

DES FEMMES ATTAQUÉES

Depuis le commencement de la grève jusqu'à l'heure actuelle à peine un jour s'est écoulé sans violence. Des hommes ont été fusillés et battus ; les deux partis ont tiré sans distinction à la moindre provocation ; on a dépouillé des femmes de leurs vêtements, et elles ont été fouettées publiquement pour avoir eu l'audace de monter dans des Transit-wagons ; trois institutrices ont subi en public une punition sur le derrière appliquée par une foule de femmes, et d'autres actes diaboliques ont été commis par des personnes qui sympathisent avec les grévistes, tandis que ces derniers se tiennent au fond.

La première femme que l'on attaqua, fut Mlle Pauline Hesser ; le jour de la décoration elle fut battue, assaillie de coups de pied et dépouillée de ses vêtements à la rue Tenth et dans l'avenue Geyer pour avoir été dans un Transit-wagon. Mlle Hesser n'a que 19 ans, et son expérience a été terrible. La populace qui l'attaqua se compose presque entièrement de femmes, de filles et de petits jeunes hommes, tandis qu'une foule d'adultes se trouva sur le trottoir, approuvant la violence et encourageant la cohue dans leur ouvrage La jeune fille fut complètement déshabillée. Battue et meurtrie et saignant des blessures à la figure, elle réussit à échapper des mains de ses tourmenteurs et voulut se réfugier dans le salon d'un certain Schumacher, qui chassa la jeune fille, que la populace poursuivit, dans la rue pour qu'elle devienne de nouveau le jouet de la canaille. Finalement un wagon de patrouille vint qui dispersa la foule, et un sergent de ville enleva son habit et enveloppa la jeune fille effrayée dedans. On la conduisit au bureau de police et de là, elle fut escortée à son domicile.

Samedi dernier une femme qui refusa de dire son nom, parce qu'elle craint la publicité, reçut un coup dans la figure au moment où elle descendit d'un wagon à la rue Fourth et à l'avenue Choteau ; elle fut terrassée et assaillie de coups de pied quand elle était couchée par terre. La brute bipède qui l'attaqua, était un ouvrier marié qui sympathisait avec les grévistes. Il s'appelle Joseph Fanger et habite 2419 rue Dekalb, d'où il fut enlevé par deux hommes vendredi à minuit, conduit en voiture dans une partie retirée de la cité et battu jusqu'à ce qu'il eût perdu connaissance.

Les voies de fait commises à des femmes atteignirent le point culminant dimanche, le 3 juin. Elles commencèrent lorsqu'une société de jeunes gens et de jeunes dames descendit d'un wagon électrique de la ligne du sud, à la rue Lespérance, dans l'intention de prendre le bateau à vapeur pour faire une excursion à Monterano. Une foule composée d'hommes et de femmes les attendait pour les attaquer, les lapider et les battre. Ernest Cooper fut gravement blessé. Andrew Mc Weeny, qui habite 2815 rue Thomas, se réfugia dans une maison près du débarcadère, monta les escaliers et fut assiégé pendant des heures, tandis qu'un autre jeune homme prit sa demoiselle par le bras, courut vers le fleuve, sauta dans un esquif amarré à la rive et s'avança sur le fleuve n'ayant qu'une planche qui lui servit de pagaie, et suivi d'une pluie de pierres. Il réussit à débarquer à l'est du fleuve, étant retourné vers le passage supérieur. Il n'est plus monté dans un wagon depuis. Georges Briedmeyer, habitant 2736 rue South Seventh, fut terriblement battu par la foule, et lorsqu'il retourna dans sa pension, la propriétaire refusa de le recevoir parce qu'il avait été dans un Transit-wagon.

Dans l'après-midi la populace devint plus audacieuse, enhardie par l'immunité. A cinq heures de l'après-midi Mlle Susie Hensel, qui habite 1418 avenue de l'Union, fut assaillie à l'angle de la rue Shenandoah. Elle allait visiter son père qui habite 2333 rue South Tenth, et venait de descendre d'un wagon. Comme elle allait vers l'ouest par la rue Shenandoah, une foule d'hommes, de femmes et de garçons l'attaqua. Ils étaient sans doute commandés par une femme. On terrassa la jeune fille et quand elle était couchée par terre, chacun qui put l'atteindre lui donna un coup de pied et la dénonça continuellement comme coquine.

TIRÉE PRESQUE NUE DANS LA RUE

Mademoiselle Hensel raconte :

La foule se serra autour de moi et commença à me frapper et à me donner des coups de pied. Alors ils se mirent à déchirer mes vêtements. Je criai et me levai pour courir — sans savoir où et sans m'en soucier, uniquement dans le but de me débarrasser de mes tourmenteurs — dans une direction quelconque pour me cacher, car j'étais alors presque nue. J'essayai d'entrer dans plusieurs maisons, mais on me fit reculer. Lorsque je passai près d'une maison, deux fillettes me tirèrent par ce qui était resté de mes vêtements et me conduisirent dans la maison. J'entrai dans le petit salon et m'accroupis dans un coin. Les enfants me quittèrent. Bientôt les deux hommes qui avaient été les premiers à me maltraiter entrèrent dans la maison, et lorsqu'ils me découvrirent, l'un d'eux me terrassa. Un troisième homme entra. C'était évidemment le propriétaire de la maison, car il me donna l'ordre de sortir. Je le priai de me donner des vêtements, mais sa réponse fut celle de me chasser dans la rue. Je pus me réfugier dans une maison tout près de là, et une femme me donna un jupon et me permit de rester chez elle jusqu'à ce que la police arrivât et me conduisit à la maison.

Mlle Stella Broadwick fut la victime suivante. On l'attaqua dimanche dans l'après-midi, lorsqu'elle quitta un wagon venant de Cherokee, 1900 rue South Twelfth. On lui arracha sa chemisette ; les jupes suivirent bientôt, et les vêtements de dessous furent également déchirés. Elle courut dans une allée. La foule crut qu'elle s'était réfugiée dans la maison de William Westermann, 1916 rue South Twelfk. Elle entoura la place et demanda qu'on livrât la jeune fille. Une femme aux cheveux gris ouvrit une fenêtre au deuxième étage et répondit à leurs cris en tirant deux coups de revolver, qu'elle avait évidemment l'habitude de manier. La foule se dispersa et prit la fuite.

Presque à la même heure une femme qui déclarait s'appeler Christine Theire, admettant en même temps qu'elle avait adopté ce nom, fut brutalement battue à à la rue Twelfth et dans l'avenue Geyer. On lui enleva tous les vêtements, excepté les bas et les chaussures. En quittant le wagon à l'avenue Geyer elle fut abordée par un garçon de 18 ans qui lui fit des reproches pour avoir été dans ce « coquin » de wagon. Une foule d'hommes de garçons et de femmes se rassembla autour de Mlle Theire. Elle tâcha de se retirer lorsque la cohue, en apparence excitée par la même impulsion, l'attaqua, lui donna des coups de poing et la frappa de pierres et de cannes. On la terrassa et lui donna à plusieurs reprises des coups de pied à la figure. Alors il se mirent à lui arracher les vêtements et ne cessèrent pas jusqu'à ce qu'elle fut nue. Dans sa poche il y avait un portefeuille qui contenait 15 dollars. On lui prit cet argent.

NUE ET POURSUIVIE

COMME UNE BÊTE SAUVAGE

Aveuglée et saignant de ses blessures, la jeune fille se leva en chancelant et courut vers le sud dans l'avenue Allen, poursuivie par la populace. Elle supplia les femmes qui se trouvaient devant les portes de lui donner un asile, mais on la railla et se moqua d'elle, car ces misérables avaient perdu toute la douceur de leur sexe. Lorsque dans l'avenue Allen elle vit la fenêtre de la cave d'une maison ouverte, elle s'y glissa comme une bête sauvage que l'on poursuit. Elle y resta jusqu'à ce que la police arrivât et dispersât la foule. Même alors elle ne voulut pas quitter la sombre cave pour se montrer au jour avant qu'on lui eût donné une jupe et un vieux châle pour cacher sa nudité. Mlle Theire allait visiter sa mère âgée, lorsqu'elle fut assaillie.

Lundi à midi une jeune femme fut attaquée, lorsqu'elle descendit d'un wagon de la ligne de Cherkec, à la rue Eleventh et à la rue Calhoun. On l'assaillit de projectiles, mais elle se réfugia dans une épicerie, où on lui permit de rester, jusqu'à ce que la police arrivât et l'escortât en dehors du district troublé. Dans l'apris-midi du même jour entre 4 heures 1/2 et 5 heures, trois institutrices descendirent d'un wagon électrique de la ligne du Sud à la rue South Broadway et furent immédiatement saisies par une foule de femmes. On leur jeta les jupes par-dessus leurs têtes et les terrassa pendant qu'une forte amazone leur appliqua une grosse planche.

LA POLICE TACHE D'ARRÊTER LES VOIES DE FAIT AUX FEMMES

Le résultat des attaques commises aux femmes est que de nombreuses arrestations ont été opérées et trois filles ont été condamnées à un séjour de deux ans chacune au Home industriel à Chillicothe, tandis que les causes de beaucoup d'autres coupables sont pendantes. La police a décidé d'arrêter ces sortes de maltraitements diaboliques, et dans ce but elle engagea une jeune fille à monter dans un wagon électrique de la ligne du sud. Elle fut escortée par un agent de la police secrète, qui avait l'air d'un jeune garçon. On avait arrangé d'avance qu'un grand nombre de mouchards et de sergents de ville en civil se trouveraient près de la station où les deux devaient descendre. Lorsque le wagon arriva à l'endroit choisi, le couple descendit et fut immédiatement entouré par une cohue de trois ou quatre cents personnes, à peu près également divisée quant au sexe. Cette populace reçut les deux voyageurs avec de grands cris.

Avant qu'elle eût le temps d'attaquer la jeune fille ou son escorte, les agents de police se précipitèrent sur la foule. Ils avaient l'ordre de ne pas opérer d'arrestations, mais de se servir de leurs bâtons, ce qu'ils firent d'une manière efficace. Un instant la populace voulut se défendre et résister à la police, mais celle-ci était trop forte pour qu'on eût pu lui résister avec succès, et la foule se dispersa et courut, poursuivie par la police, qui employa les bâtons chaque fois qu'elle put atteindre une victime, sans distinction du sexe. Des têtes blessées étaient l'ordre du jour. Une petite fille de 13 ans se défendit comme un chat sauvage et ne fut réduite à la soumission que lorsqu'un sergent de ville fort la prit dans ses bras, la retourna et lui appliqua des coups sur le derrière, « justement comme maman avait l'habitude de le faire. »

La première arrestation fut celle de Madame Emma Thompson, qui fut accusée d'avoir dominé la populace par laquelle Mademoiselle Hensel avait été assaillie et dépouillée de ses vêtements. Alors suivirent les arrestations d'Anne Swese, d'Anne Klasck et de Marie Trantize, qui se déclarèrent coupables d'avoir attaqué vendredi Mademoiselle Pauline Hessler et furent condamnées chacune à un séjour de deux ans au Home industriel pour jeunes filles à Chillicothe. Ces trois filles sont des créatures très vulgaires et ne se rendent pas compte de l'énormité de leur crime.

Outre ces arrestations de femmes, une vingtaine
d'hommes ont été coffrés, mais jusqu'à présent on n'a
pas obtenu les preuves suffisant à les condamner pour
un acte manifeste.

LE GOUVERNEUR STEPHENS

REFUSE SON SECOURS

Après avoir conféré hier soir, aujourd'hui et de nouveau ce soir avec des hommes d'affaires, des contri-
buables en général, le conseil de police, les membres
du landsturm et d'autres personnes, le gouverneur
Stephens est rentré ce soir dans la capitale de l'Etat
sans avoir le convoqué la milice. Il y eut grande conférence hier soir dans le but de découvrir les raisons
qui déterminent évidemment le gouverneur à ne pas
convoquer les troupes. Hier le chef de police, Campbell, dit que la situation était plus grave que jamais
depuis le commencement de la grève. Il déclara que
la police n'était pas assez forte pour résister aux grévistes, qu'elle ne pouvait pas empêcher le désordre,
et qu'il ne leur restait que l'espérance de punir ceux
qui agiraient contre la loi. Le chef de police doit
avoir changé d'avis pour quelque raison importante,
car aujourd'hui il dit que la police et le landsturm
étaient assez forts pour protéger les Transit-wagons

et empêcher une [insurrection. Ainsi rassuré, le gouverneur refusa de convoquer la milice et rentra dans
la capitale.

On a fait marcher des wagons sur trois autres lignes
ce soir, le Market, Laclede et la rue Olive. Il y a eu
peu de trouble. Les wagons furent lapidés à Ninth et
à Market en marchant vers la direction de l'Orient,
mais un grand détachement de la caserne dispersa la
foule et rétablit l'ordre. Une tentative fut faite ce soir
de détruire un wagon électrique de la ligne du Sud
dans Broadway et à Biddle. On s'empressa de faire
venir de grands détachements du landsturn des quar-
tiers généraux dans l'avenue Washington, et ils réussirent à disperser la foule après avoir tiré plusieurs
coups de fusil sur la populace.

William J. Stone, ancien gouverneur et avocat des
grévistes a envoyé aujourd'hui une lettre à l'honorable
Nathan Frank, président du comité des citoyens,
lettre qui a eu le but de rétablir l'ordre et qui en effet
met fin à d'autres négociations par la circonstance que
la Transit-compagnie avait retiré sa proposition
qu'elle avait présentée samedi dernier, avant que
l'union eût le temps de se prononcer à ce sujet; ceci
fut une convention de rétablir immédiatement 1000
de ses anciens employés, 5oo autres en quatre-vingt-dix
jours et le reste aussitôt qu'il se présenterait des
places vacantes. L'union devait choisir les hommes
qui pouvaient recommencer leur travail, tandis que la
Compagnie se réservait le droit de refuser l'admission d'un employé qui s'était rendu coupable de violence ou d'intimidation.

Les sept députés qui furent arrêtés hier soir et
coffrés aux Four Courts pour avoir refusé de monter
dans des Transit-wagons-ont été relâchés aujourd'hui
par ordre du chef de police Campbell. Six hommes

ont été accusés devant le commissaire des Etats-Unis pour avoir empêché le passage des malles-postes. L'audience formelle devait avoir lieu jeudi prochain ; les obligations étaient fixées à 2000 dollars par le commissaire Cray. A défaut de cette somme ils furent mis en prison. Oscar Henderson, âgé de 15 ans, fut arrêté en vertu d'un mandat d'arrêt fédéral, parce qu'il avait placé une bombe sur les rails de la Transit-compagnie, violant ainsi l'ordre formel. Il fut mis en prison.

Le « fusil sans bruit », avec lequel trois agents de police furent tirés jeudi soir, répand la terreur parmi les hommes du landsturn et les agents de police. Des marchands disent que les balles qui blessèrent les trois agents, sortirent sans doute d'un fusil à vent. Un de ces fusils que l'on fabrique à Saint Louis peut envoyer une balle à travers une planche de chêne. Les agents de la police secrète tâchent de découvrir dans quelles mains est tombé un nombre de ces fusils, qui ont été vendus les derniers trois mois, dans le but de surveiller les soi-disant assassins.

RENDUE INSENSÉE

PAR

LE DÉSABILLEMENT DE Mlle HERSER

Hier soir à une heure avancée, le bruit courut que Madame Rose Paulson, qui a été détenue dans la salle d'observation de l'hôpital de la cité depuis lundi dernier, avait voulu se pendre ce matin. La garde-

malade Kelley la découvrit à temps pour sauver sa
vie. Madame Paulson avait été témoin oculaire de
l'attaque brutale commise à Pauline Hesser par des
personnes qui sympathisaient avec les grévistes le
jour de la Décoration, et son esprit en fut tellement
affecté qu'elle a perdu la raison. Dormante ou éveillée
elle parle dans le délire de la manière dont Mademoiselle Hesser fut traitée et supplie la populace de ménager la jeune fille, Madame Paulson essaya de sauver
la jeune fille du temps de l'attaque, mais elle fut inju-
riée et chassée par la cohue. Dimanche dernier elle
montra des signes de folie, et lundi elle quitta sa
maison.

Près de cinquante mille écoliers furent conduits
dans les champs aujourd'hui pour prendre part à la
grande parade des nations au pique-nique annuel des
écoles publiques. A cause de la grève des wagons et
parce que l'on craignait continuellement que les
Transit-wagons pourraient être attaqués, on fit conduire les enfants dans des omnibus, des tapissières, des
wagons express, des voitures à un cheval, ou dans
n'importe quels véhicules que l'on put se procurer. Le
service de la cité obtint ces véhicules par le chemin
de fer suburbain, la seule ligne de la cité qui ne fût
pas comprise dans la grève, et les petits furent conduits avec succès dans les champs et rentrés dans la
cité, ce qui amusa beaucoup les enfants, mais éveilla
de vives inquiétudes auprès des grandes personnes.

Jean Powers, un mécanicien qui n'est pas membre
de l'union, arriva vendredi dernier de Philadelphie
pour prendre la place d'un gréviste ; maintenant il se
trouve à l'hôpital, aliéné et sans espérance. Un jour
de travail dans un wagon de la Transit-compagnie
a dérangé son esprit. Powers avait travaillé pendant
quinze ans pour la Traction-compagnie de Philadel-

phie et avait perdu sa place dans une grève. On l'engagea à venir ici, mais un jour de travail et les rapports affreux qu'il entendait continuellement des autres employés, furent trop pour lui, et il se sauva et quitta ses compagnons. Il fut saisi par un agent de police ce matin à l'avenue Gever et à l'avenue Pensylvanie au moment où il se battait vaillamment avec des ennemis imaginaires. Il eut peur d'être assassiné et demanda piteusement qu'on le protégeât, Powers a une femme et deux enfants qui habitent 1215 rue Merier, à Philadelphie.

Les Punitions

corporelles en Chine

La Chine est de tous les pays, celui qui est resté
le plus fermé à tous les contacts extérieurs, à toutes
les civilisations du dehors. De ce côté d'ailleurs, les
Chinois n'ont rien à nous envier. Ils connaissaient la
poudre et se servaient d'armes à feu alors que nous
n'avions encore que des flèches ou des lances.
Leurs encres et leurs couleurs sont toujours restées
pour nous un secret impénétrable. Quoique les religions soient multiples dans le Céleste Empire, tous
les habitants pratiquent le dogme sacré du respect des
ancêtres, et la morale de Confucius est toujours en
vigueur. Son principe : « Ne faites pas aux autres ce
que vous ne voudriez pas qu'on vous fît » reste en
Chine comme ailleurs, la base de toute religion.

Quoiqu'il en soit, les Chinois placent en premier
rang les lettrés, puis viennent les laboureurs
et les cultivateurs de la terre, ensuite les artisans
et enfin les soldats, ces derniers souvent méprisés. Le
Chinois aime à rester chez lui et ne cherche pas la

conquête. Si pourtant on l'attaque, il se défend et
use de représailles souvent sanglantes. Les évè-
nements de ces derniers temps en sont une preuve
éclatante.

Ce peuple de près de 400 millions d'habitants est
resté uni. Les Chinois sont bien les plus prolifiques du
monde. Il n'existe point de peuple qui observe plus
strictement les règles de la décence et de la pudeur :
ils aiment la vertu, quoiqu'ils ne la pratiquent point,
et comme ils sont naturellement dissimulés, ils savent
en conserver les dehors.

A Pékin, comme dans les cités de premier ordre,
les asiles consacrés à la volupté sont relégués dans
les faubourgs, et les beautés trop faciles, femmes ou
veuves, qui sont soupçonnées d'avoir enfreint les lois
de la chasteté ou que l'on accuse d'avoir provoqué le
plus léger scandale, sont conduites devant un magistrat, qui leur inflige fréquemment une punition
corporelle.

On assure que les lois sont tellement combinées en
Chine, que nulle faute ne reste impunie, mais que
jamais le châtiment n'excède la faute. Point de vexa-
tions inutiles, anticipées ou arbitraires, dans la procédure criminelle des Chinois : les accusés ne sont
réputés coupables que lorsqu'ils sont convaincus et
condamnés ; jusque-là, ils jouissent de toutes les
ressources qui peuvent adoucir leur situation ; à la
liberté près, ils ne sont privés de rien. Les fils, les
petits-fils, les femmes, les frères d'un Chinois condamné à l'exil, sont autorisés à le suivre et à se fixer
auprès de lui.

Il est permis à tout proche parent d'un criminel,
reconnu coupable, si toutefois la peine est légère, et
si ce condamné est un aîné, de se mettre à sa place
pour subir le châtiment que lui inflige la loi. Le

P. Duhalde cite l'exemple d'un fils dont le père venait d'être condamné à recevoir cent coups de *Pan-tzée*. Le jeune homme se précipite sur le corps de son père, demandant à grands cris d'être puni à sa place ; et le mandarin, touché de ce noble dévouement, fit grâce au coupable, tant la piété filiale est respectée en Chine.

*
* *

La Chine actuelle, c'est le Bas-Empire dans toute sa décrépitude, avec toutes ses tyrannies. A Pékin comme à Constantinople sous les Césars d'Orient, puis sous les empereurs Turcs ; à Pékin, que les dynasties soient Chinoises ou Tartares, ce sont également les eunuques du palais qui gouvernent. Les mandarins ne sont que les très humbles exécuteurs de leurs ordres. La crainte seule des supplices, dont le spectacle est mis à toute heure sous les yeux du peuple, le maintient dans une obéissance passive.

Les Chinois se servent, pour les punitions corporelles, de bâtons de bambou qu'ils appellent pan-tzée longs de 4 à 5 pieds au moins et larges d'environ 2 pouces. Les délits moins graves sont punis par des soufflets dont le nombre est prescrit par la loi, il dépend des bourreaux de rendre cette étrange punition plus ou moins douloureuse selon qu'on a su les gagner par de l'argent.

Un grand défaut de la législation chinoise est la faculté qu'elle accorde de se racheter d'une punition corporelle par des amendes en argent. Mais les riches seuls peuvent jouir de cette faculté. Les pauvres, ne pouvant payer, reçoivent sans pitié les soufflets et les coups de bambou.

L'usage permet également qu'un condamné puisse acheter une autre personne pour subir à sa place le châtiment qu'il a mérité, MÊME LA PEINE DE MORT.

Avoir la tête coupée est la mort la plus infamante, parce que la tête, partie principale de l'homme, est retranchée du corps qui ne peut être déposé avec les cérémonies religieuses au sépulcre de la famille, parce qu'il n'est plus entier comme on l'a reçu de ses parents. Cette tête, séparée du tronc par le glaive du bourreau, est mise sur un poteau dans une cage ou suspendue à quelque arbre à l'entrée d'une route.

Nous allons d'ailleurs passer rapidement en revue, à titre documentaire, quelques-uns des supplices mis en pratique en Chine, et inventés par des imaginations diaboliques, chez lesquelles le besoin de cruauté passe parfois l'idée simple de punir un délit.

LE PAN-TZÉE

De toutes les peines corporelles en vigueur en Chine, la bastonnade est celle dont on use le plus fréquemment, et les plus grands dignitaires de l'empire ne sont pas à l'abri des atteintes du terrible bambou.

Un mandarin peut recevoir le *Pan-tzée* sur l'ordre d'un autre mandarin, d'un grade supérieur. Mais les dignitaires d'une classe plus élevée ne sont soumis à cette bastonnade que sur l'ordre de l'Empereur.

Il existe dans chaque pays plus d'un genre d'acco-

« *Un mandarin peut recevoir le Pan-tzée
sur l'ordre d'un autre mandarin d'un grade
supérieur* ».

(Page 618).

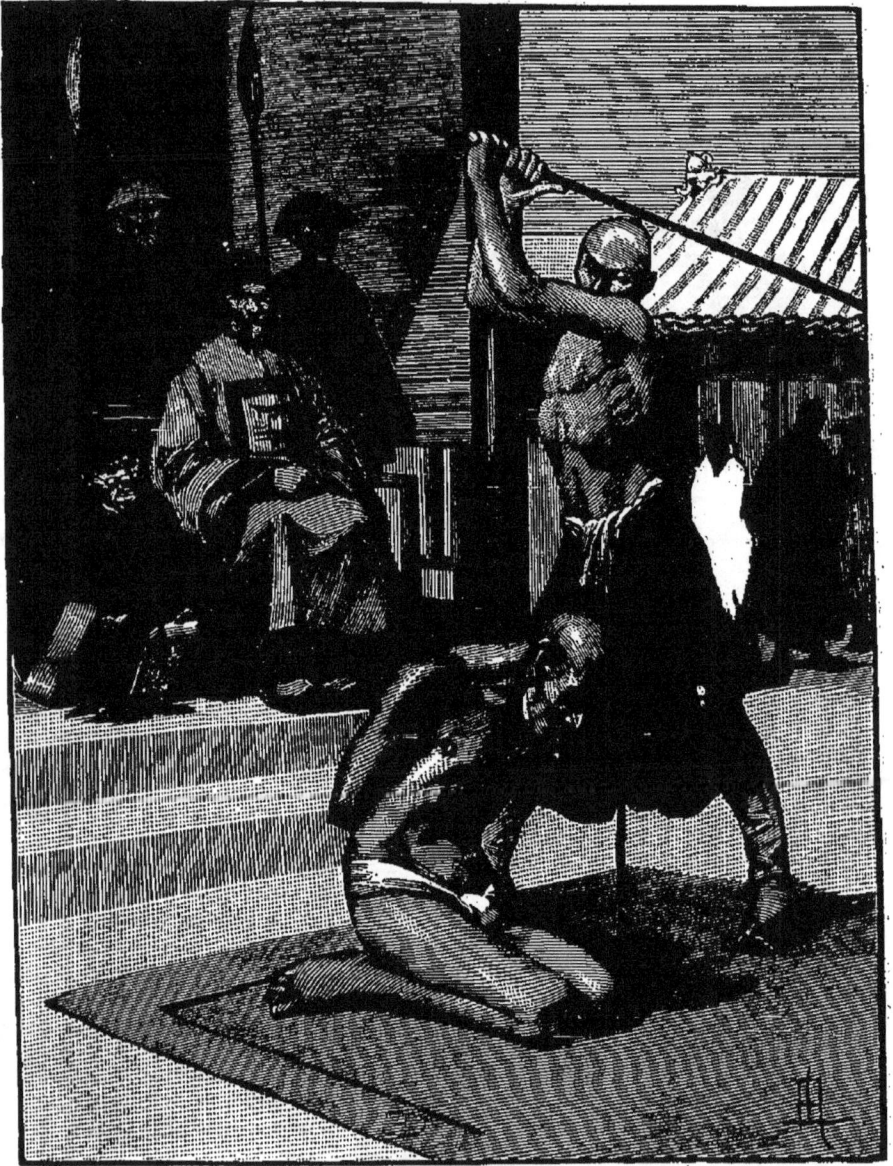

modement avec l'autorité. En Chine, quand il n'est question que de légères infractions aux lois, le contrevenant, pour peu qu'il soit dans l'aisance, parvient facilement à éviter le châtiment ; ou s'il le reçoit pour la forme, l'honnête exécuteur, suborné par des présents, mitige la violence de la correction. Son adresse consiste alors à appliquer légèrement les coups de façon que le patient les sente à peine, quoiqu'ils paraissent être vigoureusement appliqués. De plus, pour une certaine somme d'argent, le délinquant peut toujours trouver un *remplaçant* qui consent à prendre sa place et à recevoir la fustigation, même très forte, quoique 80 ou 100 coups du *Pan-tzée* peuvent mettre la vie en danger.

Un mandarin ne sort jamais de son palais sans être accompagné d'un officier de police, avec quelques soldats. Et souvent, quelques douzaines de coups de *Pant-zée* se trouvent distribués, avant qu'on ait eu le temps de s'en apercevoir, ou sans qu'on y fasse attention, aux passants distraits qui oublient, en apercevant son excellence le mandarin, de descendre de cheval ou de se conformer au salut en usage dans l'empire !...

DEVANT LE MAGISTRAT

Le tribunal d'un mandarin de justice, est ouvert tous les jours, matin et soir, dans sa maison, où il donne audience, assisté d'un secrétaire ou greffier, environné d'officiers subalternes qui tiennent des *Pan-tzées*.

Tout accusé convaincu d'une légère infraction aux lois ne reste pas longtemps indécis sur son sort : en un quart d'heure, et souvent en quelques minutes, il est jugé, châtié et mis à la porte. Comme en pareille occasion la punition ordinaire est toujours la bastonnade, le mandarin détermine le nombre de coups, mais on n'en administre que quatre sur cinq. On fait grâce du cinquième au nom de l'Empereur, qui, en sa qualité de père tendre, est censé adoucir la correction.

Ce n'est d'ailleurs que pour des fautes légères que le bambou est employé.

LA CANGUE

Le *Tcha*, sorte de châtiment que les Portugais ont fait connaître sous le nom de la *Cangue*, peut se comparer au pilori, tel qu'il existait autrefois en France, avec cette différence que le délinquant n'était attaché que quelques heures au pilori, alors qu'en Chine, un malfaiteur peut porter la Cangue plusieurs mois, — certains des années ! — Parfois une main et même les deux, sont prises dans la Cangue.

Les voleurs portent communément trois mois le *Tcha*. Pour faits de diffamations, filouteries, rixes publiques, on le porte quelques semaines. Une fois la Cangue scellée sur le cou d'un criminel, il ne peut plus voir ses pieds, ni porter ses mains à sa bouche ; il faut qu'on le fasse manger.

Le poids de la Cangue, est ordinairement de 25 à

3o kilogrammes. On en a vu cependant peser jusqu'à
100 kilogrammes !

On parvient néanmoins à adoucir la rigueur d'un
tel supplice, soit que le Magistrat se montre moins
inexorable, soit que la famille du condamné gagne
quelques surveillants subalternes : il est alors permis
au délinquant de prendre du repos en s'appuyant sur
un banc ou contre un arbre. On lui fabrique même
un siège avec des montants qui portent tout le fardeau.

Un criminel ne peut être délivré du redoutable
collier qu'en présence du juge qui a infligé le châtiment, et devant qui on l'a scellé. Ce mandarin lui fait
ordinairement distribuer un certain nombre de coups
de pan-tzée, et le congédie.

FEMMES LÉGÈRES

Les mandarins des premiers ordres de l'état, ceux
qui font partie des cours souveraines, peuvent rendre
leurs arrêts partout où ils se trouvent. La large robe,
le collier à gros grains (*sou-chou*), le bouton sphé-
rique et la plume du bonnet, désignent le rang élevé
de ce magistrat ; mais la plaque circulaire et brodée,
avec la figure d'un tigre, qu'il porte sur sa poitrine,
indiquent qu'il appartient à la famille impériale. La
plaque ordinaire de mandarin est carrée.

Le secrétaire, pour tracer la minute de la procédure,
se sert d'un pinceau trempé dans l'encre de Chine. Le

pinceau, pour cet exercice, est tenu verticalement, et les lettres sont disposées en lignes perpendiculaires, depuis le haut de la page jusqu'au bas, en commençant à droite et en finissant sur le côté gauche du papier.

Dans le cas de l'interrogatoire d'une femme, l'exécuteur, — reconnaissable aux caractères tracés sur son bonnet, et qui expliquent généralement les titres et les dignités du haut personnage au service duquel il est attaché — tient l'accusée sous la natte défaite, d'une façon caractérisant à la fois l'insolente brutalité de ces sortes de gens dans l'exercice de leurs fonctions, et l'extrême mépris avec lequel sont traitées dans ce pays les femmes suspectées seulement de mauvaise conduite. Celles qui sont convaincues d'avoir déserté la maison conjugale, se voient condamnées à recevoir un certain nombre de coups de *pan-tzée*, sorte de canne aplatie et fendue par un bout.

Une femme est condamnée au fouet, et le mari peut ensuite la vendre, si elle quitte la maison. Elle est livrée à la mort, si dans sa fuite, elle prend un second époux.

Dans le cas d'infamie notoire, s'il y a eu scandale, l'arrêt soumet en outre la coupable à porter durant un certain temps le collier de bois appelé *Tcha* (la cangue). Tout peut s'arranger cependant avec de l'argent, et la peine corporelle est souvent communée en une amende.

CRIMINELS PRIVÉS DE LA VUE

Le seizième jour de la nouvelle lune (d'après le calendrier chinois et le solstice d'hiver, selon le voyageur russe Timbovski) l'Empereur se rend au temple du ciel (*Tien-Tan*), autrefois situé dans le faubourg du midi, à Pékin, dans la ville chinoise, pour y rester jusqu'au lendemain matin. Alors, en sa qualité de grand-prêtre de toutes les religions dont l'exercice public est permis dans son Empire, il offre au *Tien* des sacrifices expiatoires, pour le supplice des criminels qui ont été condamnés à mort pendant l'année précédente.

A cette époque, les malfaiteurs sont exécutés dans tout l'Empire. On leur tranche la tête, on les pend, ou bien on les étrangle. On remet à l'Empereur une liste de tous ceux qui ont été condamnés à mort par le tribunal suprême de Pékin. Leurs délits y sont spécifiés en détail. Le monarque note de sa main ceux qui doivent perdre la vie ; les autres sont également conduits au lieu du supplice, et ramenés ensuite en prison.

Le jour qui précède leur exécution, les prisonniers sont régalés aux frais du gouvernement. Les criminels d'état subissent leur supplice aussitôt que la sentence est prononcée ; les autres obtiennent quelquefois une commutation de peine, mais ils n'en sont pas moins perdus pour la société ; et si le délit est de nature à exiger un exemple, réduits à l'état d'esclaves, soumis à des travaux forcés en Tartarie, on les prive encore de la vue, comme indignes de contempler la lumière du jour.

Pour cet office, plusieurs soldats (souvent employés comme bourreaux) brûlent les yeux du coupable avec de la chaux vive renfermée dans des morceaux de toile de coton trempés dans l'eau et appliqués soudain sur l'organe de la vue.

Ce moyen est infaillible.

L'ESTRAPADE

Pékin est séparé, par de hautes murailles, en deux villes, la ville chinoise et la ville tartare. Cette dernière, appelée *King tchhing* ou ville impériale, est composée de trois enceintes qui rentrent l'une dans l'autre. Celle qui renferme le Palais impérial s'appelle *Tsu kin tchhing*, ville sacrée rouge. Là se trouvent les principaux ministères ou tribunaux. Tous les procès criminels sont portés devant une cour appelée *Hing pou*, qui les revise et les soumet à l'Empereur, sans l'ordre duquel aucun coupable ne peut subir la peine capitale.

Il existe des tribunaux d'un ordre inférieur pour les délits moins graves ; et lorsqu'il s'agit de faire distribuer des coups de bambou, c'est l'affaire des mandarins civils, à Pékin comme dans tout l'empire. Il en est de même pour appliquer la peine de la cangue ou toute autre punition corporelle qui ne met point le condamné en danger de perdre la vie.

Un commerçant de mauvaise foi, un industriel quelconque dont la fraude est reconnue, subit la peine de l'*Estrapade* : le délinquant est suspendu par les épaules et les chevilles des pieds à des cordages et il reste ainsi, pendant plusieurs heures, exposé aux regards de ceux qu'il a trompés. Comme cette position est très douloureuse, deux boschées (bourreaux) le soutiennent par intervalle, à l'aide d'un bambou passé sous sa poitrine.

Le supplice de la secousse ou brandilloire, espèce d'estrapade moins terrible, est aussi une *question*, une torture, un moyen de forcer un fripon à divulguer les ruses dont il s'est servi pour faire des dupes, alors même que le magistrat a déjà acquis la conviction de sa culpabilité.

LA QUESTION EXTRAORDINAIRE

C'est bien en Chine que fleurit dans toute sa splendeur la torture, héritage odieux de la barbarie du moyen âge, auquel la liguèrent les Romains qui la tenaient de peuples plus anciens qu'eux.

La *question* est encore fréquemment appliquée aux criminels.

Cet instrument de supplice est composé d'une longue planche, forte et épaisse. A l'un des bouts est fixée une double traverse, évidée au centre, et qui sert à s'assurer des mains du patient ; à l'autre bout s'élèvent comme les triples mâchoires d'un étau en bois ; cet étau est ainsi formé de trois forts montants ; mais celui du milieu est fixe, les deux autres sont mobiles ; seulement ils sont maintenus de chaque côté

41

par une pièce carrée en bois. Les chevilles des pieds du condamné une fois placées dans ces traverses, on passe une corde autour des montants et deux valets de l'exécuteur la tiennent fortement serrée. Le tourmenteur fait alors entrer par le haut, à l'aide d'un maillet en changeant alternativement de côté, un énorme coin de bois dur. Ce coin force la partie supérieure des traverses à s'élargir, en même temps qu'il contraint la partie inférieure à se rapprocher du montant du milieu et les os des chevilles sont broyés.

LE TORTILLEMENT DES OREILLES

Cette pénalité singulière pourrait être classée parmi celle qu'inventa le caprice de quelques tyrans, mais que la loi n'autorise point. Deux estafiers, espèce de gendarmes au service des différents tribunaux, maintiennent le délinquant et lui font subir la punition qui consiste à lui tordre le cartilage des oreilles. Ce châtiment, très douloureux, n'est cependant appliqué qu'à des fautes légères.

LES FAUX INTERPRÈTES

Dans les premiers temps de l'immixtion des nations européennes en Chine, les relations commerciales, les traités, les rapports d'ambassades créèrent les interprètes. La plupart pèchent, soit par ignorance, soit parce qu'il est extrêmement difficile à un Chinois — déjà menteur par tempérament — de résister à l'appât du gain, même quand le châtiment se montre en perspective. La preuve en est dans la rapacité des mandarins, devenue proverbiale, et que rien ne corrige, quoique souvent pris sur le fait et rigoureusement punis.

La punition d'un drogman chinois, convaincu de fausses interprétations, consiste à placer sur les jarrets du délinquant agenouillé une longue tige de bambou, que deux sbires foulent aux pieds, ce qui lui cause plus ou moins de douleur, selon qu'ils s'approchent ou s'éloignent de lui. Ce supplice se prolonge jusqu'au moment où l'interprète ait exactement rendu le sens des paroles qu'il était chargé de traduire.

QUI PAIE SES DETTES ÉVITE LE SUPPLICE

Le supplice infligé aux mauvais payeurs n'est pas des plus doux. Il consiste à leur fixer solidement au cou, au moyen d'une chaîne, un long tube de bois rigide dans lequel passe la chaîne. A l'extrémité de celle-ci est attaché un bloc de bois très lourd, si bien que le condamné, pour marcher devant lui doit soulever le tube et le poids qui y est fixé.

Ce châtiment peut durer des mois, des années, jusqu'à ce que le débiteur — ou un de ses parents — se soit acquitté complètement.

La Flagellation

disciplinaire en France

IL FUT UN TEMPS !...

En juillet 1560, Catherine Planteret, appelle du jugement d'Agen, qui, pour réparation du « maquerellage » fait par elle, l'a condamnée à être fouettée modérément, avec verges, par les lieux et carrefours accoutumés à Agen, avec un écriteau sur son front, portant *La Maquerelle*[1].

*
* *

Nous trouvons en juillet 1561 (Parlement de Bordeaux, B. 149, reg. in-folio), la confirmation d'une sentence du juge de Casteljaloux, qui condamne Catherine Labat, convaincue d'adultère, à être battue et fustigée, puis enfermée à perpétuité dans un couvent, et adjuge la moitié de ses biens à son mari.

---

(1) Parlement de Bordeaux, B. 137, liasse.

*
* *

Guillaume Périgier « de Gironde, » atteint et convaincu de larcin et sacrilège, est condamné à être battu et fustigé, jusqu'à effusion de sang, marqué sur l'épaule et banni de la prévôtè de Gironde[1].

*
* *

Même date. — « Procès criminel extraordinairement instruit au siège du bailliage de Carentan, à l'encontre des nommés Etienne Petrel, Robert Lefebvre et Catherine Duhamel pour vol et larrecin. Petrel, condamné à être banny hors la province, pour trois ans, ledit Lefebvre à entrer à l'hôpital, et ladite Duhamel *à estre fouettée*, par trois jours de marche consécutifs, et ensuite estre marquée de la marque aux larrons. » (Bailliage de Carentan. Archives de la Manche, B. 175, liasse).

*
* *

En octobre 1563, la Cour confirme la sentence du juge de Tonneins, qui a condamné Béatrix du Bequet à être « battue et fustigée », comme atteinte et convaincue d'adultère.

*
* *

Janvier 1564. — Confirmation d'une sentence des jurats de Bordeaux, relative à l'enlèvement d'une jeune fille, et condamnation des accusés Mathourat et Chelles à être *battus et fustigés à deux diverses fois*, par les lieux accoutumés de la ville de Bordeaux,

---

(1) Parlement de Bordeaux. Archives de la Gironde, B. 126 (Juillet 1561).

à avoir les oreilles coupées et au bannissement perpétuel. ». (Parlement de Bordeaux. Archiv. de la Gironde, B. 17, Reg. in-folio de 347 feuillets).

*
* *

Janvier 1564. — Le sieur Barbançon, notaire à Rauzan, convaincu d'avoir fait une fausse donation, est condamné à faire amende honorable devant la Cour et au parquet de Rauzan, « et ce fait, *à être battu de verges*, par les lieux accoutumés de Rauzan et à faire la remise au greffe de tous ses papiers et minutes »[1].

*
* *

En Mai 1564, François Fontaneau, de Guîtres, atteint et convaincu d'avoir battu son père, est condamné par la Cour « à faire amende honorable au parquet de la Cour, en chemise, la tête et pieds nus, à genoux, la hart au col et à sa main une torche de cire ardente, demander pardon à Dieu, au Roy, à la justice et à son père, et après être *battu et fustigé jusqu'à effusion de sang* par les lieux accoutumés de Bordeaux, ayant à sa tête un écriteau où sera écrit : *Fils ingrat, désobéissant et insoumis de fait et de paroles envers son père;* comme aussi est condamné à faire semblable amende au parquet de la justice de Guîtres, où le présent arrêt sera lu publiquement, et après sera ledit Fontaneau *battu et fustigé jusqu'à effusion de sang*, et ce fait, la Cour le bannit à perpétuité du ressort du Parlement, et dans le cas où il seroit trouvé dans ce ressort, ordonne ladite Cour qu'il sera pendu et étranglé sans autre forme de procès[2].

---

(1) Parlement de Bordeaux, B. 189.
(2) *Idem*, B. 184.

*
* *

Juillet 1564. — Arrêt qui condamne Etienne Li-
moge, « avocat en la Cour, atteint et convaincu de
faussetés et d'excès à lui imputés par Jean Rovèle,
Rarils et chevalier de Couezac, à faire amende honorable au parquet, tête et pied nus, en chemise, à
genoux et la hart au col, *puis fustigié jusqu'à effusion de sang,* et banni du royaume à perpétuité[1].

*
* *

En l'année 1579, « par sentence rendue au bailliage
de la Fère, Cécile Picquart, native de Versigny,
reconnue coupable de vol domestique de draps,
bonnet avec toilette jaulne, SERA BASTUE ET FUS-
TIGÉE, NUE, de verges par les carrefours de la
Fère[2]. »

*
* *

1748. — « Sentence qui condamne un soldat aux
gardes françaises de la compagnie de Montaigu, convaincu de vol de moutons pendant la nuit, A ÊTRE
BATTU DE VERGES SUR LES ÉPAULES, un jour de
marché au Châtelet, flétri d'un fer chaud à la
lettre N sur l'épaule droite et banni du ressort de la
prévoté du Châtelet pendant trois ans[3].

*
* *

1773. — Sentence du bailli de Janville condamnant
Louis Baillet, pour vol d'un cheval dans la forêt de

(1) *Idem*, B. 186.
(2) Parlement de Bordeaux. B. 189.
(3) Archives de Seine-et-Marne, B. 95.

Montmirail, « à être battu et fustigé de verges, marqué à l'épaule des lettres G A L et envoyé aux galéres pour trois ans. (Archives d'Eure-et-Loir, série B. Bailliage de Janville.)

*
* *

Ces quelques exemples, pris aux 16°, 17° et 18° siècle montrent que la flagellation était très en vigueur à cette époque, comme peine disciplinaire. Elle a, depuis, été abrogée, en France, tout au moins, officiellement.

Anecdotes de Russie

TORTURE DANS UN ATELIER DE JEUNES GARÇONS

HISTOIRE INCROYABLE

Le correspondant de Saint-Pétersbourg d'un journal de la Prusse de l'Est reproduit, d'après le *Listok* de Tiflis, un cas d'incroyable torture qui se serait passé dans une verrerie belge dans le Caucase. Depuis un certain temps déjà, existait un soulèvement général parmi les ouvriers appartenant à une entreprise belge, près du village de Ladou, dans le territoire de Terek ; la cause provenait de la fustigation d'ouvriers pour un délit insignifiant.

Voici les faits :

Une certaine somme d'argent avait disparu de la

caisse de la fabrique d'une manière inexplicable, sans qu'une des serrures de la porte ait été forcée et les clefs étaient à leur place.

Le doute tomba sur dix des plus jeunes ouvriers. Le directeur ne crut pas devoir prévenir la police, mais il enferma les jeunes garçons trois jours durant, les privant de toute nourriture, dans l'espoir d'un aveu. Comme aucune confession ne se produisit, le directeur et six gérants — tous belges — entrèrent dans la chambre et les gamins, après qu'on les eût déshabillés, furent fouettés avec des cannes, cependant qu'un des gérants menaçait de les tuer s'ils ne désignaient pas l'auteur du vol. Ceci n'eût aucun résultat. Les enfants furent pris un à un et, ayant relevé leurs paupières, les bourreaux leur piquèrent avec des aiguilles le blanc des yeux. Les malheureuses victimes, hurlant, étaient violemment jetées contre un mur, puis frappées avec une canne sur la poitrine jusqu'à ce qu'ils en perdissent connaissance. Aspergés d'eau froide pour les faire revenir à eux, les malheureux furent de nouveau frappés terriblement, mais comme ceci n'amenait aucun résultat, il fallut songer à d'autres moyens.

Les tourmenteurs commencèrent par leur arracher quelques dents, puis se mirent à enfoncer de grosses pierres dans leurs bouches, rattachant la mâchoire inférieure solidement au moyen d'une courroie de cuir, puis martelèrent leurs fronts de coups de crosses de revolver. Poussés à bout par ces souffrances, les gamins cessèrent d'être maîtres d'eux-mêmes et avouèrent avoir volé l'argent.

L'affaire est arrivée à la connaissance de la Police, qui, après avoir ouvert une instruction, fit écrouer les coupables.

UN SCANDALE MILITAIRE

Un aristocrate d'une vieille famille, du nom de Subkoff, considérait qu'il avait de bonnes raisons d'être jaloux des relations existant entre sa femme et le lieutenant Kutchoff, en garnison dans une ville voisine. Il provoqua donc le lieutenant en duel, et un beau matin, tous deux accompagnés du beau-frère du provocateur, un noble du nom de Mackoff, ainsi que d'un enseigne du régiment du lieutenant, se rendirent sur le lieu du combat. Tous quatre s'arrêtèrent à une auberge sur le bord de la route et le résultat d'une trop grande absorption d'eau-de-vie fut une querelle entre Subkoff et son beau-frère qui se termina par des coups. Le lieutenant Kucthoff pensa très probablement qu'une bataille à coups de poings serait un moyen beaucoup plus convenable de terminer le duel qu'au moyen de pistolets, et pour cette raison, il prit part au combat. Subkoff eut le dessous, et après avoir été tombé, il fut lié aux pieds et aux mains, et, avec l'aide du cocher, jeté dans la rivière. L'eau n'était pas profonde, mais le malheureux, dans son inconscience, se fut certainement noyé sans quelques paysans arrivés à son secours. En reprenant connaissance Subkoff se jeta sur son noble beau-frère, et les deux officiers prirent parti pour ce dernier, ce qui fit que Subkoff se trouva de nouveau terrassé et ligotté. Alors les officiers le dépouillèrent et tandis que l'un d'eux maintenait ses pieds et l'autre sa tête Mackoff ramassa un bouquet d'orties et lui fouetta le derrière mis à nu. Les officiers terminèrent en lui infligeant des coups et en le pinçant, et après s'être raffraîchis à l'auberge, ils l'emportèrent chez eux en voiture et avant de le remettre en liberté le cravachèrent.

Une fois guérie, la victime porta l'affaire devant la justice ce qui eut pour résultat que Mackoff fut privé de ses titres de noblesse et invité à émigrer à Tomsk en Sibérie pour une période de douze ans. Le lieutenant Kutchoff a également disparu.

Bonne nuit !...

Arrêtons-nous. Dans le champ si vaste du sujet qui nous occupe, il n'est point de limite possible. L'histoire de la flagellation et des punitions corporelles est étroitement liée à celle de l'humanité. Elle ne peut avoir de fin. Mais maintenant que nous avons parcouru les diverses phases de cette question si importante à bien des points de vue, nous éprouvons le besoin de faire halte, par crainte de fatiguer le lecteur, qui, en parcourant ces pages, a dû éprouver parfois de bien étranges surprises.

En notre fin de siècle — plus dépravé peut-être que les précédents — l'étude d'une pareille question s'imposait ; il était urgent et indispensable d'ajouter à l'histoire de la civilisation, ce feuillet vraiment unique et que personne avant nous, n'avait écrit, ou osé écrire.

Nous avons écrit sans ordre, nous écartant de toutes les règles chronologiques, mais sans jamais abandonner la note documentaire sans laquelle rien ne peut être fait, qui ne soit taxé d'exagération ou de vision. Nous n'avons pas hésité à sauter d'une époque à l'autre, d'Europe en Asie et d'Asie en Amérique,

des vieux pays aux nouveaux, tant l'éternel recommencement de l'histoire nous obligeait à comparer : ce qui se passait il y a des milliers, puis des centaines d'années, se passe encore aujourd'hui, sous des aspects plus variés, il est vrai, mais si le décor a changé la scène n'en reste pas moins, au fond, identique à ce qu'elle était au début.

Notre but n'a pas été cependant, de forcer le lecteur à partager nos idées à ce sujet. Que chacun puise dans ce livre ce qui lui conviendra, se passionne pour un passage ou s'indigne de tel autre.

Peu importe. Mais si nos lecteurs veulent bien nous suivre sur ce terrain, nous nous retrouverons avec d'autres ouvrages.

En attendant notre bras se lasse, notre lampe s'éteint.

Bonne nuit au lecteur!...

FIN

TABLE DES MATIÈRES

TABLE

TABLE 645

FIN DE LA TABLE

ACHEVÉ D'IMPRIMER
le vingt-neuf septembre mil neuf cent
par
Em. PIVOTEAU
Imprimeur à Saint-Amand-Mont-Rond (Cher)